루덴스의 언어들

손남훈 평론집

• 책머리에

한줌도 되지 않는 언어를 그러모아 재현될 수 없는 존재들을 재현하고자 하는 저 많은 손들을 생각한다. 그 손들이 구겨버릴 종이와 미망에 사라질 문자와 봉분도 없이 쌓이기만 할 쓰레기통을 떠올린다. 냉소와 무력감이 손에 쥔 펜대를 휘게 하는 지금, 누락된 언어와 선택된 언어 사이에서 시인은 언젠가 죄책감에 몸을 떨 것이다. 얼마나 많은 언어를 죽여야 살아 있는 한 줄 시를 쓸 수 있을까. 시인들은 불가능한 것임을 알면서도 불가능한 일을 행하는 막막함을 글쓰기의 질료로 삼아 오늘도 밤을 밝힐 것이다.

한 권으로 가까스레 묶인 시집들 앞에서, 깔끔하게 출력된 한 편의 시 앞에서, 채 활자화되지 못하고 부유하는 유령 같은 그 무엇이 자꾸만 맴을 돈다. 그렇게, 평을 한답시고 책상에 앉아 한줌의 글을 펼쳐 든 비평가에게 글자가 아닌 그 무엇들이 자꾸 나타나 보인다.

그 무엇들에게서, 비평이란 시인이 말한 것을 다시 말하는 반복이 아니라, 채 말하지 않았고 말할 수 없었던 것을 가련하게도 또한 가증스럽게도 대신 말하고자 시도하는 일임을 배운다. 가시화된 활자 주위를 떠돌고 있는 저 많은 희부연한 그 무엇들이 비평가의 손을 옭아매고 있다고 착각하는 것은 이 때부터다. 아무도 거들떠보지 않는 초라한 굿판에서 언어의 제를 지내는 사제가 되어, 비평이란 죽은 언어들에 대한 애도 없이는 한 글자도 쓸 수 없는 일이라는 그들의 가르침을 배운다.

그렇게, 죄책감은 시인에게서 비평가로 전이된다. 비평가가 시를 펼칠 때부터 그것은 이미 정해진 운명과 같은 것이다. 그렇다면 춤을 추고 노래를 부르며 신을 기쁘게 하는 굿판처럼 비평은 무인(巫人)의 엑스타시를 닮아야 한다. 슬픔을 기쁨으로, 침울함을 흥겨움으로, 냉소를 뻔뻔함으로, 무력감을 활기 넘침으로 바꾸며 공백을 향해 맹렬히 돌진해야 한다. 비평가는 죄의식을 동력 삼아 애도의 킬링필드에서 축제의 놀이터를 상상한다. 몸을 입지 못한 언어들을 불러들여 옷을 입히고 입이 없는 형상들을 모셔 와서 입을 달아 놓는다. 언어가 빛나는 찰나, 시인이 비로소 시로부터 해방되는 시간이 거기, 비평가의 감각에 와 닿는다. 좋은 비평은 시인과 시를 구원할 뿐 아니라 시가 되지 못한 그 무엇마저 불러들이는 것임을 그렇게, 또 한 번 배운다.

그렇다면 명백하게도 이 책에 활자로 붙들린 모든 글들은 좋은 비평이 아니다. 이 글은 어느 누구도 구원하지 못했고 구원할 의도도 갖고 있지 못하다. 어떤 목적을 위해 복무하는 글쓰기가 아니라 글쓰기의 과정에만 머물러 있기 때문이다. 아직 애도는 끝나지 않았고 축제의 장은 펼쳐지지도 못했음을 이 책은 역설적으로 증명한다. 문학이 황급히 철회되기를 요구하는 시대, 문학은 지연(遲延)을 자기 확인함으로써만 겨우 살아남아 있다. 이 책은 아직 당신에게 도착하지 않은 연기된 편지, 그 이상도 이하도 아니다. 그럼에도 한 줌 부스러기처럼 미련이 남는다면, 그것은 이 책을 당신이 펼쳐주기를 미명에 싸인 비평가가 아직 욕망하는 까닭이다.

이 비평집은 총 3부로 구성되었다. 등단 이후 여기저기 쓴 글들을 모아 보니 대략 3개의 주제 의식으로 집약되는 것을 확인했기 때문이다.

우선 1부는 필자의 주 관심사인 '놀이'와 '문학'의 접점 고리를 모색하고자 한 시도들을 모은 글이다. 가라타니 고진의 근대문학 종언 담론 이후,

근대를 떼어버린 문학은 놀이의 성격을 모색하지 않는 한 그 몸피가 더 왜소해질 수밖에 없을 것이라는 문제의식을 보여주고자 했다.

2부는 1부의 연장선 상에서, 근대문학 이후를 고민한 글들을 초점화했다. 나아가 문학이 다시금 복권하여야 할 놀이적 성격이, 어떻게 글쓰기의 '리얼함'과 만날 수 있을 것인지를 생각해보고자 했다.

3부는 서정 장르에 대한 근본적인 고민을 담은 글들이다. 주지하다시피 서정의 합일적 세계관이 더 이상 통용되지 않는 지금, 서정의 자기 갱신은 어떠한 벡터를 상정해야 할 것인지 여러 시인들의 작품을 통해 모색하고자 했다.

이를 통해 이 비평집은 지연된 문학이 아니라 연장하는 문학이 지닐 가능성을 타진해보고자 했다. 자동차가 발의 연장이고 집이 피부의 연장이듯 문학은 무엇의 연장이며, 그 무엇이 문학의 연장일 것이다. 그렇다면 그 무엇은 무엇일까? 말장난 같은 이 물음이 그저 던져지는 질문에 그치는 것이 아니라면, 확실한 것은 아직 우리에게 가시화되지 않은 그 무엇에 대한 질문이 문학을 있게 했고 앞으로도 있게 할 것이라는 점이다. 죄의식과 구원 사이에 진자운동 하던 문학이 저물어 가는 지금, 문학의 이 답할 수 없는 질문이야말로 문학의 문학다움을 가까스로 지탱해주는 실존적 근거이자 지금, 여기를 넘어설 희미한 빛이 될 지도 모를 일이다.

이 책은 활자화되지 않은 더 많은 언어들 때문에 구성될 수 있었다. 여러 감사한 분들이 많지만 이 책은 그 언어화 되지 않은 언어들을 위한 한 무력한 사제의 사설로 먼저 기능한다는 점을 밝혀두고 싶다. 그럼에도 이 책을 내기까지 많은 분들의 도움이 있었다는 사실을 잊을 수는 없다. 먼저 신생 출판사의 원양희 대표님께 감사드린다. 감사의 말씀을 몇 번

올려도 부족하다. 또한 일일이 호명하지는 못하지만 한 명 한 명 얼굴을 잊을 수 없는 여러 선후배, 동료들도 떠오른다. 부족한 제자로 하여금 문학의 길을 걸을 수 있도록 이끌어주신 부산대 선생님들께도 감사 말씀을 올린다. 특별히, 함량 미달인데도 비평가로서 활동할 수 있도록 많은 배려를 아끼지 않아주신 ≪오늘의문예비평≫ 전·현직 편집위원들께 감사드린다. 이 분들이 없었다면 이 책은 평생 걸려도 나오지 못했을지 모른다.

내가 글을 쓸 수 있도록 키워주신 어머니와 사랑하는 여동생도 빼놓을 수 없다. 든든한 지지자이신 장모님과 장인어른께도 감사한 마음을 전하고 싶다. 마지막으로, 틈만 나면 글 쓰러 간답시고 집안 사정을 등한시 하는 남편을 묵묵히 인내해 주고 배려해 준 아내 오선영 소설가와 언젠가 이 책을 스스로 펼쳐 읽을 아들 손이준에게 감사와 축복의 기도를 올린다.

2016년 11월
촛불이 환한 밤, 손남훈 씀

차례

002 　책머리에

제1부
011 　단독성을 구출하는 놀이로서의 시
043 　호모 루덴스를 변호함
064 　단독자의 역설적 허무주의
080 　파괴와 생성의 놀이
092 　환은유의 연쇄, 세속적 시의 탄생
109 　전자게임, 규칙 수행의 미학
130 　'싸이월드'가 보여준 '사—이' 세계

제2부

147 근대의 기획과 탈주의 서정

163 타자성의 정초, 미래파의 미래로 나아가기

178 근대 문학 이후를 탐색하는 모더니스트

197 '무중력 공간'에 갇혀버린 '미적 근대성'

214 '리얼'을 향한 르포르타주의 글쓰기

제3부

235 배반의 아이러니, 그 강박의 상상적 발현

253 '시적인 것'을 향한 벡터들

266 번역될 수 없는 고통과의 동일시

279 '-되기' 수행과 '블룹타스'의 시쓰기

291 무위-행위(無爲-行爲)의 시적 윤리

300 흑과 백, 그 사이를 진동하는 붉음에 대하여

316 서정이 타자와 만날 때

335 아무도 애도하지 않는 시대의 애도

제1부

단독성을 구출하는 놀이로서의 시

1. 놀이의 단독성과 문학

1) 놀이와 문학

문학을 놀이로 규정하는 것은 오래된 관습 중 하나이다. 문학의 시원(始原), 원시종합예술(ballad dance)이 제의적 특성에 앞서 놀이적 특성을 내포하고 있는 것이나, 문학당의정(糖衣錠)설이 문학의 쾌락적 기능을 부정하지 않는 것도 이와 무관하지 않다. 문학은 작가의 의도를 표현하고 독자에게 효용을 끼치며 당대사회에 대한 적확한 반영이기에 앞서, 특정한 텍스트를 쓰고 읽는 놀이이다. 프로이트가 "문학 창조자는 낮에 꾸는 꿈을 변형시키거나 베일로 가림으로써 자아 예찬이 주조를 이루는 꿈의 성격을 약화시키면서도 다른 한편으로는 그의 몽상을 통해 순수하게 형식적인, 다시 말해 미학적인 즐거움을 제공하여 독자들을 유희의 세계로 인도하는 것"[1])이라 한 것도 문학의 놀이적 성격을 잘 지적하고 있다.

문학의 사적(私的) 소비가 강화된 근대문학에서도 마찬가지이다. 문학은 대사회적인 발언의 기회를 제공하거나 표현의 전복을 통해 가치론적

---

1) 지그문트 프로이트, 정장진 역, 「창조적인 작가와 몽상」, 『창조적인 작가와 몽상』, 열린책들, 1996, 95쪽.

충격을 가하는 사회적·미적인 역능을 지니고 있으면서도, 기저에는 언제나 '여가' 시간을 활용한 '읽기'가 전제되어 있었다. 말하자면, '읽는' 주체의 문자해독능력과 능동적인 상상적 재구성 능력, 어느 정도의 경제적 여유에 바탕을 둔 '여가' 시간의 존재 없이, 문학에 관심을 기울이고 소비함으로써 '재미'를 느낄 수 있는 독자는 존재하기 어렵다. 조영일이 나쓰메 소세키의 「전후 문학계의 추세」를 인용하면서, 나쓰메 소세키의 "문학을 경제적 여유가 획득되었을 때 비로소 가능한 오락으로 보고 있다"[2]는 언급을 인용하고 있는 것도 근대문학이 지닌 유희적 성격을 강조하기 위해서이다.

그럼에도 불구하고 근대문학은 오락적 기능보다는 대사회적 혹은 미학적 기능이 주로 강조되어 온 것이 사실이다. 가라타니 고진이 근대문학이 도덕적 과제로부터 자유로워진다면 "그저 오락이 되는 것"[3]이라 말했을 때, 한국의 근대문학주의자들이 반발한 것에는 (근대)문학은 여전히 지적이고 도덕적이어야 하며, 그렇지 않은 (근대)문학은 문학이 아니라는 '신념'이 그들에게 전제되어 있기 때문이라 할 수 있다.

하지만 대중문화의 발전과 확산은 문학의 영향력을 눈에 띄게 축소시켰고, 이는 그들이 지닌 신념의 전제들을 무너뜨리는 객관적 증거로 작동하였다. 즉, 문학이 지닌 오락적 효과가 타 문화 장르들의 오락적 효과에 비해 '못'하다는 대중적 판단이 문학의 설 자리를 점점 잃게 만드는 가장 큰 원인으로 지적될 수 있다. 문학이 대중문화에 의해 점점 밀려나게 되었다는 말은 문학이 지닌 오락적 기능이 전제될 때 가능하다.

물론 문학은 오락적 기능만을 갖고 있지 않다. 근대문학은 이를 훌륭하

---

2) 조영일, 「세계문학으로(제2회):국민작가는 어떻게 탄생하는가?」, ≪오늘의문예비평≫ 2010년 여름호, 300쪽.
3) 가라타니 고진, 조영일 역, 「근대문학의 종언」, 『근대문학의 종언』, 도서출판b, 53쪽.

게 증명했다. 문학은 지적·도덕적 과제를 훌륭하게 수행할 수 있을 뿐 아니라 현실의 부조리를 폭로하고 개선해나갈 수 있는 계기를 만들어준다. 또한 미학적 쇄신을 통해 기존의 권위에 대한 의문을 제기하고 새로운 상상적 영역을 개척함으로써 인간의 인식적 지평을 확대할 수 있게 했다. 한마디로 문학은 오락 이상의 것이며, 단순히 오락적인 것만을 추구하는 대중문화와는 질적으로 구분되는 것이다.

그러나 (근대)문학의 대사회적 역할과 미학적 갱신은 문학이 발휘할 수 있는 '효과'이지, 문학이 본래 가지고 있다고 가정되는 '본질'(Arche)은 아니다. 물론 문학의 본질이 무엇인가에 대한 논의는 이 글에서 정답을 내리기 어렵지만, 분명한 것은 문학의 '효과'가 문학의 '본질'과 동일시될 수는 없다는 점이다. 그것은 '사후적'인 결과가 사전적인 것으로 치환될 때 나타나는 환상에 불과하기 때문이다.

확실한 것은, (근대)문학이 오락 이상의 것을 말하는 전제에 이미 문학이 오락임을 승인하고 있다는 사실이다. 문학은 오락이지만, 오락 이상이다. 하지만 (근대)문학의 오락 이상의 기능 혹은 '효과'는 이미 영향력을 상당히 잃게 되었다. 그러므로 이제 문학은 오락일 뿐이다. 가라타니 고진이 말하고 있는 것은 기실, 이와 같은 단순한 논리에 불과하다.

2) '공감'에서 '의심'으로

그렇다면 근대문학이 오락 이상이라는 말은 무엇을 뜻하는 것일까? 가라타니 고진은 근대 문학이 단순한 놀이가 아니라 '네이션=스테이트'에 복무해 왔다고 주장함으로써 답을 하고 있다. 근대문학은 공동체를 강화하는 문학, 단독적인 존재자들로 하여금 '공감'을 통해 상상의 공동체를 구성하게 하는 효과를 지닌 것이다.

글머리에서 나는 철학적 담론에는 '이 나'가 빠져 있다고 느꼈다고 말했다. 덧붙여 말하자면 나는 문학에는 그것이 존재할 수 있다는 착각을 오랫동안 품고 있었다. 문학은 '이 나'나 '이 사물'을 고집하고 있지 않은가라고 말이다. 그러나 문학이 '이 나'나 '이 사물'을 지향하게 된 것은 겨우 근대 소설부터로 문학의 본성과는 무관하다. 그리고 근대 소설에서도 근대 철학에서 일어난 것과 똑같은 일이 일어났다. 근대 철학은 알레고리처럼 일반 개념을 앞세우는 대신 개별적인 사물을 파악하려 한다. 그러나 근대 철학은 결코 단독성으로서 개별적인 사물을 향하고 있지 않다. 반대로 근대 철학은 언제나 단독성을 특수성으로 바꾸려 했다. 바꾸어 말해 특수한 것(개별적인 사물)을 통해 일반적인 것을 상징하려 한다. 근대 소설이란 벤야민이 말했듯이 이러한 상징 장치이다. 예컨대 우리는 어떤 소설을 읽으며 바로 '내 자신의 일이 씌어 있는' 것처럼 공감한다. 하지만 이러한 자신 = 나는 '이 나'가 아니다.[4]

가라타니 고진이 문학 비평을 해왔던 이유는 문학에서 타자가 도입된 '단독성'("이 나")을 발견할 수 있을 것이라 믿었기 때문이다. 단독성이란, 고유명사로밖에 지칭할 수 없는, 어떤 집합에 귀속되거나 특수성으로 치환되지 않는 단독적인 일회성을 말한다. 고진은 문학이 단독적인 일회성을 고유하게 갖고 있을 것이라 가정했다. 그가 『일본 근대문학의 기원』에서 나쓰메 소세키에 대해 집중적으로 살핀 이유도 여기에 있다.[5] 하지만 그는 문학의 단독성은 '착각'에 지나지 않았다고 아프게 고백한다. 왜냐하면 근대문학의 경험은 공감의 경험이며, 일반성으로 환원될 수 있는 특수성의 경험일 뿐이기 때문이다. 다시 말해 문학은 전혀 단독적이지 않다. 근대문학은 네이션-스테이트(일반성)를 형성하기 위한 주체의

---

[4] 가라타니 고진, 권기돈 역, 「단독성과 특수성」, 『탐구2』, 새물결, 1998, 19쪽.
[5] 가라타니 고진, 박유하 역, 『일본 근대문학의 기원』, 민음사, 1997, 227쪽. 고진은 소세키에 대해 "근대소설이라는 관점에서 보면 그것은 근대 소설에 적응할 수 없었던, 또는 일부러 적응하려 하지 않았던 소세키의 적극적 의지를 의미한다. 그것은 근대 문학 속에 존재하면서 그에 대해 이의를 제기하고 다른 가능성을 찾아내려 했던 것을 의미한다." 라 평한다. 이는 근대문학의 자장 바깥을 탐구하는 소세키 문학의 의의를 평가함으로써, 근대문학의 내부로 편입되지 않는 소세키 문학의 단독성을 구현하기 위한 시도로 읽을 수 있다.

특수성을 탐구했을 뿐, 고유명을 가진 인간에 주목하지는 못했다. 그렇다면 '근대문학의 종언' 테제는 문학의 종언과 동일시 할 수 있는 것이 아니다. 그것은 일반성으로 환원될 수 있는 특수성의 문학이 종언되었음을 뜻하는 것이다. 역으로 말하면, 근대문학에 포섭되지 못하는 문학은 여전히 가능태로 남아있을 수 있다는 것이고 문학 비평은 바로 이러한 문학에 대한 비평작업을 수행해야 한다는 것으로 읽을 수 있다.

그런 의미에서 단독성의 문학은 근대문학의 '타자'라 말할 수도 있다. 단독자는 공동체의 내부에서 공동체의 법과 질서가 진술하는 '평서법'을 '가정법'으로 바꾸어 놓는다. 단독자는 공동체 외부의 타자를 공동체 내부로 도입함으로써, 공동체가 공유하는 법의 자명성을 의심한다. 즉 공동체 내부의 법이 통용되지 않는 공동체 외부의 타자의 존재는 공동체 내부의 법이 보편적이지 않음을 증명한다.

3) 놀이의 법과 현실의 법

모든 놀이는 놀이 나름의 법(질서, 규칙체계)에 기초한다. 그 질서가 다소 복잡하든 느슨하든 간에, 놀이는 현실의 법칙(라캉 식으로 말하면, 상징적 질서체계)과는 다른 법칙체계가 작동한다. 규칙 없는 놀이는 없다. '규칙 없이 노는 놀이'가 있다 하더라도, 그 규칙 없음조차 놀이의 규칙이 된다. 그런데 놀이의 규칙은 놀이 참여자들에 의해 놀이가 시작될 때, 놀이의 세계가 현실의 세계와 절연됨으로써 기능하기 시작한다. 놀이 참여자들에게 현실의 법칙은 '무관심(disinterestedness)'[6]해지고, 오직

---

6) J.호이징하, 김윤수 역, 『호모 루덴스』, 까치, 1993, 20쪽. 가다머 역시 비슷한 말을 하고 있다. 가다머는 다음과 같이 말한다. "놀이의 경우에 과제의 성취는 어떠한 목적 연관을 지시하지 않기 때문이다. 놀이는 사실 자기를 표현하는 것으로 한정된다. 놀이의 존재 방식은 자기 표현이다. 자기 표현이란 자연의 보편적인 존재 양상이다. 오늘날 우리는 생물학적인 목적 개념들이 생물의 형태를 이해시키는 데에 얼마나 불충분한지를 알고 있다. 마찬가지로 놀이의 경우에도, 놀이가

놀이의 법칙만이 놀이가 지속되는 동안 작동한다. 놀이는 현실의 질서에 대해 자유로운 자족적 세계를 구성한다.

놀이는 법을 조건 없이(이득을 전제하지 않고) 준수하는 것이다. 놀이는 근본적으로 자기목적적이며 다른 의도와 목적을 위해 봉사하지 않는다. 따라서 현실의 법이 지니는 가치 판단은 놀이의 법칙이 지배하는 세계에서는 무화된다. 현실의 가치 우위는 놀이 세계의 가치우위와 동일하지 않을뿐더러, 서로 아무런 관련도 없다. 놀이 세계에서 가치 우위는 놀이 세계 안에 작동하는 법에 의해서만 규정되기 때문이다. 그런 점에서 놀이는 현실에 무관심하다.

놀이의 법이 현실의 법에 무관심하다는 것은 단지 놀이의 법과 현실의 법이 다르다는 사실을 의미하지 않는다. 어린 아이들의 소꿉장난은 현실의 가정에 내재하는 규칙들을 모방한 놀이이다. 장기(將棋)는 초나라와 한나라 간의 한판 승부를 묘사한다. 이처럼, 놀이는 되레 현실에 의해 자극받는다. 놀이의 법은 현실 세계의 법을 모방하여 놀이의 목적, 특성, 방식에 따라 재구성한다.7) 그러나 놀이의 법이 현실의 법과 유사하다 하더라도, 아니 더 나아가 거의 같다하더라도,8) 현실의 세계의 법이 그대

가지는 삶의 기능과 생물학적 목적에 대한 물음은 불충분하다. 놀이는 그야말로 자기 표현이다."(한스-게오르크 가다머, 이길우 외 역, 『진리와 방법 I』, 문학동네, 2000, 200쪽)이처럼 놀이는 다른 목적(현실적인 이득)에 봉사하는 것이 아니라 놀이 자신만을 지시한다.

7) 로제 카이와는 놀이의 특성을 네 가지로 분류하는데, 아곤(경쟁), 알레아(운), 미미크리(모의), 일링크스(현기증)가 그것이다. 이 중 미미크리는 현실의 법칙, 사태, 사건 등을 모방하여 놀이 세계를 창조하는 것을 말한다. 이에 대한 자세한 설명은 로제 카이와, 이상률 역, 『놀이와 인간』, 문예출판사, 1994, 46-52쪽 참조.

8) 이를테면, 스포츠를 소재로 한 컴퓨터 게임은 현실의 스포츠 경기와 거의 유사한 규칙을 가진다. 다만 놀이참여자는 현실의 스포츠와는 달리, 다양한 인터페이스적인 조작을 통해서 놀이가 이루어진다는 점에서 차이가 있다. 게임이 강요하는 커맨드 입력 규칙을 적재적소에 행하지 않으면, 게임 수행이 제대로 이루어지지 않는 것이다. 그렇다면, 컴퓨터게임에 대한 접근 방식이 서사나 교육학에만 집중되는 것은 단견이라 할 수 있다. 이 글에서 밝힐 수는 없지만, 최첨단의 놀이인 컴퓨터게임은 인터페이스적인 접근을 통해서 그 특성이 해명될 수 있다고 본다. 이에 대한

로 놀이 세계 속에 침투할 수는 없다. 오히려 놀이가 지속되는 한, 놀이참여자들에게 있어 놀이의 법은 현실 세계의 법보다 우위에 있다.

놀이의 법이 지닌 이와 같이 절대적인 무관심성은 놀이참여자들로 하여금 현실과는 다른 경험을 갖게 한다. 심지어, 놀이에 따라 그것은 현실의 법을 위반하는 경험이 될 수도 있다. 어쨌든 놀이는 공동체의 법을 준수하는 것이 아니라 공동체의 법에 무관심한 법을 준수하는 것이다. 그 무관심한 법이 공동체의 강화를 위해 복무할 지, 공동체의 자명성을 깨뜨리는데 일조할 지의 여부는 다른 차원의 문제이다. 다만 확실한 것은, 놀이의 법이 공동체의 법과 이질적일 때, 놀이참여자들의 흥미와 몰입은 더 클 것이라는 사실이다. 그것은 놀이의 법이 공동체의 법이 제공하지 못하는 다른 체험, 다른 경험을 가능하게 할 것이라 가정될 수 있기 때문이다. 그리고 거기에서 공동체의 법에 무관심한 타자의 시선, 타자로서의 체험이 가능해진다. 김석준이 "놀이는 타자성이다. 놀이는 타자와 함께 이룩하는 삶의 산물이자, 삶에 역동적인 에너지를 부여하는 인륜적 실체이다"[9]라 말할 때의 타자란, 놀이가 놀이참여자들의 상호참여적(interactive)인 바탕에 의해서만 이루어질 수 있음을 시사한다.

4) 단독성의 문학, 놀이로서의 문학

단독성은 공동체의 법으로 수렴할 수 없는 고유명으로서의 특질이다. 놀이의 법이 공동체의 법으로부터 무관심하다는 사실은 놀이의 규칙이 가진 단독성을 환기시킨다. 앞서 말했듯, 단독성은 공동체에 타자를 도입

연구로는 최유찬, 『컴퓨터 게임과 문학』, 연세대출판부, 2004가 있으나, 컴퓨터 게임에 대한 서사적 접근이 주가 되고 있다는 점에서 여전히 한계를 갖는다. 컴퓨터 게임과 인터페이스에 관한 해명에 대해서는 후속 작업으로 남겨두기로 한다.
9) 김석준, 「애련로 가는 길-시적 놀이와 시인의 욕망」, ≪시안≫ 2007년 가을호, 시안사, 21쪽.

함으로써 성립한다. 놀이는 공동체의 법에 무관심한 한, 공동체의 타자이다. 더욱이, 놀이의 규칙은 놀이에 참여한 자들에 의해 상호 이해됨으로써만 준수될 수 있다. 다시 말해, 놀이는 특정한 규칙을 전제하고 이를 타자에게 강요함으로써 성립하는 것이 아니라 놀이참여자들(타자) 간의 상호 합의에 의해 계속적인 규칙의 생성을 통해서만 유지될 수 있다. 놀이는 타자의 도입을 통해서만 성립한다. 가다머가 놀이를 '중간태'라 부르는 것도 이러한 맥락과 상관관계에 있다.

가다머에 따르면, 놀이는 그 자체로서는 절대로 수행될 수 없다. 그것은 놀이를 수행하는 자에 의해서만 행해질 수 있다. 이런 점에서 놀이는 자기 목적적인 능동태지만, 동시에 놀이 수행자에 의해 수행되는 수동태이기도 하다. 그러므로 놀이는 능동태이자 수동태이며, 수동태이자 능동태인 '중간태'이다.10)

놀이가 '중간태'라는 사실은 놀이수행자들이라는 타자에 의해서만 놀이가 수행될 수 있음을 시사한다. 놀이는 특정한 법을 수행하고 이를 성취함으로써 끝나는 과정이지만, 이 때 수행해야 할 법은 놀이가 수행되는 과정 속에서 놀이수행자들에 의해 새롭게 생성되거나 사라질 수 있다. 설사 놀이를 수행하는 자가 혼자일 뿐이라 하더라도, 놀이의 규칙은 변할 수 있다. 놀이수행자라는 타자는 놀이가 수행되기 위한 필수이면서도, 동시에 놀이의 지속적인 수행 과정을 보장하지 못한다는 점에서 불안과 불편함을 야기한다.

그러나 놀이가 타자 없이 성립할 수는 없다는 이와 같은 '불안'한 사실은 놀이가 본질적으로 단독적이라는 사실을 증명한다. 놀이는 반복적으로 행해진다고 하더라도, 놀이참여자들에 의해 모두 다른 놀이로 행해진

---

10) 한스-게오르크 가다머, 앞의 책, 192-195쪽.

다. 똑같은 이름의 놀이를 행하지만 그 놀이가 똑같은 법을 준수하는 것은 아니다. 놀이의 단독성은 공동체의 법과 대비되면서, 놀이 참여자에게 단독성으로서의 놀이 경험을 가능하게 한다.

그럼에도 불구하고 놀이는 놀이 수행자로 하여금 놀이의 규칙 준수를 강요한다. 놀이의 규칙을 준수하지 않는 놀이 참여자는 사기꾼이거나 훼방꾼일 뿐이다. 문제는 놀이의 법을 준수하는 것이 결국 어떤 이데올로기에 대한 자발적인 봉사가 되는 것과 동일시된다는 사실이다. 물론 놀이는 자기목적적인 규칙 준수일 뿐, 다른 목적에 봉사하지 않는다. 그러나 놀이의 목적과 관계없이, 놀이가 지속되는 근거인 법을 자발적으로 준수한다는 것은 법이 내재하고 있는 이데올로기에 대한 형식적인 봉사를 하고 있음을 의미한다. 설사 놀이의 법이 전제하는 이데올로기가 놀이수행자의 신념과 배치된다 하더라도, 놀이수행자의 형식적인 봉사는 되레 그 이데올로기를 구축하거나 강화하는데 기여한다.[11]

그러나 놀이의 법은 현실의 법과 같은 연속성이 없고 위반에 의한 현실적 처벌도 존재하지 않는다. 놀이의 법은 언제든 철폐될 수 있고 언제든, 누구든 다시 제정하고 바꿀 수 있다. 놀이의 법은 자발적 강제이며, 그 자발적 강제로부터 놀이참여자들은 '재미'를 느낀다. 그러므로 놀이 참여자들에게 놀이의 법이 제공하는 이데올로기는 놀이가 끝나는 순간, 함께 끝난다. 놀이 참여자가 놀이의 법과 현실의 법 사이에 혼동을 일으키지 않는다면, 놀이의 이데올로기를 현실 이데올로기의 연장으로 사유해야 할 필요는 없다.

---

[11] 슬라보예 지젝이 적절하게 지적했듯, '냉소주의자'는 이데올로기의 잘못을 알고 있고 그에 대한 반감을 가지고 있음에도, 형식적으로는 그 이데올로기에 따른 행위를 하고 있는 자들이다. 그리고 되레 그런 형식적인 봉사가 이데올로기를 강화시킨다. 냉소주의를 극복할 수 있는 유일한 대안으로 지젝은 '안다'가 아니라 '한다', 즉 실천이라고 강조한다.

놀이가 현실로부터 무관심한 단독성을 가진 것이라면, 문학을 놀이로 보려는 시도는 문학의 단독성을 길어올리는 방법으로 이해될 수 있다. 근대문학이 독아론적인 함정에서 자유로울 수 없었다면, 타자를 도입하려는 시도를 통해 놀이의 법을 끊임없이 자각·갱신하는 '놀이로서의 문학'은 근대문학 이후에 대한 어떠한 통찰을 제공할 수도 있을 것이다. 놀이로서의 문학은 단순히 심심풀이용으로 소비되는 문학이 아니라, 주체/타자의 '가르치고 배우는 관계'[12] 설정을 통해 윤리적 지평으로까지 나아갈 가능성을 내포하고 있다. 거기서 우리는 근대문학이 강박적으로 지니고 있던 현실에 대한 압력으로부터 자유로우면서도, 근대문학이 수행하지 못했던 것, 은폐했던 것들을 역설적으로 드러낼 수 있는 가능태로서의 문학, 가능태로서의 글쓰기를 그려볼 수 있다.

2. 놀이로서의 시

1인칭 단일 화자에 의해 진술되는 시의 양식적 특질은 그 자체로 이미 독아론적이다. 거기에는 타자가 개입될 틈이 없으며, 타자에 의해 다시 씌어질 수 있는 가능성이 존재하지 않는다. '자아와 세계의 동일성'이라는 서정에 대한 일반적인 정의 역시 존재자의 단독성과는 거리가 멀어 보인다.

그러나 시의 근본적인 질료인 언어는 다른 언어와의 새로운 배치와 결합에 의해 시적 세계를 놀이 세계의 변이형태로 쉽게 전화시킬 수 있다. 더욱이 놀이의 법이 지닌 일시성과 즉흥성은 짧은 시의 형태에도 적합해

---

[12] 가라타니 고진, 송태욱 역, 『탐구1』, 새물결, 128-137쪽.

보인다. 근대문학의 종언이 곧 근대소설의 종언이라면, 상대적으로 시의 놀이적 특성에서 근대문학 이후의 단독성의 글쓰기를 찾을 수 있을 것이다.

다만 단독성의 시가 슈타이거의 정의에 부합하는 서정을 의미하는 것은 아니다. 슈타이거에게서 서정은 타자를 배제하고 있기 때문이다. 또한 문학을 어린 시절 놀이로부터 비롯된 창조적인 몽상으로 보는 프로이트의 견해나, 놀이의 주관적인 합목적성으로부터 미학의 개념을 길어내려는 칸트의 사유 역시 놀이와 문학(예술)의 관계에서 독아론적 함정을 내재하고 있다는 혐의에서 자유로울 수 없다. 그들은 놀이가 놀이참여자들에 의해 자유롭게 갱신될 수 있는 규칙 체계에 의해 작동된다는 점을 간과하고 있다. 그런 점에서 이 글은 그들의 '놀이' 개념과 궤를 달리한다.

법에 얽매이면서도, 법을 창조적으로 갱신하는 놀이로서의 자유로운 시들, 즉 시는 타자를 도입하는 놀이임을 자각하는 시편들에 이 글은 주목할 것이다. 시가 다른 언어와의 배치와 결합을 행하는 놀이임이 전면적으로 제시되고, 그 시적 수사의 놀이적 특성에 의해 나타나는 효과에 주목함으로써, 놀이로서의 시적 가능태를 탐구하는 것이 이 글의 목적이다. 그럼으로써 근대문학 이후의 글쓰기에 나타나는 '오락'으로서의 문학이 단지 후기자본에 항복한 문학만을 뜻하는 것이 아님을 증명하고자 한다.

1) 놀이의 자유와 시적 태도 – 이형기의 시론

한국문학에서 '순수/참여논쟁'만큼 뜨거운 쟁점을 생산했던 논의는 많지 않을 것이다. "문학의 자율성과 사회성에 관한 심화된 의식과 논리를 숙고할 수 있는 기회를 확보"[13]할 수 있었던 순수/참여논쟁은 궁극적으로 문학이 할 수 있는 것과 해야 하는 것에 대한 첨예한 논쟁적 대립의 과정들이었다. 그런데 중요한 것은 "민족사의 변혁과 진보에 대한 문학적 대응을 위한 문학전망을 치열하게 모색"14)하는 이와 같은 과정이 결국 '근대민족국가' 건설이라는 화두로부터 자유롭지 못했음을 역설적으로 시인해 왔다는 사실이다. 순수/참여논쟁은 일제 식민기, 한국 전쟁 등 한국 근현대사의 '파행적 근대성'을 넘고자 했던 4·19 이후의 자생적인 근대화 열망에 대한 문학적 대응 방식으로 이해될 수 있을 것이기 때문이다.

그러나 60년대 순수/참여논쟁이 문학의 '근대문학'적 특성을 자기 승인해 온 과정이라 할지라도, 순수/참여의 이분법적 도식에 갇히지 않고 문학의 오락적 성격을 정면으로 내세움으로써, 근대문학을 회의한 논의도 있었다. 이형기의 비평이 이에 해당한다.

있지도 않은 태평성대를 있었던 것으로 가정해 놓고 보면 자연 태평치 못한 시대도 있게 마련이다. 그렇게 想定된「태평치 못한 시대」는 장차의 태평성대를 준비하는 過渡期로서 흔히 역사의 橋梁이라고 불리우기도 한다. 이 다리를 건너가면 찬란한 행복의 彼岸이 기다리고 있다,고 믿는 사람들은 어떤「목적」을 세울 수 있을 것이다. 일단 목적이 세워지면 다음에는 一路邁進이 있을 뿐이다. 이 얼마나 놀라운 낙관인가. 온 별말씀. 역사에 內包된 불안과 위기와 절망을 感知함이 없이 태평성대의 행복과 안정을 구가할 수 있는 사람이면 몰라도 作家와 詩人, 적어도 문학인은 神經質이다. 좋게 말하면 豫言者的 기질이 많다고 할까. 그들은 역사에 대해, 오늘이 불행하고 절망적인 것과 마찬가지로 내일도 캄캄한 절망의 深淵뿐이라는 것을 잘 알고 있을 것이다. 그러니까 죽어버리고 말자는 것인가. 여기에 대해 반항적 인간은「노」라고 했다. 그래봤

---

13) 우찬제,「배제의 논쟁, 포괄적 영향」, 권영민 편,『한국문학 50년』, 문학사상사, 1995, 391쪽.
14) 고명철,『논쟁, 비평의 응전 −순수 참여 논쟁과 민족문학론의 쟁점들(1960~1979)』, 보고사, 93쪽.

자 별 수 없는 것을 잘 알면서도 여전히 「노」라고 말하는 사람들을 위해 문학이 필요하다고 나는 생각한다. 문학이라는 이름의 娛樂이-. 왜냐하면 그 오락은 절망적인 역사의 過中에서, 어떠한 불행에도 불구하고 어쩔 수 없이 살아가지 않을 수 없게끔 만드는 그 무엇, 이름지어 생명감이라고도 말할 수 있는 그런 것을 불어넣어 줄 것이기 때문이다.
 자신의 기능으로써 생명감을 중시하는 문학은 필연적으로 「정치주의」를 배격하며, 또 스스로 옹호해야 할 가치로서 「인간성」을 내세우게 되고, 그리하여 객관적으로는 「本領正系의 문학」이라는 이름을 지어 받을 수 있다. 이런 명칭에 감정적인 반발은 느끼는 사람이 있다면 그 대신 역사와 인생에 절망한 페시미스트의 노래라고 불러도 무방할 것이다.15) (밑줄 필자)

흔히 이형기의 이 글은 순수/참여의 이분법적 틀을 전제할 때, 순수문학에 대한 옹호로 읽혀진다. 이미 부제에서 '순수 옹호'를 천명하고 있으니 누가 보아도 순수문학적 입장에서 참여문학론에 대한 논박을 감행하는 것으로 읽혀질 개연성이 있다. 그러나 이형기가 말하는 '순수문학'에 대한 입장을 면밀한 이해 없이 단순히 '순수문학=탈정치학'16)으로 읽는 것은 그의 논지를 불성실하게 곡해하는 것이다.
 이형기는 우선, '순수=현실절연', '참여=정치적'이라는 이분법적 전제가 잘못이라고 지적한다. 이와 같은 이분법적 전제에 의해 "순수문학은 「정치와 절연」된 달밤에 홀로 피어나는 월견초 취급을 당하고 있다"고 항변한다. 그것은 '정치'와 '정치주의'를 구분하지 못한 데서 오는 편견이라는 것이다. 모든 문학은 정치적이지만, 문학을 정치적 목적을 위한 도구로 여기는 '정치주의'적이지 않은 문학도 있을 수 있다는 것이다. 즉

---

15) 이형기, 「文學의 機能에 대한 反省 - 「純粹」 擁護의 노트」, ≪현대문학≫ 1964년 2월호, 257쪽.
16) 고명철은 이형기의 논의가 김동리의 순수문학론을 답습하고 있다고 전제하면서, 이형기는 김동리의 순수문학론이 가진 정치성에 대한 의식조차 제대로 소화하지 못한 채, '순수문학=탈정치'라는 도식에 빠져 있다고 주장한다. (고명철, 앞의 책, 43-44쪽)

문학을 정치적 도구로 보는 정치주의적인 문학에 대해서, 문학은 현실적인 당면문제를 해결하는 방편이나 수단으로 기능하지 못한다는 정치적 입장도 존재한다고 그는 말한다. 그와 같은 정치적 입장을 가진 문학의 편에 서게 되면, 문학은 목적의식을 가지지 않는 '무력한 장난감'이 되며 '오락'이 된다고 주장한다.

그와 같은 주장의 배경에는, 문학이라는 도구를 통해 역사의 발전과 전진을 믿는 것은 허위에 가깝다는 생각이 깔려 있다. "태평치 못한 시대"에서 "태평성대"로 나아가기 위한 "一路邁進"의 과정을 상상하는 문학은 문학의 효용론을 지나치게 낙관하는 목적론적 문학일 뿐이라는 것이다. 문학은 진보와 발전을 위한 효과적인 수단으로 기능할 수도 없을뿐더러, 설령 그렇다손 치더라도, 목적론적인 문학은 "하나의「목적」다음에는 또하나의「목적」이 설정되고, 그리하여 영원한 목적의 산맥이 가로놓일 것"이기에, 그와 같은 생각은 "천진난만"하다고 말한다.

그러므로 문학은 차라리 모든 목적론적인 사고에 대해, "「역사의 전진과 발전」"에 대해, "부인"하는 것이 되어야 한다고 주장한다. 즉 "「반항적 인간」"으로서의 부정정신이야말로 문학이 행할 수 있는 유일한 기능이라고 역설한다. "반항적 인간"으로서의 문학은 아무런 현실적인 이득을 생산하지 않으면서도 행해지는 순수한 활동이기에 "오락"이 되며, "생명감"의 표현이 될 수 있다는 것이다.

4·19 이후, 자생적 근대화에 대한 열망을 문학적으로 구체화시키려는 다양한 과정이 순수/참여논쟁의 형태로 나타났다면, 이형기가 그 논쟁의 와중에서 제시하는 목적론적 문학 무용론은 곧 과격한 근대문학 무용론으로 등치될 수 있다. 문학은 무엇을 위해 봉사하거나 지시됨 없이 문학 자체만을 지시하는 비생산적인 잉여 활동, 즉 놀이("오락")일 뿐이라는

생각은, 순수문학주의자이든 참여문학주의자이든, 근대문학의 정립을 열망하는 논자들의 입장과는 거리가 있다. 그가 강조하는 것은 순수/참여의 이분법적 도식에서 어느 한쪽을 옹호하는 논리가 아니라 순수/참여의 논리가 전제하는 (근대)문학의 기능론에 대한 근본적인 회의이다

> 현실은 잘못되어 있다. 마땅히 뜯어 고쳐야 한다. 이 현실 개조의 욕망은 시인과 혁명가가 공유하는 부분이다. 그러나 두 사람은 손을 잡지 못한다. 혁명가는 제가 뜯어고친 새로운 현실을 지키기 위해 삼엄한 경비를 배치하지만 시인은 그러지 않는다. 뜯어고친 그 새로운 현실도 또 뜯어고쳐야 할 대상으로 보고 있는 것이 시인의 눈이기 때문이다. 혁명가와 시인이 갈라설 수밖에 없는 결정적인 차이는 이것이다.[17]

이 글에서 이형기의 '문학무용론'은 '영구혁명론'으로 나아간다. 혁명가가 단 한 번의 혁명을 준비하는 것과 달리, 문학가는 혁명의 영구적인 반복을 문학으로써 구현해야 한다고 그는 주장한다. 그는 참여문학의 혁명정신이 "제가 뜯어고친 새로운 현실을 지키기 위해 삼엄한 경비를 배치"하는 권력에의 욕망으로 전화될 수 있다는 사실을 놓치지 않는다. 그것은 문학이 혁명을 할 수 없다는 말이 아니라, 그 "새로운 현실도 또 뜯어고쳐야 할 대상으로" 봄으로써 특정한 혁명에 대한 권위와 가치를 부여하지 않아야 하는 것이 문학의 혁명정신이어야 함을 지적한 말이다.

이형기에게서 문학이 무기력한 놀이인 이유는 놀이가 순수하게 자신만을 지시하듯, 문학 역시 가치에 대한 순수한 회의 정신으로 일관하며, 어떠한 가치도 승인, 재생산하지 않기 때문이다. 그러므로 이형기의 논리는 단순히 참여문학론자들의 논리를 부정하는 것이 아니다. 또한 문학의 '현실 개조의 욕망'에 대한 관심을 포기한 논리도 아니다. 가치에 대한

---

17) 이형기, 「불꽃 속의 싸락눈 72」, 『절벽』, 문학세계사, 1998, 111쪽.

영구적인 부정이라는 순수한 자기 지시적 놀이를 통해 그는 근대문학적 열망이 지향하는 권위와 가치를 회의하는 것이다. 그것은 참여문학론자들이 지닌 현실 개조의 욕망을 긍정하면서도 그 욕망 또한 무가치한 것으로 수렴하는 놀이로서의 문학론을 수립함으로써 나타날 수 있었다.

만약 참여문학에 대한 '부정'이 순수에의 '긍정'으로 호명되는 이분법에 서부터 자유로울 수 있다면, 그의 놀이로서의 문학론은 순수/참여의 어느 편에도 귀속되지 않고 오히려 근대문학적 자장의 외부에서 다시금 내부를 들여다 본 단독적인 것이 될 수 있을 것이다.

> 그는 낭만주의자/ 새로운 내일을 꿈꾸고 있다/ 그의 좌우명은/ 저주받은 신탁/ – 해 아래 새로운 내일은 없느니라/ 없기 때문에 꿈꾸지 않느냐/ 떡갈나무와 개가 결혼을 해서/ 시인을 낳는 꿈/ 계란이 한 방으로/ 북한산 인수봉을 박살내는 꿈/ 콩고의 빈민굴이 폭설에 파묻힐 때/ 제설제를 팔아서 떼돈을 버는 꿈/ 섶을 지고 불 속으로/ 소금짐을 지고 물 속으로 들어가서/ 확실하게 실패하는 꿈/ 요컨대 그의 꿈은/ 백지 한 장이 제 허무의 수렁 속에/ 온갖 색채를 다 빨아들이고 마는/ 단순한 꿈이다.
>
> ―「단순한 꿈」 전문[18]

이 시에 나타나는 "그"의 "단순한 꿈"은 현실에서는 절대로 일어날 수 없는 '망상'에 불과하다. 그러나 시인은 "없기 때문에 꿈꾸지 않느냐"면서, 되레 이 "꿈"의 내용을 나열하고 있다. 없기 때문에 불가능한 것이 아니라 "꿈꾸"는 것이 가능하기 때문에 "낭만주의자"(=단독자)의 자유로운 꿈꾸기를 행할 수 있다. 그런데 화자는 이와 같은 꿈을 "저주받은 신탁"이라 한다. "내일을 꿈꾸고 있"다는 점에서 "그"의 꿈은 "신탁"이지만, "새로운 내일"을 예언하지 못하고 꿈으로써만 반복될 뿐, 현실적인

---

[18] 이형기, 『별이 물되어 흐르고』, 미래사, 1991, 140쪽.

가치를 생산할 수 없다는 점에서 그것은 "허무의 수렁 속"으로 빠져버릴 수 있는 것이다.

물론 이 시에서 자유로운 몽상을 하는 "그"의 꿈꾸기는 시인의 시쓰기에 대한 알레고리라 할 수 있다. 그것은 시인의 상상적 창조 작업과 쉽게 등치될 수 있기 때문이다. 꿈 속에서, 그리고 시 속에서 그/시인은 절대적인 자유의 경지에 도달하여 현실에서는 행할 수 없는 행위를 상상한다. 그것은 그의 시가 현실로부터 완전히 절연된 놀이인 까닭이다. 그런 점에서 "그"로 표상되는 시적화자는 단독자의 상상력을 펼쳐보이고 있다고 말할 수 있다.

그러나 그의 시론이나 시세계는 놀이의 완전한 자유로움을 추구함으로써 문학의 영구혁명을 상상하는 데에서 그쳤을 뿐, 타자를 도입한 놀이=시의 가능성을 탐구하는 데까지 나아가지는 못했다. 다시 말해, 그의 시에서 말하는 시의 자유로움, 시적 허무는 형이상학적 주관성에 머무를 수밖에 없는 한계를 노정했다. 놀이=시세계의 법칙이 타자에 의해 지속적으로 갱신 가능하며, 거기서 놀이와 현실 사이의 상호육욕적인 관계로까지 나아갈 수 있음을 그는 발견해내지 못했다. 놀이는 자유로움을 특성으로 갖지만, 현실의 법칙으로부터 자유롭다는 의미에서 자유롭다는 것일 뿐, 놀이의 세계가 전제하는 법칙을 준수할 때 나타나는 진지성을 성찰하지 않았다. 때문에 그의 시는 독아론적 함정에서 빠져나오지 못했다.

2) 언어놀이에서의 구성된 규칙

그렇다면 놀이의 규칙을 세워놓고, 이를 준수함으로써 시가 쓰여지는 경우도 있을까? 시의 질료인 언어를 현실의 언어규칙과는 다른 규칙으로 재구성함으로써 놀이로서의 시를 보여주려는 시도들에서 먼저 그 일례를 찾아볼 수 있다.

당신이 슬프고 맥주를 좋아한다면…// **모스크 바**(bar)에 가자 **모스크 바**에 가면 당대 최고의 가수 빅토르 최를 만날 수 있다 **제네 바**의 가수는 항상 **하이**디, 그녀는 요들송만 부른다 **바르샤 바**의 술값은 너무 비싸 위스키 한 잔에 **이스탄 불**(dollar)을 내야 한다 이쯤 되면 우리가 **모스크 바**에 가는 것은 당연해진다 **모스크 바**에 가기 위해선 우선 차가 있어야 한다 **카사블랑 카**(car)나 **알래스 카**보다는 니스 칠이 되어 있는 **스리랑 카**를 추천한다 **스리랑 카**를 타고 **오슬 로**(path)를 따라가다 보면 **암스테르 담**(fence)이 나온다 거기서 **이사 벨**(bell)을 누르면 십중팔구 세 명의 **브레멘**(men)이 나올 것이다 **모나 코**(nose)를 가진 이는 성질이 험하니 피하라 **퀘 백**(bag)을 메고 있는 골 **빈**(empty) 남자는 실권이 없다 남은 남자 하나는 분명 **네 팔**(arms)로 부지런히 **카트 만두**를 집어 먹고 있을 것이다 미리 마련한 **펠로폰네 소스**(sauce)를 만두 위에 골고루 뿌려 주어라 **레바 논**(field)에서 재배한 **예테 보리**(barley) 음료를 줘도 좋다 흥이 난 남자가 **헬싱 키**(key)를 건네주면 이미 반쯤은 성공한 셈이다 헬싱 키로 담에 나 있는 작은 문을 열면 **케임 브리지**(bridge) 너머로 **카이 로**(road)가 보일 것이다 장마 기간이라 **바 레인**(rain)이나 **나이로 비**(rain)가 내리고 있을지도 모른다 바닥에 **싱가 포르**말린이 흐르고 있으니 걸어갈 수는 없다 케임 브리지 입구에서 **로 마**(horse)나 **뮌 헨**(hen)을 빌려 타도록 하자 욕쟁이 할머니 한 분이 **블라디보스 토크**(talk)쇼를 보며 말리지 않은 **홍콩**(red bean)에 **에든 버러**(butter)를 발라 먹고 있을 것이다 고작 **프놈 펜**(pen) 몇 자루나 **몬테 비데오**(video) 한 편 가지고 할머니를 꾀긴 힘들다 할머니가 당신 면전에 정신없이 **미얀마** 같은 **뉴**(new) 욕을 퍼붓는 **사이**, 판을 벌여라 **베이 징**(gong)을 쳐 대거나 미친 듯이 **시카 고**(drum)를 두드리란 말이다 놀란 노인네는 필경 군말 없이 그것들을 빌려 줄 것이다 참, **로 마**나 **뮌 헨**은 잘 보고 타야지 그냥 **자카르 타**면 후회하기 십상이다 어떤 것들은 **부다 페스트**(pest)에 걸려 제대로 달리지 못하기 때문이다 **카이 로**를 반쯤 지날 무렵, **프라 하**(canal) 물을 대는 **안타나나리 보**(reservoir)가 나올 것이다 커다란 몸집의 **팔라 우**(cow)나 **바 하마**(hippo)가 **통 가**(song)를 부르며 **알 제리**(jelly)를 씹어 대고 있을지도 모른다 그곳을 순찰하는 **오만**의 **예 멘**(men)에게 **수단** 방법 가리지 말고 **카 타르**(tar)를 사도록 하자 **카 타르**는 거기서 **사 모아**야지 다른 데서 사려면 **카** 불(dollar)이나 **파푸아뉴 기니**(guinea)를 줘야 한다 이제 **카이로** ㄲ트머리에 있는 마지막 동굴만 지나면 된다 동굴 안으로 빛이 항 **시** 드니 그리스릴 있지는 않다 동굴 밖 **모스크 바** 앞에는 빅토르 최를 보러 온 **파리** 떼들이 **부산**을 떨고 있을 것이다 네 순서가 되면 얼굴을 덮은 **피지**(sebum)를 조금 짜 주거나 말초신경에 있는 **브뤼 셀**(cell)을 제시하라 그것이 오늘 밤 네 아이디다 **모스크 바**에 들어서면 짙은 담배 연기 사이로 빅토르 최가 얼핏 보일 것이다 **노르 웨**이터에게 아까 사 둔 **카 타르**를 건네주면 흔쾌히 담배를 말아 줄 것이다 맥주가 싫다면 **호주**나 **청주**, 온더록스위스키를 마셔도 좋다 **모스크 바**에서 물건은 어차피 **파나마**나다 **밀포드 사운드**(sound)를 들려 드리죠 젊은이들의 **동경**을 한 몸에 받는 빅토르 최가 말한다 **델리카토**(delicato)로 연주하겠습니다 힘을 좇는 자들에겐 그저 비아**그라나다**오 대신 우리에겐 자유를 주오…

―오은, 「말놀이 애드리브」 전문[19]

오은은 자신의 시가 "말놀이"이며, 그것도 즉흥적인 "애드리브"로 짜여졌다는 사실을 부인하지 않는다. 위 시에 진한 글씨체는 본래 지명(地名)이지만, 시인은 이를 다양한 사물과 사태들로 재맥락화시킨다. 이것은 시인이 이 시에서 정해놓은 놀이의 규칙이다. 시인은 지명을 다른 맥락으로 바꾸는 규칙을 충실히 준수하는 놀이를 행함으로써, 독자들로 하여금 그 규칙을 스스로 발견하는 재미를 느끼도록 이끌고 있다. 한마디로 시인은 이 시의 세계에서 법을 구축하는 입안자(立案者)의 역할을 담당하고 있다.

그러나 시인이 입안한 놀이의 법이 독자(놀이 참여자)에 의해 거부당하고 만다면, 그것은 더 이상 지속될 수 없는 놀이가 된다. 시인의 곤경은 여기에 있다. "말놀이"를 "애드리브"한, 가능한 많은 사례의 "애드리브"를 제시하지 않는다면, 시인이 제시한 규칙은 매우 협소한 문맥에서만 적용 가능할 것이기 때문이다. 그렇기 때문에 시인은 자신이 이 시에

---

[19] 오은, 『호텔 타셀의 돼지들』, 민음사, 2009, 15쪽.

적용한 규칙들을 굵은 글씨체로 부산스럽게 바꾸어야 하며, 되도록 긴 사례들을 제시함으로써 놀이 규칙의 보편화 가능성을 독자들이 의심하지 않도록 해야 한다. 시는 시인이 쓰지만, 그것이 놀이가 될 수 있는 것은 오로지 독자들이 그 속에 참여하여 같이 놀 수 있는 여건을 제시했기 때문이다. 타자를 도입함으로써 놀이의 규칙을 독자들에게 설득하지 못하는 언어는 독아론적이고 자기나르시시즘적인 것에 불과하다.

    어제는 오리라 하고/ 오늘은 토끼라 하고/ 내일은 기타라고 지껄이는// 입이면서 귀인/ 미친
                    —안현미, 「시인 한 글자처럼 발음할 것」 전문[20]

안현미 역시 독자(타자)를 도입한, 언어놀이의 한 예를 보여준다. '시인-신'이 갖는 유사음운적인 성격은 '오다-오리', '도망가다(토끼다)-토끼', '기다리다-기타'에서도 반복적으로 나타남으로써 독자들에게 놀이의 규칙이 된다. 그런데 이 시의 언어놀이에 참여한 독자는 이 짧은 시를 그저 짧은 의미로 환원시키지 못한다. 이 시를 놀기 위해서는 "시인"이면서 동시에 '신'인 시어를 읽어야 하며 동사이면서 동시에 명사인 언어를 포착해야 할 뿐만 아니라 그림과 시의 병치은유적인 관계까지도 고려해야 하기 때문이다. 때문에 이 시는 결코 짧지 않으며, 그 의미는 단순한 몇 구절로 환원되지 않는다. 이 시는 충실한 놀이참여자를 애매함 속에

---

[20] 안현미, 「이별의 재구성」, 창작과비평사, 2009, 62쪽.

빠뜨리는 놀이의 효과를 거두고 있다.

오은이나 안현미는 다 같이 기표-기의의 자의적 관계를 전제한 언어놀이를 보여준다. 그런데 오은이 언어가 사용되는 맥락을 반복적으로 바꾸어버림으로써 그 언어가 텅 빈 기표일 뿐임을 증명하는 데 집중하고 있다면, 안현미는 언어가 사용되는 맥락을 의미가 중첩되는 장(場)이 되게 함으로써, 한 문장이 동시에 몇 개의 문장이 되는 효과를 창출하게 하고 있다. 즉 비트겐슈타인의 오리-토끼 그림이 오리이면서 동시에 토끼인, 그래서 오리 그림이 아니라 할 수도 없고 토끼 그림이라 할 수도 없는 선택 불가능한 곤경을 제시했듯, 시인은 오리-토끼 그림에 대한 비평이면서 시인론일 뿐 아니라 종교론이기도 한, 판정하기 어려운 다겹의 의미를 제시한다. 그리하여 언어놀이의 규칙에 성실하게 합의하는 독자일수록, 더욱 이 시가 제시하는 애매함에 미혹되고 만다. 안현미의 시는 놀이의 규칙을 제시하는 주체(시인)와 그 규칙을 발견, 생성, 변경하는 타자(독자)의 관계 속에서 사유되어야 하는 놀이임을 분명하게 인식하고 있는 것이다.

3) 현실로 삼투하는 놀이로서의 시

앞서 말한 바처럼, 놀이의 세계는 현실과 절연되어 있다. 놀이로서의 시는 현실을 반영해야 한다는 강박을 지닐 필요 없어, 놀이 세계의 구성된 법을 발견, 구성하는 데 충실할 뿐이다. 그러나 놀이 세계의 규칙이 현실 사태를 지시함으로써, 놀이와 현실의 이분법적 구분을 무화하는 경우도 있다. 안현미의 다음 시는 그 예가 된다.

저녁을 훔친 자는 망루에서 펄럭거리는 깃발에 피를 퍼부었고, 권력과 자본의 화친은 미친 화마를 불러왔다// 북적이는 시장 사람들의 소리를 들으며 지혜롭게 늙어가던 포도나무는 철거용역들이 함부로 휘갈긴 빨강 래커 스프레이 해골들만 득시글득시글거리는 철거촌에서 포클레인에 찍혀 죽었다// 한 번 태어났지만 돈이 없으면 두 번도 세 번도 죽어야하는 세상/ 저녁을 훔친 자들만의 장밋빛 청사진/ 뉴타운천국// 두껍아 두껍아 헌집 줄게 새집 다오!/ 두껍아 두껍아 내 집 주니 셋집 주네?// <u>풀 풀 풀 정치도 없이</u>/ <u>뿔 뿔 뿔 정체도 없이</u>// 어떤 사람들은 어느날 느닷없이 왼손을 잘리고 남은 생을 오른손잡이로 살아가야 하는 왼손잡이처럼, 자신의 뿌리를 잘리고 남은 생을 자신의 뿌리 바깥에서만 살아가야 한다
—안현미, 「뉴타운천국」 전문21) (밑줄 필자)

이 시는 주지하다시피, 2009년 벽두에 "권력과 자본"이 "미친 화마를 불러"온 용산학살을 모티프로 하고 있다. 현실에 대한 엄정한 비판을 감행하는 이 시는 언뜻 상상력의 자유로운 놀이로서의 시와는 거리가 있는 것처럼 보인다. 이 시에 나타난 심각한 현실 인식은 재미를 추구하는 놀이로 치환하기 어려워 보인다.

그러나 이 시의 현실 비판적인 태도는 언어놀이에 기반하고 있다. 즉 시세계의 놀이규칙에 의해 현실의 부조리가 환기되면서, "자신의 뿌리를 잘리고 남은 생을 자신의 뿌리 바깥에서만 살아가야"하는 현실 비판적 발언은 힘을 얻게 된다. 필자가 밑줄을 그은 부분을 살펴보자. 이 시가 놀이를 수행하고 있음을 단적으로 증명하는 이 표현은 단순히 유사한 음운의 연쇄에 근거한 언어놀이를 넘어서 있다. '풀—뿔'은 이 시에서 표현되지 않은 '불'을 환기하며, '정처-정체'는 이 시에서 표현되지 않은 '정치'를 환기한다. 반어적인 제목, "뉴타운천국"에서 지옥과도 같은 '불'을 번지게 한 '정치'의 부재("없이")를 이 시의 언어놀이는 표현하지 않으면서 표현하고 있다.

이와 같은 언어의 환기는 동양의 고전 시학에서 말하는 '흥(興)'의 기법

---

21) 안현미, 위의 시집, 46-47쪽.

과 유사해 보인다. '흥'의 기법을 정의하는 데서 여러 논란이 있기는 하지만, 흥이 "문맥의 의미에서 스스로 해석되어 있기에, 따라서 말하지 않는다(實興也 文義自解 故不言之)"22)라는 설명에 부합하는 것이라면, 두 대상 간의 유사성을 바탕으로 하는 비유('比')와는 다른 시적 기법임을 확인할 수 있다.

그런데 이 시에서 사용된 '흥(興)'의 기법이 적확한지의 여부는 그리 중요하지 않다. 다만, 놀이참여자의 놀이 규칙 발견과 구성에 의해 시인이 의도한 현실 비판의 맥락이 환기될 수 있다는 점이 중요하다. 놀이의 세계는 현실과 절연되어 있지만, 놀이의 법은 때로 현실을 환기함으로써, 놀이가 현실로 삼투하는 효과를 낳을 수도 있는데, 이 시는 '흥(興)'의 시적 기법을 통해 그와 같은 효과를 담보하고 있다.

함기석의 시적 놀이 또한 현실로 삼투하는 효과를 노린다. 그러나 그는 기법적 차원이 아닌, 메타적 차원을 환기한다.

<u>내가 편의점 앞 1행을 지날 때 하늘엔 노란 택시</u>/ <u>내가 미용실 옆 2행을 지날 때</u> 떠다니는 나무들/ 내가 교차로 뒤 3행을 지날 때 날아가는 사람들// 내가 말을 타고 러브호텔 성당으로 들어갈 때/ <u>1행 앞에서 유방들이 떠오르고</u>/ <u>2행 옆에서 가발들이 날아오르고</u>/ <u>3행 뒤에서 달걀들이 시계들이 날아오르고</u>// 내가 말의 입술에 내 입술을 포갤 때/ 지하실엔 구름 옥상엔 흔들리는 해초들/ 내가 말의 유두를 톡톡 건드릴 때/ 굴러가는 집 굴러가는 역 굴러가는 공항/ 내가 말의 음핵을 톡톡 건드릴 때/ 우주는 굴뚝 당신은 세계는 사라지는 연기// 내가 말과 섹스할 때/ 내가 말과 성당에서 알몸으로 엉켜 통음할 때/ 시간은 납처럼 녹아 허공을 흐르고/ 하늘엔 태양이라는 외눈박이 개
―함기석, 「말과 섹스하는 남자」 전문23) (밑줄 필자)

---

22) 「後漢書 鄭玄傳」, 여기서는 안성재, 「比, 興과 顯, 隱 관계 고찰」, 「수사학」 제8집, 한국수사학회, 2008.03, 251-252쪽에서 재인용.
23) 함기석, 『뿔랑 공원』, 랜덤하우스, 2008, 46-47쪽.

함기석은 수학에 대해 깊은 관심을 표명하는 시인이다. 그는 다음과 같이 말한다. "위상수학의 세계는 한 마디로 중심이 사라진 무한의 세계고, 자유와 변형이 마음껏 펼쳐지는 이상하고 신비로운 세계다. 아이들의 상상력이 자유분방하게 펼쳐지는 나라라 할 수 있다."24)

말하자면, 그에게 수학을 도입한 시쓰기는 자유분방한 놀이의 상상력을 펼쳐보이는 계기를 제공한다는 것이다. "상상적 우주를 체험함으로써 수학의 확장을 통해 공간의 확장, 시간의 확장, 우주의 확장, 나아가 미래와 운명의 확장을 시도"25)하려는 그의 시쓰기는 위 시에 필자가 밑줄 그은 부분에서 특히 잘 드러난다. 즉 위 시에서 진술되고 있는 평면적인 지면(紙面)의 1행은 "편의점 앞"의 입체공간으로 바뀌면서, 동시에 "하늘"과 땅("편의점 앞")의 수직적 조응을 보여준다. 더욱이 시의 1행과 "1행"이라는 진술의 상호 겹침은 현실과 시세계의 공간적 절연을 무너뜨리고, "1행 앞에서 유방들이 떠오르고"와 같은 표현에서 보듯, 행과 행 사이의 경계를 와해한다. 2행에 대한 "2행"이라는 진술, 3행에 대한 "3행"이라는 진술 또한 경계에 대한 관념적 구분을 근본적으로 무너뜨리면서, 공간의 연속적·입체적 사유를 펼쳐 보인다. 그리하여 이 시는 시를 현실에 삼투시켜 확장하려는 메타적 입장을 보여준다.

시인이 보여주는 이와 같은 공간 사유의 방식은 두 말할 나위 없이 놀이 법칙의 산물이다. 1행과 "1행", 2행과 "2행", 3행과 "3행"을 배치하는 반복된 놀이 형태는, 지상과 공중에 새롭게 사물을 배치하거나, 정주와 이동·존재와 소멸·시간과 공간·언어와 사물을 다르게 "통음"시키고 "녹아" "흐르"게 하는 변이형태로 나타나고 있다. 사물과 언어를 배치하는 놀이로서의 시를 통해 시인은 현실과 시의 구분을 철폐하고 시를 현실로

---

24) 함기석, 「추상 세계를 응시하는 두 개의 눈」, ≪딩하돌하≫ 2010년 여름호, 177쪽.
25) 함기석, 위의 글, 184쪽.

확장하려는 자유 의지를 보여준다.

3) 현실과 놀이의 배치된 관계

놀이 수행자는 놀이의 목적을 달성하기 위해 놀이의 규칙을 능동적으로 준수한다. 놀이의 규칙이 합의되지 않거나 규칙의 준수에도 불구하고 놀이 세계에서의 변화가 감지되지 않으면, 놀이 수행자는 놀이에 대한 흥미를 잃고 언제든 그만두어 버린다. 놀이 수행자가 놀이의 규칙에 대한 흥미와 관심을 갖지 못함에도 불구하고 계속해야 하는 놀이가 있다면, 그것은 더 이상 놀이가 아닌 노동이다.

박진성에게 시쓰기는 병과 동일시된다.[26] 병이라는 현실과 시쓰기는 서로 다른 사태를 가리키는 말이 아니다. 그의 시쓰기는 놀이하기이다. "그는 시집 전편에 걸쳐 언어와 논다"[27] 그렇다면 그에게 현실=병=시=놀이이다. 박진성이라는 실존적 주체와 시적 화자는 그의 시에서 구분되지 않는다.

그의 시쓰기는 현실을 대타항으로 둔, 자유를 상상하는 놀이도, 병을 치료하기 위한 약제도, 고통을 배설하기 위한 화장실도 아니다. 그를 중압하는 현실의 법은 놀이=시의 법이며, 그는 그곳에서 빠져나온 메타적 위치를 상정해내지 못한다. 실존의 죽음이 아니라면, 그는 스스로 놀이를 중단하고 리셋(reset)하지 못한다. 따라서 그는 놀이=현실의 규칙을 능동적·자발적으로 준수할 수 없다. 그의 시를 읽는 독자가 손을 놓아버리는 이유도 여기에 있다. 시인은 규칙의 자발적 준수가 불가능한 놀이를, 규

---

[26] "문제는 언어다. 우울증이라는 언어가 우울을 재생산하고 발작이라는 말이 발작을 일으킨다."(박진성, 「병시(病詩), 이후」, ≪오늘의문예비평≫ 2009년 봄호, 197쪽)

[27] 전동진, 「바깥을 경험한 자의, 혹은 무용담」, ≪오늘의문예비평≫, 2009년 봄호, 223쪽.

칙을 변경하거나 재구성하기 불가능한 놀이를 놀이의 규칙으로 독자에게 '강요'하고 있다.

귀하의 우울은 어느 정도인지 검사하여보십시오. 한 문장도 빠짐없이 성실하게 답하셔야 정확한 진단을 통해 진정한 도움을 드릴 수 있습니다.

증상	답변
1. 슬프고 기분이 울적하다	봄밤이오 지상의 꽃들이 공중으로 휘발하고 싶어 안달이오 나는 휘황하게 슬프고 찬란하게 울적하오 기름을 휘발유를 부어주오 내 허공에 매달려 지지 않는 꽃이 되오리다 꽃이 못 되어 오늘 밤은 슬프고 울적하오, 우주적 기분이외다
2. 자살을 생각한 적이 있다	오동도에 갔었는데 용굴 입구에 서 있었는데 낭떠러지로 동백꽃이 다투어 투신하는 거였는데 바닷물에 처-얼-썩, 둥둥, 꽃잎들이 떠다녔는데, 서로의 몸을 밀며 어딘가로 출항할 준비를 하고 있더랬는데 동박새도 제 울분에 취해 뱃고동 같은 핏물 울음 우는 거였는데,
3. 벌을 받고 있다는 생각이 들 때가 많다	새벽까지 겨울까지 버티고 섰는 나무. 울음을 다 받아먹으며 더 밝아지는 응급실 불빛. 출렁이는 꿈틀대는 도무지 가만있질 못하는 강의 물알갱이들. 땡볕에 그을리고 있는 그림자, 들끓는, 너의 그림자. 나는 나무요 불빛이요 물이요 그림자요 죄요
4. 쉽게 화가 나고 짜증이 난다	꽃 지면 꽃잎 뒹구는 자리마다 피어나는 그림자만큼 뒤척이며 나무에다 대고 꽃울음 울며 화를 낼 테요 꽃잎 밟으며 봄인지도 모르고 보름달 떠도 두근두근 없이 밤 건너는 자들에게 짜증을 낼 테요 손 잡아주면 살갗으로 웃고 손 놓으면 서러운 짐승이 될 테요 일희일비하는 족속이요 나는,
5. 외모가 추하다고 생각한다	아무렴, 식물의 호흡법으로 제 몸을 닦는 저 꽃, 저 나무, 저 연못에 비하면 내 몸뚱이는 추할 수밖에요,
6. 불면으로 고생하며 잠을	노오란 네 꽃잎이 필라고

개운하게 자지 못한다	간밤에 무서리가 저리 내리고 내게는 잠이 오지 않았나 보다 —서정주, 「국화 옆에서」
7. 어떤 일을 판단하고 결정하기가 어렵다	술만 먹으면 약 달라는 사람이 있어 술잔에 동동 띄워줄까 아작아작 씹어 오렌지 위에 얹어줄까 마요네즈 찍어 노가리뼈에 놓아줄까 그도 아니면 내가 업고 병원에 갈까 갈까 끌고 갈까 내 넋이 취해서 같이 앓는 수밖에 술만 먹으면 들끓는 영혼이 있어
8. 성(sex)에 대한 관심을 잃었다	웬걸요, 저 나무들, 죄다 발기한 거, 안 보입디까
9. 일상생활에서 만족하지 못한다	오정못 보고 있으면 수원(水原)이 궁금해져, 못 견디겠어, 제발, 내 언어야, 저 물 끝까지 가볼래 우주까지 네 마음까지, 단 한 번이라도, 가볼 수 있을까, 詩야, 감각아, 나의 나무야

수고하셨습니다.

인제대학교 서울백병원 신경정신과 ㅣ 02-2270-0063 ㅣ 홈페이지 바로가기

—박진성, 「우울증 자가 진단표」 전문[28]

우울증을 자가 진단하는 시인의 행위와 시쓰기는 동일하다. 실존하는 시인이 우울증을 자가 진단해야 할만큼 자신의 병을 자각하는 자라면, 이 시의 화자(또는 우울증 자가 진단표 작성자) 또한 마찬가지다. 화자는 "증상"에 대한 성실한 "답변"을 작성하면서도 그 답변은 시적 사유와 동일시된다. "서정주「국화 옆에서」"의 한 구절을 굳이 인용하고 있는 것도 시인과 시적 화자의 구분을 무화시키는 중요한 근거가 된다. 다시 말해, 작성자의 성실한 답변 작성이 시가 되고 있는 사태를 통해, 이 시가 진단표 작성문이면서 동시에 한 편의 시임을 확인할 수 있는 것이다.

28) 박진성, ≪실천문학≫ 2009년 여름호, 88-90쪽.

그것은 이 시가 시적 세계와 현실 세계의 구분이 철폐되어 있음을 뜻하는 것이다. 현실의 박진성이 우울증 자가 진단표를 작성하고 있다면, 시속의 화자 역시 우울증 자가 진단표를 작성하고 있다. 시적 세계와 현실 세계는 위계적인 구분이 불가능하고, 따라서 우울증 자가 진단 놀이는 시적이면서 동시에 현실적인 것이 된다. 문제는 이 놀이에 작동하는 규칙이 "병"이라는 사실이다.

시적 세계가 놀이 규칙으로서 "병"을 전제하는 것이라면, 놀이와 현실이 엄격히 구분되고 있다는 전제 하에서, 시인은 그 놀이의 규칙에 동의하지 않을 때, 언제든 빠져나올 수 있다. 그러나 박진성에게, 시적 세계와 현실 세계는 똑같은 법이 작동하고 있다. 철폐할 수 없는 놀이=현실의 규칙이 그를 옭아매고 있는 것이다. 독자가 보는 규칙은 바로 그것이다. 현실=놀이이며, 규칙에서 자유로운 메타적 입장을 상정하지 못하는 놀이의 규칙, 말이다. 박진성의 고통이 단지 시적 포즈로서의 고통이 아닌 이유는 여기에 있다. 시인은 자신의 고통을 통해 공감의 공동체를 형성하는 것이 아니라 놀이 규칙의 메타적 입장 상정의 불가능성을 제시함으로써 독자로 하여금 강제로 그의 고통과 동일시하도록 만든다. 그의 고통에 동의하든 동의하지 않든, 그의 시를 읽는 과정은 독자로 하여금 고통에서 빠져나올 수 있는 어떠한 위치도 제공해주지 않고 있는 것이다.

경찰은 그들을 적으로 생각하였다. 20일 오전 5시 30분, 한강로 일대 5차선 도로의 교통이 전면 통제되었다. 경찰 병력 20개 중대 1600명과 서울지방경찰청 소속 대테러 담당 경찰특공대 49명, 그리고 살수차 4대가 배치되었다. 경찰은 처음부터 철거민을 사람으로 생각하지 않았다. 한강로 2가 재개발 지역의 철거 예정 5층 상가 건물 옥상에 컨테이너 박스 등으로 망루를 설치하고 농성중인 세입자 철거민 50여명도 경찰을 사람으로 생각하지 않았다. 대신 최후의 자위책으로 화염병과 염산병 그리고 시너 60여통을 옥상에 확보했다.

6시 5분, 경찰이 건물 1층으로 진입을 시도하자 곧바로 화염병이 투척되었다. 6시 10분, 살수차가 건물 옥상을 향해 거센 물대포를 쏘았다. 경찰은 쥐처럼 물에 흠뻑 젖은 시민을 중요 범죄자나 테러범으로 생각하는 듯했다. 6시 45분, 경찰특공대원 13명이 기중기로 끌어올려진 컨테이너를 타고 옥상에 투입되었다. 이때 컨테이너가 망루에 거세게 부딪쳤고 철거민들이 던진 화염병이 물대포를 갈랐다. 7시 10분, 망루에서 첫 화재가 발생했다. 7시 20분, 특공대원 10명이 추가로 옥상에 투입되었다. 7시 26분, 특공대원들이 망루 1단에 진입하자 농성자들이 위층으로 올라가 격렬히 저항했고 이때 내부에서 벌건 불길이 새어나오기 시작했으며 큰 폭발음과 함께 망루 전체가 화염에 휩싸였다. 물대포로 인해 옥상 바닥엔 발목까지 빠질 정도로 물이 흥건했고 그 위를 가벼운 시너가 떠다니고 있었다. 이때 불길 속에서 뛰쳐나온 농성자 3, 4명이 연기를 피해 옥상 난간에 매달려 살려달라고 외쳤으나 아무도 그들을 돌아보지 않았다. 그들은 결국 매트리스도 없는 차가운 길바닥 위로 떨어졌다. 이날의 투입 작전은 경찰 한명을 포함, 여섯구의 숯처럼 까맣게 탄 시신을 망루 안에 남긴 채 끝났으나 애초에 경찰은 철거민을 사람으로 생각하지 않았으며 철거민 또한 그들을 전혀 자신의 경찰로 여기지 않았다.
—이시영, 「경찰은 그들을 사람으로 보지 않았다」 전문[29]

이시영의 이 시를 놀이라 말할 수 있을지 필자는 망설여진다. 놀이의 세계가 현실과 다른 법칙이 작동하는 시공간적 자장(磁場)을 가리키는 말이라면, 이시영의 위 시에는 놀이로 볼 최소한의 규칙도, 나아가 이 시를 시로 볼 최소한의 미학적 담보도 남겨두지 않을 만큼 어떤 근거도 상정해놓고 있지 않는 것으로 보이기 때문이다. 이 시는 '무기교의 기교'라는 '언어놀이'로 치환할 수 없을 정도로 날것의 언어, 그 자체를 보여주고 있다.

그러나 바로 그 점 때문에 이 시는 놀이로서의 시가 갖는 궁극을 보여준다 할 것이다. 놀이가 현실로부터 절연되어 있는 것이라면, 그러한 규칙마저 깨버리는 놀이, 놀이=현실이 되면서 동시에 놀이도, 시도, 현실도

---

[29] 이시영, 『경찰은 그들을 사람으로 보지 않았다』, 창비, 2012, 90-91쪽.

아닌 단독적인 그 무엇으로 가정될 수 있는 것. 인간 인식의 상징적 체계 안으로 포섭되지 않는 현실체로서의 보편성에 가 닿을 수 있을 지도 모른다는 예감을 갖게 하는 그것. 궁극적인 실재(Real)를 지향하는 언어의 놀이는 어쩌면 위와 같은 시와 가깝지 않을까 생각된다. '용산참사' 또는 '용산학살' 등과 같은 수렴 가능한 특수성의 언어보다 "20일 오전 5시 30분, 한강로 일대 5차선 도로의 교통이 전면 통제되었다."로 시작하는 위 시의 수렴 불가능한, 그러나 존재한 사태를 기술한 언어가 사태를 지시하는 더 적확한 언어일 것이기 때문이다. 그 언어는 다른 언어로 바꿀 수 없는 언어, 바꿀 수 없는 사태를 지시하는 언어인 까닭이다. 그러므로 시인은 지금 시를 쓰고 있는 것이 아니라 단독적인 실재를 보여주고 있으며 수렴되지 않는 사태를 우리에게 보여주고 있는 것이다.

3. 시적 놀이의 가능성

　시를 놀이로 파악하는 것은 근대문학적 경험 바깥에 있는 것이었다. 한국 근현대사의 질곡과 맞물려, 한국 문학은 그에 대한 문학적 대응 방식을 마련하기에 바빴으며, 이는 고스란히 문학과 현실의 대타적 관계를 상상하게 했다. 문학은 현실에 대해 발언함으로써 현실의 부조리를 폭로하고, 교정하며, 현실에서 말하지 못하는 무엇을 말하는 책무를 담당하고 있었던 것이다. 때문에 문학의 놀이적 특성을 말한다는 것은 경박스럽고 진정성이 결여된 것으로 쉽게 치부될 수 있었다.
　2000년대 이후 한국 문학은 현실에 대한 강박으로부터 상당히 자유로운 미적 특질을 구현하고 있다. 현실을 '쿨'하게 받아들이는 문학적 상상력은 단순히 몇몇 젊은 작가에만 한정된 수사가 아니라, 문학에 대한 근본적인 질문을 다시 던짐으로써 도출되고 있는 것 같다. 문학이, 시가 놀이임을 자각하는 작품들이 쏟아져 나오고 있는 것은 단지 진정성이 사라진 문학의 경박화로 치부될 수 없는 것이다.

그러나 놀이로서의 문학은 단지 자유로운 상상력의 문학과 동의어일 수는 없다. 놀이는 자유로운 상상력을 보장하면서도 동시에 규칙을 강박적으로 준수해야 하는 까닭이다. 놀이가 자유와 동일시되는 것이라면 그것은 상상적 관계 속에 머문 자위적인 현실도피라는 혐의를 벗어나기 어렵다. 2000년대 초 '미래파'라는 이름의 괴이한 시편들이 출현했을 때, 그 시편들이 보여준 발랄한 상상력은 놀이가 지닌 자유스러움이라는 한 측면을 강조하고 있었지만, 규칙의 자발적 준수라는 또 다른 중요한 측면은 놓치고 있었다. 놀이는 언뜻 상상적 이자 관계처럼 보이지만, 놀이가 지속되기 위해서는 규칙의 자발적 준수라는 상징적 질서 체계가 작동해야 한다는 사실을 그들은 인지하지 않았다. 그리하여 그들의 시적 놀이는 자폐적인 위안의 언어들이 축제를 벌이는 장소가 될 가능성이 농후했다.

그 이전, 80년대 황지우나 박남철의 시편들이 보여준 파격적인 언어놀이 또한 시를 놀이로 파악하는 사고의 소산으로 이해될 수 있었다. 그들의 시편은 시적 세계가 현실로 침투하게 하는 방법을 알고 있었고 일정 부분 성공을 거두고 있었다. 이를테면, 황지우의 「묵념, 5분 27초」나 박남철의 「독자놈들 길들이기」는 시적 세계가 현실로 개입되는 효과를 놀이 규칙의 준수라는 측면에서 효과적으로 풀어내고 있었다. 그러나 그들의 시는 현실의 부조리를 시적 동기로 하면서, 놀이가 현실을 어떻게 균열낼 수 있을 것인지에 대한 기법적 가능성을 실험하는데 주로 몰두하고 있었다. 요컨대, 그들의 시에서 놀이적 특성은 그 자체로 목적이 되는 가치가 아니라 수단적 가치로 인지되었던 것이다. 그것은 현실의 부조리가 더 이상 수면으로 떠오르지 않게 된 90년대 이후, 그들의 시적 엄숙함이 화엄의 세계를 자주 호출하게 한 이유가 되기도 할 것이다. 그것은 역설적으로 그들의 시편이 근대문학적 자장 안에서 자유롭지 못했다는 사실을 증명하는 것이기도 하다.

놀이는 자유로운 상상력을 발휘하는 공간으로 주어지는 것이자, 규칙을 함께 구성해가고 준수해가는 과정이다. 놀이로서의 시는 그와 같은 놀이 의식의 산물로 이해될 수 있다. 뿐만 아니라, 놀이의 자유로움과 규칙 준수는 놀이의 현실 침투 가능성, 나아가 놀이=현실이 될 가능성까지 담보할 수 있다. 이형기의 문학무용론에서부터 이시영의 실재(Real)에의 충동에 이르는 시편에 이르기까지, 놀이로서의 시가 지닌 스펙트럼은 그만큼 넓은 외연을 지니고 있다. 그것은 문학이 더 이상 근대라는 틀 속에 갇혀 있을 수 없다는 것, 그리하여 문학은 그것을 뛰어 넘은 글쓰기를 지향하고 있다는 것, 거기서 근대 문학 이후의 글쓰기는 계속될 수 있으리라는 예감을 우리는 받을 수 있게 되는 것이다.

호모 루덴스를 변호함

1. 놀이의 소외

전근대에는 노동과 놀이가 엄격히 분리되어 있지 않았다. 농민들은 노동과 놀이의 통합적인 인식을 바탕으로 노동생산성과 토지생산성을 제고했을 뿐 아니라 노동의 고됨을 재미와 자발성으로 중화시켰다. 그리하여 일하면서 놀고, 놀면서 일하는 '농업놀이'가 가능했다.

하지만 오늘날, 많은 노동현장에서 노동과 놀이는 엄격히 구분된다. 작업현장에 노동요가 없다는 사실은 이를 잘 알려주는 표지이다. 심지어 도시 근교의 논과 밭에서 일하고 있는 농부들조차도 묵묵히 제 할 일을 할 뿐이다. 노동자들이 주체가 되는 '노동가'가 존재하기는 하지만 그것은 어디까지나 노동자로서 삶의 고달픔과 현실에 대한 비판적인 인식, 나아가 현실 개선의 의지를 담은 내용으로서 특정한 환경 안에서만 가창되거나 들을 수 있다. 전근대적인 의미에서와 같이 노동의 고됨을 달래고 토지생산성을 제고하기 위해 노동자 스스로가 만들고 가창하는 노래는 더 이상 존재하지 않는다. 노동이 노래('노래'는 '놀+애'의 결합어로 그 어원은 '놀이'와 같다)와 더 이상 결합되어 있지 않은 현상에서 노동과 놀이의 엄격한 시간적·공간적 분리를 떠올리는 것은 차라리 직관적이다.

우리가 누리고 있는 모든 근대물질문명은 노동(력)이 그 근원적 토대를 구축하고 있으며, 우리는 시간과 맞바꾼 노동력의 산물로 문명의 혜택을 누리고 있다. 화폐로 교환된 노동의 대가를 가지고 우리는 노동 외의 시간을 여가로 엄격히 분리하는 데 사용하고 있으며, 그 과정에서 누군가의 노동의 산물을 아낌없이 소비하고 있다. 한마디로, 노동은 근대 이후 우리 삶의 토대이자 노동 시간 이외의 시·공간을 보장받는 유일무이한 가치를 가진 활동이다. 물론 그것은 노동의 대가로 얻어진 '화폐'를 매개로 한 활동이라는 점은 두 말할 나위가 없다. 그런 점에서 우리 문명을 노동중심사회라 말해도 크게 틀리지 않을 것이다.

이를테면, 노동계의 당면한 요구가 노동 시간을 줄이고 노동 시간에 대한 충분한 금전적 보상(이를테면 최저임금의 인상)에 집중하고 있는 것에는 노동의 의미와 가치가 문명의 유지와 진전에 있어 가장 지배적인 이데올로기이자 물적 토대임을 전제하고 있기 때문일 테다.

근대 이후, 노동 시·공간과 여가 시·공간의 엄격한 분리는 시·공간의 계획적 관리와 구축을 통해 노동 생산성을 향상시키고 노동-생산-여가-소비의 순환적 구조를 체계적으로 통합하는 데 성공하는 듯 보였다. 효율과 생산성의 노동시간과 소비와 휴식의 여가시간이 상호조응하면서 현대인의 삶을 지배하게 된 것이다. 그러나 노동-시간 체계에 내재된 갖가지의 이질성을 제거하거나 은폐하고 내적 모순을 해결하기 위해, 또한 노동중심사회의 완전한 구축을 위해 노동 시간의 외부에 있던 것으로 규정한 '여가'라는 공백의 시공간적 단위는 자본의 바깥에서만 존재해서는 안되는 것으로 여기게 되었다. 도리어 '여가'시간을 효율적인 자본

창출 수단으로 전화하기 위해 갖가지 장치들을 발명함으로써 여가 시간은 화폐와 교환 가능한 가치로 발견되고 전화되어야만 했다.

그리하여 노동 '현상'은 점차 놀이의 영역과 겹쳐지거나 유사한 양상을 띠게 되었다. 놀이가 지니고 있는 대상 목표에 대한 집요하고도 끈질긴 몰입감과 성취에 대한 욕망은 어떻게 하면 노동생산성을 향상시킬 수 있을 것인가를 고민하는 이들에게는 집요한 타깃이 될 수밖에 없는 운명적 특질임에 분명하기 때문이다. 주체가 자기 자신을 잃어버리고 철저하게 그 행위에만 집중하여, 그 행위의 순수하게 보존된 자기목적성에만 충실하게 시간을 소비하는 전형을 창조하는 것이야말로 생산수단을 소유한 계급이 노동자에게 이상적으로 요구하는 형상일 것이다.

놀이는 그와 같은 이상적인 전형에 부합한다. 놀이행위자는 스스로 물질적·정신적 재화를 소비하면서 현실로부터 유리된 시공간에 빠져든다. 그 안에서 행해지는 모든 과정들에서 잉여가치를 창출한다. 놀이행위자는 자신이 착취되었는지도 모르면서 착취된다. 말하자면 자발적 착취가 가능해지는 구조 안에서 '놀아난다'.

노동과 놀이가 자연스럽게 결합하던 전근대적 세계와 노동과 놀이가 엄격히 분리된 근대적 세계를 넘어, 다시금 노동과 놀이가 '자연스럽게' 근사값을 가지기 시작한 데에는 단순히 문명이 안겨준 물질적 풍요의 지반만으로는 설명될 수가 없다. 노동과 놀이의 결합 양상과 본질은 전근대의 노동/놀이의 그것과는 사뭇 다르다. 과거의 노동/놀이의 결합이 놀이의 신성성에 바탕을 둔 결합이었다면, 지금의 노동/놀이의 결합은 이처럼 놀이를 수단적 가치로 절하하는 관점을 취하고 있다. 자본주의가 노동의 결과만을 절취하려 한다면, 그것은 또한 놀이의 결과만을 이득의 창출 여부로 문제 삼으려 한다. 그런 점에서, '노동의 소외'만큼이나 우리는 놀이에 대해서도 점차 '소외'당하고 있다. 현실의 놀이세계가 자본시장의 원리에 더 크게 예속될수록 놀이의 긍정적 기능은 강조되지만, 동시에 놀이의 본질은 훼손되는 아이러니가 발생한다.

노동과 놀이의 관계에 대해 새로운 정립이 요청되는 이유가 여기에 있다. 여가, 나아가 놀이는 무기력하게 자본의 이익 창출 수단으로만 전락해야 하는가? 목적 지향적이고 의무적이며 유용성만을 추구하는 노동 행위를 놀이라는 무목적적이고 자유로우며 무용한 것을 추구하는 행위인 것처럼 보이게 하는 우리 시대의 노동/놀이 관계의 기만과 착각으로부터, 어떠한 감각의 전화가 요구되어야 하는지 생각해 볼 필요가 있다. 그런 점에서 놀이를 문명 발생의 요체로 생각한 요한 호이징하를 다시 살피는 과정은 여전히 긴요하다.

2. 신성한 놀이와 호모 파베르

"노동이 (그대를) 자유롭게 하리라"(Arbeit macht frei). 이 문장은 나찌 독일이 세운 유태인 수용소 정문 문짝마다 새겨져 있었던 표어이다. 언뜻 대조되는 듯 보이는 노동과 자유 사이의 역설. '호모파베르'(Homo Faber)의 극단적인 환상이 잔혹한 학살을 지지하는 가림막이 될 수 있음을 이보다 더 간명하게 드러내는 표지는 없을 것이다. 『호모 루덴스』의 저자 J.호이징하가 나찌에 반대해 72세의 나이로 수용소에 수감될 때에도 아마 저 문장을 보았을 것이다. 19세기 이후, 호모 사피엔스를 넘어 호모 파베르의 세계가 된 근대문명을 의문시하면서 "인간이나 동물에게 다 같이 적용할 수 있으면서도, 생각하는 것이나 만드는 것만큼 중요한 제3의 기능이 있으니, 이것이 "놀이하는 것"이다. "만드는 인간"과 이웃하는, 그러나 "생각하는 인간"과는 같은 차원에 속하는 술어로서 취급해야 할 것이 "놀이하는 인간"이라고 생각된다."[1]고 자신의 책 서문에서 주장했던 노학자에게 닥친 불행은 언뜻, 호모 루덴스에 대한 호모 파베르의 승리처럼 보인다.

그러나 노동과 자유를 폭력적으로 동일시 한 나찌가 수백만 명을 학살하는 끔찍한 죄악을 저질러 스스로의 파탄을 여지없이 증명했음을 우리는 잘 알고 있다. 호이징하는 『호모 루덴스』의 거의 끝부분에서 다음과 같이 현대문명에서 놀이의 정신이 타락하고 있음을 탄식한 바 있다.

> 습관들 중에서 군집의 습관이 아마 가장 강하고 또 가장 경계를 요하는 습관일 것이다. 이 습관은 가장 저열한 수준의 미숙성을 결과한다. 함성을 지르거나 그밖의 몸짓으로 인사하는 법, 휘장이나 그밖의 정치적 성격을 띤 잡다한 물품을 몸에 다는 것, 행진이나 특수한 걸음걸이로 걷는 일, 집단적 부두와 멈보-점보의 시시한 장광설 등은 모두 군집의 습관의 결과들이다. …(중략)… 천박한 레크리에이션, 거친 센세이셔널리즘에 대한 만족할 줄 모르는 갈증, 대규모 집회, 대규모 시위, 행진 등에서 느끼는 기쁨 등이 있다. 클럽은 아주 오래된 기구이다. 그러나 전국민이 클럽화하게 되면 그것은 재난이 된다.[2]

호이징하는 현대문명의 특징을 한마디로 '미숙성'(Puerilism)이라 부르면서 사춘기적 특성과 야만성의 혼합물이라 일갈한다. 그러면서 '미숙성'의 구체적인 예시들을 나열한다. 그런데 인용문에서 서술된 "천박한 레크리에이션, 거친 센세이셔널리즘에 대한 만족할 줄 모르는 갈증, 대규모 집회, 대규모 시위, 행진 등"은 마치 나찌당의 대규모 퍼레이드를 보고

---

[1] J.호이징하, 김윤수 역, 『호모 루덴스』, 까치, 1993, 7쪽.
[2] J.호이징하, 위의 책, 305쪽.

쓴 것처럼 보일 정도다. 놀이의 타락을 보여주는 대표적인 현상으로 열거한 이 비판적 진술과 함께 "문명은 어떤 의미에서는 항상 어떤 규칙에 따라 행해지는 놀이일 것이며, 진정한 문명은 항상 페어플레이를 요구할 것이다. …(중략)… 진정한 놀이 형식이라는 환상 뒤에 숨은 정치적 목적이어서는 안 된다. 진정한 놀이는 선전을 알지 못한다. 그 목적은 그 자체 안에 있으며 일반적 놀이 정신은 행복감을 불어 넣어 주는 것이다."[3]라고 쓴 그가 나찌에 대해 혐오감과 적대감을 느꼈을 것이라고 쉽사리 짐작할 수 있다.

호이징하는 누구보다, 놀이가 갖고 있는 몰입의 감정이 집단에게 전이되어 거대한 힘으로 나타나기가 얼마나 쉬운지를 잘 알고 있었다. 그가 대중을 신뢰하지 않고 오히려 경계하고 멀리하기까지 한 것은 단순히 그의 귀족주의적인 취미 때문만은 아니다.

그럼에도 불구하고 호이징하가 "오늘날의 문명은 이미 놀이를 잃었다"[4]라고 개탄했을 때, 그가 말한 맥락은 놀이의 신성성이 현대사회에 들어와 사라지고, 대중들이 미숙성(Puerilism)을 가진 채로 놀아나는 사태를 비난하는 것임에는 틀림없다. 그러므로 "우리 시대의 미숙성이 진정한 놀이라면 우리는 의식(儀式), 스타일, 위엄이 완전히 조화된 고대의 위대한 형태의 레크리에이션으로 문명이 되돌아가는 것을 볼 수 있어야 한다."[5]고 제안한 데서, 놀이의 세속화와 대중적 역량을 평가절하한 한 엘리트주의자의 편협스런 고집을 엿볼 수 있다.

호이징하는, 놀이의 규칙 준수를 강조한 나머지, 이를 종교적 제의와 연결시켜 신성한 형식을 가진 것으로 생각했다. 그가 알레아(운)와 일링

---

[3] 위의 책, 314쪽.
[4] 위의 책, 307쪽.
[5] 위의 책, 307쪽.

크스(혼란) 놀이들을 의도적으로 배제하거나 관심을 두지 않은 것은 놀이가 지닌 루두스(놀이의 규칙이 비교적 복잡하며 강제적인 요소를 지닌 것)적인 성격을 은연 중에 강조하고 거기서부터 신성성의 형식이 유지되고 지지된다고 전제한 것과 관계가 있다.[6] 그는 놀이가 얼마나 대중들을 잘 '감염'시킬 수 있는지를 정확히 알고 있었다. 그러하기에 놀이는 신성한 것이어야만 한다는 당위를 강조했는지도 모른다.

하지만 호이징하는 신성성을 놀이 그 자체의 본질과 동일시하는 오류를 범했다. 놀이가 제의의 형식과 유사하다는 점에서, 특히 규칙에 대한 절대적인 준수를 요청한다는 점에서 놀이와 제의는 공통 분모를 가진다. 하지만 놀이의 과정은 늘 규칙을 지시하는 사물과의 아무렇지도 않은 '접촉'을 통해서 행해진다는 점을 그는 망각했다. 조르조 아감벤은 성스럽거나 종교적이었던 것이 세속화되는 가장 단순한 형태 중 하나로 접촉을 들고 있다.[7] 그것은 성스럽지 않은 존재에 의해 성스러운 제물이 '오염'되는 것을 뜻하지만 '접촉'이라는 오염의 과정은 신에 대한 소홀함, 또는 자유롭고 산만한 행태[8]에서 비롯된다는 것이다. 접촉을 통해 성스러운 것에서 세속화적인 것으로 이행되는 것은 결국, 성스러운 것을 완전히 부적절하게 사용하는 놀이 정신의 산물이라 할 수 있다. 호이징하가 전제한 놀이의 신성성은 놀이의 본질로 볼 때 자연스럽고 당연하게 세속적인 것으로 '떨어질' 수밖에 없으며, 그럴 때에야 놀이는 제의로부터 분리되어 도리어 성스러움의 전복까지 꾀할 수 있는 적극적인 의미를 지닐 수 있게

---

[6] 로제 카이와는 놀이의 특성을 아곤(경쟁), 알레아(운), 미미크리(모의), 일링크스(운)으로 정리하고 모든 놀이는 이 중 한 가지 이상의 특성을 갖고 있다고 말한다. 또한 모든 놀이는 파이디아(규칙이 상대적으로 느슨한 것)와 루두스(규칙이 복잡하고 세분화된 것)에 따라 규칙의 세분화 정도를 말할 수 있다고 주장한다. (로제 카이와, 이상률 역, 『놀이와 인간』, 문예출판사, 1994, 39-70쪽)
[7] 조르조 아감벤, 김상운 역, 『세속화 예찬』, 난장, 2010, 109쪽.
[8] 위의 책, 110쪽.

된다.

호이징하는 현대문명에서 더 이상 놀이의 신성성을 찾아볼 수 없는 사태를 비난했다. 그러하기에, 놀이의 형식이 대중적으로 '만연'하는 나찌즘으로부터 거리를 두려했었을 것이다. 그러나 나찌가 대중적 퍼레이드를 통해 역설적으로 추구했던 이데올로기적 신성화 작업(아마 아감벤이라면 '환속화'라고 불렀을)을 포착하지 못했다. 그것은 호이징하는 전혀 예상하지 못했겠지만, 분명 놀이의 신성화(환속화)라고도 불릴 수 있을만한 것이다. 호이징하는 놀이 연구의 선구자로서의 의의를 지니고 있지만, 놀이를 '신성성'의 영역에 여전히 놓으려 했다는 점에서 자기모순을 한계로 갖고 있었다고 말할 수 있다.

차라리 그가 문명 안에서 더 이상 순수한 놀이를 발견할 수 없다고 주장할 수 있으려면, 놀이가 지닌 자기충족적이고 자기목적적인 본질성에 주목했어야 한다. 다시 말해, 다분히 주관주의적인 태도이기는 하지만, 현대문명에서는 놀이가 다른 이득에 봉사하지 않으면서 놀이행위자들을 충일한 자기동일성으로 이끄는 경험의 과정이 되지 못하게 되었음을 개탄했어야 했다.

분명 나찌의 호모 파베르적인 문구, '노동이 자유롭게 하리라'는 인간과 문명의 또 다른 양상이기도 한 호모 루덴스와 대립적인 것처럼 보인다. 그러나 반대로, 문명의 어떤 산물에 호모 루덴스적인 요소를 갖고 있다고 해서 그것이 인간을 진정 '자유'롭게 하지는 못한다. 더욱이 아감벤이 "세속화의 기관(器官)으로서의 놀이는 도처에서 쇠퇴하고 있다."[9]고 개탄했던 바와 같이, 호모 루덴스적인 것처럼 보이지만 실은 그 본질과는 아무런 관계가 없을 뿐 아니라 도리어 호모 파베르적이기까지 한 현대의

---

9) 위의 책, 112쪽.

놀이 양상은 놀이로부터 인간을 더욱 멀리 떨어뜨려 놓고 있다.

3. 호모 루덴스의 호모 파베르화

디즈니랜드 입구에는 다음과 같은 글귀가 붙어 있다. "here you leave today and enter the world of yesterday, tomorrow and fantasy"(여기서 당신은 오늘을 떠나 어제와 내일, 그리고 판타지의 세계로 들어갑니다).[10] 이 문구처럼 놀이가 현실로부터 유리되어 자유로움을 추구하는 특성을 갖고 있음을 잘 지적하고 있는 경우도 찾기 어려울 것이다. 호모 파베르들을 노동의 시공간(today)으로부터 벗어나 놀이의 시공간(the world of yesterday, tomorrow and fantasy)으로 진입하게 함으로써 호모 루덴스로 탈바꿈시키는 이 마법의 주문은 선유후부가설화(仙遊朽斧柯說話)의 현대적인 재판(再版)이라 해도 무방해 보인다.

이제 노동이 아니라 놀이가 우리를 자유롭게 할 것이라는 이 전언은 수용소에서 놀이공원으로 윤전(輪轉)하는 우리 시대 삶의 양상을 정확히 꿰뚫고 있다. 그것은 단지 노동가치중심사회에서 놀이의 가치에 대한 발견과 대중적 호응이 결합된 사회로의 이행이라는 한 측면 만을 의미하는 것은 아니다. 분명한 것은, 디즈니랜드로 들어가기 위해서 우리는 놀이 속으로 완전히 몰입하겠다는 의지의 정도가 아니라 화폐와 교환된 한 장의 티켓이 필요하게 되었다는 사실이다. 로제 카이와가 "놀이는 순수한 소비의 기회이다"[11]라고 말한 바에 부합하듯, 놀이하기 위해서는

---

10) 호모파베르를 상기하는 나찌 수용소 입구의 글귀와 호모루덴스를 상기하는 디즈니랜드 입구의 글귀에 대한 인용은 노명우, 『호모 루덴스, 놀이하는 인간을 꿈꾸다』, 사계절, 2015에서 가져왔다.
11) 로제 카이와, 앞의 책, 28쪽.

노동자가 노동시간과 맞바꾼 화폐를 소비해야 하고 화폐를 얻을 수 있는 기회비용을 기꺼이 포기해야만 한다.

노동은 적은 노동력으로 더 많은 생산성을 제고하는 '경제성의 원리'를 중심에 둔다. 그러나 놀이는 생산성에 대한 관심이 없을 뿐 아니라, 적은 활동으로 더 많은 재미를 '경제적으로' 제고하지도 않는다. 놀이를 통해 재미, 흥겨움, 즐거움, 몰입감 등의 피에로[12]가 기대할만하다면, 다소 물리적·정신적 부담을 안더라도 호모 루덴스들은 기꺼이 그 놀이를 행할 것이다. 물론 피에로는 호모 루덴스가 놀이를 행함으로써 비로소 얻을 수 있는 경험이라는 점에서 사후적이다. 호모 루덴스들은 말 그대로 아무런 의미없이 놀이에 뛰어든다. 노동이 경제성을 특징으로 한다면, 놀이는 무상성(지그문트 바우만)을 특징으로 한다.

놀이를 위해 기꺼이 지갑을 여는 호모 루덴스들은 더 할 나위 없이 자본이 긍정하는 인간상이다. 그들은 놀이를 즐기고 있지만, 자본의 입장에서 그들이 실제로 즐기는 것은 소비이다. 포틀래치와 같은 극단적인 예는 놀이가 재화를 소비하는 행위임을 잘 알려준다. 그러나 놀이와 소비가 동일한 것은 아니다. 놀이는 소비에 관심을 두는 것이 아니라 놀이 행위 그 자체에 관심을 두고 있기 때문이다. 그럼에도 자본이 호모 파베르를 호모 루덴스로 만들고자 하는 것은 놀이 과정에서 발생하는 피에로가 아니라, 놀이 과정에서 피에로를 발생하기 위해 필요하다고 가정되는 상품을 팔 수 있기 때문이다. 자본은 호모 루덴스의 놀이에 관심이 없다. 다만 그들의 놀이에 개입하여 소비를 촉진시키는 데에만 관심을 둘 뿐이다. 놀이를 통해 인간적 가능성을 자유롭게 한다는 쉴러의 관점도, 실천

---

[12] 제인 맥고니걸, 김고명 역, 『누구나 게임을 한다』, RH코리아, 2012, 58-59쪽. 피에로는 이탈리아어로 '긍지'를 뜻하는 데, 역경을 극복하고 느끼는 기분이라는 뜻이다. 피에로와 같은 감정 상태는 참여하고자 하는 의지와 힘든 일을 하고자 하는 의욕을 불어넣기에 대단히 효과적이다.

적인 목적이나 지성적인 개념에 종속되지 않는 자유로움으로 놀이를 바라보았던 칸트의 생각도, 자본은 염두에 두지 않는다.

자본이 호모 루덴스들의 놀이의 결과물들을 독점하여 부를 창출하는 경우도 있다. 예를 들어, '네이버 지식in' 서비스는 불특정 다수의 물음과 대답을 마치 놀이의 형식처럼 꾸며놓고 있다. 누군가의 질문에 어떤 대답을 하는가에 따라 '내공'을 축적하고 그에 따른 일종의 '레벨업'을 할 수 있는 시스템을 갖추고 있다. 답을 다는 이들이 플레이어가 되는 것이다. 포털서비스의 후발주자였던 '네이버'가 '지식in'서비스를 계기로 폭발적인 성장을 할 수 있었다는 것은 공공연한 사실이다. 수많은 익명들이 자발적으로 참여하여 별다른 대가 없이 수많은 컨텐츠들을 누적시킨 결과, 지금의 네이버가 만들어질 수 있었다.

그럼에도 네이버 지식in에 질문을 올리고 답변을 달았던 많은 이들이 이익을 얻었느냐하면 꼭 그렇지도 않다. 몇몇 하드유저(hard user)들이 상품권을 비롯한 금전적 이득을 보상으로 받기는 했지만, 네이버가 지식in서비스를 통해 벌어들인 수익에 비하면 매우 적은 보상이다. 물론, 호모 루덴스들이 이 '문답놀이'에 어떤 이익을 바라고 시간과 노력을 소비해 가면서 진지한 답변을 달아주지는 않았을 것이다. 차라리 그들이 바랐던 것은 금전적 이익과 별 관계가 없는 일종의 '명예'였을지도 모른다.

그러나 네이버는 이 모든 지식컨텐츠를 자신들의 독점적 소유물로 생각하고 있다. 네이버 지식in에 실린 모든 자료들은 다른 포털사이트에서는 검색되지 않는다. 오직 네이버에서만 검색 가능하다. 네이버가 차린 '판'(field) 위에서 호모 루덴스들은 네이버의 이익을 위해 자신도 모르게 착취 당한 것이다. 이는 명백히 가짜 놀이이다. 호모 루덴스들의 진정성 어린 접근과는 상관없이, 네이버의 기획 아래, 네이버가 했어야 할 노동을 거의 아무런 대가도 지불하지 않은 채 호모 루덴스들에게 떠맡겨 버린 것이다. 호모 루덴스들은 놀이하는 자가 아니라 기업의 이익에 기꺼이 봉사하는 자가 되어버렸다.

이와 같이 놀이하는 자의 몰입이라는 주관적 입장과 관계 없이, 놀이의 과정과 결과물을 화폐로 변전시키는 실례들은 무수히 많다. 수많은 기업들이 대중들에게 자신들이 내건 '퀘스트'의 참여를 유도하고, 그 가운데서 경쟁하여 승리를 쟁취하는 '만렙' 개인이나 집단에게 보상을 안겨주는 시스템을 갖추고 있다. 이는 응당 지불해야 할 노동의 대가를 놀이로 가장하여 착취하고자 하는 자본의 음흉한 마수에 다름 아니다.

4. 놀이는 생산할 수 있는가?

그럼에도 불구하고 놀이의 본질과 그 정신은 노동중심사회를 살아가는 지금 여기의 가치체계를 교란시킬 수 있는 힘을 갖고 있다. 랑시에르가 "미적인 자유로운 외형과 자유로운 놀이가 거부하는 것은 바로 지배의 질서를 두 인간집단들(대중과 엘리트-인용자 주)의 차이와 동일시하는 이 감성의 분할이다."라고 했을 때, 그가 주목한 것은 놀이가 "느끼는 것의 자유와 평등을 표현"한다는 것, 다시 말해, 엘리트들이 합의한 감성 분할의 카테고리를 교란하는 경험을 가능하게 한다는 점이었다.[13]

뤼디아인들의 주장에 따르면, 지금 그들과 헬라스인들이 즐기는 놀이는 그들이 창안해낸 것이다. 그들의 주장에 따르면, 이들 놀이는 그들이 튀르레니아를 식민지화할 때 창안해낸 것인데, 그 경위는 다음과 같다. 마네스의 아들

---

13) 자크 랑시에르, 주형일 역, 『미학 안의 불편함』, 인간사랑, 2008, 62-65쪽.

아튀스가 왕이었을 때 뤼디아 전역에 심한 기근이 들었다. 처음에 뤼디아인들은 묵묵히 참고 견뎠으나 기근이 계속되자 고통을 완화해줄 수단을 찾았는데, 저마다 다른 것을 생각해냈다. 그리하여 그때 그들은 주사위놀이와 공기놀이와 공놀이를 포함한 온갖 종류의 놀이를 창안해냈다고 한다. …(중략)… 이런 놀이들을 창안해낸 다음, 뤼디아인들은 다음과 같은 방법으로 기근에 대처했다고 한다. 즉 하루 걸러 하루는 온종일 놀이를 하느라 음식 생각을 않다가 다음날에는 놀이를 하지 않고 먹는 것이었다. 그렇게 18년을 살았지만 고통이 완화되기는커녕 더 악화되자 왕은 전 뤼디아인들을 두 패로 나누어 어느 패가 뤼디아에 남고 어느 패가 이주할 것인지 제비를 뽑게 했다.[14]

게다가 놀이라는 새로운 감각적 경험이 공통의 감각을 만들어냄으로써 공동체의 위기를 극복하거나 적어도 지연시키는 역능을 가질 수도 있다. 위의 인용문처럼 뤼디아인들은 놀이의 깊은 몰입감을 이용하여 현실의 장애로부터 도피하는 방법을 일찍이 알고 있었다. 물론 기근을 타개할 근본적인 해결책은 노동을 통해 식량생산량을 늘리는 일일 것이다. 그러나 그들은 다른 해결책을 생각했는데, 그것은 제비를 뽑아 일부 뤼디아인들을 이주시키는 방법이었다. 제비 뽑기가 놀이의 특성 중 하나인 일링크스(운)를 잘 보여주는 놀이의 하나라고 한다면, 뤼디아인들은 공동체의 위기 이후 모든 과정에서 놀이를 통해 파국을 지연시키고 극복해냈다고 말할 수 있을 정도이다. 극단적인 예이기는 하지만, 놀이는 때로 생존의 위기를 이겨내게 하는 역할도 할 수 있음을 확인할 수 있다.

그러나 많은 경우, 놀이는 본래적인 것이 아니며, 의무로부터 벗어나 있고, 진지하지 못한 것으로 취급된다. 놀이의 '기능'을 긍정하는 교육학에서조차 놀이는 아동이 노동력을 가진 건전한 사회인으로 자라나기 위해 필요한 수단적 가치임을 전제한다. 노동이 지닌 의무적이고 억압적인 무게를 부드럽고 유연하게 하는 데 놀이만큼 효과적인 경험은 없을 것이

---

14) 헤로도토스, 천병희 역, 『역사』, 숲, 2009, 86쪽.

기 때문이다. 교육학에서 놀이 훈련은 노동자로서의 몸을 사전적으로 구성하는 과정으로 취급되고 있다.

그렇다면, 노동과 구분되는 놀이가, 놀이의 본질을 잃지 않으면서도 그것만이 가질 수 있는 '생산적'인 것은 없을까? 이 질문은 어떤 전제를 함축하고 있다. 즉 이 말에는 노동중심사회의 '생산성'에 대한 강박이 내재되어 있다. 놀이가 지닌 무관심성과 소비지향적인 태도를 은폐하거나 적어도 외면하면서, 노동중심사회가 요구하는 순치된 도구로 변질시키려는 욕망이 깔려 있다.

첨단화된 놀이의 형태인 '게임'에 대해 우리 사회가 부정적인 기류를 극단적으로 드러내고 있는 것에서도 이는 확인된다. 게임을 마약류와 동급으로 취급하는 행정부의 시각은 '게임 중독'이라는 말을 공식적인 언어로 유포함으로써 일정한 감각 체계 안에 "게임에 대한 부정적 스테레오타입"[15]의 이미지를 안착시키는 데 성공한 것처럼 보인다.[16]

한국 사회의 '게임포비아' 현상은 뉴미디어에 대한 무지와 공포가 빚어낸 것이기도 하거니와, 한국 교육제도의 문제와 모순을 게임에 전가하여 면책받으려는 교육관료들의 입장, 게임에 대한 부정적 담론을 유포하여

---

15) 박근서, 「게임포비아, 권력에 의한 담론의 허구적 배치」, 강신규 외, 『게임 포비아』, 커뮤니케이션북스, 2013, iv쪽.

16) 2011년 11월 20일부터 시행된 '셧다운 제도'는 오전 0시부터 오전 6시까지 만 16세 미만 청소년의 인터넷게임 접속을 차단하는 제도이다. 이 제도는 게임을 중독물로 보고 청소년들이 게임에 더 쉽게 중독될 수 있다는 점을 전제로 하고 있다. 그런데 셧다운제도에 대해 많은 게임유저들은 의외로 긍정적인 답변을 내려놓고 있다. 한국콘텐츠진흥원이 조사한 바에 따르면, 셧다운제도에 대해 시간 제한을 더욱 강화해야 한다는 의견이 전체 응답자의 45%, 현행 유지 26.5%, 다소 완화 8.8%, 청소년의 자율적인 게임 이용 19.7% 순으로 나타났다고 한다. 또한 연령 제한에 대해서도 48.8%가 강화해야 한다는 의견을, 29.4%가 현행 유지, 완화되어야 한다는 의견이 21.8%로 나타났다고 한다. 많은 게임유저들이 게임을 즐기고 있으면서도 게임을 즐기는 것에 대해 외부의 제재가 있어야 한다고 생각하고 있는 것이다. (한국콘텐츠진흥원, 『한・일 게임이용자 조사보고서 2014』, 진한엠앤비, 2014, 30-31쪽)

게임 중독의 심각성을 일반화하려는 보수적 미디어의 시각, 학생들을 훈육의 대상으로 여기는 정치적 태도, 한국의 보수 기독교계의 청소년 사역 문제 등17)이 맞물리면서 점차 '자연'스러운 것으로 여겨지고 있다.

여기에는, 게임을 비롯한 놀이는 시간과 재화만 소비하는 헛된 행위라는 전제가 깔려 있다. 측정 가능한 교환가치가 아니면 그것은 곧 '나쁜 것'이 된다. 노동중심사회가 요구하는 것은 호모 파베르이지 호모 루덴스가 아니라는 시각이다. 그러하기에, 마치 '게임이 호모 파베르적인 가능성을 보여준다면 긍정적으로 사회에 수용될 수도 있다'는 착각도 생산되는 것일테다. 일련의 기능성 게임(Serious Game)들이 교육을 비롯하여 복지, 광고, 공공정책 등에서 활용 가능성 여부를 시험 받았던 많은 사례들이 나왔던 이유가 여기에 있다. '왜 게임(놀이)을 해서는 안되는가?'라는 도발적인 질문을 '좋은(=생산적인) 게임을 한다.'는 순치된 평서문으로 바꿈으로써, 게임의 생산성과 교환가치의 창출 가능성을 증명하고자 했다.

그러나 놀이는 근본적으로 교환가치의 생산에 무관심하다. 게임 또한 전자도구를 이용한 최첨단의 놀이이기에, 생산 가능한 수단으로서의 게임은 그 자체로 이율배반적18)이다. 게임 경험을 통해 교환가치를 가진 상품을 생산할 수는 있겠지만, 그것은 특정한 사례에 국한될 뿐이다. 그러한 의미에서, 기능성 게임은 노동중심사회를 기만하거나 적어도 기만할 수 있다고 믿는 믿음의 산물이다.

물론 이 말은 기능성 게임이 사라져야 한다고 주장하려는 뜻이 아니다.

17) 이동연, 「누가 게임을 두려워하랴?」, 강신규 외, 앞의 책, 72-75쪽.
18) 물론 이 맥락은 게임을 '산업'으로 보는 관점, 즉 게임프로그램을 생산하여 게임유저들로 하여금 소비하도록 함으로써 금전적 이득을 얻는 과정을 말하는 것이 아니다. 게임 생산은 전적으로 노동자들의 몫이다. 그리고 게임을 통해 금전적 이득을 챙기고자 결성되는 '작업장' 또한 이득을 목적으로 한다는 점에서, 작업장의 게임 플레이는 곧 노동이다.

필자는 게임(놀이)이 현실의 이득을 향해 있지 않으면서도, 게임 참여자와 그 결과가 가치 있는 자리매김이 가능할 수 있는, 그러한 게임은 과연 존재할 수 있는가를 묻고 싶은 것 뿐이다. 교환가치를 창출하지는 않되, 공동으로 사용 가능한 그 무엇을 생산하는, 그 생산의 과정이 순수한 놀이이며, 놀이만이 할 수 있는 어떤 경험의 가능성. 그러한 게임(놀이)은 존재할 수 있을까?

5. 현실을 바꾸는 놀이

내가 만들고자 하는 미래를 구체적으로 그려본다. 게이머들에게 더욱 근사하고 강한 몰입성을 자랑하는 현실의 대체재를 제공할 생각은 없다. 그보다는 우리가 모두 책임감을 가지고 더욱 강력하게 몰입할 수 있는 현실을 제공하기를 원한다. 나는 모든 사람이 게임을 통해 현실에서의 문제를 해결하고 행복을 느낄 수 있음을 깨닫고, 이러한 의미 있는 일들을 경험하게 만드는 게임을 즐기기를 원한다. 모든 사람이 현실에서 게임을 발판 삼아 변화를 경험하고 업무를 효과적으로 처리할 수 있음을 알고 게임 디자인과 개발 방법에 대해 알아가기를 원한다. 그리고 지금, 현실에 산재한 문제와 갈등을 다루고 현실의 삶을 개선하려는 게임이 개발되고 있는 만큼 가정이나 학교, 기업과 산업 전반, 도시와 국가, 더 나아가 온 세상이 다함께 이처럼 유의미한 게임을 즐길 수 있기를 바란다.[19]

게임 디자이너 제인 맥고니걸은 "게임만큼 공동 기반을 다지고 집단의 관심을 집중시키며 장기적 노력을 이끌어내는 데 효과적인 수단이 없다"[20]면서, 게임을 통해 '망가진 현실'을 개선할 수 있다고 믿는다. 즉

---

19) 제인 맥고니걸, 앞의 책, 33-34쪽.
20) 위의 책, 476쪽.

그는 게임을 현실 도피의 수단으로 사용하는 것이 아니라 현실 개선의 방책으로 사용할 수 있다고 주장한다. 중요한 것은, 그가 게임만이 가능한 방법으로 현실을 개선하려 한다는 점이다.

만약 그것이 가능하다면, 이는 모든 '리얼리스트'들의 꿈이 아닌가. 리얼리즘 문학이, 예술이, 미학이 언제나 자신의 창조행위와 그 창작물을 현실과의 조응관계 속에서 사고하면서도 동시에 그만큼 절연되어 있다는 사실에 절망해왔었다고 말할 수 있다면, 맥고니걸은 오직 게임을 함으로써(창작행위와 그 창작물을 만듦으로써) 현실을 바꿀 수 있다고 모순적인 주장을 하고 있으니 말이다. 그는 14가지의 사례를 들어 "우리 시대의 복잡다단한 문제를 해결하는 데 가장 믿고 의지할만한 수단"[21]으로서의 게임들을 소개하는데, 그 중 「석유 없는 세상 World Without Oil」이라는 '대규모 멀티플레이 예측 게임'을 살펴보면서[22] 그의 주장을 검토하기로 한다.

대규모 멀티플레이 예측 게임이란, 되도록 많은 사람들이 게임에 참여하여 커뮤니티를 조직하고 공동의 노력을 기울여 과제에 대한 해결책을 제시하며 최상의 아이디어가 실현되도록 조율하는 게임을 뜻한다. 중요한 것은 많은 사람들이 게임에 참여할 수 있도록 흥미를 유발할만한 '과제'인데, 「석유 없는 세상」은 '2007년 4월, 세계 석유가 동났다'는 위기 상황을 제시함으로써 단순히 몇몇 사람들의 취향에 맞춘 과제가 아니라 누구라도 심각하게 받아들일 수 있을만한 가정을 내세웠다.

게임의 방법은 다음과 같다. 플레이어들은 석유 위기가 자신이 속한 지역, 산업, 삶에서 어떻게 전개될지 상상하고 갖가지 온라인 소셜 미디어를 이용해 개인적인 예측 자료를 만들어 모든 이들이 열람할 수 있도록

---

21) 위의 책, 474쪽.
22) 위의 책, 413-433쪽.

한다. 이 게임의 기획자들은 '대체 현실 알림판'을 통해 석유 위기와 관련되는 가상의 뉴스, 보도 영상, 경제 지표 등의 시나리오를 업데이트하여 개인의 예측 자료에 살을 붙일 수 있도록 한다. 「석유 없는 세상」은 언젠가 봉착하게 될 석유 위기에 대비하여, 플레이어가 이를 경험하고 그에 대한 상상적 해결책을 제시하도록 하는 일종의 미래 생존 지침서로 기획되었던 것이다.

게임의 결과, 얼굴도 모르는 수많은 사람들이 공동의 의제를 가지고 자신이 할 수 있는 갖가지 상상력과 실제 행동 지침들을 제시함으로써, 자신과 가족, 공동체의 미래에 관해 심도깊은 이야기들을 나눌 기회를 가졌다. 게임에 깊이 몰입할수록, 위기를 어떻게 받아들이고 극복할 수 있을 것인가에 대해 더 많은 의견 교환과 행동이 이어질수록, 게임은 석유 의존에 대한 경각심을 일깨우고 일상을 새롭게 바라보게 하는 기회를 갖게 했다. 미래 예측 문서 2천여 편, 블로그 글과 기사 1만 편 등 약 10만 편이 넘는 온라인 미디어 자료가 생성된 것은 차라리 덤에 가깝다.

이 게임은 분명 게임의 모든 요소를 갖추고 있고 가상 현실 속에서 플레이 했음에도 현실의 문제를 환기할 수 있는 가능성을 보여주었다. 석유 위기 상황을 극복하라는 분명한 목표의 제시, 32일 간(게임 내에서는 32주) 매일 업데이트 되는 '알림판'에 맞추어 예측 자료를 만들어야 한다는 간명하면서도 결코 쉽지 않은 규칙, 갖가지 자료를 만들어 업데이트함으로써 석유 위기 상황에 대처했을 때 여기저기서 확인할 수 있는 반응들, 그리고 그 반응들이 체계화된 형태로 제시됨으로써 플레이어에게 목표에 조금 더 다가갔음을 알 수 있도록 하는 피드백 시스템, 1,700여 명의 자발적 참여로 게임의 목표와 규칙, 피드백 시스템이 제대로 작동되고 구현될 수 있게 했던 플레이어들의 의지 등[23])은 게임을 하면서 동시에 게임 이상의 것을 창출해내는 데 기여했다. 더욱이 이 모든 과정과 결과들은 특정 주체들의 독점적 소유로 연결되지 않고 누구든지 함께 사용 가능하고 경험할 수 있는 '소유 없는 생산물'이 되었다.

아감벤에 따르면, 놀이는 세계의 신성한 사물을 그것으로부터 떼어내 누구나 사용할 수 있는, 누구에게도 권리가 없는 사용으로 돌리는 행위이다. 사물에 대한 적법한 사용이 특정한 주어가 사용할 수 있는 권리를 뜻하는 것임에 비해, 놀이된 사물은 주어 없는 사용이다. 사물의 본질과 가치를 훼손하지 않으면서도 그것을 누구나에게 열려 있는 것이 되게 함으로써 대상 사물에 대한 정신과 감각, 육체와 지각을 더 넓은 차원으로 열어젖히는 것이 놀이가 가진 힘이다. 제인 맥고니걸이 게임을 통해 실현하고자 했던 지향점도 여기에 있다.

그러하기에 이 게임에서는, 누구도 노동을 하지 않았고, 아무도 강요한 적이 없으며 어떤 금전적인 보상도 주어지지 않았음에도 플레이어들은 기꺼이 자신의 노력과 시간, 상상력을 목표의 달성을 위해 투여했다. 그리고 그 결과를 모두가 알 수 있고 경험할 수 있게 했다. 놀이가 지닌 본질적인 성격을 잃지 않으면서도 놀이의 현실 용출 가능성을 만들어냈던 것이다.

물론 한계는 있다. 결국 이 게임은 우리가 이미 알고 있는 것을 게임의

---

23) 제인 맥고니걸은 게임의 본질적인 특징을 네 가지로 제시한다. '목표goal', '규칙 rule', '피드백 시스템feedback system', '자발적 참여voluntary participation'가 그것이다. 목표는 플레이어가 성취해야 하는 구체적 결과로, 플레이어가 게임을 헤쳐 나갈 수 있는 방향을 제시하고 목적의식을 제공하는 것이다. 규칙은 플레이어가 목표를 쉽게 이루지 못하도록 제약을 만드는 것인데, 이를 통해 플레이어의 창의력과 전략적 사고를 유도한다. 피드백 시스템은 플레이어가 목표에 얼마나 다가섰는지를 알려주는 지표로, 목표 달성이 분명히 가능하다는 약속을 제시함으로써 계속 게임을 하도록 의욕을 불어넣는다. 마지막으로 '자발적 참여'는 플레이어로 하여금 목표, 규칙, 피드백 시스템을 선뜻 받아들이고 인정하게 한다. 이는 함께 게임을 할 '공동 기반'을 만들어낸다.(위의 책, 42쪽)

몰입감을 통해 더 생생하게 경험하도록 부추긴 것밖에 없지 않은가. 이 게임이 '현실을 바꾸는 가치를 갖고 있다'고 말할 수 있는 이유는 게임 기획자들의 노력과 아이디어, 의도에 플레이어들이 적극적으로 호응했기 때문이다. 그런 점에서 게임(놀이)은 강력한 이데올로그이기도 하다. 놀이를 통해 플레이어들을 '계몽'하는 이와 같은 효과는 불행하게도 이미 파시스트들에 의해 선점된 바가 있음을 우리는 앞에서 이미 확인했다. 결국 제인 맥고니걸은 게임으로 현실을 구할 수 있음을 증명한 것이 아니라, 게임으로 현실을 구할 수 있게 하는 것은 게임 기획자임을 여실히 확인시켜 주었다.

여전히 우리는 노동중심사회에 살고 있다. 심지어 우리의 여가 시간에 행할 수 있는 많은 놀이들조차도 노동의 산물이다. 그리고 앞서 리디아인들의 예에서도 보았듯이, 놀이는 억압된 현실을 순화시키고 현실의 모순을 부드럽게 달래는 순치(馴致)의 기능도 있음은 부정할 수 없다. 놀이의 몰입감은 현실의 모순을 노출시킬 수 있지만 동시에 현실을 잊게 하기도 한다. 그런 점에서 곤살로 프라스카[24]나 게임 〈The Stanley Parable〉(Galactic Cafe사, 2013)[25]이 놀이가 지닌 '아리스토텔레스 연극과 같은

---

24) 곤살로 프라스카, 김겸섭 역, 『억압받는 사람들을 위한 비디오 게임』, 커뮤니케이션북스, 2008. 곤살로 프라스카는 아우구스토 보알의 '억압받는 사람들의 연극'에서 자극을 받아 이를 게임에 적용하고자 시도했다. 보알은 브레히트의 서사극을 가져와 관객이 연극에 능동적으로 관여하도록 허용함으로써 관객-배우라는 새로운 카테고리를 만들고 공연자와 관객을 섞어놓는 형태의 연극을 제창했다. 프라스카는 〈억압받는 사람들의 심즈〉 등을 구상하면서, 관객-배우들이 상이한 모델을 바탕으로 새로운 것을 창조함으로써 시뮬레이션의 규칙들을 문제 삼을 수도 있고 창출할 수도 있는 환경을 만들었다. 이를 '메타 시뮬레이션', 즉 다중의 참여와 변형을 도와줄 시뮬레이션들의 창조를 후원하는 시스템이라 한다. 플레이어는 게임의 규칙들이 지닌 이데올로기를 문제 삼거나 그 대안을 스스로 제안하고 설계할 수 있다. 그리하여 플레이어가 이데올로기적 가정들에 도전할 수 있도록 허용한다.
25) 이 게임은 주인공 스탠리와 게임 안에서 모습을 드러내지 않는 나레이터의 상호작용을 다루고 있다. 스탠리는 지시를 받아 컴퓨터 자판을 두드리는 업무를 하는데, 어느날 회사 동료가 모두 사라지고 업무지시도 내려오지 않자 나레이터의 '지시'에 따라 그 이유를 탐구하려고 한다. 그런데 스탠리를 조작하는 플레이어는

무비판성과 수동성'을 비판하고 행위 주체 스스로의 능동성과 자발성, 창의성을 강조하면서, 놀이의 '몰입감'을 다시금 사유할 수 있는 길을 열어 놓은 것은 의미심장하다. 이 경우, 놀이는 단순히 시간과 재화를 소비하는 행위가 아니라 감각 경험의 변화 가능성과 주체의 미적 재구성을 능동적으로 이끄는 미학적·철학적·정치적·교육적 의의까지도 띨 수 있는 예술적 행위과정이 된다.

이제 놀이기획자(아키텍처)들은 자기표현과 재화의 독점적 권리를 주장하는 '생산물'이 아닌, 공동의 의제를 함께 생산하고 연출하며 놀고 토론하는 과정에서, 그 결과를 공유하는 장(場)을 마련하는 세심한 기획이 있어야 한다. 호모 파베르의 신체를 호모 루덴스로 이끄는 변화가 자본과 치안의 논리에 포섭되지 않으면서도 우리 삶을 더 윤택하게 가꿀 수 있음을 증명해내어야 한다. 현실을 회피하는 호모 루덴스가 아니라 현실에 대응하는 호모 루덴스-되기. 쉽지는 않겠지만, 놀이처럼 진지하다면 그 길은 분명 밝히 보일 것이다. 게임은 이미 시작되었다.

나레이터의 말을 잘 수행하면 수행할수록 '네가 하고 있는 것은 누군가의 명령을 비판 없이 수행하는 것일 뿐이야'라는 비난을 받고, 나레이터의 말에 반대로 한다하더라도 그의 비아냥거림에서 벗어날 수 없다. 이 게임은 수많은 멀티엔딩이 존재하는데, 그 중 진짜 엔딩은 플레이어가 나레이터가 제시하는 선택지를 따르거나 반대로 하는 것이 아니라, 선택지 자체를 거부하고, 게임을 끄는 것이다.

단독자의 역설적 허무주의
―이형기의 시와 시론

1. 도박꾼과 시인

그들은 죽은 적이 없다. 다만 거짓으로 죽은 체했을 뿐이다. 그러므로 시인의 사망 기사에 속지 말아라. 이미 죽었는데도 불구하고 과거의 의미 있는 시인들은 모두 그대의 은밀한 시간 속에 살아 있지 않은가.
―「시인의 말」부분, 『절벽』

도박꾼에게는 주사위의 얼굴에 표시된 숫자가 세계의 전부이다. 그는 주사위를 허공에 던질 때마다 존재의 모든 것을 걸어야한다. 가산의 탕진이냐, 부귀냐의 갈림길은 그 주사위가 땅바닥에 떨어져 멈춰지는 순간에 '운명적으로' 결정된다. 그러므로 도박꾼은 자신의 욕망과 신(神)의 의지를 일치시키고자 하는 사제(司祭)이다.

도박꾼과 시인은 닮은 구석이 있다. 자본주의 체제를 가장 자본주의적 방식으로 이탈하는 자가 도박꾼이라면, 언어를 가장 언어적인 방식으로 초극하려는 자는 시인이기 때문이다. 시인은 존재의 모든 것을 언어에, 언어의 '운명'에 건다. 그러므로 시인은 언어의 사제이다.

그러나 모든 시인들이 언어를 도박하지는 않는다. 어떤 시인은 욕을 하며 도박장을 나가버리고, 또 다른 시인은 팔짱을 끼고 구경을 한다. 그런데 한 시인은 도박판에 앉지도, 주사위를 던지지도 않는다. 그는 주사위를 부수고 도박판을 난장판으로 만들어버린다. 규칙에 순응하는 척하면서도 필승의 조커를 소맷자락에 감추고 있는 도박사기꾼과 그는 다르다. 그는 도박의 룰 자체를 인정하지 않는다. 그에게서 도박은 신적 의지가 작동하는 운명순응주의의 산물이기 때문이다. 그는 운명을 근본적으로 거부하는 자이다.

그는 위 인용문의 저자이기도 한 이형기 시인이다. 그런데 시인은 도박판이 아닌, 자연의 섭리를 부수어버린다. 존재의 궁극적인 한계상황이자, 필연적 법칙인 죽음조차도 "없다"며, "시인의 사망기사에 속지 말아라"라고 웅변한다. 생존과 소멸이라는 존재의 근본법칙마저 난장판으로 만들어버리는 명령을 내리고 있는 것이다. 이로써, 2005년 2월 2일 시인 이형기의 별세를 알리는 신문기사들은 모두 오보(誤報)가 된다. "이미 죽었는데도 불구하고" "그대의 은밀한 시간 속에" 시인은 여전히 "살아 있"기 때문이다.

그렇다고 그의 이 명령이 불멸의 삶을 환상하는 표현이라고 할 수는 없다. 삶의 경계를 초월하여 존재할 수 있는 자는 신 이외에는 없다. 다소 극단적이기는 하지만, 시인의 이 언급은 보편적인 죽음마저도 의심함으로써 기존 질서와 가치 전부를 전환하고자 하는 의도를 담고 있다. 그는 존재의 초월을 말하지 않고, 이를 무화함으로써 생멸을 넘나들려 한다. 그러니까 죽음과 삶은 동일한 내포를 지닌 서로 다른 외연일 뿐이다. 필연적인 모든 가치들에 대한 회의! 그 자리에서 시는 무력한 장난감[1]이 되고 시인은 허무주의자가 된다. 그러나 이 때의 허무는 삶을 방기하는

---

[1] 이형기, 「문학의 기능에 대한 반성」, ≪현대문학≫, 1962.02.

허무가 아니라, 삶을 난장판으로 만드는 허무이다.

이형기 시인의 시들은 50여 년간 오직 허무라는 "소실점"을 향해 "혼자"(「길」, 『심야의 일기예보』) 걸어간 궤적이다. 가히 그를 '허무의 시인'이라 할 만하다. 그런데 그의 시는 기존 가치의 전복을 넘어, 스스로의 허무마저 허무로 분쇄하는 '허무의지'를 보여주는 '허무의 난장'이다. 그러므로 최근 현대시가 보여주는 일련의 허무적 경향이 지닌 한계와 가능성을 짚고자 할 때, 허무의 극단에서 배태된 그의 시편들이 시사하는 바에 귀 기울여 보는 것은 나름의 의미를 찾을 수 있는 일이 된다.

2. 이별해야 하는 '너'

인간은 근본적으로 추방 당한 자이다. 그러나 존재의 뿌리 뽑힘을 통감하는 자는 시인이다. 왜냐하면 추방 의식과 근원적 향수(鄕愁)가 실존적 자각에 부딪쳐 발화가 있게 될 때, 시는 태어나기 때문이다. 그리하여 시인은 세계의 비극을 인식하고, 초월적 진리를 시로 표현함으로써 존재의 모순을 극복할 가능성을 열어둘 수 있게 된다. 그러므로 이 때 시인이 사랑의 대상[2]으로 표현하는 '너' 혹은 '그대'는 근원에 서 있는 현실초월적 존재를 드러내는 기표라 할 수 있다.

갈피잡을 수 없이 엇갈린 생각을/ 네게 의지하면/ 나의 그리움은/ 비로소 하나의 形象을 이룬다.// 허구한 날/ 물같이 흐르는 세월의 단면을/ 조용히 가로막은 透明體/ 나의 恣이여// 언젠가는 모두가/ 검은 忘却의 그늘에 졸

---

[2] 사랑은 자아와 세계의 일체감과 동일성을 상징하는 대표적 유형이며, 세계를 수용하는 전형적 자세이다. (김준오, 「입사적 상상력과 꿈의 시학」, 『도시시와 해체시』, 문학과비평사, 1992, 285쪽)

것을/ 너는 지금 永遠과 연결시킨다./ 사람이 살아가는 理由를 대듯이.// 錯雜한 욕망이/ 순화되어 가는 신비의 門/ 이 세상 온갖 하찮은 日常을/ 너는 하나하나 제자리에 앉힌다.// 그리하여 밤이면 밤마다 나는/ 窓, 너와 더불어 沈黙하며/ 오래오래 참고 기다리는/ 눈을 기른다. 絶望하지 않는다.
—「窓1」 전문, 『寂寞江山』

시인은 "너"를 기다리며 "너"의 "사랑"을 욕망한다. "너"의 거리가 멀면 멀수록 "너"에 대한 그리움과 열망은 더욱 깊어진다. "너"를 "오래오래 참고 기다"림으로써 "너"는 "나"의 짧은 생을 "영원과 연결시"키고 "착잡한 욕망"을 "순화"하게 하여, "절망하지 않"게 한다. "너"에 대한 욕망과 영원한 시간에 의한 욕망 순화의 변증법이 "절망하지 않"고 "오래오래 참고 기다리는" 자세로 지양되고 있다. 나아가 "너"와 "나"의 합일은 존재의 가장 순수한 상태, 즉 서정적 자아의 충만한 현재 상태로 이끈다. 존재의 순수성은 시간적으로 "밤"이 되어야 보장받을 수 있다. 왜냐하면 밤은 "이 세상 온갖 하찮은 일상"으로 가득 찬 낮 동안의 모든 욕망과 열정이 중지되고 활동이 정지되는 때이기 때문이다. "밤"이 되면, 모든 동작이 사라지고 형상은 고착되어, 시간 개념은 사라지고 공간 개념만 남게 된다. 시간의 흐름은 본질적으로 변화를 내포하나, 공간은 고정적이기 때문이다. 그러므로 "밤"은 변화의 시간이 아니라 불변의 시간, 표층적 자아를 뚫고 올라온 심층적 자아와 대면할 수 있는 시간이다. "창"에 비친 시적 화자의 "형상"은 이러한 심층적 자아의 은유이다. 화자는 창에 비친 심층적 자아를 통해 "너"와 대면하기를 "오래오래 참고 기다"림으로써 바란다. 그러나 그런 태도만으로는 "너"를 만날 수 없다. "언젠가는 모두가/ 검은 망각의 그늘에 졸 것을" 이미 알고 있기 때문이다. 그럼에도 화자는 "절망하지 않는다". 왜냐하면 기다림 그 자체가 이미 "너"와 만나고 있는 상태이기 때문이다. 시간 개념의 부재는 존재의 영원성을 보장하고, "너"

와의 영원한 합일을 이끌어낸다. "밤"이라는 영원성의 한 지점인 시간은 "너"와 대면하는 신성한 순간이며, 이 세계의 초극을 꿈꾸는 시적 화자의 태도가 확인되는 순간이다.

이처럼 결여의 자리를 온통 "너"로 충만한 시인은 허무가 들어설 틈도 없이 단단한 시적 결정(結晶)을 보여준다. 그러나 경도가 큰 물체는 그 단단함 때문에 도리어 쉽게 깨어지듯, 시의 결정을 응집하는 "너"의 "형상"에는 점차 균열이 발생한다. 그 시작은 "너"의 결여가 "나"에게 발견되고, 그것이 다시금 "나"를 충격하는 자리에 있다.

> 가야 할 때가 언제인가를/ 分明히 알고 가는 이의/ 뒷모습은 얼마나 아름다운가.//봄 한철/ 激情을 忍耐한/ 나의 사랑은 지고 있다.// 분분한 落花······/ 訣別이 이룩하는 祝福에 싸여/ 지금은 가야 할 때,// 무성한 綠陰과/ 그리고/ 멀지않아 열매 맺는/ 가을을 向하여// 나의 靑春은 꽃답게 죽는다.// 헤어지자/ 섬세한 손길을 흔들며/ 하롱하롱 꽃잎이 지는 어느 날// 나의 사랑, 나의 訣別,/ 샘터에 물 고이듯 成熟하는/ 내 靈魂의 슬픈 눈.
> ―「落花」 전문, 『寂寞江山』

영원한 염원의 대상이던 "나의 사랑은" "분분한 낙화"처럼 "지고 있다." '너'와 합일함으로써 존재하던 "나의 청춘" 역시 "꽃답게 죽는다." 일반적으로 죽음은 생명현상의 완전한 정지 혹은 종결을 뜻하면서 동시에 상실감이나 불안이라는 심적 태도를 유발한다. 그러나 이 시에서 시인은 "나의 청춘"이 "꽃답게 죽"어감을 보면서도 슬픔이나 불안보다 더 중요한 무언가를 체험한다. 그것은 '너'와의 "결별"이 "내 영혼"의 죽음으로 이어지지 않고 도리어 "성숙"의 "눈"을 틔워준다는 사실을 발견했다는 체험이다. '너'와의 합일이 나의 고양을 이끄는 것이 아니라 도리어 '너'와의 이별이 나의 고양을 이끌어냈다는 이 체험적 진실 앞에서, 이제 시인은

'너'의 욕망을 욕망하는 것이 아니라 "나"의 욕망, 나의 의지를 욕망하는 토대를 마련해두게 된다. '너'의 "앞모습"이 아니라 "뒷모습"을 보게 될 때, 충만해보이던 '너' 역시도 '결여'이자 '소멸'일 수 있다는 사실이 시인에게 "이별"을 수용하도록 이끈 내적 동력으로 작동하고 있다.

이제 시인에게 '너'는 그저 나르시스적 환상이자 착각에 불과한 존재이다. 나아가 충만한 '너'는 원래부터 없었으며 있어야 할 존재도 아니게 된다.

> 그는 없다./ 온 천지 다 찾아도/ 천지 저 혼자 덩그렇게 있을 뿐/ 그는 없다.// 석양을 등지고 돌아오는 수색대/ 처진 어깨/ 기울어진 능선/ 그 너머 골짜기// 아 저기 한 줄기 연기/ 다비의 그것인가./ 또는 그가 좀전까지 피운/ 모닥불의 그것인가.// 오해하지 말아라/ 그는 아예 온 일이 없다./ 온 일이 없으니 갈 일도 없는/ 불 안 땐 굴뚝의 연기/ 소문의 사나이.// 어떤 레이다에도 걸리지 않는/ 소문의 유 에프 오가 그날 밤/ 유성처럼 하늘을 가로질렀다.
> ─「不在」전문, 『보물섬의 地圖』

이 시에서 화자가 "수색대"마냥 온 천지를 찾아 헤맨 "소문의 사나이"는 실상 "아예 온 일이 없"으며 "한 줄기 연기"같은 의미 없는 존재일 뿐이다. "소문의 유에프오"에 "그"가 타고 있건 그렇지 않건 간에, "그"를 인식하지 못한다는 점은 변함이 없다. 진실이 부재하는 세계에 "그"를 좇음으로써 자아의 불안과 갈등을 봉합할 수는 있겠으나, 실존의 근본적인 문제를 해결하기 위한 방책이 될 수는 없다. 시인은 이러한 문제의식을 시적 터닝포인트의 기반으로 삼는다. 그리하여 시인은 "온 천지 다 찾아도/ 천지 저 혼자 덩그렇게 있을 뿐/ 그는 없다"는 확신을 갖게 된다. "그"와 나의 충만하고도 영원한 합일은 불가능하다, 아니 필요 없다. 시인은 스스로 만든 단단한 결정물들을 이처럼 파괴한다. 그러나 파괴된 자리에 시인이 마련하는 것은 삶의 방기로서의 허무가 아니다. 그는 어떤 물체로도 허용치를 넘지 않을 듯한 질긴 '강도'의 허무, 단독자의 정신을 세워놓는다.

3. 절벽 위에 선 단독자의 외침

현실 속에서 주체가 추구해야 할 근원적 존재를 제거하고 세계와 자아의 대립과 갈등이 깊어질 때, 시인은 진실의 부재를 확인하면서 이 세계의 비극을 견디어내려 한다. 그러나 이 지점에만 머무르는 것은 피상적 허무 인식에 지나지 않는다. 그것은 삶의 방기로써의 허무일 뿐이다. 허무 의식은 기존의 가치를 무가치화 함으로써 나타난다. 즉 허무 의식의 가치는 기존의 지배적 사고방식에 대한 전복적 사유를 이끄는 데 있다. 세계의 비극을 읽어내는데 머물지 않고, 이를 난장판으로 만들어내는 것, 이형기 시에서 나타나는 단독자로서의 존재론적 결단은 비극적 세계관을 넘어, 세계를 전복하고자 하는 욕망이 만들어낸 자아의 적극적인 세계 대응 방식이다.

凶惡犯 하나가 쫓기고 있다/ 人家를 피해 산속으로 들어와선/ 혼자 등성이를 넘어가고 있다// 그러나 겁에 질린 모습은 아니다/ 뉘우치는 모습은 더욱 아니다/ 성큼성큼 앞만 보고 가는 巨軀長身// 가까이 오지 말라/ 더구나 내 몸에 손대지는 말아라/ 어기면 경고없이 해치워 버리겠다/ 단숨에// 그렇다 단숨에/ 쫓는 자가 모조리 숯검정이 되고 말/ 그것은 불이다// 불꽃도 뜨거움도 없는/ 불꽃을 보기 전에/ 뜨거움을 느끼기 전에/ 만사가 깨끗이 끝나 버리는/ 三相三線式 33만볼트의 고압전류// 凶惡犯은 차라리 황제처럼 오만하다/ 그의 그 거절의 의지는/ 멀리 하늘 저쪽으로 뻗쳐 있다

―「高壓線」 전문, 『보물섬의 地圖』

　　단독자는 세계가 제공하는 일체의 집착을 거부하고 주체로서 자립한, 완전한 자유인이다. "흉악범"은 바로 이러한 시인 자신의 은유이다. "흉악범"은 사회에서 완전히 추방된 자이며, 생존 자체가 위협받는 한계상황의 위치에 있는 자이다. 그럼에도 시인(흉악범)이 "황제처럼 오만"할 수 있는 이유는 "삼상삼선식 33만볼트의 고압전류"를 내부의 "불"로써 간직하고 있기 때문이다. 이 "불"은 시인의 상상력 혹은 ―이형기 시인의 말을 빌리자면― 시인의 "꿈"이다. 바슐라르에 따르면, "불"은 총체적인 정화의 근거이며, 정화된다는 것은 재탄생의 근거가 된다.3) 시인이 간직한 "불"은 언제든지 세계를 정화하고 재탄생 시킬 수 있는 "꿈"이다. "꿈" 속에서는 흉악범조차도 용납되는 세계를 재탄생시킬 수 있으며, '자신의 죽음조차도 허구화' 할 수 있다. 심지어, 자신을 위협하는 자들의 생사여탈권을 쥘 수 있는 세계까지도 만들 수 있다. 세계에 대항하기 위해 또 다른 세계를 만드는 것, 그것이 시인의 대응 방식이다. 이 세계의 입장에서 보면 이러한 전복은 "흉악범"과 같이 위험천만하고 불온한 것이지만, 시인의 입장에서 보면 "황제"처럼 오만할 수 있는 근거가 되는 것이다. 그러므로 시인의 세계 전복 의지는 내부의 "불"―상상력―을 얼마나 발현해내는 주체가 될 수 있는가에 따라 판가름된다. 왜냐하면 시인이 자유로운 상상력을 발현을 통해 가치의 전복을 이루기 위해서는 이 세계가 요청하는 물질적·사회적 삶을 깨끗이 거절할 수 있어야 하기 때문이다. "거절의 의지는/ 멀리 하늘 저쪽으로 뻗쳐있"을 때만이 "만사가 깨끗이 끝나버리는/ 삼상삼선식 33만볼트 고압전류"를 "불"로써 간직할 수 있다. 물리적 현실의 수용은 세계와의 타협에 불과하며, 세계의 가능성을 암묵적으

---

3) 가스통 바슐라르, 안보옥 역, 『불의 시학의 단편들』, 문학동네, 2004, 188쪽.

로 인정함으로써 타오르는 "불"에 찬물을 끼얹는 행위이다. 그것은 세계에 대해 시인이 패배를 자인하기 때문이 아니라, 그것이 세계의 극복을 모색하는 가운데 얻은 가장 강력한 대결 방식이기 때문이다. 세계에 대한 자아의 우월을 주장하는 오만한 자아가 만들어낸 단독자의 허무의지는 세계에 대한 시인의 근본적인 접근 태도이다.

이와 함께, 세계와 타협하지 않고 전복하려는 시인은 세계가 제시하는 언어 역시 새롭게 가치정립하려 한다. 이 때 기술하는 언어가 단독자의 방언이다. 당연히 그 언어는 "절벽"처럼 우뚝 서 있는 "수직의 언어"이다.

> 말은 옆으로만 퍼지는 게 아니다/ 때로는 이웃을 거부하고/ 혼자 위로만 솟구쳐 오르는 몸부림/ 수직의 언어여.// 黃砂 뿌옇게 하늘을 가린/ 지난 봄 어느 날/ 교외의 보리밭가에서 종다리 한 마리가/ 내게 그것을 가르쳐 주었다.// 수직의 언어는 귀로 듣지 못한다./ 그 날 내 視界의 저쪽에서/ 마침내 불꽃으로 타버린 종다리/ 다만 마음 하나로 우리는/ 그 뜨거움을 확인할 뿐이다.// 그러나 어느새 봄이 가고/ 이 세상 종다리 씨 말라 버렸을 때/ 문득 쳐다본 밤 하늘/ 거기서 우리는 다시 만난다/ 은하처럼 增殖한 수직의 언어들을······.
> ―「垂直의 言語」 전문, 『보물섬의 地圖』

시인에게 "언어"란 단순히 자기표현을 위한 기호가 아니다. 시인의 단독자로서의 자세가 세계와 전투하기 위한 전신갑주라면, 시인의 언어는 그 손에 들려진 잘 벼린 칼이다. 시인은 내부의 "불꽃"을 언어로 육화하여 또 하나의 세계를 창조하는 자이다. 창조를 위해서는 기존의 세계를 베어버려야 한다. 시인의 "수직의 언어"는 세계의 방심하는 육체를 향해 날을 세운다. "황사 뿌옇게 하늘을 가린" 일상의 의표를 찌르려 하고, "귀로 듣지 못하는" 독자의 자동화된 감성을 베려 한다. 그러나 그 언어는 필연적으로 사멸한다. "불꽃으로 타버린 종다리"가 된다. 시인이 창조하려는 세계는 늘 실패할 수밖에 없기 때문이다. 언어 아닌 것을 언어로써 창조하려 할 때, 이미 실패는 예정되어 있었다. 그러나 시인은 포기하지 않는다. 언어들은 "종다리"처럼 "말라 버렸"으나 "밤 하늘" 위, "은하처럼 증식"하고 있음을 보기 때문이다. 비트겐슈타인은 말할 수 없는 것에 대하여 우리는 침묵해야 한다고 역설했다.[4] 그러나 시인은 그럴 수 없다. 말할 수 없는 것이 있기 때문에 시인은 말해야 한다. 침묵은 금이 아니다. 침묵은 시인에게 전복의지의 상실을 뜻한다. 언어로 표현할 수 없기에 언어로 표현하여 저항하는 것, 不立文字 不離文字, 그것이 시인의 사명이요, 저주받은 운명이다. 탄생이 있기에 죽음이 있듯, 언어를 통한 세계의 창조가 있기에 언어를 통한 세계의 파멸도 있는 것이다. 역으로, 그 파멸이 시인에게 또 다른 창조를 가능하게 하는 힘이 된다. 시인은 창조와 파멸 사이에서 끊임없이 움직이는, 유동(流動)의 원동자(原動者)다.

神은 언어로 세계를 창조했다. 시인은 그 언어를 파괴하고 새로운 언어로 세계를 규정하려 한다. 그러나 부동(不動)이 아닌, 본질적으로 유동의 원동자인 시인은 神의 언어를 따라잡을 수 없다. 그러므로 시인의 언어는 언제나 비극이다. 비극은 파토스(pathos)를 생산한다. 시인의 목소리는 파토스에 휩쓸린, 격앙되고 흥분된 "외침"의 목소리다. 현실 세계를 당위 세계로 대처하지 못하는 자신의 한계에 대한 분노의 목소리다. 그러므로 파토스의 목소리는 방향상실 혹은 방향부재의 목소리다. "너"가 제거된 자리에, 지향 없는 나침반을 든 항해사인 시인의 손가락이 가리킬 수 있는 곳은 어디인가? 「절벽」은 답한다. "몸을 던질밖에 다른 길이 없는/냉혹함", 즉 '죽음'이라고. 또 다른 세계의 창조를 위해서 시인은 이 세계에 속한 육신을 "냉혹"하게 버려야 한다. 죽음을 통해 육신의 구속으로부

---

4) 루드비히 비트겐슈타인, 이영철 역, 『논리-철학논고』, 책세상, 2006, 117쪽.

터 완전히 해방된 자유로운 자아만이 세계를 창조할 수 있다. "죽음"에 대한 시인의 타나토스적 열망이 필연적으로 매저키즘과 새디즘의 언표를 두드러지게 띠는 것은 이 때문이다.

4. 우로보로스의 시간을 가로지르는 타나토스 : 역설적 허무주의

　　나는 나의 심장을 바늘로 찌른다./ 심장은/ 살아 있는 그대로 조용히 멎는다.// 그 완전무결한 죽음/ 바늘은 砒素처럼 청결하다.// 神의 표본 상자엔 무수한 나비들이/ 별이 되어 꽂혀 있다.// 은하여, 하루살이들의 혼령/ 공중에 뜬 都城의 불빛이여.// 너의 눈동자를 바늘로 찌른다./ 그 속에 감춰진 꿈/ 한 마리 아편벌레를 잡는다.
　　　　　　　　　　　　　　　　　—「바늘」 전문, 『꿈꾸는 무魃』

　　자신의 심장을 스스로 찌르는 매저키즘적 행위로 시인은 제 육신의 구속을 떨치고 비상하는 영혼인 "나비"가 된다. "신의 표본 상자"의 "나비"들이 "별이 되어 꽂혀 있"다가 "은하"가 되는 것처럼, 시인은 내부의 불을 간직하여 수직의 언어를 구사하는 단독자가 되어 "공중에 뜬 도성의 불빛"을 탐닉한다. "도성의 불빛"은 시인이 죽음을 통해 창조한 세계이다. 그러나 그것은 지상에는 없고 오직 "공중에" 떠 있는 무상한 것이기도 하다. "하루살이들의 혼령"들이 그곳에 뛰어들 듯, 시인은 그렇게 무상한 창조 작업, 즉 유한하고 허무할 밖에 없는 "꿈"을 꾼다. 그렇다면 시인은 자신이 창조한 "너"의 "눈동자를 바늘로" 찔러서 "그 속에 감춰진 꿈"을 깨버려야 한다. 창조와 파괴의 이와 같은 시인의 몸부림이 "아편"인 줄 시인 스스로도 이미 알고 있다. 그럼에도 시인은 창조를 위한 매저키즘적 죽음의 상상력과, 그렇게 창조한 세계를 스스로 해체하여 무(無)로 돌아가게 하는 새디

즉적 파괴의 상상력을 뫼비우스의 띠처럼 병존시켜 버린다.

시인의 작업이 이처럼 죽음과 파괴의 타나토스적 상상력을 바탕으로 하기에, 절망과 허무의식을 필연적으로 동반한다. 그런데 허무주의는 흔히, 진정한 현실감각을 외면하고, 절망적인 삶의 표피만을 채집하여 결국 자폐적 유아의식으로 내몰릴 수밖에 없다는 비난을 받는다. 그러나 시인은 가치의 전복을 꿈꾸는 방법적 허무를 사유한다. 그것은 가치의 부재가 아니라 가치의 파괴이다. 허무주의의 본질은 가치의 파괴와 회의를 전제한 새로운 가치의 생성을 사유하는데 있다. 때문에 허무주의자는 언제나 견고히 서 있는 기존 현실에 민감한 반응을 보인다. 김준오가 이형기를 '리얼리스트'라고 명명한 이유가 여기에 있다.[5] 나아가 이형기의 허무주의는 시간의식과 결부되어 역설적인 의미도 갖고 있다. 시인의 역설적인 시간관은 그 자신의 허무주의조차 전복한다. 이러한 그의 시론은 '우로보로스의 시학'[6]이라 명명된다.

    폐허의 풍경을 잡은/ 이 사진은 앵글이 기막히다/ 뼈대만 남은 고층건물/ 앙상한 늑골새로/ 죽어서 납덩이가 된 도시를 보여준다/ 그 배경/ 曇天을 가로질러 모여든/ 까마귀 한떼/ 무엇인가를 파먹고 있다/ 사람의 가슴이/ 사람속에 흐르는 피가 붉다는 것은/ 거짓말이다/ 터지는 검은 먹물/ 그리고 폐허는 질척거린다/ 내일이면 陷沒/ 다시 내일이면 늪이 될 폐허/ 수수께끼의 光線 엑스레이는/ 이처럼 오직 사실만을 증명한다
                        ―「엑스레이 사진」 전문, 『꿈꾸는 魍魎』

우로보로스는 둥글게 몸을 말은 뱀의 형상으로, 머리가 꼬리를 물고 있는 모습으로 표현되는 상상의 동물이다. 상징적으로는 스스로를 죽이며

---
5) 김준오, 앞의 책, 243쪽.
6) 이형기, 「우로보로스의 시학」, 『시와 언어』, 문학과지성사, 1987.

스스로를 창조하는 불사의 생명체로, '끝은 곧 시작'이라는 의미를 갖고 있다. 근대적인 시간인 과거-현재-미래로 이어지는 직선의 시간관에 따른다면, 앞서 밝힌 시인의 창조와 파괴의 작업은 응당 허무주의로 귀결할 수밖에 없다. 그러나 시인의 시간은 우로보로스처럼 시작과 끝이 서로 연결되어 있는 원(圓)과 같다. 그러므로 과거·현재·미래는 순차적으로 흘러가지 않고 원의 표면 위를 가로질러 다닌다. 인용시에서 알 수 있듯, 시인은 '현재' 자신의 "엑스레이 사진"을 보면서 '미래' "납덩이가 된 도시를", "폐허"를 상상한다. 이처럼 시인이 보는 사물은 즉물적인 현재진행형이 아니라 미래완료형으로 존재한다. 이 때 과거는 제외된다. 과거를 향하는 시선은 근원에 대한 사유이며, '너'를 의식하는 운동이기 때문이다. '너'를 제거한 시인은 과거가 아닌 미래를, 도시의 빌딩을 통해서 멸망을, 아기의 옹알이에서 노인의 죽음을 예감한다. 최종을 향해 가는 벡터의 상상력을 드러낸다. 그런데 원의 시간관에 종말이란 존재하지 않는다. 그럼에도 불구하고 시인이 종말을 상상한다함은 무엇을 의미하는가?

　원의 시간관은 종말과 창조의 동일성을 상정한다. 그리고 원의 시간에도 벡터는 존재한다. 원의 시간관과 직선의 시간관의 벡터는 현재에서 미래의 종말로 가는 과정이라는 점에서 유사하다. 시인이 서 있는 지점은 바로 이곳이다. 원의 시간관이 종말과 동시에 창조의 징조들을 본다면, 직선의 시간관이 종말의 징조만을 본다는 점에서 다르다. 시인의 시편들은 독자들의 일상적인 직선의 시간관과 시인의 원의 시간관이 만나 부딪쳐 지면에 낙하하는 파편, 그 파편의 크레이터들이다. 음산한 폐허의 풍경과 육신의 해체, 매저키즘과 새디즘의 변주를 통한 타나토스에의 열망은 크레이터 내부에서 "악의 꽃"처럼 피어나는 물질들이다. 시인이 제시하는 시의 역설과 긴장은 바로 여기에 있다. 독자는 시인이 제시하는 종말의 물질들만을 읽지만 시인은 그 속에 창조의 씨앗을 뿌려두고 있는 것이다. 그러므로 엄밀한 의미에서 허무주의는 직선의 시간관을 지닌 독자에게만 존재할 뿐, 시인에게는 존재하지 않는다. 실상 시인이 행간 속에 감추어놓은 시간관은 허무주의를 뛰어넘어 창조와 생성의 비전을 제시하려 한다. 시인이 말하는 '허무'는 전략일 뿐이다. 그러므로 시인의 허무를 "역설적 허무주의"라고 명명해도 좋을 것이다. 쇼펜하우어가 허무주의의 속성으로 들고 있는 '권태의식'[7]이 시인의 시편들에서 발견되지 않는다는 사실은 시인의 허무주의가 다른 맥락을 띠고 있음을 단적으로 시사한다.

인간은 죽음이라는 일회성과 유한성에서 자유롭지 못하다. 그러나 시인은 "달빛을 받은 아이"가 "모래성을 쌓고", "파도가 밀려와서/ 자취도 없이 쓸어가버"려도 다시금 "까닭없는" "놀이의 되풀이"(「모래성」, 『죽지 않는 도시』)를 하는 것처럼, 몇 번이고 죽으면서 또 다른 세계의 창조를 욕망한다. 이는 죽음과 동시에 일어나는 생명의, 종말과 동시에 피어나는 창조의, 직선의 시간에 반하는 원의 시간이 있기에 가능한 상상력이다. 때문에 시인은 늘 죽음을 욕망하는 '타나토스'이며 우리가 만나는 시편들은 창조에 실패한 피조물의 죽은 육신들이다.

5. 허무의 본질, 영구혁명

사실 시는 죽을 때까지 언제나 새로 시작하지 않으면 안될 영원한 탐구의 대상이다. 시에는 어떤 모델도 없다. 어제의 자기 시를 오늘 다시 되풀이 하는 자기 모방도 금물이다. 아니 영원한 탐구자인 시인에게 있어서는 자기야말로

---

7) 쇼펜하우어, 함현규 역, 『생존과 허무』, 빛과향기, 2006, 39쪽.

그 속에 안주하지 말고 뛰어야 할 최대의 장벽인 것이다. 그러므로 시인은 매일 새로 태어나는 기묘한 인간이라 할 수 있다.
—「독자를 위하여」, 『심야의 일기예보』

정치적으로 볼 때, 허무주의와 상호 오해받기도 했던 아나키즘은 사실 허무주의와 뚜렷이 구별된다. 아나키스트는 허무주의자와 마찬가지로 기존 가치의 전복을 꿈꾸지만, 유기체적 소규모 공동체 사회 건설이라는 분명한 유토피아적인 방향성이 존재한다.[8] 이에 반해 허무주의자는 전복과 파괴, 이후의 생성을 꿈꾸지만, 동시에 생성된 체제 또한 파괴해야 할 대상으로 본다. 이는, 허무주의 "시인"이 "매일 새로 태어나"야 하는 이유가 된다. 그러나 허무주의에서, 견고하게 들어서 있는 기존의 가치를 무화하는 전략의 강조가 '파괴'라는 다소 섬뜩한 용어를 가져오게 한 것이지, 허무주의 그 자체가 파괴만을 지향한다고 볼 수는 없다. 왜냐하면 고드스 블룸의 말처럼, 허무주의는 기존의 목표·확신·신앙의 규범을 파괴하고, 잘못된 가설과 가치로부터 벗어나는, 새로운 존재 양식의 시계를 넓혀주기 때문이다.[9] 물론 모든 허무주의가 이러한 의의를 지니지는 않는다. 삶의 방기가 안겨주는 만성적인 환멸, 그 자체를 지향하는 태도 역시 허무에서 비롯되기 때문이다. 니체는 전자를 '적극적 허무주의', 후자를 '소극적 허무주의'라 하면서 대비시켰다. 허무주의가 우리 삶에 충격을 줄 수 있는 어떤 것이어야 한다면, 우리는 당연히 전자에 밑줄을 그어야 할 것이다. 그것이 우리를 "영원한 탐구자"이게 하고, "안주하지 말"게 할 것이기 때문이다.

그런데 이형기의 허무주의는 여기에서 그치지 않는다. 그는 소극적

---

[8] 김경복, 「한국 아나키즘 시에 나타난 유토피아 사상」, 『한국문학논총』 제21집, 한국문학회, 11–12쪽.
[9] 고드스 블룸, 천형균 역, 『니힐리즘과 문화』, 문학과지성사, 1998, 36쪽.

허무주의는 물론, 적극적 허무주의마저 부정한다. 허무주의가 하나의 '주의'이고 '체제'라면, 그것마저 부정해야 하는 것이 그가 생각하는 허무의 본질이기 때문이다. 시인은 체제와 가치를 거듭해서 부정하는 '영구혁명주의자'여야 하기 때문이다.[10] 시인이 영구혁명주의자일 때, 그는 허무를 허무로 뛰어넘으려는 역설적 허무의지로 무장한 단독자가 될 수 있다. 그리고 그만이 시간을 가로지르고 죽음마저 무화해버리는 상상력으로 끊임없이 세계를 탈영토화 할 수 있다.

  이는, 허무주의는 '영구혁명'은 가능하나, '혁명'은 불가능한 사유라는 점을 시사한다. 따라서 이 시대의 문학적 결여를 메울 문학적 방법론이 될 수 없다. 허무주의는 권력을 쥔 혁명가에 안티테제로 남아 있을 때만이 그 본래의 빛을 발하기 때문이다. 또한 언제나 허무주의는 스스로의 굳어버린 인식틀조차 깨어버리고 또 다시 열린 가능성을 탐색함으로써만이 그 문학적 성실성을 다할 수 있기 때문이다. 우리는 그 전범을 이형기 시인에게서 언제든 확인할 수 있다.

---

10) 이형기, 「불꽃 속의 싸락눈 72」, 『절벽』, 문학세계사, 1998, 111쪽.

파괴와 생성의 놀이
— 정영태의 시세계

1. 과거 이전과 미래 이후의 언어

　과거는 역사가나 고고학자에게 기록의 대상이지 결코 예언의 대상이 되지는 못한다. 예언은 항상 미래의 예언이면서 동시에 지금-여기에 던져질 필요가 있는 의미심장한 언어로만 진술된다. 더욱이 묵시록으로 전하는 예언가들의 언어에는 창조에 대한 인과로서의 종말, 지옥 같은 현실에 대한 보응으로서의 낙원 같은 미래가 언제나 보장되고 있다. 그 보장이 예언을 믿는 자들로 하여금 현재의 삶을 영위하게 하고, 쉽게 해방되지 못할 질곡들로부터 예언 이후를 상상 가능하게 해준다는 점은 꽤나 역설적이다. 현실의 삶을 깡그리 부정하는 예언의 언어는, 그 허무적 언명은, 되레 그 믿음을 간직한 인간이 살아야 하는 이유가 되는 것이기 때문이다.
　설사 예언이 결국 이루어지지 않는다 하더라도, 예언은 그 다음 예언에 의해 다시금 반복·부활하여, 미래를 지금의 삶에 충격할 수 있도록 강제하는 또 다른 의미에서의 질곡을 유지시킨다. 언제나 미래를 향해 열려 있는 예언, 속히 이루어지지 않을 종말의 언어, 예언은 이루어짐에 의해서가 아니라 이루어지지 않음에 의해 그 생명을 유지한다.

그러므로 예언가는 사기꾼이 아니다. 광인(狂人)은 더더욱 아니다. 예언가의 언어는 귀 있는 자들에게 미래의 비밀을 말하는 순간, 힘없이 사라질 운명에 처해있는 시니피앙이 아니라 통렬한 자기 반성을 요구하며 끈질기게 살아 움직이는 시니피에가 되기 때문이다. 숨어 있던 죄의식을 끄집어내고, 잠자고 있던 양심을 일깨우는 순수한 시니피에의 언어. 예언가의 언어는 시니피앙과 시니피에의 거리를 끊임없이 지워가려는 사기꾼의 감언(甘言)과 시니피앙과 시니피에의 거리를 계속해서 연장하는 광인의 이설(異說)과는 사뭇 다른 지위를 획득한다.

그러나 예언가는 역사가나 고고학자의 언어를 획득할 수 없다. 시니피앙(과거 서술)과 시니피에(과거 사실)의 거리를 좁혀가려는 노력을 예언가에게 기대하지는 못한다. 과거는 예언될 수 없다. 어떤 예언도 지나간 과거를 통해 원죄의 속박과 종말에 의한 죄의식의 공포 감정을 심어주도록 강제하지는 못하기 때문이다.

그런데 어떤 언어를 발하는 자는 과거를 예언하고, 미래를 진술하려 한다. 예언가의 언어도 아니고 역사가나 고고학자의 언어도 아닌 그 언어, 정영태는, 아니 시인이라 불리는 어떤 자는, 그와 같은 언어를 통해 그들과 다른 위상을 차지하고야 만다.

지구 위의 불이 다 꺼진 후면/ 잘 들어 보아라/ 우주의 끝에서 메아리쳐 돌아오는/ 지구가 태어났을 때의 울음소리를// 밤의 눈시울 안에 숨어 잠든 지구의 눈물샘이 부끄러운 듯/ 깨어난다/ 수줍은 목소리로/ 어디로 흘러가야 하는가를 묻는다/ 결국 어디엔가 닿기 전에/ 다 말라 버릴 줄도 모르고// 꿈이 없는 순결한 밤/ 그 중에도 가장 아름다운 밤을 확인하려고/ 나는 영원히 가고 있을 것이다/ 우주의 암흑과/ 황홀한 침묵 속을
―「파이오니아 10호」 부분

시인의 시선은 예언가의 종말을 향한 언표와, 역사가나 고고학자의 과거를 향한 탐구보다 더 먼 과거와 미래로 향하고 있다. 과거보다 더 과거, 창조 이전까지 상상하는 과거를 향한 극단적인 벡터와 미래보다 더 미래, 종말 이후까지 상상하는 미래를 향한 극단적인 벡터가 상호 공존하고 있는 것이다. 이와 같은 사유는 어떻게 가능한가? 시인은 "우주의 암흑과/ 황홀한 침묵 속을" "영원히 가고 있을 것"이기 때문에 가능하다고 말한다. 빅뱅 이후 발생한 빛이 가 닿은 거리가 우주의 끝이라면, 그 우주의 끝에서 보이는 빛은 태초의 우주에서 나온 빛일 것이다. 즉 우주의 끝은 역설적으로 우주의 시작을 알려주는 것이므로 거기서 지구의 시작도 알 수 있을 것이다. 이와 같은 천체물리학적 근거를 시적 진술에 깔아놓으면서 시인은 '과거-현재-미래'의 일직선적 시간 관념을 '태초 이전의 과거-과거-현재-미래-종말 이후의 미래'로 확장시켜 놓고 있다.

그런데 이와 같은 생각은 미래를 향하는 일직선의 벡터를 상정하지 않는다는 데 그 특이점이 있다. 여기서 제시되고 있는 시간 관념은 되레 한 존재의 탄생과 죽음에 이르기까지의 과정이란 아무 것도 아니라는 사실이다. "어디로 흘러가야 하는가를 묻는" 목적론적 물음이 시간 관념이 무화되어버린 우주적 상상력을 바탕으로 한다면 존재의 탄생("태어났을 때의 울음소리")과 소멸("지구 위의 불이 다 꺼진 후면")은 원의 고리처럼 연결되어 있다는 대답으로 돌아오기 때문이다.

그러나 그것은 불교에서 흔히 보이는 것과 같은 '윤회'의 카테고리에 포섭되지 않는다. '윤회'가 우주적 질서에 동참되는 중생들의 자연적 순환 과정을 의미하는 것이라면, 시인에게 있어서 생성과 소멸에 대한 거대한 우주론적 시간 관념은 '밤'이라는 공간이 지니고 있는 본질에서 비롯되고 있다. 정영태 시인이 끝까지 물고 늘어졌던 '밤'이라는 시적 화두는 어떤 규칙이나 질서를 지니고 운동하는 공간이라기보다는 그러한 규칙이나 질서마저 내재된 잠재태로서의 공간, 혼돈과 질서를 동시에 내포하는 공간으로서의 의미를 강하게 지닌다. 시인이 흰 백지(白紙)에 온 우주를 담아놓은 놀이의 공간, '밤'의 상상력은 정영태 시인의 시세계를 이해하는 핵심 키워드이다.

2. 무화되는 규칙, 놀이의 세계

시, 문학, 예술이 일종의 놀이임을 주장했을 때 동감하는 이가 많지 않았다. 시는 즐거운 유희이고, 글쓰기는 행복한 작업이라는 주장은 쉽게 동의를 얻을 수 없었다. 내 말은 시가 아무것도 아니라는 말이 아니라, 어디까지나 존재를 확인하고 확장하는 아름다움을 위한 진지한 놀이의 정신 위에 성립된다는 의미이다. 이런 의미에서 예술 작업은 노동 행위와 대립된다. 시는 현실적 공간이 아니라, 상상의 공간에서 이루어지는 것이다.
—『밤을 위한 시론』서문 중에서

시인에게 시쓰기는 사회 현실에 대한 적확한 반영이거나 내적 감응의 표현이거나 독자를 위한 의미 있는 읽을거리가 아니다. 그에게 시쓰기는 "일종의 놀이"이며 그것도 "존재를 확인하고 확장하는 아름다움을 위한 진지한 놀이"이다. "현실적 공간"에서 이루어지는 행위가 '노동'에 가까운 것이라면, "상상의 공간"에서 이루어지는 이 "작업"은 '놀이'라는 것이 그의 전언이다.

호이징하에 따르면, 놀이는 현실과 절연된 상태에서 이루어진다.[1] 놀이는 순수하게 자기 자신만을 목적으로 삼고, 자기 자신의 즐거움을 위해

---

[1] J.호이징하, 김윤수 역, 『호모 루덴스』, 까치, 1993, 20쪽.

봉사할 뿐, 현실의 이득과는 아무런 관계가 없다.[2] 현실의 규칙은 놀이의 공간 속에서 무화되며, 놀이의 규칙은 현실의 규칙과 유사하거나 거의 똑같다하더라도, 현실 규칙의 작동 방식에 영향을 끼치지 못한다.

> 높은 곳에서 떨어질수록/ 더 가속화된다/ 그렇다면/ 끝도 없는 고통의 세계에서 오는/ 저 눈송이들은/ 초광속으로 땅에 부딪친단 말인가// 뉴턴의 잔인한 운동 제2법칙,/ 오, 지구여/ 지구 위의 인간이여,/ 위험하다// 인간들은 달아난다/ 저마다의 혹성탈출,/ 슈퍼맨의 꿈을 갖고/ 중력이 뒤틀려 있을 혹성으로 간다/ 잠의 캡슐을 타고/ 은밀히 줄행랑을 치는 모습들// 드디어 아무도 남지 않는다/ 텅 빈 지구 위에/ 눈송이는 무용수처럼 가볍게 내려앉는다/ 그리고는 배를 잡고 깔깔댄다// 한밤중의/ 거대한 눈물방울,/ 지구가 머리 위를 아득히 떠가고 있다/ 뉴톤의 허무한 운동법칙을 비웃는/ 눈송이의 깔깔거림만 싣고서
>
> ―「설야 · 6」 전문

"높은 곳에서 떨어질수록/ 더 가속화"되는 "뉴턴의 잔인한 운동 제2법칙"은 "무용수처럼 가볍게 내려앉는" "눈송이"에게 "비웃"음의 규칙이 될 뿐이다. 현실의 규칙이 인간들의 공포심을 극대화하고 "저마다의 혹성탈출"을 감행하게 하지만, 현실의 규칙보다 더 우위에 있는 "눈송이"의 놀이 규칙은 현실 규칙을 간단히 무시할 수 있다. 한낱 눈송이에게 농락당하는 인간의 현실 규칙은 이처럼 '놀이=시' 안에서 아무런 영향력도 행사할 수가 없다.

놀이 세계가 현실 세계와 절연되어 있다는 인식은 시인에게 현실로부터의 해방, 현실로부터의 초월, 현실 규칙의 극단적인 위반으로서의 놀이=시쓰기의 체험을 가능하게 한다.

---

[2] 놀이를 치료 · 교육 · 자기계발을 위한 수단적 가치로 인정하는 자본적 관점은 정영태 시인의 놀이론과는 아무런 관련이 없다. 그의 '놀이론=시론'은 철저하게 순수한 놀이 상태, 즉 무목적적인 놀이 상태를 전제한다.

우주인의 공격이다/ 지상에 레이다에는 걸리지 않는 그들// 그들은 내려서 늘어선다/ 흰 전투복의 위험한 방문객,/ 바다와 들, 산과 도시에/ 그들의 후손의 알을 깔아 놓는다/ 부화되면/ 우리 몸 속으로 들어와 번식할/ 에일리언,/ 소름끼치는 외계인의 일종// 그들의 정체를 모르는/ 이 지구인은 그들을 반긴다/ 그들의 환영 플래카드 위에 씌어진/ 순결, 희망, 축복, 사랑……// 천만에, 미안하지만 아니다/ 지구인의 고독과 허무를 파먹고 사는/ 극히 은밀한 족속이다/ 지구가 태어나기 전부터/ 우주를 지배하던// 한 사람의 지구인까지/ 내장을 속속들이 파먹고 난 후에/ 그들은 돌아갈 것이다/ 다른 行星을 찾아/ 고독과 허무를 번식시킬 것이다/ 한 사람도 그 정체를 알지 못한 채

―「싸락눈 5」 전문

하늘에서 떨어지는 눈(雪)을 지구인을 멸망시키기 위한 우주인의 공격이라 진술하는 시인의 발랄한 상상력은 말할 것도 없이 놀이 정신의 산물이다. 시세계는 곧 놀이의 세계이며, 그 안에서 눈은 "한 사람의 지구인까지" 멸절시키는 극단적인 적대적 대상으로까지 화(化)할 수 있다. "순결, 희망, 축복, 사랑……"따위의 일반화되고 관습화된 현실적인(사회적인) 상징체계는 이 시의 세계 안에서 무력화될 수밖에 없다. 그렇지만 놀이 세계에서 이와 같은 적대적 세계 인식이 곧 '악'으로 규정될 수는 없다. 왜냐하면 정영태 시인에게 놀이 세계는 '밤'이라는 공간으로 구체화되고 있고 시인이 말하는 '밤'은 선과 악, 미와 추, 이성과 감성과 같은 이분법적이고 개별화된 관념 체계들이 무화되어 있는 공간이기 때문이다.

3. '밤'이라는 놀이 공간

상상력이 무의식 속에서 눈을 뜨는 밤이면, 시인은 억압체제로서의 현실을 떠나, 현실의 윤리와 도덕의 기준이 닿지 않는, 개별적 욕구를 충족시켜 주는

약속의 땅으로 떠난다. 반윤리적, 비도덕적 욕구가 개별화에 의하여 실현될 수 있으며, 사회적 윤리와 도덕 기준이 전도되는 곳이 약속의 땅의 정체이다. 여기는 언어와 사유로 구성된 감성의 놀이가 기다리고 있는 곳이다. 놀이 충동은 상상력을 통한 자유와 쾌락으로 인도하는 고속도로같은 매개체이다. 이 고속도로를 지나면, 시와 예술은 현실에서 해방된 개별적 쾌락원칙에 의해 감각적 진리가 미학적 가치로서 인정되고, 개별적 자유가 창조의 자유로운 놀이로서 승인되는 영역으로 들어가게 된다. 예술의 세계에서는 일상의 생활양식이 존재를 구속하지 않는다.3)

'밤'은 어둠의 외피를 통해 존재의 모든 형태들을 지우며, 서로 다른 존재의 양태들과 상호 뒤섞어 구분할 수 없게 한다. '밤'은 어미에게 품긴 아이처럼 모든 존재를 각각의 양태에 따라 제 안으로 받아들이며, 모든 존재의 현실태들을 가능태와 잠재태로 되돌려 그 본래적 특질로 정화시켜 놓는다. 따라서 현실 세계의 일반적인 규준들이 '놀이세계=밤'에서는 적용되지 않으며, '밤'은 그 나름의 작동방식에 따라, 시인의 감각적 수용방식에 따라 끝없이 존재의 생성과 파괴, 구축과 탈구축을 반복하는 공간으로 주어진다. 시인이라는 존재는 그와 같은 존재의 명멸을 통해 존재의 본질을 꿰뚫게 되며, 그 아름다움을 언어로써 표현하는 자다. '언어는 존재의 집'이라는 하이데거의 명제를 따른다면, 시인은 '밤'이라는 놀이공간에서 감성적 유희(시쓰기)를 행함으로써, 존재의 본질에 닿으려는 노력을 행하는 미학적 인간으로 거듭날 수 있는 존재이다.

놀이 행위가 예술적·미적 가치로 승화될 수 있는 지점은 바로 여기에 있다. 놀이는 현실에 아무런 영향력을 행할 수 없기에 단지 무기력한 잉여 행위가 아니다. 놀이 행위는 목적 없는 순수한 자기 지시적 행위를 통해 놀이참여자 자신의 생명력(정영태 시인은 프로이트를 빌려 종종

---

3) 정영태, 「암흑의 혼을 가진 시-박청륭의 시 세계」, 『밤을 위한 시론』, 전망, 1994, 23쪽.

'리비도'라 말한다)을 발산하고 제 존재의 근원을 찾아가는 숭고한 행위로까지 승격될 수 있는 것이다.

현관 문과 창문을 꼭꼭 닫는다. 고층 아파트 십사층의 一室// 여기서는 들리지 않는다./ 시장 경매꾼의 아우성도,/ 바다 너머/ 레바논 근해에서 침몰하는 유조선의 비명도// 오직 적막이다/ 철두철미한 정적이다/ 창세기 그 새벽 이전의 밤이다/ 새벽을 알기 전의/ 완벽한 밤을 본 적이 있느냐/ 사람의 손이 닿아 본 적이 없는/ 처녀성 악기 속 침묵 같은// 반딧불처럼 어지러이 흩날리지만/ 결코 땅에는 닿지 않고/ 그냥 스쳐갈 뿐인 一群의 流星,/ 순수한 멸망으로 줄곧 날아가는 그들/ 멸망으로 가는 몸짓은/ 참으로 아름답다// 다시 말하지만/ 여기에서는 아무 소리도 없다/ 낮의 품에 안겨 보지 않은/ 처녀인 밤의 침묵뿐이다// 나는 저녁마다/ 창세기 전의 밤을 만난다/ 아파트 십 사층의 적막한 一室에서/ 멸망을 미리 알고 있는 지구의/ 한쪽 얼굴을 보며
―「고층아파트」 전문

존재의 근원을 찾아가는 시인의 숭고한 행위인 놀이=시쓰기, 그 공간으로 주어지는 '밤'은 "새벽 이전의", "창세기 전의 밤"이다. 시간이 창조 이후에 비로소 탄생된 것이라 한다면, 창조 이전의 "밤"은 순수한 공간적 상태로만 존재하는 것이라 말할 수 있다. 더 정확히 말한다면, 태초 이전의 "밤"은 창조와 "멸망"의 시간까지도 품고 있는 카오스적 공간이다. "소리"가 시간의 지속성이 담보될 때 비로소 탄생할 수 있다면, "여기에서는 아무 소리도 없다"는 시인의 진술 또한 시간이 드러나지 않는, 모든 것이 혼합되고 혼용되어 있는 거대한 에로스와 타나토스의 에너지가 순수 공간에서 꿈틀거리고 있음을 감각적으로 알려준다. 그런데 시인은 매우 역설적이게도 그 순수 공간에서 창조 이전과 멸망을 들여다본다. 그러나 그와 같은 '창조=생성'의 벡터와 '멸망=소멸'의 벡터가 함께 잠재되어 있는 공간에서 그가 뽑아내는 이 현상들은 엄밀히 말해 시간 관념과

는 상관이 없다. 그것은 존재가 소멸하면서 동시에 창조되는, 창조되면서 동시에 소멸해가는 동시적 현상의 외적 표현에 불과하기 때문이다. 카오스의 '밤'에서 존재는 존재함과 사라짐의 동시성 속에 놓여 있으며, 따라서 시인은 창조와 멸망의 과정을 한꺼번에 볼 수 있는 위치에 서 있을 수 있는 것이다.

4. 죄 없는 '창세기=묵시록'

정영태의 시에서 흔히 드러나는 종말과 그 이후의 상상력은 시간이 잠재된 밤의 공간 안에서 들여다봄으로써 가시화될 수 있다. 그것은 창조와 진화, 그리고 파괴와 멸망으로 이어지는 일직선의 시간 관념과는 전혀 다른 맥락에서 재구성되는 것이다. 왜냐하면 밤이 아닌, 낮의 시간을 살아가는 피조물에게, 창조는 종말을 필수적으로 예비하는 것으로 주어질 수밖에 없기 때문이다. 그러나 정영태의 '밤'의 공간에서, 시간이 잠재태로 존재하는 그 순수 공간에서, 태초 이전은 멸망 이후와 동시적으로 존재하고 명멸한다. 그의 시가 매우 자주 종말을 '예언'하고 있는 것처럼 보이면서도, 창조 이전의 과거를 '서술'하고 있는 것처럼 보이면서도, 기실 시인의 언어로 노래하고 있는 것으로 생각될 수 있는 이유는 여기에 있다.

종말을 예언하는 묵시록은 태초를 기록하는 창세기와 맞쌍이다. 존재의 원형질을 간직한 태초를 상상하는 역사가와 고고학자의 서술은 모든 존재가 파괴되는 종말을 선포하는 예언가의 예언을 인과적으로 도출해낸다. 태초를 믿는 자는 종말에 대한 믿음을 필연적으로 떠안는다. 이 때,

파괴와 창조의 양극단은 일직선의 시간 관념 속에서 하나로 만난다. 그러나 그 "一回用"(「一回用」)의 파괴/창조는 그 단일성으로 말미암아 '죄의식'을 존재자들에게 깊이 아로새긴다. 믿음은 죄의식과 동일어다.

　　멸망한 혹성의 들판에서/ 한 젊은 남녀가/ 맨발로 가을 이삭을 줍고 있었다/ 발이 시린 저녁/ 늙은 지구는/ 생쥐 몇 마리를 품에 안고/ 창세기를 읽어 주며 잠재우고 있었다// 겨울눈이 내렸다/ 인간이 사라진 마을에서/ 그들 남녀는/ 옛날의 추억에 잠기곤 하였다/ 슈퍼마켓의 식품들과/ 백화점의 상품들이/ 지상에 다시 나타날 것을 믿고 있었다// 그래서 봄은 다시 오고/ 인간보다 대지가 먼저 잠깨었다/ 우주의 무진장한 산소와 수소가/ 봄비를 준비하고 있었다// 동화 속의 어린 왕자가/ 딴 혹성에서 샘을 몰고 와/ 사막에다 방목을 시키려고 풀어 놓았다/ 별자리의 물뱀이 내려와/ 지상의 샘물을 맛보고 있었다/ 인간과 싸우지 않으려고/ 인간의 여자를 유혹하지 않겠다는 표시로/ 제 암컷도 데리고 있었다// 멸망한 혹성의 들판에서/ 그때의 젊은 남녀가/ 트랙터로 보리와 밀을 갈고 있었다/ 또 한번의 멸망을 두려워하지도 않고/ 그 혹성은 다시 아름다워지고 있었다
　　　　　　　　　　　　　　　　　　　　　　　—「우주 관측·12」 전문

그러나 정영태의 시에서는 '죄의식'의 관념이 존재하지 않는다. 규칙 위반에 의한 처벌 관념이 존재하지 않는다. 앞서 말했듯, 그의 시세계는 놀이 세계이며, 그 안에서 현실 규칙이라는 억압 기제는 모두 무화된다. 태초에 발생한 원죄와 종말에 도래할 죄의 심판은 정영태의 시세계와는 아무런 관련이 없다. 위의 시편은 표면적으로는 멸망 이후의 세계를 상상하고 있지만 동시에 문명 이전의 원시를 그려내고 있다.(종말 이후를 그리면서도 과거형으로 진술되는 이유가 여기에 있다) 태초의 창세기가 인간 죄의식의 발생이라는 존재론적 사건을 기록하고 있다면, 위 시는 "인간의 여자를 유혹하지 않겠다는 표시"를 함으로써 선악과 사건이 인간에게 안겨준 속박, 원죄의 가능성을 차단하고 있다. 때문에 "또 한번의

멸망"은 "두려"워해야 할 이유가 없게 된다. 태초의 기록과 종말의 예언은 죄의식의 산물에 불과한 것이다. 죄의식이 없는 자에게 태초와 종말의 시간 의식은 그 자체로 존재하지 않는 허위의 개념일 뿐이다. 그리하여 정영태 시인이 쓰는 묵시록이자 동시에 창세기인 위 시는 창조의 원죄와 종말의 죄의식을 위기 내지는 공포 담론의 변이형태로 제출하는 데는 관심이 없다. 그의 언어는 역설적이게도 과거에 대한 예언이며, 미래에 대한 기술이다. 그는 창세 이전과 종말 이후의 공간에 대한 상상력을 발현함으로써 시의 언어를 역사가와 고고학자의 기술이나 예언가의 예언이 되지 않도록, 해방과 위반의 언어가 되도록, 그리하여 존재의 본질에 가 닿는 언어가 되도록 하는 데 초점을 두고 있다.

5. 영원히 닫혀 버린 놀이 공간

그런데 정영태의 시적 공간, '밤=놀이' 공간은 그 자체로 자족적이다. 이는 그가 상상하는 '밤'의 공간이 모든 존재의 조화와 평정을 이끌어내는 정적인 코스모스의 상태에 있음을 의미하는 것은 아니다. 이미 언급했듯이, '밤'은 되레 카오스적이다. 모든 존재들이 지워진 속에서도 그 본질을 잃지 않으며, 소멸과 생성의 동시적 가능태가 팽배해 있는, 거대한 에너지가 꿈틀거리는 역동적 공간이다.

그러나 '밤'과 마주하고 있는 시인은 단독자로서만 '밤'과 만난다. '밤'='우주'를 '파이오니아 10호'를 타고 '야간비행'할 수 있는 존재는 '밤'을 향해 제 감각기관을 활짝 열어젖힌 시인에 의해서만 인식될 수 있다. '밤'은 시인이라는 선민의식을 가진 자에게만 허락되는 제한적인 공간이다.

　놀이는 현실과 단절된 또 하나의 세계이지만, 동시에 현실을 향해 열려 있는 세계이기도 하다. 놀이 참여자들은 특정한 놀이 규칙에 대한 합의를 통해 놀이에 참여하며, 규칙에 대한 합의가 이루어지지 않으면 언제든 놀이 행위를 그치고 일상 행위에 복귀할 수 있다. 놀이 행위는 놀이 참여자들에 의한 놀이 세계 속의 진입과 퇴장의 지속적인 반복을 통해서만 행해진다. 놀이는 설사 혼자 행해진다 할지라도, 언제나 놀이 규칙이라는 타자와의 성실한 합의에 의해서 행해진다. 규칙에 대한 합의와 준수에 동의한다면, 어떤 놀이 참여자도 참여할 수 있다. 규칙 없는 놀이는 무질서한 장난질에 불과할 뿐, 노력과 시간을 투입하면서 특정한 목표에 도달하기 위해 순수하게 에너지를 투입하는 놀이행위와는 아무런 관련이 없다.

　정영태 시인에게 '놀이=시쓰기'는 '상상적 자유의 공간=밤'에서 이루어지는 순수한 자기지시적 행위로서, 그를 통해 자기 존재를 발견하고, 나아가 제 존재를 탈구축·재구축하는 과정이다. 그러나 그것이 단독자의 자기 독백적 놀이에 그치고 있다는 점은 아쉬움으로 남는다. 어쩌면 그것은 서정이라는 장르가 '원죄'처럼 간직하고 있는 단일화자의 단일독백이라는 형식적 제약에서 비롯되는 것인지도 모른다. 그러나 더 큰 아쉬움으로 남는 것은 매력적인 놀이세계를 구축하고 명멸하는 존재의 아름다움을 발견해낸 시인이 더 많은 놀이참여자들을 이끌어 낼 수 있도록 놀이세계를 열어놓지 못했다는 것, 놀이참여자들이 참여하도록 그 규칙을 공포하지 않았다는 것, 그 규칙이 현실의 억압체계와는 다를 수도 있음을 알리지 못했다는 것, 그리고 그와 같은 숙제가 영원히 미완으로 남고 말았다는 점에 있다.

환은유의 연쇄, 세속적 시의 탄생
　—강희안의 시로부터

1. 세속적인 언어조립자

　부품판에서 니퍼로 조심스럽게 부품들을 하나 둘씩 떼어내고, 떼어낼 때 생긴 게이트 자국을 가는 사포로 조심스럽게 문질러 없앤다. 부품들은 크기가 모두 제각각이고 모양도 서로 다르기에, 각 부품들이 어느 위치에 어떤 기능으로 작동하게끔 설계되어 있는지를 미리 가늠하지 않는다면, 그것은 한낱 필요 없는 플라스틱 조각일 뿐이다. 하나씩 떼어낸 부품들을 조립설명서에 따라 서로 짝이 되도록 맞추어 조립하고, 그렇게 조립된 파츠를 다른 파츠와 조립하여 더 거대한 하나의 형체가 되게 할 때, 플라스틱 조각은 책상 한쪽에 근사하게 놓이게 될 장식품이 된다. 질료에서 형상으로 향하는 아리스토텔레스적 존재론의 세속화된 버전. 소위 '프라모델'이라 불리는 플라스틱 조립 모형은 그렇게 탄생한다.
　강희안에게 언어는 한 편의 시를 완성하기 위한 작은 부품들이다. 각각의 부품들은 하나 이상의 짝들과 결합하며, 그렇게 결합된 짝은 또 다른 파츠들과 결합하여 하나의 행과 연, 나아가 시를 이룬다. 그러나 그것은 각 부분의 합이 전체가 되는, 궁극적으로 하나의 '완성품'으로 수렴되는 플라스틱 모형 조립과정과 달리, 때로 하나 이상이자 미만이 되는 어떤 것이라는 점에서 차이가 있다. 팔이 붙어야 할 자리에 다리파츠가 들러붙고, 다리가 붙어야 할 자리에 멋대로 머리파츠가 우겨 붙기도 한다. 몸통 파츠를 다른 형식과 용도를 가진 모형이 되게도 하며, 팔다리파츠만으로 하나의 유기적 모형이라 우기며 장식장에 진열하기도 한다. 조립설명서에 따르지 않고 오로지 독특한 상상력으로 매니악하게 프라모델(언어)을 조립하는 시인. 우리가 흔히 시에 붙여두는 '서정'이라는 수사로부터, 가장 '정상적인 것'이라고 가정하는 시적인 '사유―이미지'(들뢰즈)들로부터 철저하게 거리를 둠으로써 나름의 모형, 나름의 시편들을 기괴하리만치 새롭게 우리의 책상 앞에 놓아두는, 언어를 "전횡"하는 시인. 강희안이라는 시인―언어조립자로부터 우리가 만나는 시편은 그와 같이 초과와 미만 사이에서 길항하는 시적인 어떤 것들이다.

그 초과와 미만 사이의 길항을 필자는 '세속적'[1]이라는 형용사로 바꾸어 부르고 싶다. 왜냐하면 그의 시는 뮤즈로부터 물려받은 언어의 신성한 권위를 부정하고, 기묘하게 조립할 수 있는 사물로서의 언어를 우리에게 제시함으로써 기존의 '시적인 것'과 결별하고 있기 때문이다. 그에게 시는 은폐된 신(神)―존재에 의한 받아쓰기도 아니고, 초월로 향하는 존재 양식의 몸부림도 아니다. 그것들은 모두 서정의 신성성을 여전히 언어로 육화하고 있으며 배분되지 않은 감각을 추앙하도록 강요하는 이데올로기

---

[1] 이 글에서는 아감벤의 분류에 따라 세속화(profanazione)와 환속화(secola―rizzazione)를 엄격히 구분하고자 한다. 세속화는 신성화와 반대되는 것으로, 사용할 수 없고 분리되어 있었던 사물을 인간이 자유롭게 사용하도록 그 아우라를 제거하는 것, 곧 성스러운 것을 소홀한 것으로 바꿈으로써 소홀함의 특별한 형식이 지닌 가능성을 열어두는 것이다. 이에 비해 환속화는 자신이 다루는 힘을 그저 한 곳에서 다른 곳으로 옮기기만 함으로써 이 힘을 고스란히 내버려두는 것이다. 환속화가 비동일성을 동일성으로 전이시키는 데 비해, 세속화는 동일성의 지향을 무화하는 지향점을 갖는다. 자세한 사정은 조르조 아감벤, 김상운 역, 『세속화 예찬: 정치미학을 위한 10개의 노트』, 난장, 2010 참조.

적 효과를 노정한다. 하지만 강희안의 시는 감각되지 않은, 감각하지 못했던 언어를 배분함으로써 감각의 세속화를 이끌어 내려 한다. 그것은 무수히 많은 서정들이 조율해 놓은 감각의 공리들에 비한다면 초과이거나 미만이다. 벼리고 다듬어 누구도 가 닿지 못하는 초극의 언어 대신, 존재 그 자체의 실재성을 지시하는 초과와 미만의 언어 전략이 그의 시를 서정으로부터 떼어내고 있다.

2. 서정과 은유의 공모

그의 시는 우선, 독백적 발화로서의 시적 주체와 그 권위를 무너뜨리는 전략을 세움으로써 기존의 서정 양식으로부터 벗어나고자 한다.

지휘자가 날렵한 젓가락 휘젓는 동안에도 구불구불 몸을 풀지 않았다 그는, 뽀글뽀글 물방울의 기포를 터뜨리는 충동에 시달렸다 객석에서도, 불의 심장을 사사롭게 필사하면서 야채의 면면을 되살린 것이다 지은이는, 관심의 눈길 거두며 통통 불어터진 험담을 늘어놓았다 그는, 꼬들꼬들 꼬드르르 물이 벗어놓은 면발의 그림자나 데쳐놓기 일쑤였다 독자들까지, 어슷어슷 파의 편린과 고추의 추궁에 달걀을 깨뜨린 것이다 지휘자는, 종종 타는 갈증에 잠겨 요리 뜰고 조리 찔러야 생생 끓어올랐다 그의 발가락은, 희고 길지만 음색은 굵고 까다로운 편이다 마침내 관객들도, 냄비의 파열음과 비등점까지 거들떠들 지나치고 말았다// 고객과 관객, 그리고 저자까지 주방에서 나무젓가락을 찢자 시장의 틈새가 벌어지기 시작했다
—「맛있는 라면 조리법」 전문

이 시는 서로 다른 주어들을 서로 다른 상황에 의한 혼합된 발화로 배치함으로써 기존의 서정이 흔히 보여주었던 서정적 화자의 권위를 무

너뜨린다. 이는, '악단지휘―글쓰기―라면 요리'라는 서로 다른 상황을 동일한 위상에 올려두고 그 동일성 없는 속성들을 가쁜 쉼표로 이어 놓고 있는 데서 확인할 수 있다. 악단을 지휘하는 상황과 글쓰기, 라면의 조리 과정은 아무런 연관이 없음에도 쉼표 앞에 놓인 주어에 의해서 서로 연결되어 버린다. 즉 이 시의 주어들은 앞 문장의 주어이기도 하거니와 동시에 뒷 문장의 주어이기도 한데, 주어의 위상만을 가졌을 뿐 어느 문장의 주어인지는 분명하지 않다. 그런데 그와 같은 애매한 주어는 폐기되어야 할 군더더기가 되지 않고 되레 문장과 문장, 상황과 상황을 연결하는 중심적인 매개로 작동하고 있다. 서로 들러붙지 않을 것 같은 부품들의 매니악한 조립 양태가 이 시에서 나타나고 있는 것이다. 상황과 사건의 인과관계나 유비적 추리, 시간적 경과가 이 시의 진술을 가능하게 하는 것이 아니라 동일성 없는 주어들의 우연적인 개입이 문장들의 연쇄를 지지한다. 거기서 서정의 신성성은 휘발하고 공리의 구속에서 해방된 언어들이 시의 공간을 활보하기 시작한다. 미시물리학의 전자처럼 확률과 우연으로 존재하는 시, 서정적 화자에 의해 제어될 수 없는, 초과와 미만을 길항하는 시가 탄생한 것이다. 한때 탈속성을 지향하던 시인이 세속성을 자기 시의 가치 기준으로 삼게 되었음을 상징적으로 제시하는 이 시는 강희안의 시적 궤적이 나타내고 있는 인식론적 단절의 한 양상을 잘 보여준다.

참 슬프기도 하여라/ 머리통과 다리 사이를 오가다/ 비로소 주검 앞에서야/ 불쑥 악수를 청하는, 저/ 생이라는 질긴
―「오징어, 질긴」 부분, 『거미는 몸에 산다』, 문학과경계사, 2004, 17쪽.

서정은 정서의 가능태이자 욕망의 발현태이며, 공감의 현실태이다.

강희안의 두 번째 시집 『거미는 몸에 산다』에서는 구체적 사물("오징어")에서 관념("생")을 발견하고, 이를 시적 정서("슬픔")로 승화하는 서정적 태도를 견지하고 있다. 하지만 '이 나'2)의 '슬픔'이 보편적으로 정립 가능한 정서가 아니라는 데서 문제가 발생한다. '이 나'의 슬픔은 구체적 상황과 단독적인 주체의 심적 상태를 보여주는 언어가 되지 못하고 시적 화자의 단독적인 정서를 서둘러 합일된 언어로 치환해 버리고 말기 때문이다. 말하자면, 서정이 제시하는 공감 가능한 정서의 제시 방식은 되레 규칙화되고 합의된 언어들로 형상화될 뿐, 그 언어가 궁극적으로 지시하는 '이 나'의 정서를 전혀 제시하지 못하는 결과를 가져온다. 그것은 서정의 언어가 단독적인 주체들, 곧 규칙 바깥에 존재하는 개개의 타자성을 대리 표현하지 못한다는 사실, 다시 말해 타자 없는 주체의 일반적인 발화만을 제시할 수 있을 뿐이라는 사실을 알려준다.

여기에서 강희안 시의 변모가 갖는 시적 의의를 찾을 수 있다. 그는 세 번째 시집 『나탈리 망세의 첼로』에서부터 '인간적인' 서정을 버리고 '비인간적인' 환은유를 본격적으로 제시하기 시작했다. 빈번히 등장하는 상품설명서·평문과 같은 일종의 장르패러디, 낯선 기호들의 나열, 서로 관계 없어 보이는 언표들의 결합과 배치와 같은 비시적인 진술 방식은 기존 서정에 대한 조롱만이 아니라 서정의 언어가 놓쳐버린 감각의 결들을 쓰다듬는 미학적 태도이기도 했다. 인간적인 정서와 감정이 서정의 일반화되고 특수화된 언어로 표현되는 데 반대하면서, 서정의 언어로부터 벗어난 비인간적인 언어를 통해 '이 나'의 단독성을 초과와 미만의 양태들로 제시하고자 했던 것이다.

---

2) 가라타니 고진이 주체의 단독성과 고유성을 강조하기 위해 사용한 표현이다. 자세한 내용은 가라타니 고진, 권기돈 역, 「단독성과 특수성」, 『탐구2』, 새물결, 1998, 19쪽 참조.

이번 시집은 환은유의 시적 방법론을 더욱 밀고 나아가, 타자의 타자성을 적극적으로 도입하는 데 이른다. 그리하여 비인간적인 언어의 미학적 가능성만이 아니라 시적 윤리의 잠재성까지도 마련하는 데 성공하고 있다. 타자성을 배제한, 수렴 가능한 주제로 시의 벡터를 일방적으로 설정하는 서정적 화자의 목소리 대신, 타자의 시적 개입과 욕망의 발견이 가능한 시적 공간을 제시함으로써 서정으로부터 시를 구출하고 있다.

서정적 태도는 동일성의 언어들로 시의 공간을 울타리 쳐놓고, 그 독아론[3]적인 독백으로부터 만들어진 한 편의 시를 제출함으로써 구현된다. 거기에서 서정은 1인칭 화자에 의한 보편적 소통 가능성의 모색이라는 모순과 마주하게 된다. 궁극적으로, 자아의 확대를 꾀하는 서정의 언어는 타자의 도입을 원천적으로 봉쇄하고 오직 내성의 언어만을 메아리처럼 반복한다.

왜냐하면 서정의 양식적 특질은 은유이기 때문이다. 은유가 가진 동일성의 욕망은 타자의 절대적인 외부성을 배격하고 내적 통합의 가능 근거로 일부 요소만을 폭력적으로 간취함으로써 서정적인 한 양태를 성립시킨다. 타자(외부)를 상정하지 않는, 단독적인 타자들을 특수한 것으로 환원하는, 보편성을 일반성으로 내성화하는, 타자 없는 주어의 언어=서정.

따라서 서정은 서로 다른 대상에 대한 폭력적인 1:1 대응의 양식이며, 매개 없는 결과의 신비한 '로고스'를 형상화한 것이다. 그 후광에 눈먼 시인은 자아에게 타당한 언어를 보편적으로 타당하다고 가정한 채 시적 언어로 선포하며, 계시적인 상징을 외설적인 규칙으로 형상화한다. '있어야 할 것'을 '있는 것'으로 믿고, 있는 것 바깥의 존재들을 제거해야 할

---

3) 가라타니 고진, 송태욱 역, 『탐구1』, 새물결, 1998, 14쪽.

대상으로 판명한다. 동일시의 외부, 동일성으로부터 휘발되는 비유마저 응결된 내부의 언어로 간주한다. 서정적 자아라는 순수하고 투명한 가상이 거기서 탄생한다. 그리하여, 휘발되는 기체가 응결하기 위해서는 응결핵이라는 비순수가 정초되어야 한다는 모순(데카르트에게 있어 그것은 '신'이다)을 내성의 눈먼 독백 앞에 무력화시킨다.

하지만 기의의 동일성이 아니라 기표의 동일성만을 유사성으로 취한다면? 상상화된 '내용'의 동일성이 더 이상 외부를 상정하지 않는 것이라면, 상상과 상징(라캉적인 의미에서)의 경계에 놓인 기표라는 껍질은 상호 유사한 다른 기표의 드러남에 의해 무참하게도 그 껍질이 감싼 내용이 텅 빈 것이었음을 증명해 버리고 말 것이다. 깨어져 버린 알, 사라져 버린 로고스, 기체의 휘발 뒤에 남은 응결핵이라는 더러운 먼지. 이는 강희안의 이번 시집이 겨냥하는 시적 전략의 핵심이라 할 수 있다.

3. 기표―은유와 '차이'의 시적 도입

은유는 서로 다른 대상을 규합시키는 신비한 힘을 외화한다. 기실, 시적 상상력이란 서로 다른 대상에서 동일한 속성을 발견해가는 인식론적 사건이 아닌가. 그렇다면 은유는 주체와 타자의 적극적인 관계 맺기를 가능하게 하는 능력을 갖고 있는 것처럼 보인다. 하지만 은유는 개별 사물들의 속성이 아닌 사물의 원시성, 다시 말해 파르메니데스[4]가 상상

---

4) 파르메니데스는 존재는 변화하지도 않고 움직이지도 않으며, 생성이나 소멸도 되지 않는 것으로 생각했다. 뿐만 아니라 완전히 동그란 구슬 모양처럼 그 테두리에 쪽 고르게 둘러싸여진 채로, 영원히 정지되고 고정되어 있다고 생각했다. (요한네스 힐쉬베르거, 강성위 역, 『서양철학사 상』, 이문출판사, 2002, 43-44쪽) 존재의 본질이 갖는 이와 같은 사유는 이후 플라톤·아리스토텔레스를 거치며 서양 철학사의 움직이지 않는 전제가 되었다.

한 '존재의 본질'로서의 사물과 사물을 잇닿게 한다. 왜냐하면 은유는 외따로 떨어진 대상들의 관계성을 원초적인 형상으로 회복시킴으로써, 사물의 시원(始原)을 지시하는 언어─형상(에이도스)을 상상하도록 이끌기 때문이다. 사물 그 자체의 가치, 사물과 사물의 차이가 은유의 신성성에 의해 지워지고 마는 것이다.

그런데 강희안은 은유를 포기하지 않는다. 독특하게도 그에게 은유는 환유와 대립하여 주체의 시적 태도를 내세우는 수사적 전략이 아니다. 다시 말해, 강희안은 타자를 도입하지 않는 서정의 태도, 은유의 아우라를 완전히 배격하지는 않는다. 대신, 그는 은유를 세속화한다. 기의의 동일성을 배격한 은유를 통해, 사물들 간의 동일성을 찾고자 하는 독자들의 시적 욕망을 배반해 버린다.

> 푹 퍼진 바지의 줄을 잡다가 슬쩍 당겨본다/ 꽉 다문 입 없는 말/ 주루룩 뱃가죽 찢으며 지평선을 열어젖힌다/ 성기가 터질 듯 부풀기 전에/ 금속성 이빨들이 일제히 가방에서 뛰쳐나왔다// 입·이것은 안전처리된 미늘인 듯/ 살갑게 봉인을 풀 때마다 비린내가 물큰했다/ 누구나 공공연한 전횡을 일삼았지만// 자크·저것은 투명한 데리다의 기표였으므로/ 누구나 쉽게 개봉할 수 있는 지퍼백/ 순수한 말의 기원은 없고 혀의 기능만 있다던// 질·그것은 딱딱 맞는 이빨 없이도 완강했다/ 표표히 유목에 지친 말로 남아 떠도는/ 사막의 바탕은 바람의 망막이 아니었다// 바람에 재편된 사구의 주름을 헤집어보다가/ 알알이 흩어진 모래/ 잠시 신기루 펼칠 때 트럭의 범퍼가 닿혔다/ 이 뜨거운 실린더가 터지기 전에/ 말 없는 입들이 지퍼를 열고 고비에 당도했다
>
> ─「지퍼의 전횡사」 전문

시인에게 은유는 유사한 소리(기표)의 재현에 의해 희미한 관계로 정립될 뿐이다. "지퍼"─"지평", "전횡"─전행, "줄"─"주름", "입 없는 말"─

"말 없는 입", "고비"—고비사막 등이 그것이다. 더욱이 시적 의미 안과 밖에 동시에 위치할 수 있는 '전행'이나 '고비사막'과 같은 기입되지 않은 언어들은 시어의 환유적 연쇄에 의해 환기됨으로써, 비로소 육신을 드러낸다. 이를테면 '전행'의 경우, 지퍼의 고른 "금속성 이빨들"의 행렬('前行'), 지퍼가 "주루룩 뱃가죽 찢으며" "열어젖"힐 때의 '轉行'을 시의 내부에 배치하지 않으면서도 떠올리게 한다. "고비" 역시 "사구"—"모래"—"신기루"라는 일련의 연쇄에 의해 제기되는 고유명, '고비사막'에 자연스럽게 "당도"하게 한다. 은유에 눈먼 시인이 아니라 그 아우라를 제거하고 언어 그 자체를 사물화하려는 시인—주체—발화자가 문장들 속에서 다른 양태로 나타나고 있는 것이다. 동시에, 외부와 내부를 경계 지으면서도 그것을 무화시키는 잠재성을 가진 동일한 가상적 사물, "입"—"자크"—"질"의 상호보완적인 은유 관계는 되레 그것의 차이를 각 연마다 배치하여 드러냄으로써 시적 언술의 논리적 정합성을 정초한다. 차이야말로 존재의 본질[5]이라 한다면, 강희안에게서 은유는 동일성의 은유가 아니라 소리의 유사성에서 관계 맺어지는 언어들 간의 차이를 노정시킴으로써, 기의 없는 텅빈 기표들의 질서정연한 연쇄와 배치(환유)에 의한 언어의 사물화를 끝간 데까지 밀고 간다.

거기서 언어의 신비성은 탈각된다. 언어는 신적 의지의 신성한 현현이 아니라 그 자체로 존재하는 차이를 가진 사물일 뿐이다. 사물로서의 "입"은 실재하는 입과는 아무런 상관이 없으며, "자크"는 자크가 아니라 "입"과의 상관관계 하에서, "질"과의 은유적·환유적 연쇄와의 관련 하에서, 한 연에서의 위상을 나름으로 차지한다. "딱딱 맞는 이빨 없"는 "질" 또한 "자크"가 아닌데, 그것은 "순수한 말의 기원은 없"는 "자크"가 "입"이

---

[5] 질 들뢰즈, 서동욱·이충민 역, 『프로스트와 기호들』, 민음사, 2004, 72쪽.

아닌 것과 같기 때문이다. 차이가 사물을, 시어를 정초한다. 타자가 차이의 타자라 한다면, 그것은 기실 타자를 정초하는 것이다. 은유를 사용하되, 타자의 정초가능한 자리를 마련하는 기표―은유, 그리고 환유적 연쇄. 기실 시인이 자주 언급하는 '환은유'는 시에 타자를 도입하고 주체와 타자 사이의 관계 맺음을 외화하고자 하는 시적 노력의 표현 양식이다. 은유는 주체에 의해서 구현되지만 환은유는 타자성과 함께 도출된다. 그러므로 '환은유'는 단순히 시적 수사에 불과한 것이 아니라 내성의 독백으로부터 시를 구원하기 위해, 은유의 감각을 세속화하기 위해 사용되는 시적 형식과 내용의 일치를 구가하는 방법론으로 보인다.

이 시에서 1연과 5연이 수미쌍관으로 '당김―헤집음, 다묾―흩어짐, 열림―닫힘, 부풂―터짐, 뛰쳐나옴―당도함'의 상호 대응하는 서술어를 갖는 것 역시 유사한 문장 구조에서 빚어지는 서로의 차이를 구체화하기 위해서다. 그것은 한편으로, 시인이 강박적일 정도로 은유와 환유로 연쇄되는 언어적 배치를 상세히 설명하고 있음을 증명한다. 여기서 시인은 '환은유'가 환유의 무한연쇄에 의한 비유기성이 자칫 언어―놀이에 갇혀 폐쇄적인 자기 지시성으로 빠질 우려를 불식시키면서, 동시에 은유의 유기적 동일성이 타자성을 배격하는 무한한 자아의 확대로 이어질 가능성을 제어하고자 하는 미적 전략을 드러낸다.

4. 타자성의 정초와 반복되는 환은유

시인의 전략은 「고양이 야마카시」에서 환유적 언어 배치를 이미지의 배치로까지 확대함으로써 또 다른 의미론적 맥락을 산출한다.

회색 배관과 로프를 타고 담을 뛰어넘는/ 저 물찬 환영들이 떼를 지어/ 후루룩 번화가 뒷골목으로 사라졌다/ 고도의 탄성과 근력으로/ 크고 작은 건물과 건물 사이/ 고공점프하며 날뛰는 고양이과 동물들이/ 도심 곳곳에서 속출하기 시작했다// 게임은 보통 3마리 이상의 고양이가 모여/ 300m 정도의 둥근 선을 긋고/ 그 안에서 정해진 텍스트의 목표대로/ 각각의 동작을 선보이는 식으로 진행된다// 언젠가 고양이 셋이 번개팅으로 만나/ 새 빌딩을 기어오르다가 추락사한 적이 있다/ TV와 신문에서는 한결같이/ 그들이 삼각관계에 걸려들었다고 전했다/ 강인한 영혼, 강인한 신체/ 뭐 그런 것을 표방한다고 해서/ 좀 특별한 성적 담론쯤으로 여겼던 것이다// 고공점프의 높이, 동작의 속도/ 몸짓 하나하나의 예술성에 이르기까지/ 기계체조, 암벽등반, 낙법 등/ 여러 요소들이 종합적으로 평가된다// 다운타운에 새로 들어선 건물을 탈 때는/ 노련한 고양이들도 주의해야 한다/ 어느 누구도 표절한 적 없지만/ 종종 건물에서 큰 손이 튀어나와/ 저 낯선 환영들을 구겨 던지기 때문이다/ 도심의 건물들이 하나같이/ 야생의 발톱을 기피하려는 경향 때문이다
―「고양이 야마카시」 전문

이 시에서는 극단적인 이미지의 배치가 나타난다. 먼저, '고양이 야마카시'라는 시어가 지시하는 도심―야생의 이분화된 이미지("도심의 건물들이 하나같이/ 야생의 발톱을 기피하려는 경향")가 그것이다. 병치은유를 통해 의미론적 변용을 꾀하는 시인의 이와 같은 의미―효과의 전략은 "도심"에서 "야마카시"를 행하는 "고양이"들의 '사라짐―속출하기 시작함', '기어오름―추락―던져짐'과 같은 동작이미지의 연쇄로 인해 역동성과 비극성을 함께 도출하며, 시적 긴장감을 조성한다. 건물벽을 타고 오르내리거나 건물 사이를 뛰어넘는 "강인한 영혼, 강인한 신체", "물찬 환영들"은 언제나 "낯선 환영들"로 "구겨 던"져질 수 있기 때문에 "야마카시"는 마르크스가 썼던 표현 그대로 '목숨을 건 도약'이다.

문제는 그와 같은 '게임'이 그 플레이어들에게 아무런 이득이 되지 않음에도 행해진다는 점이다. 그것은 게임에 대한 보상에 관해서는 시인이

관심을 갖고 있지 않다는 것, 다른 효과에 관심을 갖고 있음을 뜻한다. 시인이 관심을 두고 있는 것은 "회색 배관", "로프", "담", "크고 작은 건물과 건물 사이"를 문명화된 도심으로 내버려두지 않고 "고공점프" 가능한 "야생"의 한 공간으로 재배치해 버리는 게임의 수행, 그 자체이다. "고양이"들의 "고공점프"가 목숨을 건 도약인 이유는 그와 같은 게임 수행이 도시를 밀림으로 바꾸어 버려, 환은유적 이미지의 공간이 되게 하고 있기 때문이다. "정해진 텍스트의 목표", 즉 게임 수행의 규칙이라는 환은유적 공간과 무관한 듯 보이는 외부 그 자체의 절대적 잠재성이 "야마카시"를 행하는 행위자에 의해 문명의 한복판 안에서 수행됨으로써, 환은유의 미끄러지듯 연쇄되는 진술을 이끌어 내며, 이는 게임이 수행되는 모든 공간들을 새로운 존재론적 변용태로 바꾸는 결과를 산출한다. 외부(규칙)에 의한 내부(도시에서 밀림으로 바뀌는 공간)의 정초 과정. 그것은 타자에 의한 내부 규칙의 일신 과정이기도 하다. 말하자면, 우리는 이 시에서 이미저리의 노련한 환은유적 배치에 의해 조금씩 잠식당하는 문명의 자리와 위태로운 야생의 공간이 동시에 재현되는 과정을 지켜볼 수 있다. 그것은 기존의 서정 양식의 은유에서는 현현될 수 없었던 타자성의 은밀한 노정을 환은유가 마련할 수 있다는 것, 그로 인해 새로운 인식론적 절차들의 양식화(세속화)가 이루어질 수 있는 것임을 넌지시 알려준다.

  서정은 타자를 인정하지 않는다. 서정의 내성성은 '나'의 규칙만을 정립할 뿐, '타자'의 규칙은 인식하지 않는다. 서정은 시적 화자의 감각과 호흡에 따라 형식과 내용을 정초하는, 단일 규칙의 우주적 적용 가능성을 실험한다. 그러므로 서정은 나=우주의 무한정한 자아의 확장을 궁극적인 시의 목적으로 둔다. 동일시 가능한 자연이 더 이상 존재하지 않는 현대의 서정은 '공감 가능한 것'이라는 이데아를 플라톤식 '분유'의 환속화된 버전으로 지상에 유포함으로써 서정성이라는 환상을 심는다.

그런데 강희안 시인이 제안하는 은유와 환유의 연쇄적 배치의 양식인 환은유는 그 배치가 한 편의 시에서 수미쌍관의 형태든, 유사 문장의 배치든, 시적 이미저리의 대비든 간에 유사한 형식으로 반복되고 있다. 이것은 매우 중요한 의미를 갖는다. 왜냐하면 반복은 규칙을 이끌어내기 때문이다. 물론 이때의 반복은 동일한 패턴의 반복이 아니라 유사한 패턴의 반복이다. 유사성은 동일성을 이르는 다른 말이 아니다. 유사성은 차이를 전제할 때 구출되며, 동일성은 차이를 부술 때 소급된다. 언어들의 반복적 배치는 차이를 전제한 유사성을 발산하며, 반복되는 언어들 간의 의미론적 변용을 일으킨다. 새로운 규칙은 거기서 탄생한다. 그러므로 반복에 의해 발견되는 규칙은 시적 공간 내부에 있다. 하지만 그것은 외부에 있는 것이기도 하다. 왜냐하면 규칙은 언제나 사후적으로만 발견되며, 사후적인 규칙은 시가 쓰여지기 이전, 잠재성의 장(스피노자 식으로 말하자면 '자연')에 이미 있던 것으로 간주되기 때문이다. 그러므로 규칙은 내부이자 동시에 외부인, 그 자체로 타자성이다.

강희안 시의 환은유가 정초하는 규칙은 독특한 성격을 갖고 있다. 그의 시는 독자로 하여금 암묵적으로 합의된 규칙을 전제한 채 감상하게 하는 것이 아니라 독자로 하여금 합의를 무효화하고 시적 공간 안에서 스스로 규칙을 찾는 체험에 이르도록 이끈다. 왜냐하면 반복에 의해 도출되는 규칙은 시인이 제시한 것에만 그치지 않고 독자들로 하여금 사후적인 발견을 통해 스스로 세워가도록 하고 있기 때문이다. 그런 점에서 강희안의 시는 놀이적 감성으로 충만해 있다. 규칙을 함께 찾아가고 만들며 한 편의 시로 준수할 뿐 아니라 새롭게 규칙을 변경해 나가고자 하는 욕망이 거기에 있다. 일방적으로 규칙을 준수하도록 요구하는 서정의 동일자로부터, 그의 시는 규칙을 함께 만들어 가는 참여자들을 호출하고자 한다. 그것은 시인이 한 편의 시를 통해 규칙을 공표하고 이를 적용하는 역할을 자임하지 않고 단지 규칙을 입안(立案)하고 제안하는 역할을 하는 자임을 뜻한다. 시인은 유일한 발화자가 아니라 함께 하는 발화자이며, 유일한 청자가 아니라 함께 하는 청자이다.

5. 세속적 놀이=시의 윤리

강희안의 시에서 시인이 제안하는 규칙은 단일한 하나의 규칙만이 아니다. 환은유의 언어와 이미지의 연쇄는 대등한 위상을 가진 몇 가지 규칙을 시편에 함께 입안한다.(이는 세 번째 시집에서는 찾기 어려웠던 시적 전략이다) 독자들은 그 규칙을 발견하고 참여할 뿐 아니라 새롭게 만들어갈 수 있다.

치타의 송곳니 사이로 새어나오는/ 아말리아의 파두 들은 적 있는가/ 쿡쿡 지르는 조련사의 막대기/ 단호한 구령의 마법에서 풀린다면/ 바다로 뾰족하게 내민 곳/ 그 간절한 기슭에 닿을 수 있겠다// 누구도 바다의 악보 찢지 못하리라/ 통속에 젖은 기타의 줄을 끊어버렸으니/ 멀고 먼 리스본 뒷골목에서/ 치타의 날카로운 울음소리까지 꺼냈으니/ 그대, 허랑허랑 파도치는 짚시의 발목을 잡겠다// 함부로 기타의 통 속에서 뛰쳐나오는/ 치타의 발목을 본 일이 있는가/ 등을 보인 조련사의 기타/ 그 서슬픈 현을 튕기다 보면/ 남방으로 하얗게 뿜어올린 젖/ 그 따뜻한 무덤에 깃들 수 있겠다// 아무도 기타의 윤곽 잡지 못하리라/ 부지불식 솟는 치타의 이빨을 뽑았거나/ 여기저기 군락을 이룬 마을에서/ 조련의 손길 거부한 붉은 눈빛이었으니/ 그대, 유랑유랑 떠도는 바다의 잔등에 오르겠다

—「따뜻한 무덤」 전문

이 시에서 우리는 "송곳니"—"곳", "통속"—"통 속", "허랑허랑"—"유랑유랑"과 같은 연쇄되는 언어적 결절점들뿐 아니라 야생성—"조련", "파두"—"기타", "조련사"—기타리스트와 같은 연쇄되는 이미지의 결절들, 죽음—생명, 속박("치타")—해방("짚시")과 같은 연쇄되는 상징성의 결절들과 만날 수 있다. 서너 개 정도의 서로 다른 의미론적 맥락들이 서로 상충하고, 길항하며, 화해할 뿐 아니라, 결별하는 양상을 이 시는 보여주고 있다. 그것은 서로 다른 규칙들이 이 한 편의 시 안에서 함께 내재되어 있으며 동시에 발산되고 있음을 시사한다. 시인은 그와 같은 규칙을 마치 미로찾기 게임처럼 제시하고 해석하여 정답을 제출하기를 요구하지 않는다. 되레 시인이 제시한 규칙을 독자 스스로 읽고 새로운 규칙을 내려주기를 요청한다. 시인조차 발견하지 못한 규칙들, 발견해 내지 못한 반복의 패턴과 결절들을 읽어내도록 적극적으로 타자의 타자성을 승인하고 타자로 하여금 요구하고 있는 것이다.

지금 시인은 놀이로서의 시를 제안하고 있다. 참여자들에 의해 적극적으로 규칙이 발견되고 생산되며 변경되기를 바라는 시=놀이, 시인이 규칙을 만들고 그 규칙이 참여자들을 내포독자로 규정하는 형식의 소통이 아니라 참여자가 규칙을 정하고 만들어 내는 새로운 소통 형식으로서의 놀이=시. 성스러운 것으로부터 세속적인 것으로의 이행하는 시라는 놀이는 서정의 일방통행적 소통 양식으로부터 타자의 타자성을 적극적으로 정초하는 시적 윤리의 문제를 제기하게 되는 것이다.

그녀는 물속에 들어가 연신 뻐끔 담배를 피운다/ 일조량과 산소량이 부족하다고 투덜대며/ 불쑥불쑥 검은 물 밖으로 뛰쳐나올 태세다/ 물밑 작업하던 강에는 문명이 시작되기 전인 듯/ 검푸른 바벨의 언어가 아로새겨져 있다// 그녀가 봉긋한 C컵 브래지어를 곧추세우며/ 잠시 물방울 무늬 원피스를 살랑

거린다/ '신'의 이름에서 'ㅅ'을 슬쩍 빠뜨린 그녀는/ 저녁놀의 입술에 빨려든 빛의 나이트장에서/ 날렵한 꼬리지느러미로 부킹을 시도하고 있다// 저마다의 라벨에 따라 조합된 물의 강의실/ 거들을 입다가 그만 터져버린 부레가 나뒹군다/ 힘센 물질로 파랑의 동고선을 그린 대가란/ 바닥까지 샅샅이 들추어내는 무리를 자초한 일/ 그녀는, 뻐끔뻐끔 붉은 혀를 말아올리며/ 조만간 아벨의 문법에 맞춰 손사래를 치리라// 한밤내 난파된 물결 속을 돌아나와 보면/ 꼬부라진 캔과 포크, 물고기의 낡은 비늘이/ 그녀의 방 여기저기 널브러져 있다/ 담배 연기에 그을은 벽에 신의 권세 대신/ 바벨을 들어 올린 역사의 이름을 휘날려 써본다// 아침마다 성경책을 필사하던 그녀의 일과는/ 팽팽한 브래지어 와이어의 압력에 따라/ 밑 빠진 음모를 더듬어 보는 일로 바뀌었다/ 교정 구석구석에는 물의 책을 찢고 나서야/ 다시 문맹을 알리는 대자보가 나붙기 시작했다

─「물고기 강의실」 전문

시인이 제시하는 놀이=시는 기존의 신성한 것, 가질 수 없는 것, 보편화되지 않은 것에 대한 미학적 물음표이다. "문명"과 "문맹", "신"과 '인(人)', "강의실"과 "나이트장"과 같이, '성(聖)'과 '속(俗)'의 이분화된 관념의 틀이 무너지고 있는, 그리하여 신성성을 세속성으로 끌어내리고 세속성을 신성성과 나란히 배치하는 이중화 작업을 통해 이 몇 겹의 의미론적 다양성의 장이 되어버린 공간에서, 시인은 독자(=타자)들을 초대하여 함께 놀기를 제안하고 있다. 여기서 독자들은 "바벨"과 "아벨", 다시 "바벨"로 연쇄되는 기표-은유들에서 "신"으로부터 떨어져 나온 "역사", 혹은 "문맹"에서부터 "문명"이 되었다가 다시금 "문맹"이 되어가는 순환론적 역사관을 발견해도 좋겠고, 빈번히 등장하는 성적 메타포들을 입구 삼아 "그녀"가 누구이고 어떤 상황에 놓여 있는가를 실재적으로 상상해 보아도 좋을 것이다. 그것이 가능한 이유는 그 모든 논리와 상상, 감각적 경험들이 이 놀이=시를 구성하는 하나의 규칙이 될 것이며, 이 시를 세속화하는 방식이 되게 할 뿐 아니라, 궁극적으로 그와 같은 자기 반영적 해석을

통해 시 자체의 의미가 아닌 독자 스스로의 욕망의 궤적을 발견하게 될 것이기 때문이다.

아감벤이 지적한 바와 같이 놀이가 성스러운 것을 세속화[6])하는 아주 선명한 방식이라 한다면, '서정'이라는 성스러운 보좌로부터 걸어내려오게 한 세속화된 놀이로서의 시는 타자의 자리를 마련하지 않는 독아론적 태도로부터 타자성을 마련하는 새로운 미학적 가능태를 꿈꾸게 할 수 있는 것이다. 게다가 「냄비들의 사생활」이나 「오늘 저녁엔 뭘 먹을까?」와 같은 정치 풍자의 놀이판=시나 「자블라니에 대한 논란」이 보여준 신문기사·음모론 등을 짜깁기한 놀이판=시는 함께 사용 가능하고 참여 가능한 '세속적'인 시의 양태를 넘어 현실로 용출하는 시의 벡터까지도 그려볼 수 있는 정치─미학적 가능태마저 상상 가능하게 해줄 수 있다.

하지만 놀이는 현실과 절연된 자족적 세계를 구성하는 데서 끝나기 쉽다. 그러므로 시를 놀이판으로 바꾸는 비서정의 상상력은 자족적인 형식 실험에 그쳐버릴 우려가 있다. 그렇다면 강희안의 세속적인 시는 서정의 단단한 벽을 구멍낸 '참여'의 가능태를 더 적극적으로 구현함으로써 미학의 윤리를 넘어 윤리의 미학으로까지 추동할 수 있어야 한다. '참여'는 곧 새로운 규칙의 도입이며 놀이의 지속성에 대한 보장이다. 환은유는 타자에 의해 계속 쓰여지는 시를 탄생시켰다. 시인이 제시한 "맛있는 라면 조리법"은 '조리 예'일 뿐, 강요된 조리법이 아니다. 라면을 맛있게 끓이기 위한 더 많은 타자들의 조리법을 시인은 요청하고 있다. 부품판에도, 매뉴얼에도 없는 새로운 부품들에 의한 새로운 조립모형의 완성 과정. 이 시집이 이미 한 권 이상의 분량으로 채워져 있는 이유이다.

---

6) 조르조 아감벤, 양창렬 역, 『장치란 무엇인가? 장치학을 위한 서론』, 난장, 2010, 173-174쪽.

전자게임, 규칙 수행의 미학

1. 전자게임을 둘러싼 빈곤한 논쟁

전자게임[1]은 이미 문화적 양식의 하나로 우리 사회에 자리잡았지만, 그 위상에 대한 사회적 합의는 아직 요원한 실정이다. 2011년 '인터넷중독 예방·치료 기금마련을 위한 기업의 역할'이라는 토론회에서 권장희 놀이미디어교육센터 연구소장이 게임하는 학생을 '짐승뇌'로 취급한 사례[2]나 MBC뉴스가 검증되지 않은 방식으로 게임플레잉과 폭력의 상관관계를 증명하려 했다가 방통위의 경고를 받은 사실[3]에서 확인할 수 있듯, 아직까지 전자게임에 대해서는 부정적이고 보수적인 의견이 힘을 얻고 있다.

그러나 전자게임에 대해 긍정적 입장이 아주 없는 것은 아니다. 다만 이와 같은 입장은 주로 게임산업 종사자들이나 게임의 교육적 가치를

---

[1] 이 글에서 다루는 '전자게임'이라는 용어는 '컴퓨터게임'이라는 용어보다는 보편적으로 사용되고 있지 않다. 그러나 '컴퓨터게임'이라는 용어가 자칫 PC에 국한해서 사용될만한 오해의 소지가 있기에, PC게임, 모바일게임, 콘솔게임, 비디오게임, 태블릿PC(스마트패드)게임, 웹게임 등의 전자기기 환경과 어울려 플레이되는 게임들을 통칭하여 '전자게임'이라 부르고자 한다.
[2] 전하나, 「"뇌가 짐승인 아이들"…게임업계 발칵」, http://zdnet.co.kr/news/news_view.asp?artice_id=20110316173024
[3] 김시소, 「개연성 없는 게임폭력성 검증 MBC 뉴스에 '경고'」, http://www.etnews.co.kr/201104070109

연구하는 연구자들에게서 천명되고 있다. 전자게임을 하나의 문화양식이자 미래의 고부가가치를 담보하는 생산적인 산업으로 사고하는 게임산업 종사자들은 전자게임에 대한 정부나 사회적 인식의 변화를 주장한다. 게임 플레잉을 통해서 교육적 효과를 노릴 수 있으므로, 단순히 시간을 빼앗기고 돈을 낭비하는 부정적인 인식으로만 생각되어서는 안된다는 게임연구자들은 학습을 위한 유용한 수단적 가치를 가진 게임의 가능성을 언급한다.

그러나 전자게임을 긍정적으로 보든 부정적으로 보든 간에, 전자게임을 둘러싼 이와 같은 담론들은 하나같이 전자게임을 효용적 효과를 가진 것으로 본다는 데 공통점이 있다. 다시 말해, 전자게임 자체가 지니고 있는 미학적 가치에 집중하기보다는 그 효과의 긍정 혹은 부정성에서 전자게임에 대한 인식의 호불호가 갈리고 있는 것이다. 전자게임에 대한 이와 같은 빈곤한 인식은 전자게임을 다양하고 창의적인 문화적 틀거리로 바라보는 역동적 담론의 생산을 방해한다.

전자게임에 대한 부정적인 입장의 경우, 전자게임이 지닌 부정적인 효과들, 이를테면, 수면권 방해, 중독, 과몰입, 건전한 사회생활의 저해, 가치관 혼란, 자아형성의 장애 등을 지나치게 단순한 인과관계로 치환하고 있다. 전자게임의 부작용이 전자게임에 의한 것인지, 그와 같은 부작용들에 의해 전자게임에 몰입하는 현상으로 나타나는 것인지에 대한 진중한 논의나 이론적 검증조차 제대로 이루어지지 못한 채 덮어놓고 비난한다는 비판에서 자유롭지 못한 것이다. 전자게임에 대한 긍정적인 입장의 경우에도, 효용론적 입장만을 지나치게 강조할 때 전자게임을 하나의 문화적·예술적 가치를 지닌 활동이라는 더욱 본질적인 측면을 간과해버리는 우를 범한다는 비판에서 벗어나기 어렵다. 그러므로 전자게임을 단순한 효용적 입장에서만 비판 혹은 수용할 것이 아니라 전자게임이 가진 미학적 가치를 다시금 꼼꼼이 따져볼 필요가 있다.

2. 전자게임의 미학적 가치

전자게임은 기존의 예술이 지니지 못한 이미지의 비실재성을 심미화 과정을 통해 제출함으로써 미학적 완성을 구현하려 한다. 전자게임이 표현하는 연속된 이미지들은 현실에 존재하지 않지만 플레이어들의 놀이 체험을 통해 실질적인 감각적 체험으로 안겨준다. 비실재적 이미지들이 실질적인 감각적 체험에 의해 실재화 되는 과정이 플레이어들에게 미학적 체험의 한 양식으로 주어지게 되는 것이다. 이는 전자게임이 다른 문화적 양식들과 구별되는 독특한 문화적 체험 양식이라 할 수 있다. 그렇다면 전자게임에서 우리가 보아야 할 미학적 태도는 비실재들의 실재성으로 체현되는 경험이 어떠한 새로운 감수성을 우리에게 제공하며, 그것이 당대 문화생활의 양식들과 어떻게 조응하는가를 해석해냄[4]으로써 우리의 욕망을 발견하는 일이 될 것이다.

그런 점에서, 기존의 게임 연구가 흔히 답습하는 게임의 서사를 읽음으로써 문학성을 구현하려는 시도나 게임의 교육적 가치에만 몰두하는 방식은 게임을 '게임스럽게' 이해하려는 태도라 말할 수 없다. 왜냐하면 게임은 서사를 체험하기 위한 과정이거나 교육학적 수단으로만 존재하는

---

[4] 예를 들어 볼프강 벨슈는 비디오 게임이 드라마적이고 잔혹하고 처참한 현실을 제시한다고 주장한다. 그것은 오늘날의 가혹한 현실, 신체성, 심미화 과정에 의해 현실에서 사라지는 모든 격렬한 경험들을 매개하여, 위험한 경우를 위험하지 않는 것으로 제공하고 있다고 결론내린다.(볼프강 벨슈, 심혜련 역, 『미학의 경계를 넘어』, 향연, 2005, 29쪽)

것은 아니기 때문이다. 게임은 최첨단 기기와의 관계 속에서 행해지는 놀이이기에, 놀이의 상상적인 자유와 내재적인 규칙 수행이 플레이어에게 끼치는 효과, 게임 수행 과정과 인터페이스의 관계, 하드웨어의 조건 등이 탐구되어야 하며, 궁극적으로는 전자 테크놀로지와 관계하는 인간에 대한 철학적 이해라는 보편적인 지평을 탐구해야 한다. 음악이 소리의 아름다움을, 무용이 동작의 아름다움을 보여주듯, 게임은 전자기술과 인간의 상호교류가 빚어내는 아름다움임을 증명해야 한다.

그런데 전자게임에 대한 미학적 가치를 살펴본다는 입장은 은연 중에 전자게임에 대한 긍정적 입장으로 전화되어, 게임을 '산업'적 관점으로 보려는 입장들을 수용하려는 태도를 암묵적으로 지지해버리는 결과로 도출되기도 한다. 게임을 단지 하위문화적 현상으로 치부하기보다 문화예술의 당당한 한 장르로 대접받게 하기 위한 이론적 노력들이 그 순수한 의도와는 상관없이 문화'산업'의 맥락 안에 녹아드는 것이다. 이는 많은 게임 연구서들이 보여주고 있는 함정이기도 한데, 이를테면 한국 게임 문화에 대하여 총체적인 이론적 정립을 시도하려 했던 최유찬의 저작들은 대개 인기가 많고 대작인 게임들을 저술의 주텍스트로 삼고 있는데 반해, 소위 '인디게임'에 대해서는 전혀 언급되어 있지 않다. 이는 게임텍스트의 정치한 분석과는 상관없이, 그 게임에 대한 언급을 통해 은연중에 상업적인 이득에 봉사한다는 비판에서 자유로울 수 없는 것이다. 게임 연구가와 게임 산업이 결탁하는 경우도 있다. 게임연구가이자 스스로를 〈리니지〉 '헤비유저(Heavy User)'로 자처하는 이인화가 〈리니지〉, 〈길드워〉 등을 제작한 엔씨소프트와 함께 게임 제작을 했던 것은 게임에 대한 이론적 연구와 상업성이 노골적으로 결탁하는 한 양상이라 할 수 있다.

물론 게임 연구와 게임 산업의 암묵적 동조 내지는 결탁이 부정적인 의미만을 낳는 것은 아니다. 게임 연구가의 대작 게임에 대한 동조나 게임 제작 참여는 기존의 대작 게임들의 새로운 해석과 문화적 가치를 증명해내고, 이를 바탕으로 새롭고 신선한 게임물이라는 결과를 제출할 수도 있기 때문이다. 다만 게임을 연구하는 것이 게임 산업에 대한 중립적인 입장이 아니라 그에 대한 이론적 지지 기반으로 전화하는 것은 연구 결과의 중립성을 훼손시킬 우려가 있다.

물론 게임은 단순히 문화예술 텍스트로서의 가치만으로 국한되지 않는다. 게임은 '문화산업컨텐츠'의 일환으로, 후기자본주의사회의 상징적 재화수단이라는 경제적 가치를 지니고 있으며 게임 몰입과 같은 사회적 현상, 생활 패턴과 여가 활용이라는 미시생활사적인 맥락까지 포함하고 있다. 가령, 여성가족부가 말하는 '게임중독'과 문화체육관광부가 사용하는 '게임과몰입'은 동일한 현상에 대한 다른 해석의 여지를 남겨두는 용어라 할 수 있다. 그것은 게임 관련 정책의 입안과 결정 과정에서 상이한 영향을 끼친다. 그리고 그 영향은 고스란히 게임을 둘러싼 문화정책, 나아가 정치적 효과까지도 안겨준다. 그것은 게임에 대한 사회적 정의의 필요성이 그만큼 심각하게 대두되어야 하는 중요한 이유가 될 수 있는 것이다.

그런 점에서 우선 전자게임에 대한 법률적 정의부터 살펴보도록 한다.

"게임물"이라 함은 컴퓨터프로그램 등 정보처리 기술이나 기계장치를 이용하여 오락을 할 수 있게 하거나 이에 부수하여 여가선용, 학습 및 운동효과 등을 높일 수 있도록 제작된 영상물 또는 그 영상물의 이용을 주된 목적으로 제작된 기기 및 장치를 말한다. (게임산업진흥에 관한 법률 제2조 1항)

게임에 대한 위와 같은 법적 정의는 게임소프트웨어 자체 뿐 아니라 그에 부수되는 영상물과 하드웨어까지 포괄적으로 보고 있다는 점에서 광의적인 범주를 설정해놓고 있다고 말할 수 있다. 그것은 법적 관점이라는 위치에서 정의하고 있기 때문이다. 대상을 지정하고 그 대상에 대한 법률적 행위(규제·금지·의무제시 등)를 수행하게 하기 위한 효율적 담론 구조를 만들어내기 위해서는 포괄적으로 지정해 둘 필요가 있었기 때문일 것이다. 따라서 게임을 담론 대상으로 보려는 입장에서는 이 정의를 있는 그대로 받아들이기에는 어려움이 있다. 다만 법적 정의가 사회적으로 합의되었다고 가정되는 정의인만큼, 게임에 대한 일반화된 인식 기반을 엿볼 수 있다는 데서 장차 전자게임을 둘러싼 정치·사회·문화적 맥락을 논할 때에는 이 법적 정의가 기반하고 있는 암묵적 담론 생산의 추이를 살펴볼 필요는 있어 보인다. 그런 점에서, '게임셧다운제' 논의 역시 빠뜨릴 수가 없을 것이다.

전자게임은 자명하게 주어진 것이 아니라 구성되어야 할 문화장르적 명칭으로 여전한 미답의 영역으로 남아 있다. 게임과 관련한 많은 이론적 저작들이 게임에 대한 정의로부터 시작하는 것은 이와 같은 난관에서 자유롭지 못하다는 사실을 역설적으로 보여준다. 그것은 그만큼 게임에 대한 이론적 천착이 걸음마 수준에 머물러 있다는 사실을 시사한다.

3. 전자게임, 유사–반복적 규칙 수행

그렇다면 게임에 대한 이론적인 정의는 어떻게 이루어지고 있는가? '아케이드 게임기, 핸드헬드 게임기, 홈비디오 게임기, 개인용 컴퓨터,

메인프레임 컴퓨터 등 다섯 가지 형태의 컴퓨터 상에서 플레이 되는 게임'5)이라는 크리스 크로포드의 고전적 정의에서부터 '놀이를 목적으로 한 프로그램'이라는 아카오 고우이치의 정의6)에 이르기까지, 전자게임에 대한 정의는 유사한 듯 보이면서도 게임에 접근하는 시각이나 태도에 따라 다양하다. 그것은 게임이 예술, 전자공학, 기술적 영역 등 다양한 관점에 따라 달리 이해되고 해석되며, 창조되기 때문이다. 더욱이 인문학적 관점에서 전자게임을 연구하는 것은 전자게임에 대한 이론적 체계의 카르텔을 형성할 우려가 항시 내재되어 있기 때문에 인문학적인 전자게임에 대한 정의는 이와 같은 우려 또한 비판적으로 검토할 수 있는 것이 되어야 한다.7)

이러한 점들을 고려하면서 필자는 전자게임을 '규칙 수행을 통해 재미를 느끼도록 짜여진 프로그램'으로 정의하고자 한다. 여기서 인문학적 배경으로 중요한 것은 '규칙 수행'이라는 말인데, 그것은 전자게임이 지닌 '규칙 수행'이라는 특성이 전자게임의 미학성을 결정하는 요소가 된다고 판단하기 때문이다.

놀이의 특성을 아곤(경쟁), 일레아(운), 미미크리(모방), 일링크스(현기증)의 네 가지로 나눈 로제 카이와는 행해지는 모든 놀이를 루두스(규칙의 엄격함)와 파이디아(규칙의 자유로움) 사이의 어느 한 지점에 놓는다. 특정한 놀이가 놀이의 네 가지 특성 중 어느 특성을 결여할 수는

---

5) 김태식, 『게임개론』, 태일사, 2005, 4쪽에서 재인용.
6) 아카오 고우이치 외, 『게임대학』, 에이케이 편집부 옮김, AK, 1996, 44쪽. 여기서는 최유찬, 『컴퓨터게임의 이해』, 문화과학사, 2002, 16쪽에서 재인용.
7) 최유찬, 「게임과 신화」, 김원보·최유찬, 『컴퓨터 게임과 문화』, 이룸, 2005, 31-32쪽. 일례로 게임 디자이너들은 게임을 제작하는 데 있어서 자신이 예술가의 영역에서 활동한다고는 전혀 생각하지 않는다. 게임을 디자인한다는 것은 특정한 기술자의 영역과도 같다.(앤드류 롤링스·어니스트 아담스, 송기범 역, 『게임 기획 개론』, 제우미디어, 2004, 24쪽 참조)

있어도, 본질적으로 규칙 그 자체로부터 벗어나지는 못한다는 사실을 그의 놀이 분류표8)는 알려준다. 놀이의 규칙이 상대적으로 느슨해서 놀이참여자가 규칙을 인식하지 못할 정도라 할지라도, 느슨한 놀이의 규칙조차 실은 그 놀이의 규칙으로 엄격히 적용되고 있다고 할 때, 놀이는 보편적으로, 규칙을 수행하는 과정이라 할 수 있다.

그런데 우리는 흔히 놀이 행위를 상상적 자유의 시공간과 동일시한다. 놀이의 시공간이 현실의 시공간과 절연되어 있어서, 현실에서 일어날 수 없는 사건을 상상, 구체화할 수 있고 거기서 재미를 느낄 수 있다고 가정되기 때문이다. 그러나 놀이의 자유로운 상상 역시 일정한 내재적인 규칙이 없다면 망상에 불과한 것이 된다. 상호 이질적인 것처럼 보이는 자유로움과 규칙은 놀이(전자게임) 안에서 역동적으로 결합하여 놀이의 놀이스러움을 창조한다. 그러므로 놀이를 한다는 것은 단지 시간을 때우기 위해 가치 없는 일에 몰두하는 행위가 아니다. 놀이는 규칙의 준수라는 사회적 합의의 과정이자 동시에 그 규칙의 근거없음을 확인하고 이를 갱신해 나아가려는 역동적인 상상력의 발현 과정이다. 놀이의 미학이 여기서 발현된다고 한다면, 놀이의 규칙을 수행하는 과정으로서의 전자게임 역시 마찬가지일 것이다.

그런데 전자게임이 규칙을 수행하는 것이라는 말에는 다분히 게임 플레이어 중심의 사고가 깔려 있다. 그러나 모든 게임들에는 그만의 규칙이 존재하며 규칙을 수행함으로써 게임의 지속적인 플레이가 가능하기 때문에 규칙을 수행한다는 것은 단순한 수사가 아니다. 또한 게임기획자들이 게임을 디자인할 때 어떤 규칙을 어떠한 방식으로 수행하게 하는가를 고민해야 한다는 점에서 규칙 수행으로서의 전자게임은 게임제작자가

---

8) 로제 카이와, 이상률 역, 『놀이와 인간』, 문예출판사, 1994, 70쪽.

염두에 두어야 할 정의이기도 하다. 뿐만 아니라 게임의 규칙이 특정 이데올로기를 표방한다고 할 때, 그것은 사회문화적 인식틀이나 정치적 관점을 제시하는 것으로서, 게임을 당대의 문화정치적 맥락에서 이해할 수 있는 방법적 정의가 될 수도 있다. 게다가 전자게임의 규칙 수행성은 다른 인접 문화장르와 구별되는 독특한 성격으로, 게임의 게임성을 부각시키는 것이기도 하다. 왜냐하면 인터렉티비티(Interactivity; 상호작용성)는 전자게임이 가진 가장 강력한 장르적 특징이라 할 수 있는데, 그것은 게임 플레이어가 규칙을 수행함으로써 비로소 드러나는 것이기 때문이다. 전자게임의 인터렉티비티는 규칙 수행을 통한 인터렉티비티라는 점에서 의미를 지니고 있다. 이처럼 전자게임을 규칙 수행성이라는 관점에서 바라보는 것은 전자게임에 대한 문화적 성찰을 위한 기본적인 인식틀을 제시한다.

최근의 게임들이 게임을 본격적으로 시작하기에 앞서서 게임이 제공하는 규칙들을 이해할 수 있도록 '튜토리얼'을 제공하고 있는 것은 게임의 본질이 규칙 수행에 있다는 사실을 시사한다. 이는 게임의 규칙을 이해하고 그것을 수행하는 것에서 게임이 플레이된다는 점을 게임제작자들이 인지하고 있음을 알려준다.

이를테면, 라이온헤드 사(社)의 게임 〈블랙앤화이트2〉는 플레이어가 신(神)이 되어 자신을 추종하는 부족을 번영하도록 하는 것이 목적이다. 이를 위해서 플레이어는 신의 손(手)으로 부족민들에게 이러저러한 명령을 내리고, 과제를 수행해야 한다. 그러나 이와 같은 규칙에 대한 아무런 사전적 정보 제공과 체험이 없다면, 게임의 수행은 더디게 이루어질 수밖에 없다. 극단적으로, 게임의 수행 방식을 이해하지 못한 플레이어라면 모니터를 꺼 버릴 수도 있다.

단순히 규칙을 위한 정보 제공과 체험이 아니라 규칙에 좀 더 익숙하도록 튜토리얼을 제공하는 경우도 있다. 남코 사의 콘솔게임 〈철권5DR〉이 그 예인데, 이 게임은 'practice mode'를 제공하여 입력하기 어려운 커맨드를 연습할 수 있도록 도와주고 있다. 이 외에도 복잡한 규칙을 가진 게임들은 게임의 시작과 더불어 게임 수행의 기본 규칙들을 알려주며 그 규칙에서 플레이어들이 흥미를 가질 수 있도록 장치들을 고안해내고 있다.

　그런데 게임의 규칙은 반드시 1회성의 플레이만으로 결정되는 것이 아니다. 게임의 규칙은 유사-반복적으로 행해지며, 이를 통해 플레이어는 게임의 규칙을 익히면서 동시에 게임의 재미를 느끼게 된다. 게임의 규칙이 반복되지 않는다면 플레이어들에게 그것은 규칙으로 인지되지 못하고, 따라서 플레이어는 그 게임을 이어갈 수가 없게 된다. 예를 들어, 블리자드 사의 〈스타크래프트〉에서 플레이어는 일꾼 유닛을 생산하여 미네랄과 가스를 채취하고 이를 모아서 전투를 위한 건물을 생산[9]한다. 이후 전투 유닛을 뽑고 전장에 투입, 승리를 거두기 위한 전략과 전술을 수행한다. 건물을 생산하고 유닛을 뽑고 전투를 벌이는 일련의 과정은 매 게임마다 혹은 한 번의 게임 안에서도 반복적으로 이루어진다. 그럼에도 불구하고 플레이어가 그러한 반복적 수행 과정을 지루하지 않게 여기는 이유는 그 수행 과정이 유사-반복적으로 이루어지기 때문이다. 게임이 이루어질 때마다 벌어지는 게임 속 상황들은 모두 달라서, 유사한 패턴을 유지하면서도 매번 다른 양태들로 체험된다. 그 다른 양태들조차도 일정한 반복으로 느껴지게 될 때 플레이어는 지루함을 느끼게 되는데,

---

9) 스타크래프트에서 각 종족별 건물들은 다른 방식으로 전장에 나타난다. 테란의 경우에는 'SCV'라는 일꾼 유닛이 직접 건물을 짓고, 프로토스는 모(母)행성으로부터 건물을 소환한다. 저그는 '드론'이라는 일꾼 유닛이 직접 건물로 변태한다. 따라서 건물을 '짓는다'고 표현하지 않고 '생산한다'고 표현한 것이다.

〈스타크래프트〉가 발매된 지 10년이 넘었음에도 불구하고 여전히 인기를 끄는 요인 중 하나는 이와 같은 유사-반복적 규칙 수행의 과정이 플레이어들로 하여금 천편일률적인 패턴으로 다가오지 않기 때문이다.

그런데 전자게임의 규칙 수행은 튜토리얼이나 직관적인 사용자인터페이스(UI) 등을 통해서 게임 플레이어에게 쉽게 인지될 수 있는 것도 있는데 반해, 게임의 반복적인 수행을 통해 게임에 적응되면서 조금씩 체득되는 경우도 있다. 그것은 게임 내에서 가시화 된 형태로는 나타나지 않는 것들인데, 이는 주로 숙련된 게임 플레이어들의 독특한 컨트롤을 통해서 드러나곤 한다. 앞선 〈스타크래프트〉를 다시 예로 들면, 프로토스의 일꾼 유닛 '프로브'는 테란의 일꾼 유닛 'SCV'와 공격 사정거리가 1로서 똑같이 설정되어 있으나 미묘하게나마 프로브의 공격 사정거리가 조금 더 길다는 사실을 오랜 기간 〈스타크래프트〉를 플레이하는 프로게이머들은 알고 있다. 이와 같은 규칙을 이용하여 상대방의 일꾼 유닛을 초반에 잡아내는 플레이가 스타크래프트 경기 방송에서 종종 나타나기도 했다. 가시화되고 있지는 않지만 분명히 존재하는 이와 같은 규칙들은 특정한 전자게임을 플레이하는 플레이어들에게 또 다른 게임 규칙의 경험을 제공하며, 이를 통해 오랜 시간 플레이 해 온 전자게임의 경험이 지루하지 않게 하는 효과를 이끌어내기도 한다.

4. 전자게임에서 서사의 기능

그런데 전자게임의 규칙은 단지 게임이 특정한 규칙을 갖고 있음을 플레이어들에게 설명하는 것으로서 제시되지 않는다. 게임의 규칙이 플레이어들에게 납득될 수 있을만한 어떠한 명분을 제시하지 않는 한, 플레이어는 규칙을 순순히 받아들이지 않을 것이다. 왜냐하면 전자게임을 비롯한 모든 놀이는 놀이참여자에 의한 수행을 통해서 비로소 가시화되는 '중간태'이기에,10) 놀이참여자가 놀이의 규칙에 납득하지 않는다면, 그 놀이는 수행되지 못하고 놀이 자체가 가시화되지 않을 것이기 때문이다. 전자게임이 놀이 규칙의 수행을 위해 플레이어들에게 흔히 제공되는 서사는 이와 같은 규칙 수행을 위한 납득이라는 측면을 포함하고 있다.11)

전자게임에서 서사는 게임 규칙의 수행을 위한 플레이어 설득 혹은 공감을 위해 주로 제공된다. 게임의 세계관, 설정 등은 주로 전사(前史)12)로 제시되고 이를 통해 플레이어가 자연스럽게 게임의 규칙들을 받아들일 수 있도록 유도할 수 있는 것이다. 전사가 지니고 있는 이와 같은 공감과 설득의 서사적 요소는 당연히 심미적 가치를 지닐 때 극대화된다. 예를 들어, 전자게임에서 오프닝무비를 최초로 구현했다고 평가받는 니혼 필콤사의 〈YS2〉 오프닝무비는 중세판타지의 분위기를 조성하여, 잠재적 게이머들은 주인공캐릭터가 당연히 검과 마법을 이용하여 몬스터를

---

10) 한스 게오르크 가다머, 이길우 외 역, 『진리와 방법 I』, 문학동네, 2000, 192-195쪽.
11) 그런 점에서 전자게임을 '인터렉티브 서사'로 판단하는 일련의 연구들은 게임을 과도하게 문학적인 방법으로 치환하는 우를 범하고 있다. 게임은 서사성을 포함하지만 그것만이 게임의 모든 것을 결정짓지는 못한다. 되레 게임의 서사성은 주로 게임의 유사-반복적 규칙 수행을 위한 보조적인 환경으로 주어지는 경우가 많다.
12) 주로 RPG나 시뮬레이션 게임 등 서사적 텍스트로 제시되는 전자게임들은 다양한 형식의 '전사(前史)'를 제공한다. 게임타이틀이 뜨기 전후에 이미지·음향·문자 등을 통하여 대략적인 세계관과 게임 내 시공간적 배경, 서사 등을 잠재적인 플레이어들이 알아채고 그것에서 흥미와 궁금증을 유발하도록 한다. 또한 주로 패키지 형태로 판매되는 게임들의 '메뉴얼'에는 이와 같은 전사가 이미지와 텍스트의 형태로 좀 더 상세히 제시되어 플레이어가 게임에서 설정된 규칙들의 대략적인 양태를 알 수 있도록 한다. 게임CF, 오프닝무비 등도 일종의 전사로서 그와 같은 기능을 담당한다. 최근의 전사는 영화CF나 뮤직비디오와 비슷한 양상을 보이고 있지만 그것과 결정적인 차이는 단순히 이미지 제시만으로 끝나지 않고 게임을 플레이하도록 유도하기 위한 대략적인 규칙을 어느 정도 제시한다는 점에 있다.

무찔러 세계를 구하는 것이 목적이 될 것이라고 짐작할 수 있다.

그런데 이 게임은 그와 같은 판타지형 RPG게임의 일반화된 규칙에만 머물러 있지 않았다. 그것은 먼저 게임에서 최초로 오프닝무비를 도입, 영화와 같은 연출을 시도했다는 데서 찾을 수 있다. 대략 5분 30여초에 달하는 오프닝무비는 이전 〈YS〉1편과의 서사적 연결을 통한 서사적 호기심을 제시했을 뿐 아니라, 대담하고 세련된 카메라워크와 방대한 공간 표현을 통한 스펙터클을 제시함으로써, 이후의 게임들이 우후죽순 오프닝무비를 만들도록 종용하는 결과를 가져왔다. 또 하나는 오프닝무비에서 표현되고 있는 일명 '리리아의 뒤돌아보는 장면'이 안겨준 시각적 충격이다. 1988년 발매 당시에 이 장면은 게임의 히로인 '리리아'의 아름다운 모습을 보여주면서, 당대의 그래픽 퀄리티를 능가하는 미학적 리얼함을 구현해 놓았다. 도트그래픽으로 그려진 이미지 한 장을 그저 제시하는 데 그치던 당대의 기술 수준을 넘어, 뒤돌아보는 움직임을 짧은 프레임이기는 하지만 자연스럽게 구현해냈던 것이다. 전자게임이 전자 기술과 인간 사이에서 빚어지는 상호관계에서 미학적 구현 양식을 찾을 수 있다고 전제할 때, 이 짧은 장면은 전자게임의 미학적 감성이 어떻게 이끌어질 수 있는가를 상징적으로 보여주었다.

전자게임에서 서사가 갖고 있는 역할은 매우 제한적이거나 적어도 수동적이다. 물론 게임의 장르에 따라서 다소 서사성이 강할 수도 있다. 극단적으로 퍼즐 장르의 게임보다 롤플레잉 장르의 게임이 서사성이 더 짙을 것임은 두 말할 나위가 없다. 하지만 롤플레잉 게임이라고 해서 서사가 게임이 진행되는 중심축이라고 말할 수는 없다. 왜냐하면 서사는 플레이어가 게임 규칙의 유사-반복적 수행을 통해서만이 비로소 진행될 수 있기 때문이다. 예를 들어 다수의 롤플레잉 게임들은 게임 서사가 후반으로 진행될수록 캐릭터들이 지니고 있는 능력치들이 점차 높아진다. 사용할 수 있는 마법이나 기술의 수도 늘어나고 때로는 서사의 진행과 맞물려 진귀한 아이템을 얻는 경우도 있다. 하지만 그것은 서사가 그와 같은 캐릭터의 성장을 가져온 것이 아니라 게임플레이어가 지속적인 유사-반복적 규칙에 의한 전투활동으로 능력치를 올리고 서사를 견인했기 때문이다. 서사는 플레이어들의 유사-반복적인 규칙 수행에 의한 부산물로 주어지는 것에 가깝다. 예를 들어, 영화지향형 게임이라 일컬어지기도 하는 스퀘어에닉스사의 〈파이널판타지〉시리즈의 경우, 마법이나 기술, 진귀한 아이템은 등장캐릭터의 능력에 의해 서사의 난관들을 돌파한 이후에만 주어지도록 설정되어 있다. 이는 역설적으로 캐릭터의 능력이 일정 수준(난관을 헤쳐나갈 수 있는 수준)에 이르러서야 서사를 진행시킬 수 있다는 사실, 그리고 그러한 캐릭터의 능력은 게임 규칙의 유사-반복적 수행의 결과물임을 웅변한다. 따라서 서사성이 매우 강하다고 일컬어지는 롤플레잉 게임에서도 그 서사적 요소가 게임플레이에 미치는 영향은 제한적일 수밖에 없다. 되레 전자게임에서 심미적 체험이 가능해지는 것은 유사-반복적 규칙 수행이 특정한 장면이나 상황에서 일탈 내지는 결절 지점을 발생시킬 때이다. 〈파이널판타지10〉은 그 좋은 예다.

이 게임에서는 남주인공 티더와 여주인공 유우나는 서사의 2/3 지점쯤에서 서로의 사랑을 확인한다. 여기서 리얼리티 측면에서는 영화를, 환상적 기법의 차용 측면에서는 애니메이션을, 테마음악과의 조우를 생각한다면 뮤직비디오를 떠올리게 하는 장면이 연출된다. 첫 키스의 순수와 황홀을 판타지답게 과장되고 실현불가능하게 보여주면서도 서정성과 감성적 표현에서도 무리없는 연출이 이루어진 것이다. 이는 특정한 테마를 게임만이 표현할 수 있는 것은 무엇인지에 대해 나름의 대답으로 제시한 것이다.

즉 전자게임이 비실재성의 실재성으로 체험되는 것이라면, 전자게임의 연출은 일상현실의 극대화된 재현으로 체감되게 하기보다는 되레 그 비실재성을 극단적인 환상성으로 대체하는 것이 '게임스러움'이 될 수 있음을 이 게임의 연출은 잘 보여준다. 현실과의 접점 속에서 사유되는 문학적 '개연성'을 버리고, 체현 불가능하고 재현 불가능한 환상적 리얼리티를 제공함으로써 인간 감성과 상상력의 새로운 감각적·심미적 경험을 제시하려는 시도가 여기에 있는 것이다.[13] 그것이 서사의 진행과 별개로 감각될 수 있다는 사실은 두 말할 나위가 없다.

5. 규칙 수행의 담론 생산 방식과 새로운 규칙 쓰기

그런데 전자게임의 유사-반복적 규칙 수행에서 '수행'한다는 것이 반드시 규칙을 추종한다는 것만을 의미하지는 않는다. 규칙을 알고 있음에도 그 규칙을 되레 배반하고 규칙의 배반과 일탈에서 나타나는 새로운 게임 체험 또한 포함하는 말이다. 흔히 '트레이너', '에디터', '오토프로그램', '치트프로그램' 등으로 불리는, 게임의 기본적인 설정 자체를 무화시

---

13) 매우 현실적인 그래픽과 체험을 요청하는 게임들도 궁극적으로는 게임만이 지니고 있는 비실재성을 노정함으로써 게임의 '게임스러움'을 보여주곤 한다. 이를테면, 퀀틱드림 사의 〈Heavy Rain〉은 등장인물의 행위 하나하나를 매우 사실적이고 섬세한 리얼리티로 구현해놓고 있다. 그러나 등장인물들의 행위는 플레이어가 직접 게임컨트롤러를 통해 조작해야만 이루어질 수 있고 서사가 진행되도록 규칙이 정해져 있다. 예를 들어 인물이 물을 마신다고 하면 플레이어가 특정한 버튼을 누르고 컨트롤러를 위로 들어올려야만 한다. 게임화면 상에 게임컨트롤러의 특정 버튼을 누르거나 움직이라는 메시지가 지속적으로 제시되는데, 이는 게임의 전반적인 연출이 보여주는 극사실적인 그래픽과 다소 거리가 있어 보인다. 그러나 이와 같은 리얼한 연출에서 나타나는 비실재적인 이미지, 그와 관계되는 인터페이스의 존재야말로 게임이 영화나 기타 영상예술과의 차이를 보여주는 한 예라고 생각된다. 물론 그것은 유사-반복적인 게임의 규칙이기도 하다.

키기도 하는 프로그램들은 특정한 게임이 가진 기본적인 규칙들을 다른 것으로 바꾸어 버린다. 아예 그와 같은 규칙의 위반을 되레 하나의 규칙으로 제공하는 게임들도 존재한다. 나관중의 소설『삼국지연의』보다 더 시각적인 설득력을 보여주고 있는 코에이 사의 〈삼국지〉 시리즈가 그 예라 할 수 있다.14) 〈삼국지〉시리즈는 본편 외에 '파워업키트'를 발매하고 있다. 다분히 상업적인 성격을 띠고 있는 이 패키지는 장수들의 능력치, 특기, 도시의 개발 정도나 군사 보유수, 장수 간 친밀도, 충성도, 아이템 보유 상황 등 거의 모든 수치를 조정할 수 있도록 '에디터' 기능을 제공하고 있다.

중요한 것은 이와 같은 규칙의 일탈이 문화정치적 맥락을 띤다는 데 있다. 전자게임은 비실재성을 노정하면서도, 현실과의 접점 관계를 긴장되게 유지하고 있다. 현실과 전혀 관계없어 보이는 게임들에서조차도 현실의 물리적 실체성과의 관계를 규칙으로 전제한다. 이를테면 알렉세이 파지노프의 〈테트리스〉의 경우, 가상 공간 안에서 블럭을 쌓아 조건을 만족시키는 게임의 규칙은 위에서 아래로 떨어지는 중력의 작용에 빚지고 있다. 허드슨 사의 〈봄버맨〉은 폭탄으로 상자를 부수어 길을 만들면서 과제를 수행한다. 비행이나 차량 시뮬레이션 게임은 정교한 물리적 법칙을 게임규칙에 적용한다. 전자게임의 비실재적 실재성은 현실을 참조한 규칙을 통해 발현된다.

그러나 현실의 실재성은 게임 속으로 들어오면서 게임의 의도나 기획

---

14) 『삼국지연의』의 등장인물을 시각적으로 재현한 많은 그림, 만화, 영화 등이 등장했지만, 최근에 '삼국지'와 관련된 대중문화적 코드는 코에이 사의 〈삼국지〉시리즈에 등장하는 인물들의 묘사를 참조한다는 인상을 필자는 짙게 받고 있다. 어린 시절 〈삼국지〉시리즈를 경험한 세대가 대중문화 생산자의 위치를 점하게 되면서 의식적·무의식적으로 이를 수용, 재생산하고 있는 것이 아닌가 생각된다. 최소한 코에이 사의 〈삼국지〉시리즈가 삼국지 등장인물, 무기, 배경, 서사 등에 있어서 대중문화판에서는 참조가능한 원전의 지위를 획득한 것은 분명해 보인다.

에 의해 편집된 규칙이 된다. 다수의 롤플레잉게임에서 캐릭터는 힘, 민첩, 체력, 지능, 정신 등으로 세분화 된 스테이터스로 능력치가 결정된다. 힘이나 민첩의 경우 전사형 캐릭터를 만드는 데, 지능이나 정신은 마법사형 캐릭터로 키우는 데 특화된 능력치이다. 특정캐릭터가 몇 가지로 나뉜 스테이터스로만 능력치가 설정된다는 점, 그리고 특정 스테이터스가 캐릭터의 능력치에 직접적인 영향을 끼친다는 점은 현실을 참조하면서도 이를 편집적으로 반영하고 있다는 사실을 알려준다.

문제는 이러한 현실 참조·편집적 반영이 게임의 규칙이 되면서 편집자의 시각이 은연 중에 강요된다는 데 있다. 예를 들어, 〈삼국지〉시리즈에서 반란과 같은 돌발변수는 게임 진행을 방해하는 부정적 요소로 그려진다. 물론 〈삼국지10〉의 경우, 플레이어가 직접 재야장수로 시작해서 반란을 통해 국가를 만들 수도 있지만, 기존의 국가 경영시스템을 고수한다는 점에서 여전히 보수적인 이데올로기적 지향을 보여주고 있다. 대부분의 MMORPG(다중접속역할수행게임)는 캐릭터의 '성장'만 주어져 있을 뿐, '퇴보'(일시적인 패널티에 의한 능력치 감소는 제외)는 설정되어 있지 않아 '시간=성장'이라는 담론구조를 암묵적으로 수용하도록 하고 있다. 많은 시뮬레이션, 액션게임들은 '플레잉시간=플레이어의 조작능력 향상'을 전제로 게임의 난이도를 조정한다. 이는 게임의 규칙에 담긴 담론 구조를 플레이어들에게 경험하게 하는 예라고 할 수 있다.

물론 모든 문화적 생산물들은 작가 또는 생산자 나름의 담론 구조를 생산할 수밖에 없다. 그것은 윤리적 가치 판단의 문제가 아니다. 다만 어떠한 담론을 어떠한 방식으로 수용자에게 끼치는가가 문제가 될 것이다.

일반적으로, 문화적 생산물에서 확인되는 담론 구조는 수용자의 동감과 설득 없이 향유되지 않는다. 향유된다하더라도, 향유 과정에서 그 담론이 지니는 이데올로기적 지향에 대해서 일정 부분 객관화 된 비판이 가능하다. 그런데 전자게임이 지니는 유사-반복적인 규칙 수행은 담론에 대한 원칙적인 동의 없이도 수행된다는 데 그 독특성이 있다. 예를 들어, 독립신문 사에서 제작한 〈촛불을 꺼라〉는 촛불집회 참석자라 할지라도 이 게임을 플레이하는 순간, 촛불집회에 대한 부정적인 입장에서 플레이될 수밖에 없다. 왜냐하면 이 게임의 제작사는 촛불집회를 둘러싼 다양한 담론을 원천적으로 차단하고, 다만 촛불집회의 부정적 입장만으로 플레이되도록 규칙을 만들어 놓았기 때문이다.

물론 게임의 규칙은 단순히 하나의 규칙만이 존재하는 것은 아니며, 따라서 그 담론구조의 해명 역시 해석자의 입장에 따라 다양할 수 있다. 그러므로 특정한 담론구조에 동의하지 않는다하더라도 다른 규칙이 매력적이라면 게임은 플레이될 수 있다. 그러나 문제는 플레이에 의한 규칙 추종이 이데올로기에 대한 반감 여부와는 상관없이, 형식적인 행위를 통해 이데올로기의 유지와 확산, 강화에 봉사한다는 사실이다. 전자게임의 상호참여적 요소는 분명 플레이어들로 하여금 다른 매체가 가진 수동적인 입장에 비해 다소간의 자유로움을 보장하지만, 게임 규칙의 자발적인 추종은 플레이어들로 하여금 다른 매체에 비해 훨씬 더 타율적인 입장에 서도록 강제한다.

플레이어가 타율적 입장에 설 수밖에 없음을 이용한 적절한 예를 테크모 사의 〈零 zero〉시리즈에서 찾을 수 있다. 이 게임의 주인공은 귀신을 찍는 사진기로 직접 귀신들을 필름에 담아야 한다. 끔찍한 귀신들의 모습을 외면할 수 없도록 강제하는 게임 규칙이 플레이어들을 타율적 입장에 서게 함으로써, 그 공포감을 배가시키도록 짜여져 있는 것이다.

그러나 게임의 수행은 게임을 게임 규칙의 자발적 준수에 의한 타율적 입장 되기만을 의미하지 않는다. 기존의 게임 규칙을 새로운 규칙으로 바꾸려는 시도 역시 게임 수행의 일환이다. 앞서 언급한 바와 같이, '치트 프로그램', '오토프로그램' 등은 그와 같은 시도의 일환으로, 프로그래밍 언어에 숙달된 플레이어들이 제작한 프로그램들이다. 그런데 게임 규칙을 개개의 플레이어들이 의도하는 바대로 바꾸려는 이와 같은 시도는 때로 '지적재산권' 문제와 같은 법적 제재와 부딪친다. 또 그와 같은 시도의 대부분은 기존 게임규칙의 근본적인 의심에서 비롯되기보다는 게임의 기존규칙을 손쉽게 자신에게 유리하게 만들고자 하는 의도를 가지고 있다. 예를 들어 '오토프로그램'은 MMORPG를 플레이하는 플레이어가 필드에 출현하는 몬스터들을 직접 조작하여 죽이지 않고 캐릭터가 자동적으로 퇴치하게 해 주는 프로그램으로서, 손쉽게 고레벨을 달성하고자 하는 의도에서 만들어진 것이다. 그것은 근본적으로, 게임의 기존규칙에 대한 새로운 규칙을 쓰려는 시도라 말할 수 없다.

하지만 새로운 규칙 쓰기는 그 새로운 규칙으로 말미암아 기존 게임을 새로운 담론 질서로 바꾸어 놓을 수 있는 가능성을 가진 것으로 적극적으로 사유될 수 있다. 그것은 패러디의 형태로 제시될 수도 있고,[15] 이미 명확해지고 있지만 근거는 존재하지 않는 게임 내 장르 구분을 무화하는 시도로 제출될 수도 있다.[16] 게임에서는 잘 다루어지지 않는 독특한 담론을 게임의 규칙으로 제시할 수도 있고,[17] 인터페이스를 적극 활용하여

---

15) 유명게임 〈던전앤파이터〉를 패러디한 〈레바의 모험〉이나, 삼국지에서 조조의 능력을 적극적으로 해석한 〈삼국지조조전〉을 소녀시대 멤버들의 모험담으로 바꾼 〈삼국지 소시전〉 등이 그 예다.
16) 2010년 세계인디게임공모전 대상 수상작 〈암중모색〉은 한글 텍스트 중심의 세련된 그래픽과 독특한 게임성으로 '게임을 인터랙티브한 시(詩)로 변화시켰다'는 평가를 받았다.
17) 게임과는 그리 상관없어 보이는 정치색을 띠는 게임도 있다. 독도를 지키는 이순

게임성을 극대화함으로써 인간 감각의 기술적 확장을 시도될 수도 있다.18) 하지만 아직까지 기존 게임의 규칙을 깨려는 시도는 불법적인 것이 되거나 하위문화 패러디의 수준에서 크게 벗어나지 못하거나 노골적인 상업성을 띤 '대작게임'들이 보여주는 전자기술의 발전 수준을 가늠하는 정도에 그치고 있는 실정이다.

영화 연구와 마찬가지로, 전자게임 연구가 '인디게임'에 눈을 돌려야 하는 정당한 이유가 여기서 발견된다. '인디영화'가 대체로 소자본과 기술적 한계를 태생에서부터 안을 수밖에 없으면서도 기존의 상업영화가 제시하지 못하는 인간 경험의 새로운 지평을 보여주려 노력하듯이, '인디게임' 역시 MMORPG와 FPS(1인칭 슈팅 게임) 일색이 되어버린 한국 전자게임판에, 전자게임의 미학적 갱신과 새로운 패러다임을 제시함으로써 전자게임이 '산업'만이 아니라는 사실을 말해줄 수 있기 때문이다. 대체로 상업성을 띤 대작 게임들은 상업적으로 검증된 기존의 게임 규칙을 수용하고 있어, 게임 컨텐츠의 방대함과 복잡함과는 별개로 그 규칙은 낯익은 경우가 많다.

전자게임 역시 기존의 문화장르와 마찬가지로 나름의 문법(=규칙)을 체계화하고 있다. 또한 다른 문화장르들과 마찬가지로 기존의 규칙을 깨는 신선한 시도에서 그 문화장르가 표현할 수 있는 한계와 가능성을 모색하고 있다. 전자게임은 다른 문화장르와 구별되는 동시에 전자게임만이 제시할 수 있는 인간 인식 지평의 확대 방식과 철학적 탐구 양식을 제출할 때 비로소 가치 있는 문화장르의 하나로 당당히 대접받을 수 있을

신 장군의 모험담을 다룬 〈불멸의 이순신〉, 에일리언으로부터 지구를 구하는 오바마 대통령의 모험담 〈obama alien defense game〉 등을 예로 들 수 있겠다.
18) 마이크로소프트 사에서 발매한 컨트롤러 '키넥트'를 예로 들 수 있겠다. 이 기기는 열감지로 인체 동작을 인식하여 게임할 수 있도록 만든 체감형 게임기기이다. 컨트롤러를 손에 쥐고 플레이하는 것이 아니라 컨트롤러가 인간 동작을 자동적으로 인식하게 했다는 점에서 플레이어의 게임 체험을 좀 더 리얼하게 한다.

것이다. 천편일률적인 효용론적 관점에서 벗어나 우리 시대의 무의식과 문화적 표정을 증거하는 게임을 발굴하고 적극적으로 해석하는 게임연구자들의 노력이 필요한 이유 또한 여기에 있을 것이다.

'싸이월드'가 보여준 '사—이' 세계

1.

　한국 사회에서 인터넷의 보급과 확산이 가시화되기 시작한 시기는 PC통신과 맞물린 90년대 중후반부터이다. 하지만 인터넷 생활이 우리의 일상을 본격적으로 '장악'하기 시작한 것은 대략 2000년대 초부터일 것이다. 이 시기는 '국민PC사업'이 가시적인 성과를 나타내기 시작했고, ADSL의 본격적인 도입과 같은 인터넷 제반 환경이 정비되었으며, PC방이 우후죽순 생겨나기 시작한 때이기 때문이다.
　그로부터 10년도 훌쩍 지난 이제 인터넷은 단순히 정보 통신만을 위한 도구가 아니다. 우리 사회의 첨예한 의제에서부터 매우 사소한 일상의 문제에 이르기까지, 우리 삶의 거의 모든 분야를 망라하고 있는 또 하나의 삶을 실현하는 과정으로 주어지고 있다. E-mail이 편지를 대신하고, 인터넷쇼핑몰이 시장이나 백화점을 대신하며, 워드프로세서로 작성된 문서가 종이에 수기로 작성된 문서를 대신하는 것은 인터넷을 단순한 도구적 차원에서 이해하는 것에 불과하다. 그것은 심지어 일상의 사소한 의문이나 고민들에 대한 해결책을 제시해주며, 인터넷게임과 웹서핑의 형태로 휴식과 여가의 시공간도 제공한다. 거대한 사회적 의제의 확산과 여론 형성을 기대할 수 있으며, 역으로 사생활 노출이나 그릇된 소문들의 유포로 인해 피해를 입게 되는 경우가 발생하기도 한다. 가상 공간이 현실에 물리적 효과를 발생하기 시작한 것이다. 휴대전화의 확산과 보급이 휴대전화 없는 삶을 불편한 것으로 만들어버렸듯, 이제 인터넷의 확산과 보급은 인터넷 없는 '리얼한' 삶을 상상하기 어렵게 만들고 있다.

1999년, 일종의 인터넷 클럽 커뮤니티 서비스로 시작하여 지금에까지 이른 싸이월드의 역사는 한국 사회에 인터넷 문화가 본격적으로 유입되고 정착하기 시작한 시기와 맞물린다는 점에서 단순히 가입자 수가 많은 특정한 인터넷 서비스업체 이상의 의미심장함을 내포하고 있다. 싸이월드는 특정 업체의 인터넷 커뮤니티면서도 그 울타리를 넘어서 지난 10년 동안 인터넷을 중심으로 한 독특한 생활 문화 환경의 구심점으로 자리잡아 온 '한국형 인터넷 문화'를 구축한 까닭이다. 따라서 싸이월드를 중심으로 지난 2000년대 인터넷 문화 환경을 반추한다는 것은 곧 '밀레니엄' 이후의 한국 사회의 추이를 살펴보는 데 유용한 도움을 줄 수 있을 것이라 가정할 수 있다.

2.

싸이월드는 1999년 카이스트 출신의 수재들이 의기투합해서 만든 일종의 인터넷 커뮤니티였다. 당시 인터넷 사이트는 주로 끊기거나 희미해진 인맥을 다시 회복하고, 인터넷 네트워크 속에서 유저들 나름의 공동체를 구축해나가려는 움직임들이 활성화되고 있었다. '현대화'된 생활의 패턴이 야기한 공동체의 해체 상황이, 역설적으로 인터넷이라는 소통공간을 통해 재구축되고 있었던 것이다. 이는 PC통신 시절부터 이어지던 흐름이었는데, 인터넷은 우선 값이 저렴하고, 큰 노력을 들이지 않아도 접속이 가능하며, 공통의 분모를 가진 사람들을 만날 수 있는 곳이라는 장점이 있었다.

한국사회의 독특한 특징 중 하나는 강력한 인맥사회라는 점이다. 학연·지연·혈연에 의한 폐쇄적인 네트워킹은 사라져 가는 농촌 공동체의 연장이거나 문화지체 현상으로 이해될 수도 있고, 근대 이후 한국 사회의 급속한 변화에 심리적으로 대응하는 방편의 하나로 이해될 수도 있다. 어쨌든 한국사회의 인맥 중심 네트워킹은 그 속에 한 일원으로 편입됨으로써 존재의 자기 확인이 가능하게끔 하는 기저의 역할을 감당하고 있다. 인터넷이 본격화되면서, 그와 같은 네트워킹이 디지털 문화로 편입된 것은 어쩌면 한국 사회의 매우 자연스러운 현상의 하나라 할 수 있다. 〈다음(www.daum.net)〉, 〈동문닷컴(www.dongmoon.com)〉, 〈파인드맨(www.findman.co.kr)〉, 〈물망초(www.forgetmenot.co.kr)〉, 〈프리챌(www.freechal.com)〉, 〈휴먼파인드(www.humanfind.co.kr)〉, 〈아이러브스쿨(www.iloveschool.net)〉, 〈사람찾기마당(www.inews.org/114)〉, 〈세이클럽(www.sayclub.com)〉, 〈그리운사람들(www.who.co.kr)〉등은 인터넷이라는 가상공간을 통해 기존에 해체되거나 느슨해져버린 현실공간에서의 공동체적 감수성을 다시금 회복시킬 수 있도록 촉매역할을 하는 주요한 장(field)이었다. 싸이월드는 이와 같은 당대의 인맥·클럽 중심의 커뮤니티와 크게 차별화되지 않은 서비스의 하나로 출발했다.

3.

만약 싸이월드가 2001년 '미니홈피' 서비스를 시작하지 않았더라면, 위에 예를 든 대부분의 사이트처럼 사라졌을지도 모른다. 클럽이나 커뮤니티와 같은 집단 중심의 인터넷 구심점들은 비슷비슷한 색깔로 인해 점차 인기가 식어갔고, 집단을 통해 불변하는 자아를 확인하고자 하는 욕망은 나름의 개인 공간, 즉 '홈페이지'를 통해 자아를 표현하는 방향으로 나아갔기 때문이다. 싸이월드는 집단 중심, 공적 공간 중심의 인터넷 서비스를 개인 중심, 사적 공간 중심의 인터넷 서비스로 이행해가는 대중들의 욕망을 정확히 꿰뚫었고, 성공했다.

여기에는 인터넷 관련 기술의 발전도 맞물려 있다. 특정 클럽에 게시판형 글쓰기의 형태로 운영되는 클럽 중심의 커뮤니티에 비해, '미니홈피'와 같은 개인형 글쓰기 공간은 개개의 인터넷유저들이 자신만의 공간에 글과 사진 등을 올리게 되므로 당장 과도한 트래픽을 유발, 서버를 과부하시킬 우려가 있다.(싸이월드 미니홈피는 트위터의 글자수 제한이나 네이버 블로그 서비스의 하루 동안 올릴 수 있는 용량의 제한과 같은 업로드 제한이 없다) 또한 보안의 문제, 개인 홈페이지 간 연결의 문제 등과 같은 서비스의 운영에 대한 기술적·경험적 노하우의 축적을 비롯한 기타 제반 상황들이 충분히 무르익지 않는다면 클럽 중심의 커뮤니티는 개인 중심의 커뮤니티로 전환될 수 없다. 하드웨어와 소프트웨어의 발전과 그 운영 노하우의 축적은 클럽 커뮤니티를 개인 커뮤니티로 전환하게 한 기술적 계기가 되었다.

여기에, 점차 고사양화 되어 가는 인터넷유저들의 PC, 흔히 '초고속인터넷'이라 불리는 인터넷 접속속도의 향상도 미니홈피와 같은 개인 홈페이지를 활성화시킨 기술적 탄생 배경이다. 특히 디지털카메라의 소지가 세련된 트랜드의 상징처럼 여겨지면서, 개인 홈페이지는 더욱 각광을 받게 됐다. 싸이월드 미니홈피는 이와 같은 기술적·문화적 계기들을 등에 업고서야 비로소 시작될 수 있었다.

   놀이 형태의 형식적 변화 또한 미니홈피의 부상에 기여한 바 크다. 일상을 함께 공유하는 오프라인 모임 대신 공간의 차이를 넘은 온라인 모임의 활성화는 개인의 일상을 유지하면서도 함께 공유할 수 있는 커뮤니티의 등장을 기다렸고, 싸이월드는 그와 같은 요구에 부응했다. 게다가 (도식적임에 분명하지만) 인터넷 소비의 주축인 20대 남성들이 99년부터 불어닥치기 시작한 '스타크래프트'와 같은 네트워크 게임 열풍에서 자유롭지 못했던 것에 비해, 상대적으로 젊은 여성들이 인터넷에서 '놀거리'가 없었던 것도 싸이월드 미니홈피가 성공할 수 있었던 하나의 요인으로 지적될 수 있다. 싸이월드 미니홈피는 20대 여성들의 욕망이 무엇인지를 파악하는 데 주안점을 두었고 그들의 욕망에 부합하는 서비스도 제공했다.

   물론 싸이월드가 단순히 20대 여성의 욕망만을 추종한 것은 아니다. 기존 커뮤니티 중심의 글쓰기와 관심사의 공유는 글쓰기의 피로감과 컨텐츠의 한계를 명백히 노출시켰다. 이에 비해, 개인 중심의 글쓰기와 일상적 가치의 기록이라는 미니홈피의 포맷은 집단이 공유하는 명시적·암묵적 규칙이나 룰을 전제하지 않아도 되므로, 글쓰기의 다양성과 컨텐츠의 외연을 훨씬 풍부하게 넓혀놓을 수 있었다. 싸이월드 가입자 수가 2,000만 이상이 될 수 있었던 것은 평등성에 기반한 네트워크의 연결이 역설적으로 인터넷유저로 하여금 '홈(home)'의 필요성을 욕망하게 했다는 사실에 있다. 인터넷 웹페이지는 이론적으로 모두 평등한 링크들의 집합이다. 하지만 그 안에서 나만의 구심점을 갖는다는 것은, 그로부터 인터넷이라는 넓은 바다를 항해할 수 있다는 것은, 마치 어떤 장소를 두루 다니더라도 결국은 '집(home)'으로 돌아와야 마음 놓고 휴식을 취할 수 있는 아날로그적 감성경험이 거기에 작동하고 있음을 뜻한다. 미니홈피는 나만의 홈페이지를 갖고 싶어 하는 인터넷유저들의 보편적이고 일반적인 욕망의 부산물이다.

싸이월드의 미니홈피가 부상하기 전에는 나만의 홈페이지를 갖기 위해 유료 서비스를 이용해야하거나 다소간의 수고로움을 감당해야만 했다. '나모웹에디터'나 '메모장'을 이용해서 htm문서를 작성하고, 계정을 사서, 도메인을 등록해야 했다. 그런데 미니홈피는 이러한 수고로움 없이 자신만의 홈피를 무료로 가질 수 있으며 정해진 포맷을 자기 나름대로 변형하여 다른 사람의 미니홈피와 차별화할 수 있게 했다. 게다가 미니홈피끼리 서로 연동이 가능하기 때문에 수고롭게 특정인의 홈페이지 주소를 적어두거나 외우거나 '즐겨찾기'에 등록할 필요가 없도록 했다. 미니홈피는 손쉽게 자신만의 웹공간을 갖게 하고, 자신의 공간을 다른 이들에게 홍보할 수 있게 해 주었다.

4.

미니홈피의 등장과 확산은 공공적 영역으로서의 인터넷 글쓰기를 사적 영역의 글쓰기로 변모시켰다. 미니홈피가 많은 인기를 끌자, 공공기관의 PC나 회사의 업무용PC에서 싸이월드 접속을 차단하는 현상들이 나타났던 것은 미니홈피가 사적 영역에 속한다고 보는 일반적인 인식이 전제되어 있다.

하지만 미니홈피는 완전한 사적 영역에 속하는 것도 아니고, 미니홈피 운영자 자신을 있는 그대로 드러내는 공간도 아니다. '1촌'이라는 그룹에 속해있는 자들에게 보여주고 싶은 자신의 모습, 보여주어도 큰 무리가 없고 흥미나 공감을 일으킬 수 있을만한 요소를 담은 자신의 모습을 보여주는 것이 미니홈피에서의 글쓰기이기 때문이다. 미니홈피는 사적 영역인 것처럼 보이지만, 끊임없이 타자를 의식하는 글쓰기를 지향한다.[19] 다만 그것이 커뮤니티 게시판의 글쓰기와 다른 점은 커뮤니티 간 공통분모에 대해 굳이 언급할 필요가 없이, 자신을 표현하는 데 더 집중한다는 점이다. 이와 같은 미니홈피의 글쓰기 방식은 시간과 공간에 대한 중대한 인식의 변화를 초래했다.

즉 개개의 미니홈피에서 보게 되는 시간과 공간은 일반적인 시간과 공간이 아니라 오로지 그 시간과 공간을 경험한 홈피 운영자 자신의 시간과 공간 인식의 표현이다. 그것은 공적인 공간이라 여겨지는 곳조차도 개인적이고 사적 경험의 공간으로 바꾸어 놓고, 보편적인 시간의 흐름조차도 자신이 경험한 시간 인식으로 돌려놓는다. 근대사회의 암묵적 규칙들이 매끄럽게 정비한(정비했다고 믿는) 시간과 공간을 미니홈피의 게시물들은 개별적인 시각적 이미지들로 확대하거나 축소시켰다. 미니홈피에 개개인들이 올려놓은 사진과 텍스트들은 매끄러운 근대적 시공간 개념을 모자이크화한 것이다. 거기에는 특정한 시공간에 대한 과잉되고도

---

[19] 김혜은, 「인터넷 글쓰기는 정체성 확립에 기여하는가」, ≪당대비평≫ 2004년 여름호, 325쪽. "근래 개인 홈페이지 어디를 가도 거의 대부분이 '다이어리-일기'란을 하나씩 두고 있다. 재미있는 것은 대부분이 일기를 '공개'한다는 사실이다. '공개된 일기'는 이미 일기가 아니다. 그것은 무의식적으로 타인의 눈을 의식하면서 쓰는 일기와는 엄연히 다르다. '공개된 일기'는 의식적으로 무수한 -경우에 따라서는 유수한- 타인을 염두에 두고 글을 쓸 수밖에 없다. 그 때문에 사적인 글이면서 정돈된 글이고 내밀한 글이면서 절제된 글이다."

축소된 개별자들의 해석을 포함하고 있으며, 때문에 특정한 개인이 경험한 시공간은 균질되고 공식화된 언어로부터 상당히 자유로우면서도 공감 가능한 개별성을 띤다. '나'가 알고 경험한 특정 시공간이 '당신'이 알고 경험한 특정 시공간과 똑같지 않다는 것, 그러나 똑같지 않음에도 불구하고 공감 가능한 요소를 발견할 수 있다는 것, 똑같지 않음에서 확인되는 초과분들은 공식화 된 시간과 공간 개념이 메타적 권위를 갖고 있지 않은, 합의된 것이었음을 발견하게 한 계기가 되었다.

그러나 시공간에 대한 사적 인식의 확산과 유포는 역설적으로 특정한 사적 인식, 특정한 공감적 표현에 의한 천편일률적인 이미지의 유포로 이어졌다. 자신의 표현 수단, 언어를 갖지 못한 홈피 운영자에게 그럴듯하게 꾸며진 타홈피의 게시물은 '퍼가기'의 대상으로, 맹목적인 동의의 대상이 된다. 인터넷 글쓰기는 특정 언어와 메시지에 권위를 부여하지 않는다. 미니홈피에 올라오는 게시물들에도 마찬가지이다. 그러나 '퍼가기'의 형태로 유포되는 특정한 게시물과 그 메시지는 메타적인 권위가 자연스럽게 부여된다. 지극히 일상적인 사건과 내용들일 뿐임에도, 그 일상을 장악하는 언어가 타자의 언어가 된다는 것, 그것은 미니홈피가 자신을 표현하는 사적이면서 동시에 공적인 일기장과 같은 공간에만 그치는 것이 아니라 타자에 의해 씌어진 일기장이 되는 공간이 될 수도 있음을 적시한다. 근대사회의 개인과 사회의 이분화된 구조가 사적 영역과 공적 영역의 분리와 맞물려 있다면, 인터넷 커뮤니티에서 그 두 영역은 서로 수렴되고 발산하는 과정을 통해 다시금 복잡한 하나의 계(界)를 형성하게 된 것이다.

거기서 감정과 욕망의 이행이라는 사적 문제와 이성과 합리성에 의한 규칙 준수라는 공적 문제는 새롭게 배치되고 재구성될 가능성을 보여주었다. 공적 영역이 사적 영역에 개입했던 근대사회의 공공의 원리는 인터넷 속에서, 미니홈피 속에서 공적 영역의 사적인 재구성 과정을 시각적으로 형상화하기 시작했다. 다만 그것이 공적 제도로서의 민주화가 아닌, 개별 감각 가능한 것으로서의 민주화까지 나아갈 수 있었는지에 대해서는 의문이 남는다.

5.

미니홈피의 부상에는 정치적 여건의 변화 또한 간접적인 배경으로 작동한 것 같다. 첨예한 정치적 문제와 그로부터 야기되는 사회적 의제들이 인터넷 공적 공간에서 감당해야 할 하나의 몫이었다면, 미니홈피는 그보다는 개인적이고 사소한, 일상의 이야기들을 풀어내는 데 집중한다. 미니홈피는 특정한 사회적 이슈에 대한 공공적 발언의 장으로 활용되기보다는 개별적인 감성들이 각각의 목소리로 표현되고 함께 어우러지는 장으로서의 역할을 감당하는 데 충실하게 꾸며졌다.

그렇다고 해서 싸이월드나 그 이용자들 자체가 사회적 의제에 대해 무관심했다는 의미는 아니다. 일명 '미선이·효순이 사건' 때 싸이월드가 미선이 효선이를 추모하기 위한 삼베리본 이름아이콘을 무료로 배포해서 큰 호응을 얻었던 일이나, 반값 등록금 문제가 이슈화되자 이를 캠페인의 형식으로 풀어낸 것은 싸이월드라는 개인적 공간이 단순히 사적 공간에만 머물러 있는 것이 아니라 공공적 내지는 정치적 성격도 함의하고 있음을 알려준다.

하지만 그와 같은 공공적 성격이 '유희적 감수성'에 기반한 공감의 형식으로 호소된다는 사실은 적시될 필요가 있다. 싸이월드 미니홈피는 '사이버 일기장' 같은 성격을 지니고 있으면서도 한편으로는 인터넷게임과 매우 유사한 성격을 지니고 있다. 미니홈피에는 방문자 수의 카운팅, '액티브', '스크랩'과 같은 활성화된 수치들이 존재한다. 방문객들이 미니홈피를 방문하거나 게시물을 스크랩하는 등의 활동을 하게 되면 그 수치들은 상승하게 되는데, 이는 경험치 축적에 의한 스테이터스 상승을 기대하는 MMORPG[20]와 유사한 면이 있다. 더욱이 '아이템'을 구입하여 미니홈피를 단장하고, '미니미'를 꾸미는 과정은 게임캐릭터에게 더 강력하고 멋진 아이템을 장착하여 같은 게이머들로부터 인정받고자 하는 욕망과 매우 유사하다.

이와 같은 싸이월드 미니홈피 꾸미기라는 유희적 규칙의 수행은 인터넷을 통한 소통과 커뮤니티의 구성이라는 본래 목적을 부차적인 것으로 만들어버릴 위험성이 있다. 싸이월드는 사이버머니인 '도토리'의 매매를 통해 미니홈피를 꾸미게 하는 데서 많은 수익을 창출하고 있다. 즉 미니홈피 꾸미기가 놀이의 규칙이라면, 그 규칙에 충실하기 위해서는 더 많은 비용을 들여야 한다. 싸이월드 비지니스 모델의 중심은 언제나 여기에 있다. 문제는 여기서 타인과의 소통이라는 (비용이 들지 않는) 근본 규칙은 '꾸미기'라는 부차적 규칙에 압도당하고 만다는 사실이다. 타인과의 소통이 아니라 자기 꾸미기가 주가 되는 역전 현상이 나타나기 시작하는 것이다. 시시각각 바뀌는 이슈들의 댓글에서 심심찮게 발견할 수 있는 싸이월드 미니홈피 주소 '낚시질'은 그 예라 할 수 있다. 자발적인 소통을 위한 목적이 아니라 단순히 미니홈피 방문자 수의 카운팅을 늘려, 자신의

---

20) Massively Multi-play Online Role Play Game(다중 접속 온라인 역할 수행 게임). 거대한 가상 공간 안에서 수백에서 수만 명에 이르는 게이머들이 독자적으로 혹은 협업을 통해서 과제를 해결해 가는 과정을 담은 게임이다. 과제 해결을 통해 더 좋은 아이템, 더 나은 능력치를 보상받아 캐릭터의 성장을 기대할 수 있다.

미니홈피 방문자가 많음을 꾸며내려는 목적은 역으로 미니홈피의 소통 부재를 시인하고 있는 것이다.

미니홈피와 미니미 꾸미기 놀이는 싸이월드가 본래 의도한 '웹아이덴티티(web identity)'[21]의 감각적 구현이라는 목적 또한 심각하게 벗어난다. 그들이 말하는 '웹아이덴티티'라는 것이 기실, 끊임없는 타자의 시선에 대한 강박과 교호 속에서 탄생하기 때문이다. 다시 말해, 웹아이덴티티의 구현은 자신의 본래적 정체성이라 부를 수 있을만한 내용을 표현함으로써 나타나는 것이 아니라 되레 자신을 계속해서 치장하고 포장함으로써 구성된다. 자신이 쓰고, 만들고 있는 게시물이 실상 자신을 위한 것이 아니라 타인에게 보여주기 위한 것이라는 점에서, 되레 '싸이질'은 아이덴티티의 상실을 확인하는 과정에 지나지 않는다. 소위 '싸이허세'라 불리는 자기나르시시즘적 표현이 왜 미니홈피에서 두드러지는가는 미니홈피가 갖고 있는 게임 규칙의 준수('꾸미기')가 소통이라는 본래 목적을 배반하고 있기 때문이다.

이는 자본의 사적 이득을 목적으로 할 수밖에 없는 싸이월드의 근본적인 한계를 노정한다. 돈이 되는 꾸미기와 돈이 되지 않는 소통 사이에서 싸이월드는 새로운 소통 공간을 만들고 거기에 부합하는 새로운 표현 양식(아이템, 스킨 등)을 계속 개발함으로써 수익을 창출해야만 한다. 어떤 소통이냐가 아니라 어떤 표현이냐가 그들에게는 수익 모델의 창출과 관련되기 때문이다.

---

[21] "'싸이월드' 인터넷서 나를 만드는 재미가 쏠쏠", ≪한국일보≫, 2004.07.08. http://news.hankooki.com/ArticleView/ArticleView.php?url=it_tech/200407/h2004070822364423680.htm&ver=v002(2011년 7월20일 검색) "미니홈피나 블로그는 가까운 사람들에게 내 자신을 있는 그대로 드러내 보입니다. 내가 사는 이야기를 하고, 내가 어떻게 사는지 찍어서 올리고. 그러면 1촌·2촌 친구들이 답 글을 달아주고. 현실에서 추억이 켜켜이 쌓여 '나'라는 사람을 구성하듯이, 인터넷에서도 똑같은 일이 벌어집니다. '웹 아이덴티티'(Web Identity)라는 것이 생겨나죠."

2008년 이후 트위터와 페이스북 같은 새로운 형태의 소셜 네트워크 서비스가 보급되고 확산된 것은 단지 인터넷 접속 플랫폼의 변화, 즉 PC를 통한 인터넷 접속에서 스마트폰을 통한 인터넷 접속으로 바뀌었기 때문만은 아니다. 싸이월드는 스마트폰 확산 이전에도 개인 휴대전화에서 접속이 가능했고 나름의 서비스를 누릴 수 있었다.[22] 더 중요한 것은 새로운 소통에 대한 대중적인 요구들, 다시 말해 꾸미지 않은 타자들의 목소리를 듣고 싶어 하는 대중의 욕망과 인터넷 소통공간과의 상관관계이다. 트위터나 페이스북은 미니홈피처럼 따로 배경음악을 깔거나 배경스킨을 사야 할 필요성이 없고 아이템이나 각종 악세사리로 꾸며놓을 필요가 없다. 그것은 미니홈피의 꾸며진 공간과는 다른, 더 직접적인 소통공간이라는 인식을 갖게 했고, 좀 더 진실한 소통이 가능할 것이라는 가정을 갖게 해주었다.[23]

2001~2002년 대선기간 동안 인터넷공간에서의 자발적인 논의와 그 확산이 노무현 정부를 탄생시켰다는 세간의 인식[24]은 대의민주주의의 한계에 대한 대안적 참여 가능성까지도 인터넷의 역능임을 알게 했다. 그것은 매우 역설적이게도 촛불시위, 미네르바 구속사건, SNS 계정 차단, 싸이월드의 '대학생소원'이벤트 제동[25]과 같은 인터넷 커뮤니티에

---

22) '네이트닷컴, '모바일 싸이월드' 오픈', ≪아이뉴스24≫, 2004.04.14. http://news.naver.com/main/read.nhn?mode=LSD&mid=sec&sid1=001&oid=031&aid=0000039840 (2011년 7월20일 검색)

23) 물론 트위터나 페이스북 역시 보기 좋게 편집된 자아를 보여준다는 점에서 미니홈피와 근본적인 차이는 없다고 생각된다. 다만 미니홈피가 좀 더 직접적으로 '꾸며진 웹아이덴티티'와의 말걸기임에 비해, 트위터나 페이스북은 '일상적 웹아이덴티티'와의 대화라는 인식이 유저들 사이에 있는 것 같다. 인터넷 네트워킹 플랫폼에서 나타나는 메시지의 '진정성'에 대한 인식의 온도차가 존재하는 것이다.

24) 예를 들어, 노무현 당시 대선 후보와 인터넷 신문 ≪딴지일보≫와의 인터뷰(2001년 4월9일)는 노무현과 인터넷 간의 친연성을 획득·확인한 상징적인 사건의 하나로 생각된다.

25) "'반값 등록금 부각마라'…정부, 포털에 요구 물의', ≪한국일보≫, 2011.07.20. 1면.

대한 정부의 견제를 통해 다시금 부각되고 있는 것이기도 하다.

그럼에도 불구하고 미니홈피 열풍의 이면에는 당대의 사회적 의제에 대한 소통과 확산, 여론의 형성과 비판 같은 인터넷의 순기능이 가려진 측면이 분명히 있는 것으로 보인다. 예를 들어, FTA체결과 같은 국가 중대사에 인터넷 여론은 크게 주목하지 않았으며, 세계화, 국제화라는 미명 아래 무비판적으로 유입된 신자유주의적 질서에 너무나 무력했다. 인터넷 공간은 집단적·사회적 의제를 생산할 수 있는 충분한 여력을 갖추고 있었음에도, 그와 같은 에너지를 그러모으는 데까지 나아가지는 못했다. 신문이나 방송과 같은 미디어가 보여주지 못하는 진실, 다루어주지 않는 현상에 대해 미니홈피의 유희적 감수성은 명백한 한계를 보여 왔던 것이다.

기존의 질서를 깬 새로운 공동체와 소통에의 욕망은 어느 시대에나 있어왔고, 앞으로도 계속될 것이다. 어쩌면 인터넷을 통한 소통의 가능성을 말한다는 것 자체가 그만큼 우리 사회가 소통 불능 사회임을, 그래서 소통에 대한 욕망이 그만큼 크다는 사실을 보여주는 것인지도 모른다. 그럼에도 불구하고 소통의 과정들을 기록하고[26] 그를 통해 우리의 생생한 삶을 드러내는 한 방편이 인터넷의 역능 중 하나라면, 유희적 감성으로 동시대적 공감을 이끌어내는 데 성공한 싸이월드는 2000년대 한국 사회에서 인터넷을 통한 소통의 가능성과 한계를 동시에 보여주었다고 말할 수 있다. 싸이월드의 '싸이'는 'cyber'와 '사이'라는 두 가지 의미를 동시에 내포한다. 그러나 싸이월드의 '싸이'는 실상 '사이' 아닌 '사―이'였음을, '사―이'이기에 된소리로 발음될 수밖에 없는 '싸이'임을 증명한다.[27] 관

---

[26] '국가기록원, 싸이월드와 MOU', ≪뉴시스≫, 2007.08.28. http://news.naver.com/main/read.nhn?mode=LSD&mid=sec&sid1=102&oid=003&aid=0000543756 (2011년 7월 20일 검색)

[27] http://ko.wikipedia.org/wiki/%EC%8B%B8%EC%9D%B4%EC%9B%94%EB%9

계의 건널 수 없는 심연을 전제한, 너무 늦거나 너무 빠른 소통 플랫폼, '싸이월드'. 기실 싸이월드의 유행은 여전히 한국 사회에서 기존의 질서에 의문을 던지고 소통의 양식화를 통한 새로운 공동체·새로운 규칙들을 제정해가려는 민주적 절차의 수립이 아직 요원하다는 사실을 방증하는 것이기도 하다. 민주적 소통 절차보다는 대통령의 의지에 따라 국가의 운명이 좌우되는 나라, 그것이 여전한 대한민국의 현주소이기 때문이다.

3%9C ('위키백과'에서 '싸이월드'로 검색) 싸이월드가 'cyber'와 '사이'의 두 가지 함의를 지니고 있다는 것은 사이버 세상에서 관계 만들기가 싸이월드를 통해 가능하다는 의미를 내포하고 있다. 하지만 소통 중심이 아닌, 꾸미기 중심이 되어버린 싸이월드는 꾸며진 웹아이덴티티 '사이'의 관계, 즉 '사―이'라는 가장·가상의 관계로서만 또 다른 웹아이덴티티와 조우한다. 싸이월드는 '사―이'가 '사이'일 수 없음을 은폐하는 '싸이'라는 된소리를 포함하고 있는 것이다.

제2부

근대의 기획과 탈주의 서정

1. 근대적 서정과 억압된 자아

서정을 자아와 세계의 동일성으로 정의하는 데에는 이미 일정한 합의가 이루어진 것 같다. 그리고 근대적인 의미에서 시의 미적 가치를 자아의 개성적 표현을 따지는 데서 찾는 것 또한 어느 정도의 기준점으로 삼아진 듯하다. 자아와 세계의 동일성이라는 근대적인 서정의 세계관은 두 필수 요소, 즉 자아와 세계 간의 관계에 대한 사유에서 출발한다. 단단하고 고정되며 자족적인 사유-이미지를 가진 '자아'와, 그 자아가 맞부딪쳐 도전하고 가능성을 확인하며 추구해야 할 대상으로서의 사유-이미지인 '세계'가 그것이다. 그리고 이 둘은 '세계의 자아화'라는 명제 앞에서 만난다. 그런데 '동일성'은 자아와 세계의 혼융이나 종합, 지양이 아니라 '자아의 우주적 확대'를 향하는 시적 전략·전술이다. 중요한 것은 세계가 아니라 그 세계를 압도하고 통제하는 자아의 능력이다. 그 전략을 수행하는 과정이 곧 자아의 표현이라는 관문이다.

데카르트 이후로, 근대적인 서정시라는 바운더리는 사유하는 존재로 가정되는 자아와, 그 자아에 의해 (독백의 언술로) 영역을 확대해 가는 세계로 구축되어 왔다. 물론 이 때의 세계는 자아에 의해 재구성되고 재맥락화되며 자아의 진리로 충만한 코스모스이자, 물질화 된 자아의 또 다른 거울이다. 다시 말해, 세계는 자아의 보편적인 시공간이자 자아의 독특성을 신(神)의 정박점으로 은폐시켜, 자아의 유일성을 세계의 보편성으로 등치시킨다. 마치 소실점이 스스로 사라짐으로써 한 편의 그림에 보편적 리얼리티를 부여하듯, 자아는 세계 속에 은폐하면서 세계에 균질성과 보편성을 부여한다. 그런 점에서 근대적 서정은 자아의 보편화 양식이다.

문제는 보편성의 근저에 은폐한 자아의 존재성이다. 자아는 단독적이거나 고유한 성질을 근대적 언어 형식으로 표현함으로써 보편적 집합으로 수렴 가능한 특수성으로 변질된다. 이제, 시인의 개성은 타자와의 동일성을 발견하게 하는 근거가 되고 공감 가능성이라는 효과로 산포(散布)된다. 따라서 시의 소통이란 곧 근대어(표준어)의 일반적이고 보편적인 소통과 맥을 같이 하며, 시인의 이름은 지워지고 네이션-스테이트의 집합명사만이 자리를 대신한다.

이광수가 「문학이란 何오」에서 "朝鮮人은 마땅히 舊衣를 脫하고, 舊垢를 洗한 後에 此 新文明 중에 全身을 沐浴하고 自由롭게 된 精神으로 新精神的 文明의 創作에 着手할지어다."[1]라고 당부했을 때, 그가 "신정신적 문명의 창작에 착수"하는 "最히 有力한 者"로 내세운 것은 문학이었다. 그러니까 그에게서 문학은 단순히 개인의 고유한 정(情)을 표현한 것이 아니다. 보편적이고 공감 가능한 정(情)은 고유명으로서의 개인을 특수한 존재로서의 문학인이 되게 하고, '국민'으로 포섭되지 않은 존재들을 근대적 '국민'으로 정립하고자 하는 근대 기획의 수단이다. 그리고

---

[1] 李光洙, 「文學이란 何오」, 권영민 편, 『한국현대문학비평사(자료1)』, 한국학술정보, 2004, 56쪽.

'근대-서정시'는 이와 같은 기획에 '자아와 세계의 동일성'이라는 명제를 앞세워 충실히 부응해 왔다.

집합으로 수렴 불가능한 고유하고 단일한 자아에서, 집합이 전제된 특수하고 일반적인 자아2)로의 비약. 그러니까 '근대문학-서정'은 자아의 특수성과 일반성을 강조한 나머지, 고유하고 단일한 것으로서의 자아는 외면하거나 억압해 버렸다. 자아의 동일성을 통해 민족의 동일성과 주체성을 정립하려 했던 근대주의자 이광수에게서, 이는 어쩌면 당연한 생각인지도 모른다. 중요한 것은 이러한 근대문학의 기원에 대한 탐색에서부터 우리가 무엇을 촉발시킬 수 있는가, 하는 점이다. 즉 근대문학이 이미-항상 시작되고 있었던 자리에서부터 놓치고 있었던 것, 눌려 있었던 것이 '희미한 옛사랑의 그림자'처럼 남아 있다면, 우리가 주목해야 할 지점은 바로 그 희미한 흔적이다. 이를 찾아내고 명시화하여 근대문학이라는 '자연'에 생채기를 가할 때, 근대문학은 역설적으로, 종언 이후를 사유할 동력을 마련할 수 있을 것이다.

2. 확대된 자아와 장악된 세계

'자아의 우주적 확대'를 통해 구성된 균질적이고 보편적인 세계는 이제 '응당 그러한 자연'으로 회귀된다. 그것은 본래 가정문(假定文)이어야 했으나 평서문(平敍文)으로 제시되었다. 문학의 리얼리티는 현실을 얼마나

---

2) 고유성, 단일성, 특수성, 일반성에 대한 이해는 가라타니 고진, 권기돈 역, 「단독성과 특수성」, 『탐구2』, 새물결, 1998을 참고했다. 그런데 가라타니 고진은 보편성과 일반성을 각각 단독성과 특수성에 대립시키는 짝으로 섬세하게 나누는데 비해, 이 글에서는 맥락을 고려하여, 보편성과 일반성이라는 용어를 고진이 말하는 맥락 하의 '일반성'의 개념으로만 사용했다.

적확하게 재현하면서, 있어야 할 현실을 발견해내는가에 가치 기준을 둔다. 그렇다면 시의 리얼리티 또한 '자연'에 대한 정확한 반영과 성실한 자기 표현에서 시적 가치가 결정될 것이다.

> 朝鮮貴族의 生活, 新式 家庭의 生活, 新舊思想의 衝突, 朝鮮 耶蘇敎人의 思想과 生活, 妓生, 放蕩한 貴公子, 貧民의 生活, 西北間島의 生活, 京城 平壤, 開城 等 古都의 味, 覺醒의 新朝鮮人의 心事와 感想 等 朝鮮人한 手로 하여 可能할 好題目이 실로 無盡藏이 아니뇨. 文學에 有意할 靑年은 於此에 奮勵一悉하여 朝鮮文學 建設의 樂譽를 獲할지어다.3)

이광수가 조선문학은 앞으로 개척해야 할 것이 "무진장"하다면서 들고 있는 예들을 살펴보면, 그것이 당대 사회 현실의 한 단면임을 쉽게 알 수 있다. 즉 그는, 문학의 리얼리티는 현실의 적절하고도 의미 있는 대상을 반영하는 데서 확보될 수 있으며, 그것을 미학적으로 표현할 때 구현될 수 있는 것이라 생각했다.

문제는 앞서 언급했던 것처럼, 문학가가 작품에 반영하는 '현실'이란 작가로부터 이탈된 객관적이고 가치중립적인 대상이 아니라는 점이다. 작가는 작품 안으로 반영해야 할 현실, 재현 가치가 있는 현실을 가져오고 이를 표현한다. 리얼리티든 모더니티든 우리의 근대문학적 자장 안에 전제되어 있는 현실은 어디까지나 자아의 주관적 현실이다. 특히 시의 경우, 동일성과 공감을 바탕으로 자아의 확대 가능성을 점칠 수 있는 현실을 반영해왔다.

그것은 시적 시공간에 세계를 지우는 과정이기도 하다. '근대적 자아=서정적 자아'는 세계를 균질화하면서 그 중심에 은폐되는 형식을 취하고 있다. 하지만 역설적으로 거기서부터 드러나는 진술은 자아의 독백적

---
3) 이광수, 앞의 책, 64쪽.

목소리로 현시됨으로써 시공간 전체에 효력을 끼친다. 이광수가 '지·
정·의'를 근대적 주체 구성의 요건으로 상정하면서 문학의 경우에는 '정'
이 강조된다고 한 진술에는, 세계에 대한 자아의 상대적 우위를 선포하는
'세계의 자아화'가 아니라, 세계를 자아의 의지로 가득 들어차게 하고자
하는 '자아 독존'의 현상학이 깔려 있다. 기실 사라지는 것은 자아가 아니
라 세계였던 것이다.

그렇다면 우리가 이광수의 근대적 문학 기획에서 확인할 수 있는 것은
억압된 자아와 사라진 세계라는 두 개의 양상이다. 자아는 스스로의 우주
적 가능성을 현실의 편집을 통해 마련한 시적 시공간 안에서 실험하지만,
정작 자아의 고유성과 단일성은 상실된 채 특수성으로 환원된다. 또한
세계는 가치중립적인 현실로부터 떨어져 나와 집합 명사로 수렴되어버린
자아의 의지에 의해 장악된다. 그리하여 매끄럽고 균질화 된 자아=세계
가 서정적 시공간의 근본에 자리잡으면서, 일반화 된 시적 시공간으로
가시화된다. 우리 시사(詩史)에서 리얼리즘이 천착했던 현실도, 모더니
즘이 추구했던 내면도 이와 같은 공통적인 시적 시공간을 전제한 채 이어
져 왔던 것이다.

3. 계몽의 효과와 도구화 된 '재미'

이광수는 "吾人에게서 春의 花를 賞玩하는 快樂을 奪한다 하면 吾人은
얼마나 不幸하겠나뇨. 文學藝術은 실로 人生의 花니라."[4]라고 하면서
문학예술의 유희적 측면을 긍정하고, 문학 수용자가 느끼는 '재미'를 긍정

---

4) 이광수, 앞의 책, 61쪽.

한다. 그가 "古代의「재미있다」하는 것이 近代에도「재미있는」것이 有하고, 他人에게「재미있는」것이 我에게도「재미있는」것이 有하니, 此는 不變코 共通타 할지라. 實로 多少의 差異가 有함은 葉枝에 不過하는 것이요, 感情의 大幹에 至하여는 전혀 不變코 共通한듯하도다. 大文學의 立脚地는 실로 此點에 在하니 何時에 讀하여도, 何地에 讀하여도, 何人이 讀하여도「재미있는」文學은 大文學이라."5)고 했을 때, 문학의 가치기준으로 삼은 것은 리얼리티나 미학적 성과가 아니라 바로 '재미'였다.

이광수는 아마도 문학이 지닌 '재미'가 (근대)문학을 널리 보급시켜 많은 독자들을 확보할 수 있게 하는 주요한 속성이 될 수 있다고 생각한 것 같다. 또한 문학가들 역시 독자의 확보가 충분할 때 생계를 해결하고 명예를 얻는 등의 보상을 받을 수 있을 것이라 여긴 듯하다. 더욱이, 조선문학은 전혀 근대적이지 못했으니, 앞으로 반영해야 할 현실의 '거리'들이 널려 있다. 따라서 그는, 언젠가 천재 문학가가 나와서 우리의 실상을 잘 반영하여 문학화 하면, 조선문학도 비로소 (근대적인) 문명 정신의 산물로 축적될 수 있을 것이라 생각했다. 문학의 매력적인 특성인 '재미'가 궁극적으로 조선의 근대적인 정신 문명을 창출하고, 확장하며, 축적하게 되는 궁극적인 지지대가 될 수 있을 것으로 가정했다.

그러나 그가 말하는 '재미'가 무엇인지「문학이란 하오」에서 명확하게 드러나고 있지는 않다. 다만 추측컨대, 그것은 문학을 '정(情)의 발로'로 생각했던 그의 문학관과 관계있는 것 같다. 그의 작품들에 나타난 개인의 (근대적인) 감정과 정서, 욕망의 진솔한 표현이 그가 말하는 문학의 '정'의 한 표현 형태라면, 그의 작품을 읽는 독자에게 그것은 '재미'로 받아들여질 수 있었을 것이다.

---

5) 이광수, 앞의 책, 62쪽.

문제는 그가 말한 '재미'가 문학의 본질적 특성에 가까운 사전적 의의가 아니라, 문학이 독자에게 끼치는 효용이라는 사후적인 가치로 치환되어 버린 데 있다. 그는 '재미의 공통 감성'만으로도 한 편의 작품이 "대문학"이 될 수 있다고까지 말했지만, 고전인 「춘향전」이나 「흥부전」을 결격사유가 있는 것으로 취급한다. 그 이유에 대한 직접적인 언급은 없지만, 아마도 이 작품들에는 새롭고도 근대적인 생활 양식이나 태도를 담아내고 있지 못했기 때문일 것이다. 그렇다면, 이광수가 말한 문학의 '재미'는 근대적 생활 양식을 반영한 데서 빚어지는 '재미'일 것이다. 그리고 그와 같은 '재미'야말로, 문학이 대중독자에게 계몽적 효과를 자연스럽게 받아들일 수 있게 하는 방식으로 작동할 수 있다고 가정했을 것이다.

그러니 문학의 '재미'는 사후적인 계몽적 효과로 치환되고, '재미' 그 자체의 문학적 가치는 폐기되어야 한다. 더욱이 문학의 '재미'는 근대적 주체의 '정'을 촉발시킨다는 점에서 의의를 갖고 있기는 하지만, '지'와 '의' 또한 근대적 주체 구성의 요건이다. 따라서 '재미'만 추구해서는 근대적 주체 구성에 실패하며, 네이션-스테이트의 완성도 지향할 수 없다. 문학 또한 궁극적으로 주체 구성의 일환으로 사유되어야 하는 것으로 본 그의 입장에서, 문학의 '재미'는 근대 계몽의 기획 아래 도구적 의미로만 국한될 수 있을 뿐이다.

4. 근대시로부터의 탈주

1) 세계의 유입과 자아의 최소화

세계를 시적 시공간의 장악으로 대치함으로써, 재현 또는 표현이 가능할 것이라 가정했던 서정적 자아는, 이제 의심받기에 이르렀다. 그것은 곧 근대 미학이 추구해 왔던 기획에 대한 의심이기도 하다. 기실, 미학이 현시할 수 없는 것을 어떻게 현시할 수 있을 것인가를 고민하기 시작할 때, 시학에서 가장 먼저 문제가 되는 것은 역시 언어다. 세계를 언어로써 재현하고 표현해야만 한다면, 언어는 과연 사물에 닿을 수 있는가? 언어가 의식을 매개함으로써(쿤즈) 간접적인 방식으로만 사물을 지시할 수 있을 뿐이라면, 언어가 문제가 아니라 그 언어를 사용하는 시인이 문제다. 시인이 서정적 시공간 안에서 자신을 주장하지 않고, 세계와 사물로 하여금 스스로 걸어 들어오게 한다면, 그렇게 진술된 언어는 더 이상 시인의 진술이라 가정될 수 없을 것이다. 오규원의 시적 실험이 닿는 맥락이 여기에 있다.

> 길 위의 돌멩이 하나
> 무심하게 발이 차네
> 발에 차인 돌멩이
> 길 옆 풀들이
> 몸으로 가려 숨기네
> 그 순간
> 내 발 아프네
>
> ─「풀과 돌멩이」 전문6)

오규원에게서 시적 자아는 시적 시공간 안에서 최소화 되어 있다. 세계가 스스로 들어와 이 시공간에 가득 차게 한다. "길", "돌멩이", "풀", 심지어 '시인'조차도. 시인은 이 시공간에서 주장하는 자가 아니라, 표현되고 재현되는 수동적 입장에 머물러 있다. 그는 "발이 차네"→"내 발

---

6) 오규원, 『두두』, 문학과지성사, 2008.

아프네"로 이어지는 즉물적인 반응에서만 자신을 드러낼 뿐이다. 현실을 편집하는 시인의 의식이, 확장된 자아가, 이 시공간을 지배하지 않는다. 시인은 은폐되어 있다.

이는 하이데거가 존재로 하여금 말하게 했던 순수한 언어의 모습과 닮아 있다. 그러나 하이데거가 은폐된 신(神)의 언어로 말한다면, 오규원은 은폐된 시인의 언어로 말한다. 자아를 최소화한다는 점에서 둘은 같지만, 하이데거는 신의 의지로 세계를 채우려 한다. 반면에 오규원의 시는 세계를 주장하는 자아의 어떤 의지도, 힘도 내비추고 있지 않다. 그는 현실을 반영하여 표현하는 것이 아니라 현실을 그저 표현한다. 시는 현실을 표현한 흔적으로서의 언어만을 독자에게 남겨줄 뿐이다. 그가 의미를 비울 수 있을 때까지 비움으로써 역설적으로 존재를 드러내려 했다고 주장할 때, 그 존재('날이미지')는 현실로부터 시적 시공간으로 걸어들어온 저 사물·사태·사건들이다.

그러나 시인은 자신이 의도한 '비움으로서의 시'를 의도로 가득 채운 언어들로 설명해야만 한다. 시인의 아이러니는 여기에 있다. 언어가 사물에 직접 가닿을 수만 있다면, 아무런 필요가 없을 더 많은 말들을 구구절절 늘어놓아야 한다. 그리고 그의 시를 그렇게 충만한 '의미'를 지니고 읽어야 한다. 서정적 시공간 안에서 자아를 주장하지 않겠다는 '의지'조차 사라지는 것은 아니기 때문이다.

2) 기투하는 시인과 숭고의 흔적을 제시하는 언어

그렇다면, 언어로 현시할 수 없는 것을 현시하되 이러한 난관을 넘어서는 방식은 없을까? 이 고민은 세계를 대치한 시적 시공간 안에 '숭고'(칸트적인 의미에서)를 어떻게 배치할 수 있을까를 사유함으로써 희미한 길을 마련한다.

시인이 현실세계를 감각하고 이를 지각으로 번역하려 할 때, 그의 의지는 한계에 부딪치고 있음을 절감하게 될 수밖에 없다. 즉, 채 언어화되지 않는 그 무엇, 이를 잉여라 부르든 이물감이라 부르든 아니면 다른 어떤 명사를 거기다 갖다 붙이든 간에, 언어로써 완전한 일치를 구가할 수 없는 물음표를 어떻게 서정적 시공간 안에 배치할 것인가, 가 문제가 된다. 그것은 공통 감각으로서의 회귀 가능성을 차단하고 평서문이라 생각되었던 자아가 가정문일 수도 있음을 역설적으로 드러나게 하기 때문이다.

山
절망의 산
대가리를밀어버
린, 민둥산, 벌거숭이산
분노의산, 사랑의산, 침묵의
산, 함성의산, 증인의산, 죽음의산
부활의산, 영생하는산, 생의산, 회생의
산, 숨가쁜산, 치밀어오르는산, 갈망하는
산, 꿈꾸는산, 꿈의산, 그러나현실의산, 피의산
피투성이산, 종교적인산, 아아너무나너무나폭팔적인
산, 힘든산, 힘센산, 일어나는산, 눈뜬산, 눈뜨는산, 새벽
의산, 의망의산, 모두모두절정을이루는평등산, 평등한산, 대
지의산, 우리를감싸주는, 격하게, 넉넉하게, 우리를 감싸주는어머니
—「무등」 전문7)

황지우에게 '무등산'은 그저 광주 인근에 있는 균질화 된 어떤 장소가 아니다. 심상지리학적 맥락 안에서 그것은 80년 광주의 매개적 역할을

---

7) 황지우, 『겨울―나무로부터 봄―나무에로』, 민음사, 1985.

넘어, 인간의 역사 전체를 관통하는 숭고한 그 무엇으로까지 승화된 대상이다. 아무리 예민한 감각을 가진 시인이 이를 지각화 된 언어로 진술한다 하더라도, 그것은 남김없이 옮겨질 수 없다. 다만, 지금 당장 감각을 압도하는 그 무엇을 시인은 지각으로 환원시키지 않은 날 것에 가까운 언어로 (물론 언어는 날 것이 될 수 없지만) 시적 시공간에 새기고자 시도할 수 있을 뿐이다. 시적 시공간에 그것은 언어화 된 흔적으로 존재할 것이다. 재현의 언어적 가능성이 포기된 자리, 거기에 남은 흔적이 저 매끈한 삼각형으로 형상화되고 수많은 형용사가 붙은 "산"들로 연쇄된다. 위 시의 표현이 다소 거칠고 투박스러운 이유는 숭고한 그 무엇이 시인에게 감각의 역치를 넘어 도달하기 때문에, 언어의 조탁이나 신중한 선택, '자연스러운' 배열이 불가능하기 때문이다.

서정적 시공간이 채 포섭하지 못한 실재를 향해 기투하는 자아. 시인이 서정적 시공간 안에 안존하지 않고 그 한계 영역 바깥으로 몸을 던질 때, 독아론적 서정의 시공간은 비로소 현실이 아니라 서정적 자아가 만들어 낸 풍경에 불과한 것이었음을 알게 된다. 그리고 그 때서야, 있는 그대로의 세계는 거울처럼 투명하게 반영될 수 없으며, 오직 탁한 렌즈로만 왜곡될 수밖에 없음을 확인하게 된다. 이제 저 리얼한 무등산과 시 「무등」은 진짜와 가짜의 관계로 나란히 놓인다. 서정적 시공간이 스스로 가짜임을 선포함으로써, 역설적으로 리얼한 무등산은 서정적 시공간 바깥으로 소외되지 않고 그것과 이접한다.

3) 단독적 자아의 귀환과 '재미'의 복권

한편, 특수성으로 환원된 자아가 매끈하고 균질적인 서정적 시공간을 창조해낸 것이라면, 근대 기획이 폐기해 버린 단독성으로서의 자아를 소구(訴求)하려는 시적 노력도 가능할 것이다. 그리하여 기존의 암묵적 '합의'로부터 새로운 규칙과 질서를 가진 서정적 시공간을 창조해내는 방식도 생각해 볼 수 있다.

더블린은 지금
텀블링하기 좋은 날씨
방과 후의 아이들이
봄처럼 튀어 올랐다

해바라기가 고개를 뒤로 젖히고
씨들을 발사하기 시작했다

주근깨를 볼에 심은 아이들이
발끝을 모으고
해를 향해
자신들의 경쾌한 근원을 향해
스프링, 스프링
튀어 오를 때
스카이가 다른 이유를
불가능이란 아무것도 아님을
열심히 일한 자들이 왜 떠나는가를*

방과 후 학습에서
비로소 이해할 때

아이들은 샘물 위에 피어난
마블링처럼 웃으며
고블린보다 신나게
더블린 한복판에서
텀블링, 텀블링

이 모든 도약이 꽈배기 한 입에서 시작되었다

　　* 미국의 수학자 존 내시(John Nash)는 소련 간첩들이 '이것'을 통해 내통한다는 망상에 사로잡혀 있었다.

―「스프링」 전문8)

　오은에게 시는 세계를 반영하여 서정적 시공간 안에 균질화하는 과정도 아니고, 그 안에서 자족하며 자신을 주장하는 목소리를 외화하는 양태도 아니다. 그는 '강한 선배 시인'(해럴드 블룸)이 일구어놓은 규칙들에 별 관심이 없다. 그것은 고유명으로서의 '나'와는 상관없이 '합의된' 규칙들이기 때문이다. 그는 '서정'과도, '독자'와도 합의하지 않고, 오로지 자기의 규칙을 시편으로 내세운다.

　자기의 규칙을 내세우기 위해 그가 택한 방법은 현실을 가져와 편집한 시적 시공간을, 또 다시 가져와 자신의 의지에 따라 새로운 시적 시공간으로 재편집하는 것이다. 즉 기존의 균질화 된 시적 시공간에 대하여, 자기 규칙화 된 시적 메타-시공간을 구축하는 것이다.

　위 시에서 시제(詩題)인 "스프링"은 시적 공간 안을 활보하는 모든 사물과 사건들의 규칙으로 제시된다. "봄", "튀어 올랐다", "고개를 뒤로 젖히고/ 씨들을 발사", "경쾌한 근원", "튀어 오를 때", "떠나는가를", "샘", "꽈배기"…… 등이 모두 "스프링"과 유의미한 연관 관계를 가진 사물이자 사건들이다. 더욱이, '더블린-텀블링-마블링-고블린'으로 연쇄되는 말놀이 또한 "스프링"에서부터 촉발된 이미지다. 그러므로 이 시의 시적 시공간에는 온통 "스프링" 밖에 없다.

　주목할 점은, 이 시에서 시적 시공간은 현실로부터 반영된 사물들을 편집한 것이 아니라는데 있다. 오직 "스프링"의 언어들로만 가득 들어차

---

8) 오은, 『호텔 타셀의 돼지들』, 민음사, 2009.

있는 시적 시공간을 반영하여 편집한 메타적 상상력의 소산이기 때문이다. 굳이 현실과 연관지어 말한다면, 시인이 반영한 것은 현실이 아니라 차라리 언어들을 모아놓은 사전이라 할 수 있을 것이다. 언어가 지시하는 현실이 아니라 이미 지시된 언어의 이미지들, 그 시적 시공간을 이 시의 언어들은 지시하고 있다.

그리하여 이 시의 시적 메타-시공간은 하나의 놀이 공간으로 현시될 수 있다. 이 시의 자아는 세계를 자신의 규칙으로 장악하고 있지만, 현실과는 절연되어 있다. 이 시공간에 가득 찬 존재들은 현실을 지시하려는 그 어떤 욕망도 내포하고 있지 않다. 이 시의 '플레이어'로서의 시인은 놀이하는 시인이며, 규칙을 독자들에게 입안(立案)하는 시인이다. 현실의 심각함보다는 캐릭터화 된 언어의 이미지들이 제시하는 놀이의 규칙을 어떻게 향유할 것인가만이 이 시적 시공간의 문제가 된다.

근대의 문학적 기획이 도구적 가치로 전락시켜버렸던 '재미'의 가능성이, 자아의 단독성을 주장하는 시적 기획에 의해 다시 고개를 들고 있다. 놀이의 (현실적) 무가치함을 주장하는 이들에게 오은과 같은 시적 기획은 폐기되는 것이 마땅한 방식이 되겠지만, 이러한 시적 실험이 보여주는 과감함과 새로움은 가치의 층위가 아니라 시적 태도의 윤리적 층위에서 새롭게 평가되어야 할 의의를 지니고 있다.

5. 현시의 전략들

지금까지 살펴본 것처럼, 시가 언어를 통해 현시 불가능한 것을 현시하려 할 때, 그렇게 존재가 시적 시공간에 현시되는 방식에는 크게 네 가지가 존재하는 것 같다.

우선, 전형적이고 '정통적인' 근대문학=리얼리즘이 걸어온 길. 이는 현실을 시적 시공간과 동일한 것으로 가정하는 가운데, 현실의 일부분을 선택·배열하여 자아의 의지에 의해 균질화된 시공간에 존재를 기입하는 방식이다. 이럴 때 존재는 자아가 지배하는 시공간의 균질성에 동화되며, 자아의 의지와 개성의 일부를 분유(分有)받게 된다. 존재는 자아의 투명한 거울이 되어 시적 시공간 안에 자리매김한다.

둘째, 시적 시공간을 지배하는 자아를 은폐시키는 방식. 언어와 사물의 일치를 구가하기 위해서 시적 시공간을 장악한 자아의 의지를 축소시켜, 존재 그 자체의 현상을 될 수 있는 한 있는 그대로 드러내려는 시도이다. 비록 이와 같은 시도가 끝내 실패할 수밖에 없음을 시인 스스로가 알고 있다 하더라도, 독자는 시인이 추구하는 그 진정성에 미적 의의를 부여할 수 있다.

셋째, 가장(假裝)하기. 현실의 존재를 가져와 편집한 존재를 시적 시공간에 부려놓으면서도, 현실과 시적 시공간이 분리되어 있음을 시인 스스로가 시인(是認)함으로써, 편집된 존재가 가장된 존재임을 폭로하는 방식이다. 존재는 자아의 의지에 왜곡되었지만, 시인은 왜곡된 그 양태 자체를 제시함으로써 시적 진정성을 담아내는 근거로 삼는다. 독자는 시적 시공간에서 만나게 되는 왜곡된 존재를 통해, 그 존재의 현실태를 역으로 추출할 수 있다.

넷째, 가상(假想)하기. 현실을 가져와 편집한 시적 시공간, 이를 또다시 편집함으로써 메타적인 시적 시공간이 드러나는 방식이다. 이 공간은 현실과 절연된 놀이 공간으로 주로 현시되며, 놀이로서의 시가 지닌 '재미'를 발견하고, 복권한다. 이 시편들에는 자아의 가상화된 캐릭터들과 그 캐릭터들의 의지로 구성된 사물들이 규칙 있는 놀이를 벌인다. 시적 시공간에 현시되는 사물들이 따르는 규칙은 현실과 아무런 관계가 없다. 가상의 시공간으로서의 시적 시공간은 독자가 이미 가상임을 알고 있기 때문에 이를 현실과의 관계로 치환하여 심각하게 사유하지도 않는다.

*

서정이 자아와 세계의 동일성으로 합의되기 시작했을 때, 역설적으로 서정이 내재하고 있었던 근대적 기획은 끝나고 있었다. 이제 서정은 자아, 세계, 동일성을 스스로 의심하면서 또 다른 합의를 향해 나아가고 있다. 자아를 축소하고, 현시의 불가능성을 현시하며, 현실 세계와 절연된 또 다른 시공간을 제시하는 모든 시적 기획들은 근대 기획에 대한 의심과 질문하기로부터 이제 막 대답할 준비를 마쳤을 뿐이다. 근대 이후를 돌파하고자 하는 서정 이후의 서정은 겨우 첫 이정표를 꽂고 독자에게 그 길의 방향을 제시하고 있다. 근대문학이 끝난 자리는 '종언'이 아니라 '기원'임을 지금, 우리의 서정시들은 말하고 있다.

타자성의 정초, 미래파의 미래로 나아가기

1. 미래파라는 '꼰대'

2000년대 초반에 한국시단에서 무성하게 일어났던 미래파 논의는 어느 정도 일단락되고 있는 듯 보인다. 장강의 뒷강물이 앞강물을 밀어내듯, 영향력 있는 문학잡지들에서는 미래파 이후의 세대에 주목하는 양상을 보여주고 있으며[1], 그에 따라 새로운 세대를 예감하는 시적 경향을 서둘러 진단하고 있다. 물론 2005년 권혁웅이 신서정과 일별되는 새로운 시적 경향을 가리켜 '미래파'라 명명했을 때만큼의 선언적인 기풍은 없지만,[2] 이와 같은 논의들은 기존의 시적 경향이 가지지 못했거나 채 완수하지 못했던 '시적인 것'에 대한 발견과 구현을 통해 기존의 시적 경향으로부터 구별되는 '새로운' 서정의 명명을 가능하게 하려 한다. 하지만 여기에

---

[1] 2011년 여름과 가을에 발간된 문학 잡지들에서 미래파와 그 이후의 시적 경향에 대한 논의만 찾아보더라도 이찬(「'미래파'와 '정치시' 그 이후, 우리 시대 시의 아포리아 -이제니와 황성희의 시를 중심으로」, ≪실천문학≫ 2011년 여름호), 고봉준(「자아의 서정시와 그 이후」, ≪시와시학≫ 2011년 가을호), 함돈균(「최소the minimum-인간: 모멘트moment'의 탄생」, ≪문학과사회≫ 2011년 가을호), 강동호(「고통의 축제 -전망도 회고도 아닌 삶」, ≪문학과사회≫ 2011년 가을호), 강계숙·김승일·박성준·유희경·이우성·이이체의 대담 (「기획좌담 젊은 시인들에게 묻다」, ≪문학과사회≫ 2011년 여름호) 등을 확인할 수 있다.

[2] 권혁웅, 「미래파-2005년, 젊은 시인들」, ≪문예중앙≫ 2005년 봄호, 79쪽.

는 대상만 달라졌을 뿐 새로움에 대한 추종과 그에 대한 담론 생산 기반의 마련이라는 측면에서는 달라진 것이 없어 보인다. 이 논의들은, 이제는 더 이상 새롭지 않은 하나의 경향이 된 '미래파'라 불리던 세대들은 마치 미스코리아 대회의 대관식처럼, 그 화려한 권좌에서 내려와 자신의 왕관을 후대의 새로운 경향을 보여주는 시인에게 물려주어야 할 때가 되었음을 조심스럽게 진단내리고 있는 것처럼 보인다. '미래파'는 기존의 서정을 전복하는 것으로 자신들의 시적 기원과 주체성을 내세웠지만, 그들의 시 역시도 이제는 '꼰대'가 되어 전복의 대상이 되어버리고 있는 것이다.

　미래파에 대한 많은 논의들이 있었지만, 결국 잡히지 않는 그 '누빔점'의 언어는 개개의 시인, 개개의 시편들을 소급하고 수렴함으로써 제시된 것이다. 다시 말해, 선언적 당파성을 띠는 '미래파'라는 명명에는 선택과 배제의 논리가 근본적으로 작동하고 있었으며, 최근 미래파 이후의 논의 또한 이와 같은 논리에서 자유롭지 못하다. 물론 그 논리 자체가 부당한 것은 아니다. 시가 우리 시대를 증언하는 첨단의 감성으로 무장할 때, 그것은 우리 시대의 문제를 문제적으로 드러내며, 그 문제를 포착하는 비평적 감성이 함께 함으로써 그 전모가 온전히 확인될 수 있기 때문이다. 그런 점에서 미래파라는 명명은 시적인 고유성과 비평적 종합이 함께 결합된, 첨단의 문제를 첨예하게 제시한 편리성을 가졌던 것이었다고 말할 수 있다.

　하지만 수많은 시인과 시편들에 대한 선택과 배제라는 과정에 앞선 근본적인 질문, 우리 시대의 문제를 드러내는 시는 무엇인가라는 질문에 대해 답변으로 제출된 '미래파'라는 대답은 비평적 대상 또는 도구로서는 편리하고 유용했을지는 모르나, 시의 차등(差等)을 알게 모르게 내포했다는 점에서 그리 생산적이지만은 않았다. 기존 서정에 대한 전복을 읽으려는 비평적 욕망은 현재진행형인 시편들을 압살했고, 미래를 선점하는 비평적 기획들을 노정함으로써 현재적 성찰과 그 발현의 중요성을 묵과해버렸던 것이다.3) 인과와 필연으로서의 시사(詩史)를 쓰려는 이와 같은 비평적 욕망이 가진 더 중요한 문제는, 미래파에 대해 아직 이름 붙여지지 않은 새로운 서정의 전복적 탄생을 말하려는 시도들에서도 여전히 반복되고 있다는 데 있다.

주지하다시피, 미래파는 기존의 감각 대신에 새로운 감각과 일신된 미학적 방법론으로 우리 시단에 충격을 주었다. 하지만 그것은 시 자체의 새로움도 있지만 비평적 욕망이 낳은 새로움이기도 하다. 달리 말하면, 이는 2000년대 이후의 한국 시사(詩史) 쓰기를 선점하고자 하는 욕망에 의해, 선택과 배제를 통한 특정한 언어, 감성, 문체, 미학, 양식의 전면화이기도 한 것이다. 그렇게 부각된 미래파는 의식적인 권위의 하나로 문단에 대두되었으며, 그들의 시편은 한국 문단을 좌우하는 시적 경향으로 부각되었다. 그 중 '황병승'은 하나의 '현상'4)이라 할만큼 미래파의 대표 주자로서의 입지를 걸머쥐었다. 그런데 미래파 논의는 '황병승'을 도구화함으로써 부각했지만, 동시에 그는 다시금 전복의 대상으로 도구화되고 있다. "상당수의 비평가들은 황병승의 시에서 비판과 전복을 발견하는 것이 아니라 새것 컴플렉스에 경도된 지적 유희와 허위성을 마주하게"5) 될 것이라는 우려가 그 대상만 달리하면서 반복될 가능성이 노정되고

---

3) 이를테면 고봉준의 다음과 같은 비판이 그 예가 될 것이다. "실상 미래파 논쟁의 문제점은, 그 논쟁이 생산적인 담론을 이끌어 내지 못한 것이 아니라 풍요로운 담론의 잔치를 통해서 '미래파'에 포함되지 않은/못한 다수의 시인들을 비평적 논의의 장에서 비가시적인 존재로 만들어 버렸다는 데 있다. 이것은 '2000년대 시인'이라는 규정이 일종의 환칭이라는 것을 의미한다."(고봉준, 앞의 글, 138쪽)
4) 하상일, 「황병승 현상과 미래파의 미래」, ≪오늘의문예비평≫ 2007년 봄호, 81-89쪽.
5) 위의 글, 90쪽.

있는 것이다. 황병승은 비평적 욕망의 수혜자이자 동시에 피해자이며, 그의 시적 성과와 상관없는 무성한 논의의 중심축으로 가동되고 있는 것이다.

2. '황병승'이라는 '미래파'스러움

그렇다면 황병승에게, 나아가 미래파에게 필요한 것은 스스로의 미래를 열어가려는 미래파스러운 태도이다. 그들이 원했든 원하지 않았든 자신들에게 부여된 비평적 수혜, 입지, 권위로부터 스스로 탈각하면서 자신의 시적 미래를 열어가야 한다. 문제는 황병승의 시가 자신에게 부여되었던 미래파적인 스타일로부터 탈피해가고 있는가라는 점이다.

세련의 핵심/ 이봐 아가씨 삼촌은 말한다 세련을 알고 있니 *몰라요* 이 세상에 세련을 알고 있는 사람은 아무도 없단다 우리는 세련을 생각하기 마련이지 특히 공포의 순간에 너는 세련된 사람이 되어야 한다 네가 지금 하고 있는 행동이 누가 봐도 세련된 것인지 누군가 너의 세련을 의심하고 있는 것은 아닌지 너의 서툰 모습을 얼마나 완벽하게 감출 수 있는지 그러한 기술을 가진 사람이 되어야 한다 물론 네가 지금 하고 있는 숙제도 너에게 세련을 알게 해주지는 못해 차라리 학교에 가서 세련되게 매를 맞아라 그것이 낡아빠진 작문 숙제일 경우에는 더더욱, 이라고 말하는 삼촌의 모습은 너무나도 세련된 것이어서 오늘은 조금도 세련되어 보이지 않는다 세련을 말하는 삼촌이 말이다 이것이 세련의 핵심쯤 되는가 보다
―「트랙과 들판의 별」 부분6)

2007년 발간된 시집 『트랙과 들판의 별』(문학과지성사)의 표제작이기

---

6) 황병승, 「트랙과 들판의 별」, 『트랙과 들판의 별』, 문학과지성사, 2007, 89쪽.

도 한 이 시는 황병승의 황병승스러움, 나아가 황병승으로 대표되는 미래파적인 시의 한 단면을 잘 드러내고 있다. 위 시에서 "삼촌"과 '나'(="아가씨") 사이에 이루어지는 대화는 전혀 소통이 되지 못하고 있다. "삼촌"은 "세련"에 대해 말하지만, 화자는 그와 같은 "삼촌의 모습은 너무나도 세련된 것이어서 오늘은 조금도 세련되어 보이지 않는다"고 생각한다. 삐딱하게 뉘어진 화자의 발화, "*몰라요*"는 "삼촌"과 '나' 사이의 대화불가능성을 드러낸다. 일방적인 말하기, 삐딱한 대화가 위 시에 재현되고 있다. 더욱이 "삼촌"이 말하는 "세련"이라는 것도 "세련을 알고 있는 사람은 아무도 없"다는 전제 하에 이루어지고 있고, 그가 늘어놓는 "세련"됨이 결국 "너의 서툰 모습을 얼마나 완벽하게 감출 수 있는지 그러한 기술을 가진 사람이 돼"는 것이기에, 이 시는 소통되지 않음, 파편화되고 단자화된 군상에 대한 직접적인 재현에 가까워 보인다.

　이와 같은 소통 불가능성은 작자-독자의 이분법적인 소통 불가능성을 말하는 것과는 관계가 없다. 이 시는 소통의 대전제가 되는 주체와 타자의 1:1 대응 양식의 불가능성을 말하고 있고, 주체를 주체로 부를 수 없는, 해체된 주체의 양상, 고정적이고 단일한 메타적 주체가 없음을 환기하는 데 초점을 두고 있다. 따라서 이와 같이 해체된 주체는 세계와 삶에 대한 종합적이고 일관된 체험 대신 일회적이고 파편화된 체험만을 외화할 뿐이다. 시편에 새겨진 각각의 문장, 단락, 구절마다 주어는 잠시 나타났다 사라지며, 시편 전체를 관통하는 통일된 시점은 존재하지 않는다. 때문에 "삼촌"과 '나'의 대화는 그 둘 간의 매끈하게 정리되는 소통 형식으로 나타날 수 없다. 미래파, 또는 황병승이 보여준 큰 공로 중 하나는 서정적 화자의 단일성, 고유성, 순수성을 의심했고, 파괴했으며, 이를 적나라하게 제시했다는 데 있다.

그렇기 때문에 그의 시는 서정적 화자와 세계라는 이중적 관계 속에서 화해하고, 길항하며, 교호하는 시적 언술에만 익숙한 독자에게는 쉽사리 읽혀지지 않으며, 또 다른 의미에서 소통불가능성이라는 낙인을 받기도 했던 것이다. 하지만 그의 시가 보여준 주체의 해체와 실재에의 접근이라는 경향은 분명 한국 시단의 문제적 현상으로서 주목할 만한 충분한 값어치를 갖고 있었으며, 소통불가능성이라는 비판에도 불구하고, 90년대 말 유행한 서정시의 경향이 미처 행하지 못했던, 행할 수 없었던 낯설면서도 환영할만한 미학적 풍경이 될 수 있었던 것이다. 2000년대 이후 한국시는 비로소 동일화자의 단일독백이라는 서정의 제시 형식만으로는 다룰 수 없는 다양한 목소리들의 공존을 감각해내었고, 그와 같은 새로운 감각의 출현은 황병승을 비롯한 미래파를 통해 구현되었던 것이다.

> 어린 왕이 말했다// "밤이 되어도 내 곁을 지켜준다면, 너를 나의 왕비로 삼을 텐데……"// 시녀가 말했다// "제게서 내려오세요"// 어린 왕이 말했다// "이것 봐, 이 거대한 성에는 누가 살고 있어? 수천 명의 시녀들과 나를〈끌어내려야〉직성이 풀리는 수백 명의 신하들이 살고 있지 너는 겁먹은 게 틀림없어 하지만 너는 어린애가 아니야 약간 피가 나는거지"// 시녀가 말했다// "제게서 내려오세요"// 어린 왕이 말했다// "나는 절대로 내려가지 않아, 나는 여기서 영원히 살 거야!"//*// 검은 유니폼을 입은 간호사 꿈을 꾸었다 그녀는 내 책을 들고 있었고 내 이마에 얼음주머니를 올려놓으며 내가 너무 어리다고 말했다 어리고 과장되고 확신을 뒤집는 시기여서 나를 떠날 수밖에 없다고…… 그녀는 침대 시트를 대충 정리한 뒤에 병실을 서둘러 나갔다 얼음주머니에 맺혀있던 찬물이 콧등을 타고 내려와 콧물처럼 흘렀다//*// 병 속의 좀길앞잡이, 갑자기 이런 구절
>
> ―「병 속의 좀길앞잡이」 전문[7]

2011년 ≪한국문학≫ 봄호에 실린 위 시는 앞선 시와 마찬가지로 대화

---

[7] 황병승,「병 속의 좀길앞잡이」, ≪한국문학≫ 2011년 봄호, 144-145쪽.

의 양상을 보여준다는 공통점이 있다. "어린 왕"과 "시녀"의 직접 화법, "간호사"와 "나"의 간접 화법이 그것이다. 이 시에서 "어린 왕"과 "나"는 '어림(幼)', '무력함', '겁먹음'이라는 공통적 성질을 갖고 있고, "시녀"와 "간호사"는 "어린 왕"과 "나"의 대화 상대로 설정되어 있다. 그런데 "어린 왕"은 "시녀"에게 일방적으로 자신의 생각을 말하고 나아가 "피가 나"도록 폭력을 행사하는 능동적인 존재라면, "나"는 "간호사"의 말을 듣기만 할 뿐이고 일방적인 보살핌을 받아야만 하는 수동적인 존재로 나타나고 있다. 다시 말해, "어린 왕"과 "나"는 분신과도 같은 존재이면서도 각각 능동성과 수동성을 띠는 존재로 나타나고 있고, 대화 상대인 "시녀"와 "간호사" 역시 그와 같은 속성을 갖고 있는 존재로 형상화되고 있다. 그러나 "어린 왕"과 "시녀"의 대화, "간호사"와 "나"의 대화는 모두 소통되지 않는, 꽉 막힌 대화라는 점에서 공통점을 갖고 있다. "어린 왕"– "나" – '주체'는 "시녀"– "간호사" – '타자'와의 말 건넴과 대답이라는 소통의 방식을 취하고 있지만, 그들의 대화는 떼를 쓰는 것이거나("나는 절대로 내려가지 않아, 나는 여기서 영원히 살 거야!") 일방적인 폭력성을 노출하거나 쉽사리 규정내리거나 아예 대화 상황으로부터 떠나버리는("그녀는 침대 시트를 대충 정리한 뒤에 병실을 서둘러 나갔다") 것에 불과하다. 그렇기 때문에 이 시는 주체와 타자 간의 소통 불가능성, "갑자기" 떠오르는 "구절"처럼, "병 속의 좀길앞잡이"와 같은 상황 만으로 표현될 수 있을 뿐이다. "병 속"에 담긴 곤충("좀길앞잡이")이 제 길을 찾지 못하면서도, 그 이름은 아이러니컬하게 "좀길앞잡이"이듯, '대화'라는 타자와의 소통 수단은 되레 소통 불가능성을 증명해버리는 상황만을 연출할 뿐이다. 그러므로 타자와의 소통이란 불가능한 환상, 그 이상도 그 이하도 아니다. 아니, 황병승은 이를 더욱 밀고 나아가 "꿈" 속에서조차 그와 같은 환상이 불가능하다고 말하고 있다. 그것은 주체, "어린 왕"과 "나"가 상사성(相似性)으로 연결되면서도, 동시에 그 둘 사이의 분열을 봉합하지 못하는 '어리고 무력하고 겁에 질려있는' 존재이기 때문이다.

여기서 우리는 주체의 분열을 극단적으로 밀고 가면서 타자와의 무력하고도 불가능한 소통을 제시하는 황병승 시의 시적 태도가 여전히 반복·변주되면서 나타나고 있음을 확인할 수가 있다. 기실, 주체의 해체와 그에 따른 소통의 불가능성을 드러내는 황병승의 시적 양태들은 현대인의 파편화 된 존재 양식에 대한 적확한 징후적 표현이라 할 수 있다. 기존의 서정이 내세운 세계와 자아 간의 화해를 요청하는 서정적 감동과 이에 대한 반성으로 나타난 화해불가능성을 대리하는 파토스적 감동을 넘어, 자아와 세계라는 이분법적 구조마저 해체하고 자아의 자의적인 규정, 세계의 암묵적인 합의마저 깨어버린 황병승의 실험들은 상징적 질서 바깥을 기웃거리는 '실재의 충동'에까지 이르고 있다는 점에서 시적 윤리의 한 방향을 제시했다고도 말할 수 있다. '지금-여기'를 살아내고 있는 감각에 대한 있는 그대로의 가역 반응, 그것을 새로운 감각의 도래라고 부르건, 뉴웨이브라 칭하건, 아니면 미래파라 선언하건 간에, 그 감각이 우리 시대의 미학-윤리의 한 발견인 것만은 분명하다.

하지만 '황병승스러움'의 유행은 그 감각에 허무의식을 덧입혀 '패션'화 하는 데 그치고 말았다. 그의 시가 보여주는 독특한 문장 구조와 배치, 명확하게 뜻을 헤아리기 어려운 고유명사들, 그로테스크한 이미지와 파편화된 서사, 낭만적이거나 허무적인 정조는 그의 시에 대한 인상비평적인 독법일 뿐이지만, 그와 같은 인상비평적인 독법이 새로움과 세련됨이라는, 혹은 권혁웅의 말마따나 '재미'라는 막연한 수사를 동반한 채 소비되었다.

3. 미래파와 유희성

　그러나 황병승은, 미래파는 이제, 더 이상 새롭지 않다. 이미 미래파적인 시, 그와 같은 표현과 감성은 한국 시단에 한 영토를 구축했을 뿐만 아니라, 다소 진부해지기까지 했다. 그것은 한국 시사를 선점하려는 비평적 욕망에서 촉발된 바가 크지만, 또한 미래파의 가장 미래파스러워야 할 특성, 기존 가치에 대한 근본적 회의와 질문이 미래파 스스로를 대상으로 삼고서는 던져지지 못하였던 것이 가장 근원적인 이유이다. 미래파는 지속적으로 스스로를 갱신하는 미래파일 때 '미래파'일 수 있으며, 특정한 언어, 표현, 기법 뿐 아니라 문단이 그들에게 쥐어준 시적 권위마저도 철저하게 무너뜨릴 때 자신들의 존재 기반과 의의를 획득할 수 있다.

　　　현실은 잘못되어 있다. 마땅히 뜯어 고쳐야 한다. 이 현실 개조의 욕망은
　　　시인과 혁명가가 공유하는 부분이다. 그러나 두 사람은 손을 잡지 못한다.
　　　혁명가는 제가 뜯어고친 새로운 현실을 지키기 위해 삼엄한 경비를 배치하지
　　　만 시인은 그러지 않는다. 뜯어고친 그 새로운 현실도 또 뜯어고쳐야 할 대상으
　　　로 보고 있는 것이 시인의 눈이기 때문이다. 혁명가와 시인이 갈라설 수밖에
　　　없는 결정적인 차이는 이것이다.[8]

　이형기의 위 어법을 빌려 말한다면, 황병승, 미래파는 늘 실패할 수밖에 없는 "시인"이 아니라 이미 성공한 "혁명가"의 위치에 서 있다. 현실 개조의 욕망을 갖고 이를 뜯어 고치는 데는 성공했지만, "제가 뜯어고친 새로운 현실을 지키기 위해 삼엄한 경비를 배치"하는, 혁명 이후의 혁명, 영구혁명을 꿈꾸지는 못하는 혁명가. 이형기는 또 다른 글에서 "시인은

---

8) 이형기, 「시를 위한 아포리즘―불꽃 속의 싸락눈」, 『절벽』, 문학세계사, 1998, 111쪽.

영구혁명주의자다. 영구혁명주의자는 물론 제가 이룩한 혁명을 뒤엎고 또 새로운 혁명을 꿈꾼다. 제 자신을 끊임없이 뒤엎기 위한 그 혁명의 다른 이름은 허무를 향한 정열"9)이라 주장한 바 있다. 시인은 자기가 구축해 놓은 상상의 집 안에 머무는 존재가 아니라 끊임없이 만들고 부수는 존재라는 것이다. 그것이 비록 아무런 이득이 되지 않는 허무한 행위에 불과하다할 지라도, 그 허무가 시인의 실존이자 창작의 근본적인 힘이 된다는 것이다.

황병승, 혹은 미래파들의 시를 가리켜 재미있다거나 즐겁다10)는 평가가 가능한 것은 그들의 시에 나타난 유희적 특성에서 기인하는 바가 크다는 사실을 알려준다. 신형철이 황병승의 시를 가리키며, "확실히 황병승의 시에는 황병승이 없다. 그는 그 자신의 주치의가 되기도 하며, 뒤통수와 항문이 되기도 하고, 자궁 달린 남자, 도마뱀… 등등이 되기도 한다. 고유명을 부여 받아 캐릭터화된 존재들도 산발적으로 출현한다. 이 캐릭터들을 통어하는 중심은 없다."11)고 했을 때, 그것은 황병승 시의 유희성(역할분담놀이)을 지적한 말이다.

흔히, 미래파 시에 대한 비판을 가할 때, 그들의 시편에서 나타나는 유희적 특성을 경박한 것으로 치부하는 경향이 있다. 하지만 그들 시에 나타나는 표면적인 경박함은 시에 대한, 서정에 대한 합의된 감각을 뚫고 나오는 잉여의 감각이 외화된 것이다. 이를테면, 우리는 문학 관련 텔레비전 프로그램이나 인터넷 매체들에서 배경음악으로 깔리는 클래식 음악

---

9) 위의 책, 108쪽.
10) 강계숙·김승일·박성준·유희경·이우성·이이체의 대담 중에 김승일은 미래파와의 연관관계를 묻는 질문에 다음과 같이 답했다. "미래파 시인들이 쓴 시들은 내가 쓰고 싶었던 바로 그 '시'였다. 그래서 즐겁게 독서했다."(강계숙·김승일·박성준·유희경·이우성·이이체의 대담, 앞의 글, 287쪽)
11) 신형철,「문제는 서정이 아니다」,『몰락의 에티카』, 문학동네, 2008, 191쪽.

을 클리쉐처럼 듣게 된다. 거기에는 문학이란 고상하고 아름다우며 교양을 갖춘 무엇이라는 인식이 전제되어 있다. 그러나 문학이 과연 그와 같기만 한가? 소설 속 갈등이 최고조에 이를 때, 시적 화자가 파토스의 고통을 거친 리듬으로 토해낼 때, 문학은 되레 록이나 헤비메탈을 닮아있다. 문학의 고상함은 하나의 사유-이미지로 매우 작은 영역 안에서만 형식과 내용의 일치를 지지할 뿐, 우리 삶의 비루한, 천박한, 경박한 양태들을 포괄해내지 못한다.

서정이 클래식이라면, 미래파적인 시편들은 록이나 헤비메탈에 가깝다. 우리가 기대하는 시가 꼭 클래식일 필요가 없다면, 록과 같은, 헤비메탈 같은, 나아가 아이돌들의 기계음 가득한 시편들이 존재하지 않아야 할 이유는 없다. 황병승스러운, 미래파적인 시편들은 클래식 같은 서정으로부터의 반역이자 다른 음 들려주기의 실천적 행위이다.

유희적 특성과 그에 따른 경박함을 '승화'되어야 하는 것으로 간주하는 것은 문학을 상징적 질서 아래 복속시키고자 하는 무의식적 억압 기제는 아닐까? 황병승에게서 우리는 상징적 질서를 뚫고 파국을 향해 가는 리비도의 흐름을 만난다. 아무 것도 생산하지 않고, 생산에 대한 강박조차 없는 황병승스러운 언어들은 실재를 향한 충동을 보여준다. 확실히, 가닿을 수는 없지만 '있음'을 감각하게 하는 그들의 언어는 그런 점에서 '재미'가 있다.

4. 타자 없는 유희에서 타자에 의한 유희로

황병승 뿐만이 아니라, 미래파라 불리는 시인들은 공통적으로 유희성을 자신의 시적 기반으로 두고 있다. 그런데 또 하나의 공통점은 그들의 유희가 상상적 자유의 공간으로서 유희를 사유하고 있다는 점이다. 문제는 그들이 상상하는 이 공간, 유희의 세계에 타자가 없다는 사실이다. 그들의 유희는 오직 자기 자신만을 지시하는 데 바쳐져 있다. 황병승이 "우리에겐 우리들만의 승리가 있다"[12]고 할 때 '우리'는 분열되고 소수화된 주체들을 가리키는 것처럼 보이지만, 그 발화는 시적 화자라는 단일 주체의 유일한 발화임을 선포하는 상징적 의의를 갖는다. 왜냐하면 이 발화에는 유희의 절연성, 그러니까 현실의 질서체계가 무화되고 유희세계의 질서체계만이 가동되는 시·공간의 완전한 단절과, 현실과의 상호교섭 없이도 유희가 지속될 수 있는 유일한 근거인 화자의 진술만이 유희행위(=시쓰기)가 행해질 수 있는 필요충분조건이라는 사실이 내포되어 있기 때문이다.

미래파에게 흔히 가하는 비판, '소통의 부재'는 일반적으로 통용되는 작가-텍스트-독자라는 구조 하에서, '메시지'가 독자에게 가 닿지 못하는 상황을 의미한다. 독자에게 아무런 메시지도 전달되지 않는 시편이 무슨 의미가 있는가라는 비판이다. 이에 대해 시인들은 메시지가 없는 것이 아니라며 시적인 진정성을 이해하지 못하는 비평가들의 불성실함을 비판한다.[13] 그러나 '소통의 부재'가 일반적인 의사소통모델이 아니라

---

12) 황병승, 「트랙과 들판의 별」, 앞의 시집, 97쪽.
13) 강계숙·김승일·박성준·유희경·이우성·이이체의 대담 중에 이우성은 '소통불가능성'과 '난해성'을 최근 시의 문제점으로 지적하는 것에 대한 자신의 생각을 말해달라는 질문에 다음과 같이 답했다. "데뷔하고 가장 많이 들은 얘기가 '소통불가하다'는 거였다. 나는 나한테 그 말을 한 사람을 많이 한심하게 본다. 그것도 못 읽어내면서 왜 평론을 쓰나? 그게 직무유기일 수 있다는 생각은 왜 안 하나? 소통이 불가능하다면서 왜 그 세부에 대해 말하지 않나? 왜 소통이 불가한지, 그런 시가 어떻게 나왔을지에 대해선 왜 언급이 없냐는 것이다."(강계숙·김승일·박성준·유희경·이우성·이이체의 대담, 앞의 글, 291쪽) 필자는 이우성 뿐만 아니라 미래파, 혹은 그와 연관된 시인들, 미래파적 감수성을 옹호하는 비평가들이 대체로 이와 비슷한 반응을 보인다고 생각한다. 김언 또한 '난해시'라는 평가에

현실세계-유희세계의 단절관계를 전제한다면, 이와 같은 소통 부재 비판은 여전히 유효할 수 있는 것 같기도 하다.

하지만 유희적 특성으로서 미래파들의 시를 지적할 때, 현실세계와 유희세계 간의 절연과 단절은 본질적이다. 달리 말해, 미래파들의 시에서 소통의 부재는 되레 '시-유희'의 형식과 내용의 일치를 내포한다. 일반적인 서정이 시 바깥의 대상(현실세계)을 시 내부의 세계(시세계, 미래파적으로 말한다면 '유희세계')로 도입함으로써 현실과 시, 현실과 유희세계 간의 접점을 만들어내지만, 미래파적인 시편들은 현실세계와 시세계 사이에 이러한 접점을 생산하는 데 별다른 관심이 없다. 그들은 오직 유희세계 안에서 현실세계와 다른 규칙들을 가동하는 데 관심을 두고 있으며, 그런 점에서 소통 불가능성이라는 그들 시편에 대한 비판은 그들 시편을 일반적인 서정과 똑같이 읽으려는 욕망이 외화된 것에 불과하다. 그들 시편에서 흔히 불거지는 허무적 세계 인식과 그 감수성은 유희세계에서 뛰어노는 캐릭터들이 가질 수밖에 없는 필연적인 감성적 결로(結露)이다. 아무런 잉여가치도 생산하지 않고 완성할 수 없는 유희의 세계는 오직 과정으로서 유희 그 자체를 가동시킬 때에만 의의를 가질 뿐이다. 때문에 소통불가능-유희-허무의식은 미래파적인 시편들에 대한 인상비평적인 독법이나 그들 시편에 대한 일반화된 속성만을 지적하는 데 그치는 것이 아니라, 한 편의 시에서 서로 다른 캐릭터('주체')들이 뛰어노는 것과 형식

대해 다음과 같이 말한 바 있다. "몇 번을 읽고서도 잘 모르겠는 시가 등장했을 때 너무나 쉽게 동원되는 용어가 바로 난해시입니다. 난해시 한마디면 많은 문제가 덮어지니까요(해결이 아니라 덮어지는 겁니다). 이 시는 왜 나와 맞지 않는 걸까? 역으로, 나는 왜 이 시와 맞지 않는 걸까? 나의 감식안으로 파악이 안 되는 이 시가 어떻게 시가 될 수 있었는가? 몇 번을 읽어도 와 닿지 않는 이상한 시편들에 대해 모처럼 진지한 질문을 던질 수 있는 기회로 승화시켜나가지 않고 손쉽게 털어내 버리는 태도에서 발견되는 용어가 바로 난해시입니다. 난해시라는 용어를 들먹이기 이전에 좀 더 고심해볼 문제들이 쌓여 있는데도 그걸 덮어버리는 한 방식으로 난해시가 동원되는 것이지요."(김언·손남훈, 「'김언'이라는 시론을 듣다」, ≪오늘의문예비평≫ 편, 『불가능한 대화들』, 산지니, 2011, 148쪽)

-내용의 정확한 일치점을 마련해준다.

　그러나 유희세계 안에서 캐릭터들의 역할 분담은 자족적으로 행해지는 데 그칠 뿐, 세계 바깥, 현실과의 조우를 경험하지 않는다는 점에서 미래파의 시가 갖는 유희적 특성은 분명한 한계를 갖는다. 일반적인 서정에서 발화자는 유일 발화자이지만, 그 발화자가 참조하는 목록은 현실 세계와 길항하면서 작성된다. 이에 비해 미래파 시에서 발화자는 다수 발화자이지만 그들 발화자=역할행위자들은 현실을 참조하기보다는 스스로 세워 놓은 유희의 규칙들을 참조한다. 범박하게 말해, 서정이 '은유'라는 강력한 동일성의 언어로 대상을 시 안으로 편입시키려 한다면, 미래파의 시들은 '환유'를 통해 유희세계의 지속 가능성을 탐구한다.

　비록 유희의 세계가 현실 세계와의 완전한 절연 가운데서 생성되는 또 다른 규칙의 실현에 의해 자족적으로 구성되는 것이기는 하지만, 유희는 동시에 현실세계를 참조하면서 규칙을 만들어가는 세계이기도 하다. 이 때 유희세계 안에서 작동하는 규칙은 유희행위자들에 의해 지속되는 것이면서도 그들에 의해 창조·갱신·삭제되는 것이기도 하다. 그런데 미래파의 시에서는 흔히 유희행위자의 복수성을 인정하면서도, 이와 같은 규칙의 변경 가능성에 대해서는 주목하고 있지 않다. 그것은 유희세계로 뛰어드는, 함께 규칙을 만들고 공표하며, 행하는 타자의 도입에 그들이 거의 관심이 없다는 사실에서 확인된다. 그들의 언어는 지금껏 "우리들만의 승리"를 외치는 언어, 외부를 상정하지 않은 유희공동체의 결속과 재확인만을 거듭 강조하는 것에 그치고 있기 때문이다.

　유희의 규칙은 절대적인 것도 변경 불가능한 것도 아니다. 하지만 유희의 규칙은 유희행위자들의 지속적인 참여와 새로운 규칙 제시에 의해서만 변경 가능하며, 그와 같은 변경에 의해 새로운 시적 질서의 수립과 변혁이 이루어질 수 있다. 미래파가 기존 가치에 대한 혁신과 새로운 질서의 창출을 자기 존립의 시사적 근거로 내세우고 있다고 전제한다면, 타자의, 새로운 유희행위자들의 시적 도입은 단순히 윤리적 태도만이 아니라, 미래파의 미래파스러움을 자기 증명하는 과정이기도 하다.

 기존의 시적 체계가 수립되어 있는 상황에서, 그 체계 안으로 뛰어드는 타자의 가능성을 믿고, 그 타자에게서 촉발되는 또 다른 시적 체계의 출현을 목도하는 것은 그 자체로 하나의 '사건'이다. 그것이 '사건'인 것은 그렇게 출현한 또 다른 시적 체계가 기존의 시적 체계와 구별되면서도, 그 출현의 양상 자체를 매끈한 인과 관계나 매개에 의한 정초로 볼 수 있는 근거를 가지지 못하기 때문이다. 미래파는 기실 그렇게 출현했다. 이를테면 그들의 시는 하위 주체들을 전면화하면서도, 그 주체들의 자기 목소리를 파편화된 언어들로 돌려주었다. 그러나 그와 같은 사건이 그 사건에 따라 세워진 규칙의 정당성을 자기 규칙 체제 하에서만 규정되는 동어반복을 시작할 때, 그 역시 또 다른 형태의 억압, 기존의 규칙으로 환원되고 만다. 그렇다면 미래파에게는 그와 같은 '자기 망명', 기존의 질서가 되어버린 자기 자신의 위치로부터 벗어나려는 태도가 요구된다. 그것은 유희적 충동과 허무의 열정을 끝까지 밀고 나아가 타자의 타자성을 승인하는 데서부터 출발해야 할 것임은 두 말할 나위가 없다.

근대 문학 이후를 탐색하는 모더니스트
―황종연론

1. '단독성'의 문학이라는 '착각'

    글머리에서 나는 철학적 담론에는 '이 나'가 빠져 있다고 느꼈다고 말했다. 덧붙여 말하자면 나는 문학에는 그것이 존재할 수 있다는 착각을 오랫동안 품고 있었다.(강조-인용자) 문학은 '이 나'나 '이 사물'을 고집하고 있지 않은가 라고 말이다. 그러나 문학이 '이 나'나 '이 사물'을 지향하게 된 것은 겨우 근대 소설부터로 문학의 본성과는 무관하다. 그리고 근대 소설에서도 근대 철학에서 일어난 것과 똑같은 일이 일어났다. 근대 철학은 알레고리처럼 일반 개념을 앞세우는 대신 개별적인 사물을 파악하려 한다. 그러나 근대 철학은 결코 단독성으로서 개별적인 사물을 향하고 있지 않다. 반대로 근대 철학은 언제나 단독성을 특수성으로 바꾸려 했다. 바꾸어 말해 특수한 것(개별적인 사물)을 통해 일반적인 것을 상징하려 한다. 근대 소설이란 벤야민이 말했듯이 이러한 상징 장치이다. 예컨대 우리는 어떤 소설을 읽으며 바로 '내 자신의 일이 씌어 있는' 것처럼 공감한다. 하지만 이러한 자신 = 나는 '이 나'가 아니다.[1]

    가라타니 고진은 『탐구2』의 앞머리에서, 일반적으로는 거의 같은 개념으로 취급되었던 "단독성"과 "특수성"이라는 용어를 엄밀히 구분해야 한다고 주장한다. 그에 따르면, 단독성은 동일성이나 일반성으로 해소될 수 없고 단독적인 그 일회성 자체를 긍정하는 것인데 반해, 특수성은

---

1) 가라타니 고진, 권기돈 역, 「단독성과 특수성」, 『탐구2』, 새물결, 1998, 19쪽.

일반성 또는 집합에 귀속될 수 있는 보편성이나 원리의 특수한 발현을 말한다. 그런데 위의 인용에서 알 수 있는 바와 같이, "철학적 담론"에는 "이 나"(단독성)가 빠져 있다는 데에서 문제가 시작된다. 고진에 따르면, 철학은 지금껏 단독성을 특수성으로 치환하고 이를 보편적인 것으로 간주하려는 욕망에서 자유롭지 못했다는 것이다. 이에 비해 문학은 철학이 수행하지 못했던 단독성을 사유하는 결집들이며, '일반적인 나'가 아닌 '이 나'를 긍정할 수 있는 글쓰기일지도 모른다는 생각을 했다는 것이다. 하지만 결론적으로 말해서, 고진의 이러한 생각은 스스로 말하고 있는 것처럼 "착각"에 지나지 않는다. 문학 역시 단독성을 말하고 있는 것처럼 보이지만 그것 역시 타인과의 공감을 이끌어내기 위한 특수성 지향의 언어에 다름 아니기 때문이다.

이처럼 문학에 대한 그의 관점 내지는 가치기준이 정녕 "착각"에 지나지 않는 것이었다고 한다면, 그는 이제 문학이라는 "착각"에서 벗어나 '진실', 다시 말해 단독성을 탐구할 수 있는 방향을 모색해야 한다. 이제 그에게 문학을 한다는 것은 '죽은 아이 고추만지기' 그 이상이 될 수는 없기 때문이다. 하지만 고진이 말하는 문학에 대한 "착각"은 단순히 개인적인 신념이나 특정 학자가 선행해야 할 과제를 제시하는 것으로 끝나지 않았다는 데서 문학의 자리를 떠나버린 그를 여전히 문학판에 호출해야 하는 이유가 제공됐다. 왜냐하면 그는 저 선정적이기까지 해 보이는 '문학의 종언 선언'의 장본인이기 때문이다.

> 소설은 '공감'의 공동체, 즉 상상의 공동체인 네이션의 기반이 됩니다. 소설이 지식인과 대중 또는 다양한 사회적 계층을 '공감'을 통해 하나로 만들어 네이션을 형성하는 것입니다.[2]

---

2) 가라타니 고진, 조영일 역, 「근대문학의 종언」, 『근대문학의 종언』, 도서출판b,

잘 알려진 바와 같이, 고진이 말하는 문학은 근대문학이며, 이는 근대소설로 등치된다. 그런데 위의 인용에서 말하고 있는 것처럼, 그가 말하는 소설은 어떤 단독성으로 사유할 수 있는 근거를 가진 것이 아니라 '공감'을 통해 공동체(네이션)를 형성하는 원리로 작동하는 것, 다시 말해 일반성 속에 속해 있는 특수성의 발현이다. 고유명 내지는 단독성을 표출하는 형태가 아니라 특수성을 일반화하고 이를 다시 네이션으로 조직·구조화하는 것으로서 소설(더 정확히는 근대소설)의 이유는 존재해 왔으며, 소설의 그러한 기능이 더 이상 가능하지 않을 때, 근대문학 역시 끝난다는 것이다. 그렇다면 역으로 말할 때, 고진이 종언 선언 이전까지 가져왔던 문학에 대한 관심은 문학이 특수성 속에서도 단독성으로 존재할 수 있는 자질을 탐구하려 했던 것이라 할 수 있으며, 결론적으로 그것이 '착각'임을 시인하게 된 것과 무관하지 않다는 사실에서 '종언'을 말한 것이라고 할 수 있다. 그의 역작『일본 근대문학의 기원』의 상당 부분이 나쓰메 소세키에게 바쳐지고 있는 것은 그 한 예다. 그는 "근대소설이라는 관점에서 보면 그것은 근대 소설에 적응할 수 없었던, 또는 일부러 적응하려 하지 않았던 소세키의 적극적 의지를 의미한다. 그것은 근대문학 속에 존재하면서 그에 대해 이의를 제기하고 다른 가능성을 찾아내려 했던 것을 의미한다."[3]면서 나쓰메 소세키 문학의 존재 의의를 밝히고 탐구했다. 이 때 '다른 가능성'이란 곧 네이션 형성의 과정으로서 요구된 문학의 '복무' 의무를 거부한 소세키 문학의 단독성과 그의 '고립'이 갖고 있는 적극적인 의미의 탐색과 동의어일 것이다. '문학사'라는 거대 이데올로기에 설득력 있는 자기 목소리로 비판적 입지를 드러낸 가라타니 고진의 비평적 성과가 여기에 있음은 주지의 사실이다.

2006, 51쪽.
3) 가라타니 고진, 박유하 역, 『일본 근대문학의 기원』, 민음사, 1997, 227쪽.

하지만 고진의 종언 선언과 그에 앞선 '착각' 고백이, 근대 문학의 '특수성'이 결국 '독아론'의 함정에서 자유로울 수 없다는 것을 인정해야 한다는 논리로 귀결되어야 한다면, 그리고 그 '독아론'이 주체와 객체의 분열 내지는 이분법이나 타자에 대한 차이를 인정하지 못한다는 논리로 치달을 수밖에 없다면,4) 그것은 어쩌면 우리가 회피하고 싶었을지도 모를, 중차대한 문학의 한계를 목격하는 것이 된다. 문학이 근대사회 안에서 높은 지위를 누려왔으며 도덕적 과제를 짊어질 수 있었던 것이 근대에 대한 내부자적 시선에 의한, 근대 그 자체의 이데올로기 강화를 위해 문학이 복무했기 때문이라면, 문학이 그 복무의 자리를 내려놓을 때 그것은 "그저 오락"5)이 될 수밖에 없음은 당연한 논리적 귀결이 되기 때문이다.

그러나 이는 가라타니 고진이 지금껏 수행해 왔던 문학비평을 깡그리 오류로 만들어버리는 논리가 되는 것이기도 하다. 고진의 말마따나 자신의 문학에 대한 관점이 "착각"이었음을 고백하는 것은 자신의 문학비평 작업 역시 "착각"에서 비롯되었음을 말하는 것이 되어 버리기 때문이다. 기존의 문학사를 비판하려는 목적으로 씌어졌다고 밝힌 『일본 근대문학의 기원』뿐 아니라, 그 밖에 모든 형태의 문학을 화두로 한 글쓰기 작업이 근대문학에 대한 회의를 보여 준 작가들에게 바쳐지고 있다고 한다면(나쓰메 소세키론은 그 대표적인 작업일 것이다) 그러한 회의 자체를 무화시켜버리는 저 거대한 "착각"은 그저 가라타니 고진의 논의에 의존해 한국 근대문학의 지형도를 들여다보려 했던 한국 평론가나 지식인들에게만 곤혹스러운 것이 아니라 그러한 언급을 했던 고진 자신에 대한 곤혹스러움이기도 한 것이다.

---

4) 가라타니 고진, 『탐구2』, 21쪽.
5) 가라타니 고진, 『근대문학의 종언』, 59쪽.

때문에 황종연이 가라타니 고진의 '종언론'에 대해 깊은 회의감과 함께, '그럼에도 불구하고' 문학의 가능성을 믿고 가려는 생각을 개진한 것은 당연해 보인다.

> 그러나 근대문학이 언문일치제도를 조건으로 성립한 이후 그것을 계속 정통화하고 그 국민 이데올로기를 추인하거나 강화하는 역할만을 해왔다고 믿기는 어렵다. 근대문학의 어떤 작품은 읽기 여하에 따라 그 자체의 언문일치문체에 대한 불신, 비판, 해체를 수행하고 있는 것으로 드러날지도 모른다. …(중략)…
> 그렇게 문학은 그 제도화에 저항하는 요소를 포함한다는 사실을 통찰하고 있음에도 그(가라타니 고진 - 인용자 주)는 그러한 요소들이 근대문학 속에서 어떻게 잔존했는지, 그리고 그것들이 예고한 근대문학의 이후가 어떤 양상인지는 논제로 삼지 않는다. 그 자신의 말대로 문학에 대해 "진정으로 낙담했"기 때문일 것이고, 문학비평보다 "시급한 과제들"이 있다고 믿기 때문일 것이다. 가라타니의 문학과의 결별은 일본문학을 위해서도, 그의 비평으로부터 자기인식과 자기비판의 새로운 모델을 얻은 한국문학을 위해서도 애석한 일이다.[6]

황종연이 볼 때, 가라타니 고진의 종언 선언은 "제도화에 저항하는 요소"를 "논제로 삼"아 왔던 그의 문학적 작업 태도를 스스로 철폐한 것이라 생각하고 있다. 고진이 진정으로 수행해야 할 것은 종언 선언이 아니라, "근대문학의 이후가 어떤 양상인지"를 살펴야 하는 것인데, 이를 수행하지 못했다는 것이다. 다시 말해 황종연은, 고진이 '종언'이 아닌, '이후'를 말해야 했다고 생각하고 있다. 하지만 황종연의 이 논의가 조영일의 정치한 지적과 같이, 문학에 대한 '신념'을 가진 자의 발언이라는 점을 상기한다면[7] 우리는 이 논의가 보여주는 논리 상의 매끄러움에도 불구하

---

[6] 황종연, 「문학의 묵시록 이후 -가라타니 고진의 『근대문학의 종언』을 읽고」, ≪현대문학≫ 2006년 8월호, 213-215쪽.
[7] 조영일, 「비평의 운명 : 황종연과 가라타니 고진」, ≪작가세계≫ 2007년 봄호, 326-327쪽.

고 다시금 이를 곱씹어 볼 필요가 있다. 그것은 황종연이 지니고 있는 문학에 대한 '신념'이 -'신념'이라는 말이 지닌 막연함에도 불구하고- 문학에 대한 어떤 범주를 설정해 둔 전제에서부터 비롯되고 있기 때문이다. 그것은 고진이 종언 이후의 "문학은 그저 오락이 되는 것"이라고 말한 것에 대해 황종연이 보여주는 불쾌감에서 감을 잡을 수 있는 부분이다. 다시 말해, 황종연에게서 문학이란 오락 이상의 것, 오락보다 차원 높은 것, 오락 이상의 진중한 가치를 지닌 그 무엇인 에토스다. 황종연에게서 그것은 모더니즘 문학에 대한 건전한 믿음과 등치어로 봐도 무방하다.

2. 모더니즘에 대한 과도한 옹호

그러나 그의 모더니즘에 대한 신념은 주로 리얼리즘에 대한 비판과 부정을 통해 이루어지고 있다는 점을 간과해서는 안된다. 마치 국민국가를 형성하는 데 있어서 국민 아닌 것들을 정의함으로써 역설적으로 국민이 정의되었듯이, 그의 모더니즘론 역시 모더니즘이 아닌 것, 다시 말해 리얼리즘에 대한 비판을 통해 모더니즘 진영에 활기를 불어넣는 비평적 전략을 택하고 있다. 아마도 다음 글은 그 적절한 예가 될 것이다.

> 한국의 리얼리즘론자들은 리얼리즘이 총체성의 복원을 추구하며 그런 점에서 파편화를 반영할 따름인 모더니즘보다 우월하다고 주장하지만, '총체성'의 서사가 지구적 근대의 상황 속에서 어떻게 살아남는가를 시사하는 가장 중요한 사례 역시 모더니즘 텍스트이다.[8]

---

8) 황종연, 「모더니즘에 대한 오해에 맞서서」, ≪창작과비평≫ 2002년 여름호, 261쪽.

황종연의 모더니즘 옹호론을 들여다보기 전에 우리는 먼저 그 전제가 되는 모더니즘-리얼리즘의 이분법이 과연 온당한가를 물어보아야 한다. 이러한 물음은 황종연 스스로도 묻고 있거니와 그와 토론을 벌였던 최원식의 논문9)에서도 던져지고 있는 질문이다. 최원식은 「리얼리즘'과 '모더니즘'의 회통」이라는 글에서, 한국의 근현대사의 질곡과 파행은 "두 개의 〈현대〉"가 갈라져 나오게 했고 이것이 각각 좌파의 사회주의 리얼리즘과 우파의 모더니즘의 지표가 되었다고 주장한다. 때문에 그는 "두 개의 현대와 두 개의 현대문학 사이에 드러나는 이 엄격한 상동성(相同性)은 한국 사회에서 문학적 담론이 얼마나 정치 투쟁과 직접적으로 맺어져 있는가를 단적으로 웅변하는 것"10)이라 한다. 이는 리얼리즘과 모더니즘의 이분적인 대립이 단순히 문학 내부에서 벌어진 세계관과 가치관 혹은 미학적 입장의 차이에서 비롯된 것이 아니라 사회·정치·역사적인 맥락과 밀접히 연관되어 있었음을 의미한다. 때문에 그것은 문학적이기보다는 사회 이데올로기적이며, 구체적이기보다는 추상적인 '신념'의 차원이기 쉽다. 최원식이 "리얼리즘과 모더니즘의 집단정체성은 상상된 또는 창안된 표지이기 쉽다. 실제의 작품들과 이 집단 정체성을 조응할 때 그러한 의구심은 더욱 커지게 마련"11)이라 언급한 것은 리얼리즘과 모더니즘의 대립이 문학적 가치에 대한 제고를 저해하고 담론의 형이상학화를 초래할 수도 있다는 점을 비판적으로 경계한 것이다.

이 점에 대해서는 원칙적으로 황종연도 같은 입장인 것으로 보인다.

---

9) 최원식의 「리얼리즘'과 '모더니즘'의 회통」은 대산문화재단에서 주최한 심포지엄 〈현대 한국문학 100년〉에서 발표된 논문 중 하나이며, 이 논문의 토론자는 황종연이었다.
10) 최원식, 「리얼리즘'과 '모더니즘'의 회통」, 유종호 외, 『현대 한국문학 100년』, 민음사, 1999, 621쪽.
11) 최원식, 위의 책, 633쪽.

최원식의 논의에 대한 동감으로 그는 "이론적으로 구축된 리얼리즘과 모더니즘에 대한 추종으로부터, 그리고 그러한 이론 편향을 근저에서 결정한 정치적 이해로부터 생겨났다는 혐의가 짙다"[12]고 언급하고 있거니와, 리얼리즘에 대한 모더니즘 진영의 대표적 주자의 입장에서 작정하고 쓴 듯한 「모더니즘에 대한 오해에 맞서서」에서조차도, "인간문화의 모든 이분법적 대립과 마찬가지로 리얼리즘과 모더니즘의 대립은 상당히 수상쩍은 이데올로기적 구조"[13]라 말하고 있기 때문이다.

하지만 위 인용문에서 확인할 수 있듯이, 그는 모더니즘 진영을 옹호하기 위해 한국의 리얼리즘이 루카치적인 '총체성'의 세계에서 아직 헤어나오지 못하고 있다는 사실을 비판하는 것에 초점을 두고 있다. 그것은 집합적 정체성을 가진 '계급'의 자명성을 리얼리즘이 여전히 전제하고 있다는 비판과도 밀접히 연관된다. 이러한 리얼리즘 진영이 구축해 놓은 기본 전제는 새로운 근대성의 시대를 살아가고, 살아가야 하는 개인들에게는 그리 합당한 시야를 제공해주지 못한다는 것이 그의 리얼리즘 비판의 요지이다. 그는 모더니즘이 보여주는, 개인적 정체성을 스스로 구축해가는 자유, 자율성의 구축이 삶의 진정성을 확보하는 최선의 길임을 역설한다. 리얼리즘의 '단단한 근대'에 대한 믿음을 철폐하고 '유동적인 근대'에 대한 주체의 자기 결정성을 고양하는 모더니즘적인 사유, 다시 말해 '주체의 자유'가 오늘날 "어떻게 살아남는가를 시사하는" 데 훨씬 유효하다는 것이다.

하지만 황종연의 이와 같은 주장은 리얼리즘론을 매우 협소한 지형도에서 바라보고 있는 데서 비롯되는 오해의 소지가 다분해보인다. 리얼리즘의 '총체성'이 단지 '근대'라는 단단한 지표를 상상하는 데서 비롯되었다

---

12) 황종연, 「리얼리즘과 모더니즘의 재고를 위한 물음」, 위의 책, 652쪽.
13) 황종연, 「모더니즘에 대한 오해에 맞서서」, 앞의 책, 241쪽.

고 생각한다면, 그것은 그의 말마따나 낡은 이론틀에 불과할 것이다. 하지만 리얼리즘이 현실의 어두움과 모순을 드러내고 그 극복의 길을 제시하기 위해 적합한 상황과 인물을 '전형'적으로 드러내는 것이라 한다면, 이 때 '총체성'을 구현하기 위한 '전형'은 그 표면적인 어의(語意)와는 달리, 평범하거나 일반적인 한 예를 말하는 것이 아니라 보편적이고 전체적인 양상을 드러내는 특수한 예를 뜻하는 것이다. 다시 말해, 구체성 속의 보편성, 보편성 속의 구체성을 실현하는 것이 전형이다. 그러한 이율배반적이고 아이러니컬한 함의가 동시에 녹아 있는 것이기에, '전형'을 통해 구축하려는 '총체성' 역시 매끄럽게 정의되거나 단일한 의미로 환원될 수 없다. 한마디로 '총체성'이란 현실적으로 구현되어 있는 어떤 지표도 아니고, 과거에는 있었으나 현재에는 사라져버린 어떤 흔적도 아니다. 그것은 리얼리즘 진영에서 현실과의 첨예한 관계 속에서 끝없이 새롭게 구성해가야 할 이데올로기적 지향이자 구현의 대상으로 설정되어 있는 것이다. 한국 사회에 명확한 계급이 지배하고 있었다는 환상이 80년대 리얼리즘이 보여준 나름의 총체성을 구현해가기 위한 전제였다면, "새로운 근대성의 시대"에 리얼리즘의 총체성은 그 '텅 빈 기표'를 오늘날 새롭게 구축함으로써 역동성을 보장받을 수 있는 것이다. 리얼리즘이 19세기 서구에서 발명되었을 때, 얼마 지나지 않아 사라질 것이라는 예견이 있었음에도 지금껏 명맥을 유지할 수 있었던 것은, 있는 그대로의 현실을 드러내려는 욕망 뿐 아니라 있어야 할 현실을 그려내려는 의지 때문이기도 했음을 간과해서는 안된다. 물론 80년대처럼 총체성에 대한 물질적 믿음을 재현하고자 하는 소박한 사실주의적 사고는 황종연의 논리처럼 비판받아야 마땅하겠지만, 도식화되고 고체화 된 총체성의 구현이 아닌, 다원주의적 가치를 비판적으로 계승하는 리얼리즘의 총체성 개념은 오늘날에도 유효한 사고가 될 수 있다. 그의 말마따나 "아이러니는 세계의 조화로운 통일성에 대한 관념이 붕괴한 이후 근대인이 획득한 가장 비범한 철학적 태도"14)일 때, 그 근대인의 태도와 감수성은 모더니즘 뿐 아니라 리얼리즘 안에서도 유효적절한 것이 되기 때문이다.

그런 점에서, 리얼리즘을 비판하고자 하는 그의 논의의 핵심은 어쩌면 가장 고진스러운 물음이어야 했는지도 모른다. 다시 말해, 리얼리즘의 '총체성'을 구현하기 위한 '전형'의 창조가 '특수성'이 아니라 '단독성'으로 제출될 수 있는 것인지 물어야 한다. 모더니즘이 리얼리즘에 비해 이를 제출할 수 있는 더 적절한 근거를 가지고 있음이 증명된다면, 모더니즘이야말로 근대 이후를 사유하는 문학의 적절한 방식이 될 수 있을 것이다.

하지만 황종연의 모더니즘론은 모더니즘 진영의 외연을 확대하기 위한 논리로 쉽사리 귀결됨으로써 여전히 리얼리즘-모더니즘의 대립적 관점에서만 자신의 사유를 펼치는 한계를 보인다. 즉 그가 줄곧 비판해 온 것이 리얼리즘에 의한 모더니즘의 극복이라는 명제였다면, 마찬가지로 그에게 되돌려 줄 수 있는 비판은 모더니즘에 의한 리얼리즘의 극복이라는 명제가 될 수밖에 없는 것이다. 그 예를 우리는 그가 '모더니스트'로 규정한 이형기론에서 찾아볼 수 있다.

> 시의 현대성에 관한 논의에서 이형기가 역설하고 있는 현대시의 두 가지 측면, 즉 미적 자율성과 비판적 기능은 말할 것도 없이 모더니즘 문학의 중추적인 요소이다. (중략) 모더니즘 문학에서 미적 자율성과 비판적 기능의 결합이 가장 특징적으로 나타나는 것은 널리 알려진 바와 같이 언어를 둘러싼 혁신적인 작업을 통해서이다. (중략) 언어적 관습의 부정에 관련된 모더니스트들의 실험적 작업은 러시아 형식주의에서 탈구조주의에 이르는 20세기의 문학이론

---

14) 황종연, 「모더니즘의 망령을 찾아서」, 『비루한 것의 카니발』, 문학동네, 2001, 380쪽.

의 발전을 통해서 세심하게 고찰되었을 뿐만 아니라 정교한 개념화를 보게 되었다. 낯설게하기를 비롯한, 모더니즘의 문학적 혁신에서 유래된 개념들은 이제 모더니즘 문학만이 아니라 문학 일반에 적용되는 이론적 개념으로 활용되고 있는 터이다.
　이형기 시론의 일차적인 주제는 그처럼 모더니즘과의 역사적 관련 속에서 발전된 언어이론을 토대로 현대시의 본질을 규명하는 것이다.15)

　모더니즘은 "미적 자율성과 비판적 기능"이 "언어를 둘러싼 혁신작업"을 통해 특징적으로 나타난다는 전제 하에, 황종연은 이형기의 시론이야말로 이러한 과정 속에서 한국 시론사에 명확하게 모더니즘적인 시론의 양상을 드러냈다고 평가한다. 초기시의 전통적 리리시즘에서 벗어나 악마주의적인 시적 변신을 대담하게 꾀할 때, 이형기는 서양 모더니즘 문학의 세례를 받았고 그 결과 그의 시론에서 일관되게 모더니즘 정신이 나타난다고 보는 것이다. 그러나 이와 같은 황종연의 논리에는 이형기를 모더니스트로 규정하려는 과도한 욕망이 드러나 있다. 그것은 윗글에서, "러시아 형식주의에서 탈구조주의에 이르는 20세기의 문학이론의 발전"을 "모더니스트의 실험적 작업"으로 귀착시키는 데서 시작되고 있음을 우리가 주의 깊게 살펴야 하는 이유가 된다. 이형기의 시론이 모더니즘적 요소를 강하게 지니고 있기 때문에 모더니스트가 아니라, 문학 이론의 발전이 모더니스트에 의해 이루어졌기 때문에 필연적으로 그러한 실험적 작업들을 이어받은 이형기의 시론이 모더니즘의 범주에 속하게 되어버리는 견강부회식 논리를 우리는 만나고 있기 때문이다. 이처럼 모더니즘 옹호의 논리가 때로 이형기 시론에 대한 그의 정치한 해석마저 무화시켜 버리는 우를 범하고 마는 것이다.
　물론 이형기 시인이 모더니즘의 세례를 받은 것만은 분명하다. 하지만

---

15) 황종연, 「현대성, 혹은 번화한 폐허」, 『비루한 것의 카니발』, 407-408쪽.

그것은 그의 시세계와 문학적 작업의 일부만을 들여다본 데서 온 단견(短見)이다. 그의 시세계는 단순히 모더니즘이라 정의하기에는 외연이 무척 넓다. 때로 그것은 차라리 이중적이라 말할 수 있을 정도였다. 그가 문학의 '영구혁명'을 꿈꾼 허무주의자이자 문학적 아나키스트이었으면서도 불교적 세계관의 현대적 변용을 끈질기게 고민한 전통주의자의 면모도 보여줬다는 사실은 이를 증명한다. 특히 그의 후기시가 보여주는 일련의 작업들은 부정과 파괴의 정신을 일관되게 유지하면서도, 이를 시적 기법의 문제, 특히 아이러니컬한 세계에 대한 아이러니컬한 문학적 표현을 고민한 모더니스트의 특징을 고스란히 드러내는 한편, 문명화 된 현실에 대한 준열한 비판 정신을 보여주는 '리얼리스트'[16]의 면모까지도 드러내고 있다. 그것은 이형기가 보여준 근대성에 대한 비판과 부정정신이 모더니즘에만 국한되는 것도, 리얼리즘의 발로만으로도 볼 수 없음을 의미한다. 근대에 대한 적의와 부정은 자연과의 접촉을 잃어버리고 인공의 세계 속에서 자아의 분열을 경험할 수밖에 없는 근대인들의 실존적 제반 상황에 대한 정직한 주체적 응대의 방식이기 때문이다. 더욱이 기표와 기의의 긴밀한 결합이 환상일 뿐이라는 비극은, 자의적인 기호만으로 존재와 세계를 표현할 수밖에 없는 근대인들을 더 이상 서정적이 아닌, 파토스적인 시적 정서로 자기 기반을 삼을 수밖에 없게 된 이유가 됐다. 이형기 시의 파토스가 근대인의 불안과 삶의 분열에 대한 정직한 반영인 이상 그는 리얼리스트이며, 모더니티에 대한 수용과 비판을 동시에 표현해내는 아이러니컬한 면모를 보이는 이상 그는 모더니스트인 것이다.

이형기를 모더니스트로 파악하려는 황종연의 논의는 이형기의 시론이 지니는 문학사적 의미를 명확히 한다는 장점이 있지만, 동시에 모더니즘

---

16) 김준오, 「입사적 상상력과 꿈의 시학」, 『도시시와 해체시』, 문학과비평사, 1992, 290쪽.

의 범주를 과도하게 확장해버릴 위험이 있다. 황종연의 윗글은 리얼리즘에 대한 모더니즘의 우위 내지는 승리를 확인하게 하는 구체적인 한 예를 발명하기 위한 과정을 보여주는 것으로 보일 공산이 크기 때문이다. 자신의 문학적 신념에 대한 문학사적 맥락에서의 위치 찾기를 위해 특정 작가를 참조하는 것은 그 작가나 작품이 가지는 다양한 맥락을 사장시킬 우려를 낳는다. 비평적 글쓰기에서 선험적인 자기 의식이 과도하게 치달을 때 필연적으로 귀결할 수밖에 없는 논리적 왜곡을 우리는 종종 보아오지 않았는가. 또한 이러한 태도는 결국 모더니즘에 의한 리얼리즘의 극복을 테마로 한다는 점에서, 그리고 그것이 리얼리즘에 의한 모더니즘의 극복이든, 모더니즘에 의한 리얼리즘의 극복이든 양분법적 사고라는 점은 변하지 않는다는 점에서 생산적일 수 없는 논의로 치달을 위험이 있다.17)

따라서 생산적인 비평 논의를 위해서 필요한 것은 모더니즘이냐, 리얼리즘이냐를 구분하는 이분법적 논의가 아니라 문학이란 무엇인가를 본질적으로 다시 묻고 이에 대한 답을 준비하는 것이 되어야 함은 우리의 건전한 상식이다. 물론 황종연이 이에 대한 답을 준비하고 있지 않다는 의미는 아니다. 그가 모더니즘론의 문학적 자장을 자기 토대로 삼으면서 내세우는 문학적 중심은 '진정성'이라 부르는 것에 있다.

3. 근대문학 이후의 비평

진정성은 실정적으로 정의된 어떤 행위나 상태를 표시하지 않는다. 그것은 오히려 부정의 용어이다. 진정성은 진정성이 부재한다는 인식 속에, 진정성을 추구하는 행동 속에 존재한다. 진정성 추구의 기본적인 충동은 그것이 어떤

---

17) 최원식, 앞의 글, 632쪽.

내용의, 어떤 품질의 삶이든지 간에 개인 자신에게 진실한 삶을 살려는 파토스이다. 진정성의 파토스는 개인으로 하여금 그의 삶이 사회적으로 인정된 원칙과 일치하는가가 아니라 그 자신의 자아, 감정, 신념과 일치하는가를 묻게 한다. 따라서 그것은 개인 스스로 그 자신의 삶의 방식이나 모양을 만들려는 열정을 포함한다. 진정성을 추구한다는 것은 달리 말하면 개인의 자기 창조적 자유를 실현하는 것이다. 진정성을 추구하는 가운데 기성의 윤리적 질서와 갈등이 빚어지는 것은 불가피한 사태이다. 기성 윤리가 허위를 강요하거나 자아를 왜곡하는 압제적 기율이라고 판단되는 상황에서는 진정성의 이름으로 그것에 거역하는 각종 일탈과 범죄가 찬양되기도 한다. 하지만 오늘날 진정성의 관념이 언제나 갖고 있는 반사회적, 반윤리적 전환의 가능성에도 불구하고 그 관념은 간단히 배격하기 어려운 문화적 현대성의 일부이다. 현대사회를 지배하는 억압의 기제를 발견하고 그것들에 대항할 능력의 도덕적 원천은 진정성의 관념 바로 거기에 있기 때문이다.[18]

황종연의 모더니즘론이 가 닿는 끝에는 '진정성'의 발견을 통한 기성 사회에 대한 저항과 혁명의 가능성을 모색하려는 태도가 있다. 그는 "진정성을 추구한다는 것은" "개인의 자기 창조적 자유를 실현하는 것"이라 요약하면서 이러한 창조적 자유야말로 "현대사회를 지배하는 억압의 기제를 발견하고 그것들에 대항할 능력의 도덕적 원천"이 될 수 있다고 말한다. 따라서 창조적 자유를 구축할 수 있는 물적 토대가 마련되어야 한다는 당위가 자연스럽게 성립된다. 그것은 간단히 '자유주의'[19]라 말할 수도 있으며, 개인이 자기의 삶의 양식을 스스로 자유롭게 구축하는 자기 결정권을 쥐게 되는 것을 의미한다. 그렇다면 문학에 있어서 그가 말하는 자유는 무엇보다도 창작 행위에 있어서 사상과 표현의 어떤 제약도 일어나지 않는 물적 토대를 구성하는 자유를 의미하는 것으로 볼 수 있다.

---

[18] 황종연, 「비루한 것의 카니발」, 『비루한 것의 카니발』, 31-32쪽.
[19] 황종연·백낙청 대담, 「무엇이 한국문학의 보람인가」, ≪창작과비평≫ 2006년 봄호, 303쪽.

리얼리즘이 반영을 문학적 가치로 삼을 때, 모더니즘은 표현을 문학적 규범으로 삼는다. 모더니즘이 표현을 문학적 규범으로 삼는다는 것은 단순히 표현 기법이나 양식의 세련됨을 추구한다는 의미 뿐 아니라 문학 창작에 있어서의 제약이 없어야 함을 의미하는 것이기도 하다. 따라서 모더니즘이 자유를 화두로 삼는 것은 무척 자연스러운 논리적 귀결이며 황종연 역시 이러한 맥락에서 그의 생각을 전개해가고 있는 것이다.

하지만 새삼스럽게도, '문학'이라는 테두리 안에서 이루어지는 표현의 자유란 결국 '찻잔 속의 태풍'이 될 공산이 커 보이는 것도 사실이다. 칸트 이후로 예술의 미적 자율성을 옹호하는 가치가 부각되는 것은 역설적으로 문학과 사회 사이의 단절 내지는 '격절'을 예감하게 되는 것이기도 하기 때문이다. 문학과 사회가 상호육욕적으로 침투할 수 있다는 소박한 믿음이 붕괴된 오늘날, 문학에서의 진정성이 곧 사회의 진정성 내지는 주체의 진정성으로 쉽사리 치환되기는 어렵다. 문학의 자유라는 테제를 강조하면 할수록 역설적으로 근대인의 윤리적 판단의 근거가 되어야 할 진정성의 도래는 요원해질 수도 있는 것이다. 또한 그것이 가능하다 할지라도 모더니즘의 감각은 이를 쉽사리 자본으로 환원시켜, 근대로의 투항으로 귀결시켜버릴 수 있다.

물론 황종연은 이러한 난점을 알고 있다. 그것이 그를 모더니즘을 단순히 옹호한다고만 말할 수 없게 하는 이유가 되게 하기도 한다. 그는 한국 근현대사에서 모더니즘이 밟아 온 지난한 과정들을 객관적으로 살피면서 그 장점과 한계에 대해 누구보다 뚜렷하게 인식하고 있다. 이를테면, 그는 '카니발'이 필요하다고 믿으면서도 그것이 결국은 당대의 질서를 공고히 구축하는데 역설적으로 이바지 한다는 사실을 놓치지 않고, 이를 비판적으로 경계한다.[20] 그럼에도 불구하고 그는 모더니즘의 한계를 돌파할 가능성을 모더니즘의 문학에서 발견할 수 있고 발견되고 있다고 믿는 '모더니스트 비평가'이다. 그의 작품 비평들은 단순히 작품의 의미를 논리적 추론 요소로 진술해내는데 그치지 않고, 당대의 맥락을 '근대'와 그 이후를 사유한다는 측면에서 매우 적확한 시선으로 포착하고 이를 키워드로 뽑아내어 작가의 무의식에 연결하여 해석해낸다. 그것은 그의 모더니스트로서의 감각이 그저 현재형에만 집중되어 있는 것이 아니라 근현대사를 통시적인 관점에서 보는 거시적인 안목임을 보여주고 있다는 말과 동의어가 되기도 한다. 하지만 그가 바라보는 문학의 미래, 종언 이후의 문학에 대한 그의 시선은 종종 당위적인 것으로서의 '문학으로의 회귀'만을 강조하는 경향도 눈에 띤다. 그것은 그가 문학적 글쓰기, 문학의 근본적인 표현 재료인 '언어'에 대한 건전한 믿음을 갖고 있기 때문이다.

  철학 언어와 달리 문학 언어는 개념의 힘을 신봉하지 않는다는 원론은 조금 부연될 필요가 있다. 일반적으로 말해서, 사물의 지각과 경험을 추상화한 결과인 개념은 사물의 실재를 불변적이고 규정적인 형태로 인식하게 해주며 궁극적으로 사물과의 일치를 실현하게 해준다고 간주된다. 철학 언어는 사물과 동일화하려는 그 개념의 열망을 표현하는 반면에 문학 언어는 사물과 개념의 궁극적 동일성에 대한 불신을 표현한다. 문학은 보통 수사라고 불리는, 허구를 목적으로 하는 언어 사용을 통해서 사물의 실재를 고정시키는 개념의 힘, 바로 그것을 저지하고 교란한다. …(중략)… 수사적 언어는 사물의 실재가 불변적이고 규정적인 형태 속에서가 아니라 끊임없는 생성의 움직임 속에서 발견된다는 생각, 따라서 언어를 통한 사물과의 일치는 어느 순간에도 최종적이지 않다는 생각을 그 수사적 언어 자체의 형식 속에 구현하고 있다. 그런 점에서 그것은 철학을 비롯하여 절대성을 주장하는 모든 개념화의 양식에 대한 반항

---

20) 황종연, 「비루한 것의 카니발」, 앞의 책, 31쪽. "광기의 카니발은 부르주아적 정체성을 파괴하는 효과가 있다기보다는 오히려 재건을 돕는 효과가 있다고 해야 옳다. 기성 질서에 역설적으로 기여하는 광기의 운명은 온갖 폭력과 외설과 불륜이 활개치는 대중문화상품 생산에서 이미 조직적으로 이용되고 있지 않은가. 민중 카니발은 그것에 대한 낭만적 미화를 일삼는 사람들의 해석과 다르게 애초부터 기성 권력 자체가 허용한 헤게모니의 일시적 균열에 불과하다."

을 대표한다.[21]

눈치 챘겠지만, 위 인용문은 앞선 가라타니 고진의 인용과 닮은 구석이 있다. 둘 다 철학과 문학을 대비하면서 그 유사성과 차이에 대해 언급한다는 점이 그러하다. 그러나 논의의 핵심은 정반대로 귀결되고 있음도 알 수 있다. 그것은 결국 가라타니 고진이 '착각'이라고 불렀던 자리, 그 자리에서 황종연의 문학하기가 지속되고 있다는 점을 다시 한 번 상기시킨다. 모더니스트답게 윗글에서 나타나는 그의 "수사적 언어"에 대한 관심은 과도할 정도이지만, 중요한 것은 바로 거기에서 "사물의 실재가 불변적이고 규정적인 형태 속에서가 아니라 끊임없는 생성의 움직임 속에서 발견된다"라고 믿는 문학 언어에 대한 그의 생각이다. 고진의 어법에 따른다면, 그것은 문학 언어가 여전히 특수성이 아니라 단독성으로 사유될 수 있으며 이 때문에 문학은 앞으로도 '근대 이후의 문학'으로 남을 수 있을 것이라는 논의가 가능해지게 한다. 어찌 보면 황종연의 문학 작업들은 가라타니 고진이 말했으나 정작 그는 행하지 않은 자리, 그 '착각'의 자리에서 그것이 착각이 아님을 진술하는 과정인 것처럼 보이기도 한다. 다시 말해, 근대문학의 매끄러운 표면 위에 그 균열의 양상을 살피는 것, 그리고 균열의 가능성을 진단하는 '현미경'과 '청진기'가 황종연에게는 문학의 언어(좀 더 정확하게 지적하자면 '수사적 언어')가 되고 있는 것이다. 그렇다면 그 '현미경'과 '청진기'가 근대문학의 외부 또는 그 이후를 보여준다고 할 때 그 외부 또는 그 이후의 양상이 무엇인가 하는 점이 문제로 남는다.

여기서 가라타니 고진과 황종연은 극명하게 갈라진다. 고진은 그 자리

---

21) 황종연, 「문학의 옹호 : 오늘의 비평에 거슬러서」, ≪문학동네≫ 2001년 봄호, 401쪽.

에 남는 것은 '오락'이라 했고, 황종연은 이에 심한 알레르기 반응을 보였던 것이다.[22] 고진은, 근대문학은 더 이상 지적이고 도덕적인 과제를 떠맡을 수 없다고 했다. 이러한 논리를 우리가 수용할 수 있다면 이후에 우리가 행할 수 있는 길에는 세 가지가 있을 것이다. '오락'보다 더 중요한 무엇을 수행하기 위해 문학을 버리는 것, 문학은 아직 '오락'이 아님을 증명하는 것, 문학이 '오락'임을 수용하고 그 양상을 탐구하는 것. 첫 번째가 고진이 걸어가는 길이라면, 둘째는 황종연이 하고 있는 작업이 될 것이다. 하지만 문학의 자유를 주장하는 황종연의 논지가 고진의 방법론으로 미루어볼 때, 문학이 근대의 규율을 고심하는 데서부터 자유로워지는 것을 의미한다면, 고진을 돌파하려는 그의 논리가 결국 고진이 말한 논리로 귀결되어 버리는 것은 아닐까 의심스럽다.

그렇다면 황종연은 역설적으로 가장 '고진스러운' 방법으로 이를 돌파해야 할 것이다. 때문에 우리는 그가 "문학에 의의에 대해 부정적"[23]이라고 말한 '오락'으로서의 문학 역시 두 번째의 길과 함께 탐구해주기를 바란다. 물론 그것은 그의 우려대로 근대로의 투항을 전격적으로 선언해 버리는 결과로 치달을 수도 있다. 하지만 '근대문학의 종언'이 '문학의 종언'을 의미하는 것은 아니라 한다면, 어쩌면 '근대'가 빠진 '문학'을 탐색하는 데서 새롭게 나타날 문학의 (현실에 대한) 무관심성(disinterestedness)은 지금껏 우리가 만나지 못한 또 다른 문학의 지형도를 창출해 줄지도 모를 일이다. 문학이 근대로의 투항을 선언하는 정치적 무기력증이나 허무로 귀결되지 않고, 또한 근대의 가치를 지향하지 않고, 이를 도리어 무(無)로 만들어버리는 '불편함'을 자기 본질로 삼을 때, 역설적으로 근대

---

[22] 황종연, 「문학의 묵시록 이후 ―가라타니 고진의 『근대문학의 종언』을 읽고」, 앞의 책, 196-197쪽.
[23] 황종연, 위의 책, 197쪽.

이후를 지향하는 또 다른 가치를 창출할 수 있을지도 모른다. 그의 정치한 문학적 방법론과 거시적인 인식이 현 단계 한국 비평 지형도에서 중요한 이유를 차지할 수 있는 근거가 바로 여기에 있다.

'무중력 공간'에 갇혀버린 '미적 근대성'
— 이광호론

1. '무중력 공간'이라는 환상

2000년대에 와서 공식적인 글쓰기를 시작한 작가들은, 상대적으로 정치적 죄의식과 역사적 현실의 중력과는 무관한 자리로부터 글쓰기의 존재를 설정할 수 있게 된 것으로 보인다. 가령 이런 새로운 글쓰기의 공간을 '무중력 공간'이라고 부를 수 있겠는데, 이때 '무중력 공간'은 90년대 문학의 주체들이 문화적으로 투쟁했던 것과 같은 방식의 '무엇으로부터'의 환멸과 저항의 전선을 설정하지 않는다. 중력이 없는 공간에서는 저항의 개념과 그 주체화도 있을 수 없다. 중력에 지배당하는 자는 날아오르기를 열망하겠지만, 무중력 공간의 존재에게 비상의 열망은 의미가 없다. …(중략)… 무중력 공간의 글쓰기는 '무엇으로부터 자유로워야 한다'는 관념이 있을 수 없고, 따라서 '가벼워야 한다'는 강박도 의미가 없다. 다만 자기 미학의 자립성과 개체의 모럴을 스스로 구축하는 글쓰기가 있을 뿐이다. 다른 방식으로 말한다면, 이들은 '모럴'이 없는 세대가 아니다. 한국 사회의 역사적 인력(引力)에서 벗어난 자리에서 이들은 탈국가주의적인 문명적 차원의 개체적 비전을 모색한다.[1]

2000년대 문학의 글쓰기 공간을 서둘러 '무중력 공간'이라 명명할 수 있었던 시대는 행복했다. 문학은 드디어 현실이라는 무거운 짐을 덜어내

---

[1] 이광호, 「혼종적 글쓰기, 혹은 무중력 공간의 탄생」, 『이토록 사소한 정치성』, 문학과지성사, 101쪽.

고, 그 어떤 강박도 가지지 않은 채 자유로운 미학적 실험을 감행할 수 있는 공간을 갖게 되어, 작가들은 그 속에서 글쓰기 할 수 있는 여건이 마련되었다고 생각되었다. 그리하여 '무중력 공간'에서 지금껏 생산되지 못했던 '새로운 정치성'이 배태되는 양상을 들여다 볼 수 있다고 주장할 수도 있었다.

이제 문학은 현실을 말할 필요도, 특정한 이데올로기적 '입장'을 가져야 할 이유도, 당대의 실천적 토대 위에서 양식화 되어야 할 아무런 당위도 갖지 않게 됐다. 순수한 자기지시적 행위로서의 글쓰기가 비로소 가능해진 제반조건들 위에서, 미학적 전복이 더 이상 전복이 아닌 것으로까지 나아가도록 실험에 실험을 영구 반복할 수 있는 알리바이가 여기서 마련되었다. 현실로부터의 강박에서 벗어났기에 그 무게 속에서는 나타날 수 없었던 새로운 정치성이 효과를 발산하기 시작하고 그 새로운 정치성에서 문학이 계속적으로 존재해야 할 이유를 찾을 수 있게 되었다. 헤겔에게서 주창되고 아서 단토[2)]에게서 확인된 '예술의 종말'이 드디어 이 땅에도 도래한 것이다.

그러나 '무중력 공간'의 발견이 '실재의 발견'이 아니라 '환상의 발명'에 불과한 것이었다면? 다시 말해, 누군가에 의해 최초로 발견된 것이 아니라 누군가가 의도적으로 발명한 것이었다면? 기실 '무중력 공간'은 "한국 문학사의 가장 오래된 '금기어'"이기 때문에[3)] 그 금기를 깬 용기 있는

---

2) 아서 단토, 김광우 역, 『예술의 종말 이후』, 미술문화, 2004.
3) 이광호, 「'2000년대 문학 논쟁'을 넘어서」, 『익명의 사랑』, 문학과지성사, 2009, 55쪽. '무중력 공간'을 '금기어'라 주장하는 그의 말 속에는 문학을 현실과의 상호관계 속에서 파악하는 리얼리즘 문학 진영에 대한 강력한 대타 의식이 내재되어 있다. 즉 (이광호가 생각하는) 리얼리즘 문학은 문학과 현실 사이의 강박을 만들어냈고 그 강박으로부터 탈주했을 때, 그 문학작품은 리얼리즘 진영의 비난을 벗어나기가 어렵다. 따라서 문학작품은 현실과의 관계 속에서 탄생해야 하고 현실을 얼마나 '리얼'하게 반영했는가가 작품 평가의 기준이 된다. 그러므로 리얼리즘 진영의 입장에서 볼 때 '무중력 공간'은 '금기어'가 될 수밖에 없다. 이광호는 이러한 리얼리

명명이 될 수 있는 것이 아니다. 거기에는 한국 문학의 여전한 존재 이유를 발명해야 하는 어떤 절박한 욕망이 내재되어 있다. '무중력 공간'은 작게는 2000년대 특정 작가들이 지닌 미학적 가치를 변호하게 하고, 크게는 한국 현대 문학사를 재구성하기 위해 세대론적 구분의 구심점을 삼으려는 개인적인 취향의 발명품인 것이다.

    만약 '90년대 문학'이라는 개념이 가진 근본적인 문제점에도 불구하고 그 이름을 용인할 수밖에 없다면, '2000년대 문학'이라는 명명 역시 가능할 것이다. 그러나 이 명명은 '80년대/90년대'의 단절론을 반복하면서 앞 세대를 캄캄한 과거 속으로 밀어 넣는 세대론 전략 이상의 것이 되어야 한다. …(중략)… 나는 이 글에서 90년대 이후의 문학을 '사생활의 발견'이라는 개념으로 호명했다. 그런데 이 '발견'의 미학은 나름의 한계를 갖는 것이다. 가령 90년대 문학이 과연 사생활을 일차원적으로 드러내는 차원을 넘어서, 사생활의 '정치학'을 적극적으로 탐구했다고 볼 수 있을까? …(중략)… 그러니까 사생활의 발견을 생활 세계의 정치학으로 밀고 나가는 작업은 이제 겨우 '시작'된 것이다. 그리고 이 새로운 시선은 새로운 문법과 언술을 요구하고 있다.
    그런데 그러한 미학적 징후들은 이미 실현되고 있는지도 모른다. 가령 젊은 작가들이 보여주는 화법의 범주에서의 전복은 한국 문학사의 그 어떤 내용주의적 전환보다 근원적인 전환에 가까운 것이다. …(중략)…
    2000년대의 중반부에 들어와서 한국 문학은 이른바 '포스트 386'세대를 중심으로 새로운 미학적 패러다임을 드러내고 있는 것처럼 보인다. 90년대 문학과 2000년대 문학의 경계에 서 있던 김연수·김경욱, 이후 천운영·윤성희·정이현·김애란 등은 90년대 내면 지향적 여성문학이 보여주지 못한 새로운 미학적 차원을 열어 보이고 있으며, 김중혁·박민규·이기호·한유주 등은 좀더 극단적인 차원에서 탈현실적이고 탈일상적인 문학 공간을 만들어낸다. 2000년대 작가로 떠오른 이들의 상상력은 인문학적 소양보다는 새로운 대중

즘 진영의 입장을 기존 한국문학사와 대등하게 놓음으로써 리얼리즘 진영의 문학사적 헤게모니를 극대화하고 상대적으로 모더니즘 진영을 (리얼리즘 진영으로부터의) 억눌린 목소리들로 배치하고 있다. 다시 말해 한국 문학사는 리얼리즘의 목소리가 우위에 있었다는 점을 은근히 드러냄으로써, 2000년대 문학은 리얼리즘 문학과 변별되거나 차별된다는 점을 부각시키고 있다. 이에 대한 자세한 논의는 후술하겠다.

문화적 감각과 미디어와 과학적 상상력 그리고 하위 장르적 문법을 차용한 극단적인 판타지와 우화적 요소를 과감하게 도입하게 만든다. 혼종적이고 무중력적인 상상력이 돋보이는 이러한 서사적 모험은 한국적 현실 경험의 중력으로부터 자유롭지 못했던 90년대 작가들에 비해 더욱 과감하고 근본적인 차원의 것이다. 90년대적인 소설의 중요한 미학적 영역 중의 하나였던 '내면적 일상성의 발견' 같은 것은 더 이상 매혹적인 공간이 아니다. 2000년대 작가들은 '거대 서사/미시적 일상성'이라는 '80년대/90년대'의 이분법을 가로지르며, 탈역사적인 서사 공간을 만들어가고 있다.[4]

이광호의 비평 작업은 흔히 80년대/90년대/2000년대로 삼분화하고 이를 작가들의 글쓰기 의식의 토대가 되는 당대의 사회 환경과의 연관 속에서 재맥락화한다. 이를 통해 그는 문학의 지속과 변화 양상을 하나의 내러티브로 구축하기 위해 힘쓴다.[5] 그는 80년대와 90년대를 대비하는 자리에서 "집단/개인, 거대 담론/미시 담론, 정치적인 삶/문화적인 삶, 역사/일상"[6]을 사회적 상황과 관련하여 대비시키고, 90년대 문학과 2000년대 문학을 '386세대의 문학=문화적 보수성/포스트 386세대의 문학=문화적으로 진보적이고 다원주의적'[7]인 것으로 이분화한다. 이와 같은 방식으로 그는 우리에게 익숙한 10년 단위의 시대 구분론과 세대론[8]을 통해 한국 최근 문학의 경향이나 작품들을 시기적으로 일별하여 문학

---

4) 이광호, 「사생활의 발견」, 『이토록 사소한 정치성』, 284-285쪽.
5) 특히 「해체의 시대와 현대성의 새로운 모험」(『이토록 사소한 정치성』)은 80년대와 90년대 한국시사를 정리하는 작업이지만, 이와 함께 2000년대 문학에 대한 가능성 또한 제기하고 있다.
6) 이광호, 「사생활의 발견」, 271쪽.
7) 이광호, 「혼종적 글쓰기, 혹은 무중력 공간의 탄생」, 위의 책, 87쪽.
8) 이광호, 「2000년대 문학 논쟁'을 넘어서」, 53쪽. "'무중력' 개념은 2000년대 문학 공간에서 가장 젊은 세대들의 글쓰기를 부각시키려는 세대론의 일환으로 제기된 것이다. …(중략)… 무중력의 개념과 연관되는 필자의 세대론은 기본적으로 사회적인 맥락 위에서 구성된 것이며, 그것은 새로운 문학 세대의 사회 존재론을 의미한다."

사 속에 편입시킨다. 그가 한국시를 '풍경의 시/사건의 시'로 이분화하고 2000년대 한국 시의 일부 경향을 후자에 두려하는 것9) 역시 한국 문학사의 재맥락화 작업과 무관하지 않다.

그런데 가만히 살펴보면, 그의 이러한 구분 작업은 2000년대 한국 문학의 외양을 설명하려는데 주안점을 두고 있다는 사실을 알 수 있다. 다시 말해, 80년대/90년대/2000년대의 구분은 단순히 사회적 현실이나 작가군, 작가의 글쓰기 양태, 작품의 가치 평가 등을 통해서 그 양상이 달라졌음을 객관화하려는 데 있지 않다. 80년대와 90년대를 통틀어도 가능하지 않았던 '무중력 공간'의 탄생, '사건의 시'의 탄생은 비로소 2000년대에서야 가능해지게 되었다는 점을 그의 비평은 귀결로 삼고 있기 때문이다.

물론 그것이 흔한 문학사 기술들이 지니는 오류처럼 2000년대 문학의 온전함을 증명하기 위한 방식은 아니다. 그는 2000년대 문학 역시 하나의 운동이나 과정으로 파악해야 한다는 생각을 갖고 있는 것처럼 보이며, 따라서 2000년대 문학을 기술하는 시점에서 하나의 완결성으로 파악하지 않는 '현재형'의 문학사적 기술 방식을 보여준다. 그럼에도 불구하고 그의 문학사적 재맥락화 작업은 '결여→충족'의 과정을 보여준다는 점에서 흔한 문학사 기술 방식들이 보여주는 오류, 다시 말해 진화론적 오류를 보여준다. 즉 일찍이 한국문학사에 없었던 '무중력 공간의 탄생', 일찍이 한국 시사에서는 나타나지 않았던 '사건의 시의 탄생'은 그가 의도하지 않았다고 말하고 있음에도 불구하고 2000년대 문학의 미학적 우위를 선언하는 것으로 읽힐 개연성을 충분히 노정하고 있다. 가령, "90년대적인 소설의 중요한 미학적 영역 중의 하나였던 '내면적 일상성의 발견'같은

---

9) 이광호, 「한국 현대시 100년, 그 이후」, 『익명의 사랑』, 426-427쪽.

것은 더 이상 매혹적인 공간이 아니다. 2000년대 작가들은 '거대 서사/미시적 일상성'이라는 '80년대/90년대'의 이분법을 가로지르며, 탈역사적인 서사 공간을 만들어가고 있다."는 언급은 80년대나 90년대가 가지지 못했던(결여되었던) 탈역사성을 2000년대 작가들이 성취하고 있다는 전제가 깔려 있는 진술이다.

그런데 중요한 것은 그가 구분해 놓은 '2000년대 이전/2000년대 이후'의 이분법적인 문학사는 기실 '2000년대 이전의 문학=리얼리즘 문학/2000년대 이후의 문학=모더니즘 문학'으로 정리해놓고 있다는 사실이다. 물론 이광호 자신은 이러한 필자의 구분에 동의하지 않을 것이다. 그는 '미적 근대성'이라는 전략적 지점을 통해 리얼리즘과 모더니즘의 이분법적 구분이라는 헤게모니를 극복할 수 있다고 주장하고 있기 때문이다.10) 하지만 그럼에도 불구하고 그의 비평적 전제에는 리얼리즘에 대한 강력한 대타 의식이 깔려 있다.

2. 리얼리즘에 대한 대타 의식

모든 이분법이 그러한 것처럼 이 이분법(리얼리즘/모더니즘의 이분법 −편집자 주) 안에도 이미 강력한 우열의 가치 체계가 내장되어 있다. 한국 문학의 '유일한' 이상적 프로그램으로서의 '리얼리즘'과 그것의 대립항 혹은 결핍항으로서의 '모더니즘'이라는 도식이 그것이다. 한국 문학에서 이 이분법은 리얼리즘의 자기 동일성을 확보하는 방식으로 모더니즘이라는 개념을 호출하고 타자화함으로써 성립된 것이다. 이 이분법이 구성되는 방식은 '민족문학/자유주의 문학'이라는 이념적 도식의 경우와 동일하다. 리얼리즘과 모더니즘의 상호 관련을 말하는 논리 역시, 이 두 가지 개념의 실체성과 동일성의 전제를 승인하

---

10) 이광호, 「한국 근대 시론의 미적 근대성 연구」, 『미적 근대성과 한국문학사』, 민음사, 2001, 121쪽.

는 이상, 이분법의 이론 체계는 어떤 손상도 입지 않는다.[11]

이광호는 리얼리즘과 모더니즘의 이분법적 도식은 폐기되어야 한다고 주장한다.[12] 기실 이 주장 자체가 그리 새롭거나 참신한 논의가 될 수 있는 것은 아니다. 리얼리즘/모더니즘의 이분법이 그와 같은 이데올로기적인 잣대에 적합한 작품들에게는 편리한 분석적 틀거리가 될지는 모르나, 한 편의 문학 작품은 리얼하면서도 동시에 모던한, 혹은 재현이면서도 동시에 표현이라는 점에서 본다면, 이와 같은 이분법이 작품의 해석과 평가에 정당한 자기 귀결을 주기에는 상당한 곤란에 직면하게 되기 때문이다. 이광호의 주장 역시 이와 맥을 같이 한다. 특히 그는 90년대 이후의 작품들은 이와 같은 이분법에 포섭되기 어려우며, 작품의 다양성과 복합성을 설명하기 어렵다고 말한다.

하지만 이광호에게서 특이한 점은 이분법을 폐기하자는 주장이 곧바로 리얼리즘에 대한 공격으로 맥락화된다는 점이다. 먼저 그는 이분법의 성립이 리얼리즘 진영이 행한 모더니즘의 타자화에서부터 비롯한다고 주장한다. 리얼리즘이 스스로를 규정하기 위한 주변화 작업의 일환이 모더니즘에 대한 명명이었다는 것이다. 리얼리즘은 역사적 변천 과정 속에서도 끊임없이 살아 움직이는 실체로 간주되면서도, 모더니즘은 특정한 시기에 나타나는 기법적 측면의 문제에서만 다루어졌다는 것이 이광호의 주장이다.

하지만 여기에 깔려 있는 전제는 리얼리즘=근대문학이며, 이 때 리얼리즘은 손쉽게 '민족문학'으로 전화되는 리얼리즘이다. 다시 말해 리얼리즘=근대문학이라 말할 때의 리얼리즘이 '민족문학'과 과연 동일시 될 수

---

11) 이광호, 「문제는 리얼리즘이 아니다」, 『이토록 사소한 정치성』, 55쪽.
12) 이광호, 위의 글, 53쪽.

있는가에 대한 문제를 그는 설명하지 않고 있다. 그의 글의 맥락에서 리얼리즘은 한국 문학사에서 초월적 권위를 가진 것, 다시 말해 보편적 문학론으로까지 승격되어 왔던 것으로 상정해놓으면서도 '민족문학'과 같은 역사 상 특정한 입장과도 동일시해놓고 있다. 보편과 특수의 이와 같은 혼동은 그의 비평에 흔히 나타나는 도식화의 오류를 근본적으로 내포하고 있다.

또한 문학의 재현/표현의 이분법적 구분과 이에 따른 에콜화[13]라는 한국 문학 논쟁사는 상호 이질적인 보편적 문학론이 흔히 만날 수 있는 첨예한 대립의 양태들이었음을 상기한다면 리얼리즘/모더니즘의 대립도 어느 특정 입장의 우위로 말끔하게 정리할 수 있는 것이 아니다. 이를테면 리얼리즘 진영에서 높이 평가 받는 김수영은 모더니즘 진영에서 또한 모더니티를 구현한 작가로 생각된다. (리얼리즘과 모더니즘의 이분법은 분명 경직된 사고의 소산이지만, 때로 그것은 의도하지 않게 특정 작가의 다채로운 측면을 면밀하게 밝혀주는 점도 있다. 물론 이 글에서는 리얼리즘과 모더니즘의 문학사적 효과에 대해서 논하고자 하는 것은 아니다) 다만 이광호의 리얼리즘과 모더니즘의 이분법이 철폐되어야 한다는 주장은 일리가 있지만 그 철폐의 논리 속에 특정한 입장에서 다른 입장을 비판하는 전제가 깔려 있다면, 그 역시도 역설적으로 이분법적 전제를 강화하는 효과를 낳는다는 점은 분명히 밝혀져야 한다. 그렇다면 '문학사적 금기'는 '무중력 공간'이라는 특정한 입장에서 다시 쓴 수사에 붙여질 딱지가 아니라 차라리 리얼리즘과 모더니즘의 이분법에 대한 특정 입장의 내세우기에 붙여져야 하는 것일지도 모른다.

이광호는 기실 그 금기를 건드렸다. 그것은 리얼리즘과 모더니즘의

---

13) '창작과비평', '문학과지성'의 이분화된 에콜이 대표적일 것이다.

완고한 이분법에 대한 특정 입장에서의 비판이 가치 있다 생각하는 것 자체가 금기인데, 이를 건드렸음을 뜻한다. 하지만 그것이 잘못된 금기 건들기인 이유는 이분법을 깨뜨리자는 주장의 전제에서 이미 이분법이 완강하게 버티고 있는 역설이 존재하기 때문이다. 이분법을 깨뜨리자는 주장은 분명 메타적으로 보이지만, 전자를 우위에 두는 입장, 후자를 우위에 두는 입장, 혹은 두 입장을 아우르는 절충적 입장의 세 가지 입장 외에 그 모두를 용해하여 문학사적 맥락화에 성공을 거둔 (메타적) 입장은 필자가 과문한 탓인지 아직 나타나지 않았다고 생각된다. 물론 이광호는 '미적 근대성'이라는 화두를 통해 해묵은 과제인 이 이분법을 극복하려 한다. 그런데 여기에는 또 다른 문제가 있다. 이광호의 이분법 철폐 주장이 출발하는 지점에서부터 삐걱거리고 있다는 점이 그것이다. 그가 「시선과 관음증의 정치학」이라는 글에서 '70~80년대 문학=리얼리즘=민중문학=민중시'라는 전제 하에 고은의 시와 신경림의 시를 분석한 평론에서는 사태를 성급하게 일반화 해 버림으로써 되레 그의 리얼리즘 비판의 진정성을 의심하게 한다.

이광호는 이 평론에서 고은의 초기시와 신경림, 이성부에게서 남성 주체의 관음증적이고 폭력적인 시선을 끄집어낸다. 그리고 그와 같은 "남성적 시선의 체계는 사실 이른바 '민족문학' 계열의 '민중시' 일반에서 발견되는 미학적 메커니즘"이라고 매조지 해버린다. 겨우 몇 편의 시를 가지고 민중시 전체를 싸잡아 비난하는 것은 분명 오류다. 하지만 그가 비판하는 민중시의 내재된 정치성 해석 역시 의문스럽기는 마찬가지다.

즉 고은의 초기시에 나타나는 '누이 콤플렉스'[14])가 순식간에 남성적 폭력의 시선으로 전유되는 맥락도 의심스럽지만, 신경림의 「농무」가 여

---

14) 김현, 「시인의 상상적 세계」, 『현대 한국문학의 이론』, 민음사, 1972, 373쪽.

성 주체를 주변화한다는 주장은 작품의 맥락을 의도적으로 오독하고 있는 것으로 보인다. 이광호는 "이 시의 시각적 주체의 시선은 '농민-남자들-우리'를 훔쳐보는 '처녀애들'을 내려다보면서 그것을 다시 시선의 체계 내에서 주변화한다."고 주장하고 있다. 하지만 그것은 근본적으로 시적 화자가 남성이라는 데 대한 불만의 표출일 뿐이다. 이 시에서 나타나는 '처녀애들'은 농촌 사회의 소외된 민중 계층의 한 전형을 보여주는 것으로 읽혀져야 한다. 왜 하필 '처녀애들'인가 하는 점이 중요한 것이 아니다. 이 때 '처녀애들'은 미래에 대한 비전을 상실해버린 70년대 농촌의 젊은이를 상징하는 것이다.

따라서 이광호가 보여주는 의도적인 오독은 리얼리즘의 대표적인 기수라 할 수 있는 세 명의 시인을 남성적 주체의 시선이 민중시의 공식화된 시선이 되게 함으로써 리얼리즘 문학에 대한 폄훼를 감행하기 위한 것으로 읽혀질 개연성이 다분해진다. 이와 같은 발상은 80년대=리얼리즘 문학이라는 전제 하에, 리얼리즘을 공격함으로써 80년대 문학이 지녔던 다채롭고 소중한 성과들을 무화시키고 90년대의 과도기를 거쳐 상대적으로 2000년대 문학을 진화한 것으로 보려는 욕망이 숨어 있다. 김명환의 다음과 같은 촌평이 일리 있는 것은 이 지점에서부터다.

> 80년대 운동과 거리를 둔 훌륭한 작가들도 없지 않았을뿐더러 설령 80년대적 민중운동의 논리를 추수하고 만 작가라 하더라도 뜻있는 성취를 이룬 작품이 하나라도 있다면 그것은 아마도 다시 없을 존엄한 개인의 목소리를 빚어냄으로써 가능했을 것이다. 더 나아가 90년대 문학이 80년대에 대한 환멸과 부정을 주조로 한다는 발상도 재검토할 필요가 있다. 한때 창작의 전반적 경향이 그러했다는 점을 부인할 수는 없지만, 80년대에 대한 반발을 은연 중에 민중운동이나 그것과 연결된 민족문학과 리얼리즘문학에 대한 반작용으로 몽땅 환원하는 설명방식은 좀 무리인 듯하다. 그러다보니 우리 문학의 구체적

인 성과를 따지는 정말 중요한 작업을 자꾸 뒷전으로 밀어내는 형국이다. 안타깝게도 저자의 평론작업 자체가 자신이 주관적으로 상정한 80년대 문학에 대한 대타의식에 치우친 나머지 뜻하지 않게 자기 입론의 구축에 흠집을 내고 만다.15)

요컨대, 이광호의 비평은 80년대 문학 또는 리얼리즘에 대한 지나친 대타 의식으로 말미암아, 그가 기술하려는 한국 문학사의 10년 주기 도식화와 맞물려 구조적 모순에 빠지고 있는 것이다.

3. '미적 근대성'이 포괄하지 못한 것

앞서, 이광호의 비평은 한국 문학사를 재구성하려는 욕망을 갖고 있다고 말했다. 그가 자주 내세우는 세대론과 10년 주기 도식화는 이를 체계화하기 위한 의식적 산물이다. 그의 비평의 장점은 성실한 텍스트 해석과 더불어 이를 당대의 맥락과 관련시켜 의미화하는 데 있다. 이를 통해 그는 1980~2000년대의 문학사를 구조화할 수 있었다.

하지만 2000년대를 충족된 연속성으로 파악하는 이광호의 논지는 '미적 근대성'이라는 개념으로 환원되지 않는 작품들을 선명하게 주변화시킨다. 이는, 그가 '미적 근대성'과 '정치적 근대성'을 말하는 데서부터 이미 예견된 바이다.

> 요컨대 20세기의 한국문학은 역사적 요청으로서의 정치적 근대성의 추구와 은폐된 미적 근대성의 추구 사이에서 자기 형식을 찾아내어야만 했다. 그렇

---

15) 김명환, 「대타의식을 넘어설 비평작업의 아쉬움」, ≪창작과비평≫ 겨울호, 2006, 328쪽.

다면 이제는 한국근대문학 내부에서의 이 은폐된 미적 근대성의 내용과 그것의 특성과 변이를 문제화하는 작업이 새롭게 요청된다고 할 수 있다.16)

이광호의 이와 같은 기획에는 상대적으로 정치적 근대성만을 추구해 온 한국 근대(문학)사에 대한 비판과 반성이 깔려 있다. 이광호는 한국 근대사에서 추구되어 온 근대성이 서구의 그것과 동일시할 수 없다는 점을 분명히 한다. 그것은 "〈서구 사회의 근대성/미적 근대성〉과 한국 사회의 〈결핍된 근대성〉에 복합적으로 대응되고 이것들과 동시에 투쟁해야 하는 이중적이고 중층적인 소명을 짊어지고 있다."17)는 말에서도 잘 드러난다.

근대성에 대한 이광호의 이러한 통찰은 분명 귀담을만하다. 우리의 근대성이 서양처럼 매끄럽게 정리될 수 없다는 사실, 그러면서 동시에 우리의 근대성은 너무나 많은 자기모순을 노정하고 있어서 "어떤 문학 이념에 의해서도 결코 독점될 수 없다"는 점은 모더니즘과 리얼리즘의 이분법을 타파할 수 있는 가능성을 내재하고 있다.

그러나 이광호가 말하는 모순적인 근대성, 정복될 수 없는 근대성, "자신의 역사적 경계를 새롭게 재구성해 나가는 모순의 동력으로서의 근대성"은 '근대성'이 추구되어야 할 대상으로 설정됨으로써 그것으로는 포괄되지 않는 비근대적인 문학적 움직임들을 설명할 수 없다. 또한 그와 같은 근대성이라면 탈근대성과의 구분도 모호해진다.

그가 미적 근대성의 대타로 의식하고 있는 정치적 근대성 역시 모호하기는 마찬가지다. 2000년대 문학의 '사소한 정치성'에 주목하겠다는 그의 비평적 언술이 허언이 아니라면, 미적 근대성은 '사소한 정치성'이라는

---

16) 이광호, 「모순으로서의 한국문학사」, 『미적 근대성과 한국문학사』, 25쪽.
17) 이광호, 「문제는 미적 근대성인가」, 위의 책, 87쪽.

매개에 의해 정치적 근대성과 어느 순간 동궤를 이룬다. 또한 거대한 정치적 사건들이 보여주는 근대성을 향한 열망도 같은 개념 속으로 환원되어 버리고 만다.

그의 말마따나 근대성이라는 개념이 정립되지 않았음에도 이를 추구하겠다고 말하는 것은 리얼리즘/모더니즘의 이분법을 돌파할 수 있을 수 있다는 선명하고 매끄러운 논리적 틀거리가 될 수 있을는지도 모른다. 하지만 정작 작품을 대하면서는 어느 특정 입장(모더니즘)에 설 수밖에 없는 사태를 맞이하게 한다. 그리하여 리얼리즘이 추구하는 '근대성', 문학 이후의 '글쓰기'에 대한 충동을 미학적 근대성이라는 이름으로 포괄하기 어렵게 한다.

그의 미적 근대성은 문학의 자율성만을 추구하고 있을 뿐이기 때문이다. 이광호는 김동리의 근대성을 검토하면서 "문학의 자율성과 미적 자의식에 기초하고 있다는 측면에서 전형적인 미적 근대성을 실현하고 있다고 볼 수도 있다"[18]라고 언급함으로써 문학의 자율성-미적 근대성의 연관 관계를 선명하게 드러내고 있다. 그렇다면 그가 말하는 미적 근대성은 문학의 자율성을 추구하는 모더니즘 진영의 논지와 전혀 다르지 않다는 사실이 밝혀지게 된다. 기실, 리얼리즘 진영에 대한 이광호의 불만은 리얼리즘 진영이 모더니즘을 포섭하려는 욕망을 노골적으로 드러낸다는 데 있었다.[19] 그렇다면 역설적으로 이광호의 미적 근대성을 통한 리얼리즘/ 모더니즘의 이분법 극복 방안은 모더니즘의 리얼리즘 포섭 욕망이 아닌가?

이광호가 2000년대 문학을 가리켜 '무중력 공간'이라 명명한 것은 문학의 자율성이 이 시대 들어와서 본격적으로 이루어지고 있다는 사실을

---

18) 이광호, 「문제는 근대성인가」, 위의 책, 64쪽.
19) 이광호, 「문제는 미적 근대성인가」, 위의 책, 78-80쪽.

말하는 것이다. 곧 2000년대 문학은 기존의 리얼리즘 문학의 그늘에서 벗어나 드디어 모더니즘 문학을 실현한 공간이라는 것이다. 리얼리즘/모더니즘의 철폐가 아니라 모더니즘의 궁극적 승리를 예견하게 하는 이와 같은 그의 생각은, 그러나 그의 비평이 지닌 도식성이 여기서 또 한 번 문제가 되는 이유가 된다. 이는 2009년에 있었던 '6.9 작가 선언'이 지닌 상징적 의미에서 명확하게 드러난다.

사실, 6.9 작가 선언은 많은 문제를 내포하고 있다. 먼저, 작가들이 현실에 대해 발언해야 한다는 강박이 선언을 가능하게 했다는 비판이 있을 수 있다. 작가들의 겉멋이라는 것이다. 또한 겉으로는 국가에 대해 비판하면서도 개인적으로는 국가에서 주는 지원금을 우쭐해하면서 받는 작가들의 이중적 태도를 문제 삼을 수 있다. 하지만 작가 선언이 글쓰기의 지점에서 갖는 의미는 그와 같은 선정적 비판과는 궤를 달리 한다. 즉 작가 선언이 '선언'의 형태로 글쓰기 되었다는 점, 달리 말해 작가들이 문학 작품의 형태로 발언하지 않고 노골적이고 직접적인 한 줄 릴레이의 형태로 말했다는 점에서 선언이 갖는 의미는 새로운 국면을 제기하게 된다.

즉 현기영이 「순이삼촌」을 통해 '제주 4.3항쟁'의 은폐된 진실을 밝혀낸 것과 같은 문학의 대사회적인 파급력을 더 이상 기대할 수 없다는 사실, 현체제의 모순을 폭로하고 개선하기 위한 문학적 움직임이 더 이상 가능하지 않다는 점을 작가 '선언'은 은연 중에 시사한다. 문학이 죽었다는 풍문이 흉흉한 시대에, (작품이 아니라) 고작 '선언'의 형태로밖에 작가들이 글을 제출할 수밖에 없는 시대에, 이광호는 문학의 자율성을 통해, 드디어 구출된 문학의 자율성에 의해, '사소한 정치성'을 발현하고자 한다. 그리고 그 과정을 문학사로 기술함으로써 문학이라는 제도를 공식화하려 한다. 이는 그가 생각하는 문학의 가장 적극적인 자기 연명의 방식임에 분명하다.

하지만 그것은 리얼리즘/모더니즘의 이분법적 도식에 어느 한 편의 승리를 주장하는 그의 비평론이 궁극적으로는 문학의 미학적 자족에만 그치게 됨을 역설적으로 웅변한다. 그러나 작가들의 '선언'이라는 '글쓰기'는 그것이 지닌 선정성에도 불구하고 문학(또는 글쓰기)이 미학적 자율성에만 머물지 않는다는 점을 예견하게 한다. 문학이라는 근대적인 양식 혹은 제도를 괄호친 다른 형태의 글쓰기를 통해 작가들이 현실에 개입하고 발언하는 정치적 효과가 거기서 배태되고 있는 것이다.

미학적 자율성을 통해 문학을 구원하려는 그의 시도는 근대 이후의 문학이 근대 이전과 같은 '오락'이 될지도 모른다는 불안감을 은폐하고 여전히 근대문학이 갖고 있다고 가정되는 숭고한 그 무엇을 좇기 위한 노력의 소산이다. 이는 그가 한국 문학의 헤게모니를 장악하고 있는 한 축인 ≪문학과사회≫ 편집위원이라는 점에서 보면 그리 이상한 일이 아닌지도 모른다. 하지만 과연 그가 말하는 '사소한 정치성'이 문학적 글쓰기 바깥에서 행해지는 '정치적 충동'마저도 담아낼 수 있는지는 의문사항이다.

이광호는 '무중력 공간'에서의 글쓰기 작업이 궁극적으로 기존의 '중력적인 글쓰기'에 대한 미학적 전복을 통해 '새로운 정치성'을 추구하는 양상으로 나타나고, 이는 한국 문학의 새로운 생성의 힘으로 읽을 수 있다고 주장한다. 응당, 비평은 미학적 전복이 새로운 정치성으로 도약하는 과정을 읽어내는 것이 목표여야 하고 그 '생성하는 잡스러움'에 주목해야 한다는 것이다. 그는 다음과 같이 말한다.

다른 시간을 만들어내기 위해 문학과 예술은 이질적인 것들의 접속과 이종 교배를 통해 지배적인 상징 질서를 위반한다. 섞일 수 없는 것들을 섞고, 하나의 공간에 놓일 수 없는 것들을 만나게 함으로써, 문학과 예술은 상징 질서의 구획들을 흩뜨려놓는다. 그래서 제도의 언어, 시장의 언어, 주류의 언어를 소수자의 언어와 비인칭의 언어와 뒤섞어 자명성의 기호 체계들을 전복한다.[20]

하지만 무중력 공간에서의 글쓰기가 내세울 수 있는 새로운 정치성은 그 전제에서 이미 미학 안에 머물러 있는 전복과 혁명일 뿐이다. 그의 논리를 그대로 따르자면, 무중력 공간 안에서는 어떠한 전복과 혁명도 가능하며, 새로운 정치성의 탄생 또한 가능하다. 그렇다. 문학과 예술 안에서 상징 질서의 구획들을 흩뜨려 놓는 것, 자명성의 기호 체계들의 전복은 얼마든 가능하다. 문학과 예술은 그의 말마따나 무중력 공간에 있게 되었기 때문이다. 하지만 바로 그 점 때문에 중력의 자장에서 자유로울 수 없는 미학 바깥의 현실에 대해, 미학 안에 머물러 있는 새로운 정치성이 과연 어떠한 충격을 가할 수 있을지에 대해서는 그는 설명하지 못한다. 그는 문학의 자율성에 관한 김현의 역설을 인용하면서, "문학의 자율성은 단지 수동적이고 자폐적인 의미의 자율성이 아니라, 억압을 반성하게 하고 그것과 맞서 싸우는 적극적인 문학적 실천의 가능성을 내포한다"[21]고 한다. 이와 같이, 미학적 전위가 정치적 혁명으로 나타날 수 있다는 주장은 사르트르 이후 지속되어 왔다. 그러나 여기에는 중요한 전제가 깔려 있다. 미학적 전복이 정치적 혁명과 동일시될 수 있다는 환상, 미학과 정치가 대등한 입장에서 미학의 정치적 효과가 가능하다는 확신이 그것이다. 어쩌면 김현의 시대에는 그것이 가능했었는지도 모른

---

20) 이광호, 「이토록 잡스러운 문학의 자율성」, 『익명의 사랑』, 17쪽.
21) 이광호, 「문학의 자율성과 한국문학사」, 『미적 근대성과 한국문학사』, 40쪽.

다. 김수영이나 고은, 김지하의 시를 읽으면서 정치적 모순을 극복하기를 꿈꾸는 것은 그리 어려운 일이 아니었을 것이다. 하지만 문학이 더 이상 '무엇을 위한', '무엇에 대한' 문학이라는 환상에서 벗어나 문학 그 자체를 들여다보는 문학이 된, 그래서 그의 말마따나 '무중력 공간'에서 글쓰기 하게 된 2000년대 문학의 한 측면은, 그와 같은 전화(轉化)가 미학적 체계의 전복을 꿈꾸는 자들을 위한 현실적인 알리바이 밖에는 되지 않음을 웅변한다.

그렇기 때문에 그의 '무중력 공간'은 '중력장' 속에서 새로운 글쓰기를 시도하는 이들에게는 문학의 자기 위안 내지 자기 연명 밖에는 되지 않는다. 무중력 공간과 중력장 사이의 '열린 마개'인 '사소한 정치성'은 말 그대로 너무나 '사소'한 수사적 언급에 불과하다. 그렇다면 이광호에게 필요한 것은 무중력-중력의 도식성에서 벗어나, '무중력 공간'에서 글을 쓰는 작가들 뿐 아니라 '중력장' 속에서 나타나는 또 다른 움직임들, 그 '중력장'이 드디어 문학이라는 굴레마저 벗어던지려 하는 다양한 욕동들이 나타나고 있다는 사실에 주목하는 일이다. 그것은 '모더니즘'이라는 반쪽짜리 문학사만으로는 해결되지 않는, 2000년대 이후 글쓰기의 새로운 운동성이 되고 있는 까닭이다.

'리얼'을 향한 르포르타주의 글쓰기

1. 창궐하는 음모론

한때 한국 IT업계의 최대 이슈는 애플社가 새로 출시한 스마트폰과 이에 대한 삼성의 맞대응인 적이 있었다. 하루가 멀다하고 쏟아지는 애플과 삼성의 신제품에 대한 관련 기사들은 그 자체로 '삼성 대 애플'의 구도를 자연스럽게 만들어 놓았던 것이다.

그런데 두 회사의 최첨단 IT기기를 둘러싼 언론의 보도는 정말 있는 그대로 믿어도 되는 것일까? 외국에서는 관심 있게 보도되었던 삼성 휴대전화의 배터리 폭발 사고 은폐[1]나 삼성 신제품의 길거리 홍보 조작[2]은 한국 언론들의 외면을 받았다. 정보를 의도적으로 취사선택한다고 밖에 볼 수 없는 이와 같은 정황적 증거는 한국 언론의 암묵적인 삼성 편들기가 아닌지 의구심을 자아내게 한다. 한국 언론의 친삼성적인 보도행태가 보여준 스마트폰 대결구도는 다른 나라에서도 통용되는 객관적인 '담론'은 아니었기 때문이다.

---

1) http://gizmodo.com/5539192/a-cellphone-exploded-in-my-face
2) http://www.ohmynews.com/nws_web/view/at_pg.aspx?CNTN_CD=A0001404436

물론 한국 언론들의 호들갑이 삼성과의 모종의 거래에서 비롯된 것인지는 확인할 바 없다. 그러나 '삼성이기 때문에' 삼성의 신제품이 유난히 기사화된 것은 분명해 보인다. 적어도 한국에서 스마트폰을 둘러싼 '담론화' 과정은 사실(fact)보다는 언론의 목적과 의도, 무의식에서 연유되어 대상 호명이 이루어지고 있음을 최근 기사들은 암묵적으로 알려준다. 별다른 의도나 목적의 개입 없이 객관적인 사실만으로 쓰여질 것 같은 IT 관련 기사조차도 실은 여러 정치적 경제적 알력이 존재할지 모른다는 의구심을 갖게 하는 것이다.

이해할 수 없는 일들이 일어나고 그에 대한 적절한 해명이 이루어지지 않을 때, 사태와 이해 사이의 메워질 수 없는 간극을 메우기 위한 언어의 연쇄는 시작된다. 원인이 아님에도 정황적 증거에 의해 원인으로 승격되고, 결론이 될 수 없음에도 결과가 되는 경우를 의심하는 것은 그 사건이나 사태에 표면에 드러나지 않은 어떤 힘들이 개입되어 있다고 가정할 수 있기 때문이다. 그것은 언어가 가진 힘이기도 하다. 언어는 대상을 지시하면서도 의식을 거치지 않으면 대상에 가닿을 수는 없기에, 때로는 사건과 사태를 둘러싸고 서로 다른 의도들이 무수한 먼지처럼 일어나 사건의 실체가 보이지 않을 정도로 가려버리기도 한다. 사건과 사태를 가리키는 명징한 언어가 없다면, 언어가 명징하다는 권위와 신뢰를 얻고 있지 못하다면, 저마다 사건의 실체라고 주장하는 이른바 '음모론'이 부상하기 시작하는 것이다.

스마트폰을 둘러싼 삼성의 모의, 정부의 방관, KT의 굴욕 또한 그런 점에서 하나의 음모론을 창궐하게 할 충분한 여건을 만들어준 것이다. 그러나 그보다 중요한 것은, 객관적인 사실 전달 만으로도 충분할 것 같은 IT 기사들에서조차 어떤 의도가 개입되었음을 의심할 수밖에 없다는 사실에서, 우리 사회가 공적인 언어에 대한 믿음조차 허약함을 증명하고 있다는 점이다. 그것은 그만큼 우리 사회가 이슈가 되는 사건 사고에 대한 담론 생산과 유통 구조가 취약함을 방증하는 것이기도 하다.

 2010년 상반기 한국을 지배했던 음모론은 특히, 2010년 3월 26일 군함이 가라앉았다는 사실에서 그 절정을 이루고 있다. 정부의 '공식적인' 언어는 정치적인 의도만 강했기에, 신뢰할 수 없는 것으로 인식되었다. 때문에, 한 언론사는 보지도 듣지도 못한 '인간어뢰'를 '창안'해냈고 확인되지 않은 정황적 증거들이 만들어지거나 나타나게 됐다. 그러나 군함 침몰을 둘러싼 많은 말들은 국민들의 정치적 스트레스만 가중시켰다. '천안함 침몰'이라는 실재를 자신의 것으로 상징화하기 위한 언어놀이들은 침몰을 둘러싼 무수히 자기 모사된 판본들만을 가지게 했을 뿐, 정작 어느 누구도 진실을 알고 있다고 가정되지 못했다. 굳이 보드리야르를 떠올리지 않더라도, 시뮬라시옹된 무수한 시뮬라크르들이 천안함을 지배할 뿐, 침몰한 지 한참이 지난 지금까지도 특정한 언어가 이를 장악하지는 못하고 있다.

 이와 같은 혼란은 아마도, 본질적으로는 언어의 한계에서 비롯된다고 할 수 있을 것이다. 천안함을 둘러싼 수없이 많은 언어들에서 다시 한번 확인할 수 있듯이, 사태를 단박에 꿰뚫어내는 언어, 언어를 장악하는 유일하고도 메타적인 언어란 존재하지 않기 때문이다. 소쉬르가 기표와 기의를 분리해낸 순간부터, 대상과 의식과 언어가 구분되는 순간부터, 사물과 사태를 지시하고 확정하는 효과를 가진 절대적인 언어란 존재할 수 없다.

 그러나 이보다 더 중요한 것은, 언어에 대한 믿음이다. 비록 언어 그 자체가 사태를 지시할 수 없다 하더라도, 특정 언어가 사태를 지시할 수 있다는 믿음을 안겨줄 수는 있다. 그것은 언어의 한계라는 무책임한 말보다 사태를 더 적극적으로 해석하는 언어의 효과를 담보한다. 그러나 반대로, 사태에 대한 정치적이고 의도적인 해석에 의해 이해될 수 없는 언어를 납득하라고 강요할 때, 그 언어는 납득할 수 있는 신뢰감보다는 음모론이 고개를 쳐들게 하는 계기로 손쉽게 작동하고 만다.

그런데 음모론의 언어들이 사태를 둘러싼 정황 증거들을 아전인수할 때, 진실 그 자체에 가 닿을 수는 없다 하더라도, 사건과 사태를 지시하고 확정하려 노력하는 언어들을 찾는 자들이 존재한다. 비록 그들이 사태를 지시하는 언어인지, 사태를 은폐하는 언어인지 구별할 수 있는 완전한 메타적 입장에 서지는 못한다 하더라도, 사태의 경과를 파악하고 이를 우리 사회의 한 징후적 단면으로 삼는 그들의 글쓰기는 그 자체로 진실에 가 닿으려는 의지를 표출하는 것이다. 진실이 없음에도 진실에 다가서려는 모순적인 글쓰기, 신뢰를 획득하는 언어를 추구하는 르포르타주는 시뮬라크르 속에 살고 있는 현대 문명인들의 첨예한 삶의 현장을 날것으로 보여줌으로써, 음모론을 넘어, 지금-여기의 정체성을 다시금 확인하고 바꾸게 하는 운동성을 가진 글쓰기이다.

2. 르포르타주의 전제-사실과 믿음

김용철의 르포르타주, 『삼성을 생각한다』[3]를 읽은 독자라면, 앞서 스마트폰 신제품을 둘러싼 언론들의 보도 행태가 충분히 의도적일 수 있으리라는 추측을 가능하게 한다. 한국에서 삼성은 단순한 재벌기업이 아니

---

3) 김용철, 『삼성을 생각한다』, 사회평론, 2010.

라 법조계를 비롯한 정관계, 언론을 주무르는 죽지 않는 권력이다. 적어도 이 책의 내용대로라면, 삼성이 스마트폰의 대립구도를 쟁점화하고, 한편으로 영향력 있는 외국 스마트폰의 한국 내 수입을 최대한 늦추면서 자신들의 이익을 챙기는 시나리오를 실행할 수 있을 정도의 영향력은 충분히 갖고 있다고 의심할 수 있다.

그러나 이러한 음모론적인 추측성 진술은 일들이 진행되어 가는 과정에 대해 판단하고 결정하는 데 있어서 하등 도움이 되지 않는다. 중요한 것은 사실에 근거한 참된 문장을 통해 진실의 실체에 신뢰감을 주도록 접근하는 것이기 때문이다. 르포르타주가 견지해야 할 이러한 태도를 안병찬은 러셀을 인용하면서 다음과 같이 말한 바 있다.

> 참된 문장의 근거는 '사실'이다. 그렇지만 사실에 근거한 참된 문장에 우리는 어떻게 도달할 수 있는가. 영국 철학자이자 저술가인 버트런드 러셀은 의미와 진리를 탐구하여 직접적인 앎에 접근하는 데 가장 필요한 요소는 '주의력(attention)'이라고 지적했다. 그래서 어떤 문장이 참인지를 알기 위해서는 그것의 증거, 즉 그 문장이 지시하는 사실을 지각해야 한다. 어떤 사태를 기술하는 문장이나 발언은 그것을 읽고 듣는 사람이, 그 사태를 경험하고서 말하는 사람과 똑같은 감각적 경험을 하게 될때 사태를 바르게 짚은 것이다. 러셀의 이 지적은 지금도 여전히 새롭다.[4]

그런데 르포르타주 작가들의 진실 추구의 논리에는 먼저 그것이 존재한다는 믿음이 선행하고 있다. 아무리 시뮬라크르만이 판을 치고 있다하더라도, 이미지를 생성하는 근본적인 실체가 존재하며, 이를 통해 사건의 본모습을 파악할 수 있다는 믿음이 르포르타주 작가들에게는 전제되어 있는 것이다. 따라서 '사실'을 뒷받침하는 '증거' 또한 그들은 지각할 수

---

4) 안병찬, 「나의 저널리즘」, 『르포르타주 저널리스트의 탐험』, 커뮤니케이션북스, 2008, 15-16쪽.

있다고 믿으며, 그러한 지각 경험의 보편적 가능성에 기대를 거는 것에서 현장으로 발걸음을 향하는 이유를 찾는다. 비단 한국일보 기자였던 안병찬 뿐 아니라, 르포르타주는 사실로서의 증거를 찾고, 이를 보편적인 공감대가 가능하도록 언어적으로 형상화함으로써, 가려졌던 진실들, 알아야만 하는 사실들을 우리에게 생생하게 전달하려 한다. 요약하자면, 안병찬에게 르포르타주는 참과 거짓에 대한 명확한 구분이 가능하다는 것과 언어는 진실을 전달할 수 있다는 믿음을 바탕에 깔고 있는 것이다.

> 르뽀문학은 바로 이러한 왜곡된 사실, 숨겨진 진실을 곧고 바르게 펴주는 일련의 작업에 속한다고 볼 수 있다. 감춰진 현장(現場)을 쫓아 생동하는 사건의 내막을 알려줌으로써 이 땅이 마지막 갈구하는 진정(眞正)한 새시대의 구현을 최종목표로 삼고 있다는 점에서 르뽀문학은 새로운 언론의 기능의 한모퉁이를 담당하려 한다.
> 그러나 이러한 본원적인 역할과 더불어 우리 동인들은 르뽀문학이 〈숨쉬기 운동〉이라는 점에 대해서도 전적으로 공감한다. 질문이 봉쇄되고, 이데올로기가 거세된 우리네 사회의 막힌 숨통을 터준다는 의미에서 〈르뽀쓰기〉는 일종의 생명현상이다. 따라서 르뽀문학은 숨쉬기운동인 동시에 이 사회의 어둠에 내려 쏟는 일종의 〈질문양식〉이기도 하다.[5]

"르뽀문학"을 하나의 특화된 장르로 표방했던 80년대 리얼리즘 진영이 보여준 "왜곡"과 "진실"로 이분화 된 가치체계 또한 이와 같은 믿음을 전제하고 있다. "숨겨진 진실을 곧고 바르게 펴주는 일련의 작업"이 "르뽀문학"으로 소개되고 있는 것은 "르뽀문학"이 대상을 직시하는 언어, 왜곡 없는 객관적 사실의 전달의 언어로 쓰여지고 있다고 가정될 수 있을 때부터이다. 채광석이 "본질적 현장을 민중의식으로 포착하는 것이어야말로

---

5) 오효진 외, 「어둠을 저갈 한 마리의 속죄양」, 『르뽀時代』, 실천문학사, 1983, 9-10쪽.

참다운 르뽀작가의 소임"6)이라 주장했을 때, '본질적 현장'은 이를 왜곡 없이 담아낼 수 있는 '언어'가 있을 때만이 기록될 수 있다. 참다운 언어를 통해 "질문이 봉쇄되고, 이데올로기가 거세된 우리네 사회의 막힌 숨통을 터"주는 "르뽀"의 글쓰기가 가능해진다고 믿었던 것이다.

실제로 "르뽀"의 역동적인 운동성은 유재순, 유동우, 석정남, 이재걸 등의 글을 통해서 확인되었던 바, 80년대 "르뽀"는 적어도 리얼리즘 진영에서는 문학의 한 장르로 당당한 대접을 받아왔다. 범박하게 말해, 문학이 인간 삶에 대한 진실을 담아내는 것이라면, "르뽀"는 그와 같은 목적에 무엇보다 부합하는 글쓰기가 되기 때문이다. 더욱이 80년대 언론이 제공한 누군가의 의도와 목적에 맞춘 가공된 정보들은 진실을 알고자 하는 대안적 역할로서의 "르뽀"에 더 큰 기대를 가질 수 있게 한 여건이 되었다. 한국의 불의한 정치 현실은 역설적이게도, 르포르타주 작가들로 하여금 숨겨진 진실을 파헤치기 위해 과감하게 제 몸을 투신하게 함으로써, 문학이 지닌 정치적 역능을 실현하고 있는 것으로 생각되도록 이끌 수 있었다. 음모론이 횡행하는 2010년대의 지금, 다시 르포르타주를 논의해야 하는 근본적인 이유도 실은 여기에 있다.

3. 객관-주관의 이분법을 넘어서

모든 르포르타주가 윤리적이거나 사태에 대해 순수한 의도로 접근하는 것은 아니다. 그것은 어떤 대상의 구체적 사실을 기록하는가에 따라서 손쉽게 상업주의적인 글쓰기가 되기도 한다. 비록 진실을 다루고 있다

---

6) 채광석, 「진정한 새로움을 위하여」, 『채광석전집4』, 풀빛, 1989, 244쪽.

하더라도, 흥미 위주의 진실, 고통의 스펙터클화 된 제시는 진실과 대면하게 하는 것이 아니라 진실이라 가정되는 재현된 이미지를 소비하는 것에 지나지 않는다.

지금도 많은 잡지에서 쓰여지고 있는 '밀착취재', '현장추적', '잠입르포'와 같은 어구들은 숨겨진 진실을 드러낸다는 명목 하에 대중의 욕망을 자극하는 이색지대 탐방에 초점을 맞춘다. 현상에 대한 깊이 있는 탐험이 아니라 선정적인 것, 눈길을 끄는 것에 대해서 집중함으로써 진실보다 더욱 진실한 듯 보이는 이미지를 연출해내고 있는 것이다.

르포르타주는 '리얼'을 지향하지만 이때 '리얼'은 단지 있는 그대로의 사실이 아니라 기록자가 보여주고 싶은 '리얼'이라는 점에서 그것은 순수한 객관적 사실을 제시하는 것은 아니다.

그런 의미에서 80년대 르포르타주 논의는 단순하거나 순진한 면이 있었다. 리얼리즘 문학의 한 영역으로서 '사실의 객관적 진술'[7]이 가능하다고 가정되는 르포르타주는 여전히 객관적이고 진실한 언어에 의해 쓰여져야 한다는 당위만 가질 뿐이었다. 게다가 르포르타주가 객관적이어야 한다는 말에는 수사적인 장치나 서사의 짜임 없이 누구나 있는 그대로의 사실을 나열할 수 있다는 생각도 깔려 있다. 르포르타주가 문학적 글쓰기보다 쉬워 보이는, 비전문가도 쓸 수 있는 장르로 인식되고 있는 데에는[8] 이러한 사실 중심의 객관적 글쓰기라는 르포르타주에 대한 암묵적 합의가 근거가 되고 있다.

---

7) 정찬영, 「한국 증언소설 연구」, 부산대학교 박사논문, 2000, 11쪽. 이 논문에서 기록문학은 사실의 주관적 진술인 일기, 자서전, 회고록, 수기문학, 기행문학과 사실의 객관적 진술인 전기문학, 다큐멘터리, 보도문학, 보고문학, 르뽀문학으로 구분된다. 이러한 구분은 일견 명확한 것처럼 보이지만, 주관적 진술과 객관적 진술을 한 작품 안에서 어떻게 구분할 수 있는지에 대한 언급은 명확하지 않다.
8) 박정선, 「해방기 문화운동과 르포르타주 문학」, 『어문학』제106집, 한국어문학회, 2009.12, 370쪽.

그러나 진실과 거짓, 객관적 '역사'와 주관적 '서사'라는 전통적인 이분법을 지탱해 줄 근거는 오늘날 거의 와해되기에 이르렀다. 역사가 특정 주체의 역사인 이상, 그것은 객관성을 담보할 수 없으며, 서사가 역사적 현실 속에서 배태되는 이상, 그것은 주관성만으로는 설명되지 않는다. 되레 오늘날 우리가 접하는 감각적 인지방식은 주관과 객관의 이분법적 대립이 아니라, 특정한 일을 마주 선 주체가 어떤 입장이나 태도를 선택하는가, 그리고 그 선택의 자기 논리가 합당한가를 검토하고 확인하는 것에서 이루어지고 있는 것 같다. 즉 우리가 접하는 수많은 감각적 정보를 취사선택하는 가운데서 취하게 되는 자기 욕망의 능동적인 발현이 우리의 감각적 인지방식이라면, 르포르타주가 현장에 뛰어들 때 가져야 할 기본적인 태도 역시 이와 같아야 한다.

80년대 르포르타주가 90년대 이후 변화해가는 시민사회와의 다양한 연대 가능성을 놓치고 있었던 데에는 욕망의 다양한 발현태들을 끌어안지 못했던 것과 무관하지 않다. 르포르타주가 여전히 80년대 보여주었던 '믿음'에 바탕을 둔다면, 그것은 지금-여기의 생동하는 사건과 사태들을 온전히 담아내는 글쓰기가 되지 못할 것이다.

김곰치의 르포·산문집 『발바닥 내 발바닥』이 중요한 이유가 여기에 있다. 그의 글쓰기는 단순히 일상의 정치성을 회복하는 문학적 역능만을 증명하는 데 주목하지 않고, 대상의 욕망과 길항하면서 동시에 교통하는 작가의 목소리를 드러내기를 주저하지 않는다. 그는 단지 현장에 대한 작가의 주관적 메시지 전달하는 데만 치중하지 않고, 현장의 사태에 대한 대안적 논리를 함부로 강제하지도 않는다. 그럼에도 그는 대안 없는 현장에 대해 누구보다 아프게 고민하는 과정을 생생하게 노출시킨다.

적 생명의 절규"를 기억하면서 애초의 악연-탄광촌과 카지노 호텔은 순결한 땅 사북에 생성되는 악연일 뿐이다-을 떠올린다. 탄광촌 노동운동의 편도, 카지노 개발 업자의 편도 아닌, 생명을 말하는 이의 입장에 있어서 발화되는 이와 같은 진술은 노동운동의 정당성에 대한 옹호도, 카지노 개발업자들의 자본 논리에 대한 어쩔 수 없는 승인도 아니다. 그는 권력의 부당한 욕망에 대해 비난하고, 현장의 고통에 대해 말하는데 그치는, 돌아갈 수 있는 일상을 배후로 남겨둔 '후유증 없는 글쓰기'를 거절하고 있다. 그의 사북 현장 비판은 주관과 객관, 사실과 믿음의 가정된 경계를 무너뜨리면서, 모든 생명을 자본적 가치로만 환산시키려는 야만적인 존재 말살 욕망을 들여다보는 데서 출발하고 있다. 그리고 거기서 사태에 대한 르포르타주 작가로서의 능동적인 판단과 개입이 시작되고 있다. 무책임한 윤리를 앞서는 그의 현장 개입 태도는 그저 사실적인 글쓰기를 지향하는 르포를 넘어서 있는 것이다.

4. '리얼-리즘'에서 '리얼'로

리얼리즘 문학은 언어의 재현 가능성을 믿기에, 언어를 통해 현실의 모순을 폭로하고 이를 개혁할 수 있으리라는 가정 없이 성립하지 않는다. 그런 점에서, 리얼리즘 문학의 한 영역으로 생각되어 온 르포르타주 또한 흔히 객관적인 사실을 담보하는 언어의 가능성을 믿으며, 그와 같은 언어로 글쓰기가 이루어져야 한다고 생각된다. 그런데 진실과 거짓, 주관과 객관의 경계에 대한 이와 같은 믿음의 바탕에는 언어본질주의적인 사고가 녹아있다. 그것은 최근의 르포르타주 논의에서도 여전히 반복되고 있다.

> 훼손당한 언어를 복원하고 그렇게 되살려낸 언어를 뭇 생명의 품으로 돌려보내는 일, 그것이 오늘날 작가들에게 주어진 막중한 소명이다. …(중략)… 순도 높은 언어를 길어 올리는 문학적 실천과 약자를 향해 연대의 손길을 내미는 사회적 실천을 동시에 이루며 가야 한다. …(중략)… 지금 이 순간에도 법정에서 흘러나오는 말들, 권력자의 입에서 튀어나오는 말들, 자본가의 입에서 뱉어지는 말들은 하나같이 제대로 된 언어가 아니다. 거짓의 언어이자 죽음의 언어이며, 상생보다는 각자도생의 비굴함을 강제하는 폭력의 언어이다. 나날이 훼손당하고 능멸당하는 언어들을 접하는 참담함이 펜을 든 작가들의 손을 떨게 만든다. …(중략)… 치장된 수식을 버리고, 단단히 곧추 세운 직립의 뼈가 전해주는 단순함의 진실을 직시해야 한다. 얼음장처럼 차고 시린 언어로 투명한 진실을 노래해야 한다.[10]

"문학적 실천과 약자를 향해 연대의 손길을 내미는 사회적 실천을 동시에 이루며 가"겠다고 다짐하는 반년간지 『리얼리스트』 편집위원들의 비장한 결의는 80년대 줄곧 주창되었던 "순도 높은 언어"를 이 자리에 다시금 호출한다. 그런데 여기서 "순도 높은 언어"는 "훼손당한 언어"와 대립하면서, 모든 상황을 이분화된 대치 국면으로 몰고 가는 단순성을 보여준다. 그것은 (문학적인) 순수 언어와 일상 언어를 구분짓고 전자에 방점을 찍어 둠으로써 순수 언어에 의한 문학적 역능을 구현하려는 의도로 보인다. 리얼리스트의 진실한-순수한 언어에 의해 쓰여지는 글쓰기-문학이야말로, "법정", "권력자", "자본가"로 대표되는 추악하고 오염된 언어로부터 우리의 인간다운 삶의 모습을 구원해낼 수 있을 것이라 믿는다. 그 글쓰기의 하나가 '르포르타주'인 것이다.

그러나 비록 근래의 정치구도가 80년대를 다시금 호출해야 할 만큼

---

10) 『리얼리스트』 편집위원회, 「흙바닥에 입 맞추며 가는 길」, 『리얼리스트』 창간호, 2009.

퇴행적인 것이 사실이라 할지라도, 이와 같은 단순 이분의 논리는 퇴행에 맞서는 퇴행적 논리에 불과하다. 순수를 말하는 순간 배제되는 '비순수'는 누가 비순수를 말할 수 있으며 누가 순수를 말할 수 있는 권리를 부여받았는지를 길게 설명해야 한다. 그 의무감을 감당하지 못하는 주장은 파쇼의 또 다른 이면이라는 공격을 받기 쉬우며 논리도 명분도 없는 공허한 피아 구분론으로 치닫기 쉽다. 작금의 퇴행하는 민주주의에 대해 우려하고 문학의 정치적 역능을 회복하고자 하는 리얼리스트 진영의 강건한 의지와 진정성을 이해 못하는 바는 아니지만, 이와 같은 단순한 틀로서 다양하고 복잡한 욕망들이 상호 교섭하는 지금-여기의 삶의 양태들을 온전히 '리얼하게' 재현해낼 수는 없다.

 감추어진 진실을 찾고자 하는 리얼리스트들에게 있어 중요한 것은 순수한 언어에 대한 문학적 충동 의지가 아니라 되레 순수 언어의 불가능성에서 '리얼'을 향한 순수한 충동을 보여주는 것이다. 순수한 언어는 일상 언어와 문학 언어의 구분을 전제하고자 한다. 따라서 순수 언어를 주창하고자 하는 태도는 "사회적 실천"보다는 "문학적 실천"에 본의 아니게 밑줄을 그을 수밖에 없다. 그것은 르포르타주가 지향하는 숨겨진 진실의 폭로와는 거리가 멀어질 수밖에 없다.

 더욱이, 순수 언어라는 것은 관념적 산물이다. 진실을 날것으로 보여주는 언어가 소위 순수 언어라 한다면, 그것은 진실이 무엇인지 알고 있는 자에 의해 사후적으로 나타날 수 있는 언어에 불과하다. 가려지고 은폐된 진실에서 순수 언어가 나타나는 것이 아니라 가려지고 은폐된 진실이 벗겨질 수 있다는 가정에서, 그리고 그렇게 폭로된 진실에 의해서 비로소 지시될 수 있는 언어가 순수 언어인 것이다. 그러니 무엇이 "투명한 진실을 노래"할 수 있게 하는가라는 질문에 대해 순수 언어라는 답은 사후적인 것을 사전적인 것으로 회귀했을 때 나타나는 논리적 오류일 뿐이다. 그렇다면 좋은 르포르타주를 쓰는 작가에게 있어서 순수 언어를 통한 진실의 구현은 'real-ism'에 합당한 것이 될지는 모르나 'real' 그 자체의 충동의지를 구현하고 있다고 말할 수는 없다.

'리얼'하다는 것은 일상의 경험적 빈도와 동격이 될 수 없다. 현실 자체가 극단적인 비현실과 초현실을 경험하게 하는 시공간에서는 그 극단적인 비현실, 초현실의 시공간 자체가 리얼이다. 지진이 난 이후의 아이티에는 죽음이 일상이듯이, 팔레스타인에서 총탄소리가 비일상이 아니듯이, 한국에서 휴전선이 독특한 광경이 아니듯이 말이다. 그러므로 '리얼'은 체험이나 경험의 빈도수에 의해 결정될 수 있는 사항이 아니라 지금-여기를 꿰뚫고 있는 삶의 지배적인 벡터와 그 역능들에 대한 르포르타주 기록자의 적확한 시선이 간취할 수 있는 권리로 사유되어야 한다.

그 언어는 언어의 객관적 소여성을 전제하는 순수한 언어가 아니라 상황과 맥락에 맞는 쓰임으로서의 언어, 의미가 갱신되는 규칙을 가진 언어, 언어가 전달할 내용보다 그 언어가 환기할 맥락이 주목되는 언어이다. 텍스트와 작가의 의도가 동일시되고, 선입견이 배제된 해석이 가능하다고 믿어지는 언어는 리얼을 향한 글쓰기의 충동을 리얼리즘이라는 일정한 경계 안에 가두어 버리고 만다.

5. 문학 영역의 바깥에 선 르포르타주

그러나 이제껏 르포르타주를 주목하는 논지들은 주로 문학의 범주 안에 포섭되어야 할 당위로 논의되어 왔다.

오늘 인민의 문학으로서의 리얼리즘 문학은 보고문학, 통신문학으로부터 항상 그 에네르기를 섭취하여야 할 것이며, 그것을 자기검증의 척도로 삼아야 할 것이다. 이런 의미에서 보고문학 또는 통신문학은 리얼리즘 문학 가운데서 가장 리얼을 대표하는 문학이라 할 것이다. 문학이 가지는 숙명으로서의 허구성을 최소한으로 제약할 수 있는, 그리하여 진실성을 가장 생명으로 하는 문학이 보고문학, 통신문학이라 할 것이다.[11]

르포르타주는 사태에 대해 건조하고 단조롭게 접근하는 기사문과는 달리, 사건이나 현상에 대해 긴 시간을 두고 심층적으로 접근함으로써, 독자들로 하여금 실체에 가깝게 다가가도록 이끄는 글쓰기이다. 특히 우리 근현대사에 나타난 격동적인 사건·사고들은 단편적인 인과관계만으로 정리할 수 없는 복잡한 국면들을 내포하고 있었기에, 일찍부터 르포르타주에 대한 중요성을 강조해 온 논의들이 존재했다. 그런데 이러한 논의들은 대부분 르포르타주를 리얼리즘 문학의 한 영역으로 승격하기 위한 논조를 띠고 있었다. 김오성의 르포르타주론은 그 한 예가 된다.

윗글에서, 르포르타주의 문학으로의 승격은 "문학이 가지는 숙명으로서의 허구성을 최소한으로 제약"함으로써 기존의 상상 문학 일변의 문학 외연을 확대시키고, 기존 리얼리즘 문학의 정체를 르포르타주의 도입을 통해 갱신하고자 하는 노력의 일환으로 제출되고 있다. 김오성의 르포르타주론은 리얼리즘 문학 체계 내부로 르포르타주를 편입시킴으로써, 이 글이 제출된 해방공간의 역동적이고 혼란한 시기를 기록하고, 사건과 현상에 대한 당위를 제시하고자 하는 데 그 목적이 있었다.

상상력의 기반이 강한 문학 쟝르보다 현장성 쟝르가 경우에 따라서는 문학의 건강성에 더 큰 보탬이 된다. 상상력을 배양한다는 미명 아래 식민주의적이

---

11) 김오성, 「보고 통신문학 제 문제」, 『문학비평』, 1947.06. (여기서는 송기한 김외 곤 편, 『해방공간의 비평문학3』, 태학사, 1991, 30쪽에서 재인용)

고 제국주의적인 문학관으로 독자 의식을 마비시켰던 사례는 짧은 한국 신문학사에서 얼마든지 발견된다. 사실 전달의 르포는 우리 시대 문학 운동의 필수 불가결한 전술 단위이다. 문학 쟝르로서 지녀야 할 상상력의 제약으로 평가에 인색하기에 앞서 현실의 본질에 보다 접근하는 쟝르로서의 의미를 부여해야 할 것이다.[12]

80년대 민중문학 운동 진영에서도 문학의 영역에 르포르타주를 편입시키고자 하는 노력은 적극적으로 제기되었다. 그런데 이 주장이 김오성의 논의와 구분되는 점은 "상상력의 기반이 강한 문학 쟝르보다 현장성 쟝르가 경우에 따라서는 문학의 건강성에 더 큰 보탬이 된다"고 하여, 르포르타주가 갖는 의미를 상상 문학의 안티테제로 상정했다는 데 있다. 상상 문학을 "식민주의적이고 제국주의적인 문학관"으로 몰아가는 극단적인 진술의 이유가 여기에 있다. 김오성의 경우에도 르포르타주를 주목하는 이유가 진실을 얼마만큼 생생하게 드러내는가에 있다는 점에서 김도연의 시각과 크게 다를 바가 없다. 그러나 르포르타주 역시 상상 문학 못지않은 미학적·예술적 감흥을 이끌어낼 수 있다는 사실에 대해 이 글이 주목하지 않았다는 점은 김오성의 논지와 차이가 난다.

그런데 그것은 이 글이 가진 내부적 모순을 노정한다. 르포르타주를 문학의 영역으로 끌어들이면서도, 문학성보다는 진실한 정보기록으로서의 특성을 부각시키고 있기 때문이다. 이는, 르포르타주를 문학에 편입하고자 하는 욕망이 역설적으로 르포르타주의 미학성을 포기하는 논리적 전제에서 비롯되고 있을 의미한다. 르포르타주가 문학적 가치가 있기에 문학의 영역으로 끌어들이려는 것이 아니라 정보 전달의 기록적 가치가 기존의 문학에 없으므로 르포르타주를 확장된 문학의 영역에 편입시키고

---

[12] 김도연, 「쟝르 확산을 위하여」, 성민엽 편, 『민중문학론』, 문학과지성사, 1984, 124-125쪽.

그러나 더 중요한 사실은, 폐업이나 자본철수라는 극단적 상황을 떠나서도 현실의 어떠한 노동운동도 그 한계가 너무 뻔한 운동이란 점이다. 아무리 강력한 연대투쟁을 벌여도 그들은 자본의 경계 밖으로는 나갈 수가 없다. 설사 노동자들의 연대체가 정치 권력을 장악한다 해도 그 또한 자본의 영역 속이다. 물론 자본 아닌 다른 이름으로 불리겠지만 기존의 '자본'은, 아니 발전의 기획, 그 생산력은 고스란히 남기 때문이다. 노동운동은 자본을 해체시키는 건 꿈도 못 꾸는 운동이다. 노동자들이 삶의 양식을 새로이 꾸릴 수 있도록 구체적인 삶의 능력을 기를 시공간이 현실 노동운동 안에는 전혀 존재하지 않기 때문이다. 노동운동은 자본의 횡포에 가장 직접적으로 맞서면서도, 자본의 존재를 가장 저주하는 것 같으면서도, 자본, 발전의 기획이 해체되는 걸 그 존재 조건 상 가장 무서워하는 아주 이상한 운동이다.9)

김곰치는 단순히 현장 민중들의 고충을 인터뷰하고, 현장에서 일어나는 일의 전말을 폭로함으로써 원인과 해결책을 모색하는 식의 르포를 쓰지 않는다. 서문에서 스스로 말하고 있거니와 그는 "글을 쓰면서 누군가의 편을 들 수밖에 없"을 정도로 주관적인 글쓰기를 하고 있다. 그러나 동시에 현장의 사태에 대한 이념적 지향이나 관성적인 윤리적 입장에 설불리 투항하지도 않는다.

위 인용문에서도 그와 같은 양상은 잘 드러난다. 그는 사북 운동이 지닌 "발가벗은 생명들의 절규 그 자체", 그 거대한 폭발적인 에너지를 상상하며 "사북사태는 정말 의미심장하다"고 말한다. 그러나 결국 그와 같은 노동운동이 완벽히 실패할 수밖에 없는 "뻔한 운동"이라는 점 또한 신랄하게 들추어낸다. 하지만 그가 노동운동에 대해서 "아주 이상한 운동"이라 말하는 것은 참과 거짓, 약자와 강자, 옳은 것과 그른 것의 이분화된 잣대를 전제한 속에서 나르시시즘적인 패배감에 사로잡혀 있기 때문이 아니다. 그는 사북에서 "무시무시한 생명의 에너지가 흘렀던, 그 집단

---

9) 김곰치, 『발바닥 내 발바닥』, 녹색평론사, 2005, 40쪽.

자 하는 것이다. 이는 르포르타주에서 미학적·예술적 의미를 허용하지 않는 편견의 산물로 볼 수밖에 없다.

결론적으로 말해서 르포르타주는, 리얼을 향한 글쓰기는, 메워지지 않는 사태의 진행과정을 상상적으로 재구성하는 문학 영역과는 상관없이, 사태의 과정을 믿을 수 있는 언어로 기록해나가는 과정이라 생각되어야 한다. 문학이 빠지기 쉬운 음모론을 예리하게 비껴가는 글쓰기, 그것이 르포르타주가 지향해야 할 글쓰기이다.

이문재와 장정일의 논픽션론이 상상 문학과 결별을 전면적으로 선언하는 맥락이 중요한 이유도 여기에 있다.

> 예를 들자. 지금은 금기가 되어버린 비비케이(BBK)사건, 또는 작년에 벌어진 부산실내사격장 화재 사건의 경우, 제대로 된 사회에서라면 거의 반년 안에 스무 권이 넘는 논픽션이 쏟아져 나온다. 그 가운데 어느 한 종이 수십 만 부 이상 팔리고, 그 책이 시중의 화제가 되고, 기사와 칼럼에 오르내리는 사회가, 고작 시집이나 소설 몇 권을 읽는 것으로 평생 교양인 행세가 가능한 나라보다 훨씬 건강하고 바람직하다. 문학적 글쓰기가 너무 강한 사회에서는 온갖 사회적 의제와 다양한 소재가 문학이란 대롱으로 흡수되어 버리고 만다. 문학적 글쓰기의 존재성을 무시하거나 외면하자는 게 아니다. 문제는 문학의 대롱이 한 번 입을 댄 대상은, 활자와 방송 매체가 훑고 간 사건 현장처럼 더 이상 거들떠보려 하지 않는다는 것이다. 동정/처녀성을 잃은 현장들. 그리고 쓰나미 같은 무지막지한 사회적 건망증. 그야말로 반문학적 악순환이다.13)

문학적 글쓰기는 "온갖 사회적 의제와 다양한 소재"를 "문학이란 대롱으로 흡수"하여 '리얼'을 '리얼-이즘'으로, 사건의 실체성을 서사로, 첨예한 운동성을 시적 리듬으로 돌려놓아버린다. 극단적인 현실의 파국을,

---

13) 이문재·장정일,「지금 왜 논픽션인가」, http://nabeeya.yes24.com/Online/detail_view.aspx?CD_MENU=8&SUB_CD_MENU=61&ID_CONTENT=2712&TYPE=0&NAVIACHIVE=

상징계를 찢고 침입하는 실재의 강렬한 물줄기를, 문학은 최소한의 효과로 상쇄시켜 버리는 것이다.

사건들, 쟁점들, 의제들에 대한 허구의 글쓰기는 '있을 법한 진실'을 다룰 수는 있지만 (알려지지 않은) '있는 진실'을 말할 수는 없다. 있을 법한 진실은 그것이 아무리 극단적이고 현실적 치부의 한 단면을 징후적으로 드러낸다 할 지라도, 지금-여기를 담보할 수 없는 문학적 체험에 그치는 것이 될 뿐이다. 그러므로 르포르타주는 문학을 의식하지 말고, 그러면서도 미학적 재구성의 가능성을 포기하지도 않은 채, 나름의 글쓰기로서의 정치성을 발현해야 한다.

> 그는 자·신·이·살·아·야·될·이·유가 있는지 묻고 있었다. 집과 생존터를 갖게 해달라고 하는데 죽여버리는 세상에, 자신을 사람으로 보지 않고 한 마리의 짐승으로 보는 세상에서 자신이 살아야 될 이유가 있는지 묻고 있는 것이다. 여기, 용산이 그 답을 줄 수 있는가, 하고. 자신을 하나의 짐승으로 보는 그런 세상에서는 아들도 아버지와 별반 다를 게 없는 삶을 살 수밖에 없다는 것을 신숙자 씨는 꿰뚫어 보는 것이다. 아들의 미래도 아버지와 같을까봐 사는 것이 겁나고 무서운 것이다.14)(밑줄 필자)

용산에 대한 처절한 기록을 담은 이 글에서 주목되는 것은 첫줄에 찍힌 저 중간점이다. 한과 고통이 실린 분노의 고함 같기도 하고, 깊은 시름이 담긴 한숨 같기도 하며, 이 악물고 살아서 버티려는 다짐 같기도 한 중간점을 단순히 문학적 수사로 취급할 수 있을까? 차라리 그것은 더 이상 물러날 곳도 없는 자들의 절박함을 '리얼'한 그대로 드러내는, 실체에 닿은 언어가 아닐까?

모두 다 알고 있으면서도 그 불편한 진실과 대면하고 싶어 하지는 않는

---

14) 김순천, 「용산, 격렬한 혼돈」, 『리얼리스트』창간호, 2009, 54-55쪽.

이들에게, 저 중간점은 추악한 권력에 의해 무자비하게 유린당한 자들의 목소리를 돌려주는 가장 적확한 언어이다. 비록 그것이 절대로 실체가 될 수는 없는 언어일 뿐이라 할지라도, 그 언어의 진실성이, 그 진실성에 대한 믿음이 르포르타주를 여전히 존재하게 하고, 추악한 현실의 실체에 대해 발언하게 한다.

　세련된 '문학의 정치성'이 가지지 못하는 '리얼'을 향한 거대한 운동의 에너지가 르포르타주로 다시금 싹을 틔우고 있다. 그것은 그만큼 현실의 모순이 점점 심해지고 있음을 역설적으로 증명한다. 허나 르포는 이전 시대의 단순한 반복이 아니다. 왜냐하면 더 이상 사실과 거짓의 언어를 구분 짓기 어려운 시대, 리얼한 것보다 더 리얼한 판본이 존재하는 시대에 진실-거짓, 문학-비문학의 낡은 이분법으로 현장에 개입하는 것은 리얼한 재현을 불가능하게 할 것이기 때문이다. 지금-여기의 르포르타주는 제각각의 벡터를 가진 욕망들에 입을 달아주는 불편한 언어들을 자기 귀결로 삼으면서, 글쓰기의 진정성과 신뢰를 고민해야 한다. 그것이 르포르타주가 문학이 행하지 못한 글쓰기의 정치성을 회복하는 오늘날의 방식일 것이다.

제3부

배반의 아이러니, 그 강박의 상상적 발현

1. '배반'이라는 시적 효과

시인은 언어적 감각을 동원해 시어를 시라는 장(場) 속에 부려놓고 이를 이미지화시키지만 이미지의 무상성, 그리고 이미지와 이미지의 충돌이 일으키는 돌올한 효과들은 시인이 예상하지 못했던 또 다른 층위의 문제들을 발생시킨다. 시인들에게 백지(白紙)가 즐거움이 아니라 하나의 두려움이 된다면, 그 이유는 시 속에서 발생하는, 의도로 포섭할 수 없는 효과들이 시인을 배반하고 비선형적인 타자성으로 도출되기 때문일 것이다. 자아와 세계의 동일성으로 귀결할 수 없는 이 타자의 목소리들은 시인에게 불안과 고통을 필연적으로 안겨준다. 배반의 고통, 포섭할 수 없는 불안이 백지에 맞붙어 떨어지지 않는 한, 시인의 시쓰기는 늘 방향성을 잃을 수밖에 없다. 왜냐하면 시인에게 고통과 불안은, 외부에서 발생하여 내부로 침투한 것인지, 내부에서 발현하여 외부로 향하는 것인지를 설명할 수 없기 때문이다. 그럼에도 이러한 무지(無知)를 자신의 시적 영역 안으로 끌어들여야 하는 강박적인 당위를 갖게 될 때, 우리는 시인이 환상하는 '서정'과 만나게 된다.

그러므로 우리가 '서정'을 범박하게 정의할 때, '자아와 세계의 동일성'이라 할 수 있지만 이 때 '동일성'은 자아가 지향하는 바를 의미하는 것이지, 그 자체로 시에 주어져 있는 현상은 아니게 된다. 서정은 어디까지나 시인이 지향하고자 하는 하나의 목표이자 이상일 뿐, 그가 늘상 주워 담는 언어들은 동일성이 아닌 유사성, 나아가 그와 반대로 차이를 드러내고 말 뿐이다. 한마디로 시인은 시에게 배반당하는 것이다. 하지만 그러한 유사성이, 혹은 본질적인 차이가 시인의 시어를 다채로운 함의 속에 두게 하고, 현실의 또 다른 국면들을 더 철저하게 환기시키는 효과를 낳기도 한다. 양건식의 다음 시는 이러한 가능성을 드러내는데 부족함이 없다.

몸이 부서지니/ 마음도 따라 기운다./ 쉽게 난파하는 생이여/ 수술이 성공적이어서/ 다행이라지만/ 쾌유 기원의 꽃들은/ 왜 시드는 걸까/ 오늘은 병실 풍경이/ 진통제처럼 조용하다.
—양건식, 「병실에서」 전문, 『귀한 매혹』, 문학과지성사, 2008.

시인에게 언어는 감각의 통로이다. 시인은 자신의 오감을 통해서 감각한 고통을 언어로 통과시켜 뿜어낸다. 시인의 언어가 절절한 구체성을 획득하게 되는 것은 바로 이 때이다. 양건식에게 감각의 통로로서의 언어는 위의 시에서 나타나는 바와 같이, 비유로 표현된다. 그런데 먼저, 생을 항해에 비유하고(이는 시 안에서 직접 드러나지는 않지만 전제가 되는 비유라 할 수 있다) "몸이 부서"진 상황을 "난파"에 비유하는 것은 얼핏, 작가의 실제 삶과 연결되는 동일성의 비유라 생각되기 쉽다. 그러나 이렇게 말해버리면 그 속에 나타나는 시인의 내적 갈등은 무화되어 버리고 만다. 오히려 그의 은유는 동일성에서 달아나 버린 비유라 해야 더 적확하다. 그의 비유는 난파하는 "생"을 인정하는 비유가 아니라 그것과 맞붙어 싸우는 비유, 그 고통을 정면으로 응시하는 자만이 고백할 수 있는 통절한 자기 비유인 까닭이다. 이는 이 시의 '시안(詩眼)'인, "진통제처럼"이라는 직유에서 훨씬 더 구체적으로 드러난다. 진통제를 맞으면 아픔이 그치기 때문에 그는 "조용하다"고 했을 것이다. 그러나 이는, 진통제를 맞아야 하는 그 고통, 그 '시끄러움'에서 달아나고자 하는 비유이다. 동일성을 구현하고자 하는 비유가 아니라 궁극적으로는 아픔(고통, 시끄러움)에서 벗어나고자, 이 갈등의 상황을 극복하고자하는 열망이 찾아낸 비유이다. 그러므로 시인은 "조용하다"고 했지만 실은 조금도 조용하지 않다. "쾌유 기원의 꽃들은" 시들고 있지 않은가. 그는 조용해지고 싶은 자이지, 조용히 있는 자는 아닌 것이다. 달리 말하면, 그의 비유는 동일성을 구현하고 싶으나 유사성만을 획득하며, 그 유사성 속에서 확인하는 것은 오히려 동일성과는 심연의 거리를 둔 차이인 것이다. 그러므로 "진통제처럼 조용하다"는 비유는 오히려 시인의 "부서"진 "몸"의 아비규환을 정직하게 고백해버리는 직설이 된다.

  시인이 의도했든, 하지 않았든 그것은 중요하지 않다. 중요한 것은 양건식의 비유가 이처럼 고통의 중심에서 달아나버린 비유를 통해, 역으로 자신의 고통을 절실히 드러내고 있다는 사실이다. 차이의 언어, 변죽을 울리는 그의 언어가 감각의 통로가 될 때, 언어의 배반과 이에 대한 강박적 두려움을 넘어서, 오히려 시의 중심에까지 충격이 될 수 있는 가장 적확한 언어가 될 수 있음을 우리는 이 시에서 확인할 수 있다. 그리고 그러한 '배반'으로서의 시적 효과가, 그의 시를 단순히 지면(紙面) 속에 가두어 두지 않고 포르말린 냄새 가득한 병원 한 구석으로 독자들을 안내하는데 부족함이 없다는 사실 역시 우리는 확인할 수 있게 된다.

2. 비우는 시와 채우는 시, 그들의 아이러니

시인은 동일성의 언어를 비유로 채용하여 표현하려 하지만 결국 드러나는 시적 효과는 유사성 혹은 차이이다. 이는 시에서 표현하고자 한 의도와 시에서 표현된 언어가 뿜어내는 효과가 같을 수 없음을 의미한다. 시는 그 자체로 시일 뿐, 시인의 의도로 시에 나타난 언어를 또 다른 언어로 치환할 수 없으며, 만약 치환되어 버린다면, 그것 역시 또 다른 시적 효과로 인해 다시금 시인의 의도를 배반하는 결과만 얻게 될 것이다. 이는, 시에 시인의 의도가 존재하지 않는다는 말이 아니다. 다만 시인의 의도라 불릴 수 있는 것은 한 편의 텍스트가 짜여질 때, 언제든 배반당할 가능성이 있다는 것이다. 오규원이 시어의 의미를 비움으로써 시어를 사물 그 자체(그의 표현을 빌리자면 "존재")로 만들고자 하는 이유는 이와 같은 시인과 시 사이에 존재하는 아이러니를 잘 알고 있기 때문이다.

> 라일락 나무 밑에는 라일락 나무의 고요가 있다/ 바람이 나무 밑에서 그림자를 흔들어도 고요는 고요하다/ 비비추 밑에는 비비추의 고요가 쌓여 있고/ 때죽나무 밑에는 개미들이 줄을 지어/ 때죽나무의 고요를 밟으며 가고 있다/ 창 앞의 장미 한 송이는 위의 고요에서 아래의/ 고요로 지고 있다
> ―오규원, 「고요」 전문, 『두두』, 문학과지성사, 2008.

위 시에서 독자가 어떤 의미 또는 관념을 찾으려 한다면, 소박한 주제밖에 얻을 수 없게 된다. 그러나 그것은 이 시에서 노리고 있는 의도가 아니다. 그의 시는 기표와 기의의 1:1관계에 대한 전면적인 의심에서 출발한다. 이 시에서 소박하게 확인할 수 있는 이미지는 그의 시론을 함부로 드러내지 않기 위한 전략적 산물이다. 그에 따르면, 이 시는 존재의 편에 서 있는 언어로 쓰여졌다. 때문에 그 안에서 심오한 의미(흔히 원로시인

에게 수사적으로 부여되는 '관조' 따위의)를 찾으려 해서는 안되며 찾을 필요도 없다. 왜냐하면 그가 말하는 존재는 하이데거가 말하는 바처럼 신비한 그 무엇 또는 은폐된 '신(神)'도 아니고, 아우라를 부여 받은 어떤 대상 역시 아니기 때문이다. 그는 시를 통해 라일락 나무, 때죽나무, 장미 등속의 존재 그 자체('날이미지')만을 목격하도록 독자에게 요구한다. 존재의 신비성이나 아우라는 존재 그 자체를 은폐시킨다. 또한 시가 의미로 환원되는 순간, 시라는 존재 또는 현실은 사라지고 관념만 남게 된다. 이는, 시어를 지시적 기호로 되돌려놓는 일이 됨을 의미하기도 한다. 시가 서정이기 위해서는, 시가 의미를 넘어 존재의 편에 서서 자아와 세계의 완전한 동일성을 구현할 때라야 한다. 오규원은 시인의 선험의식이나 주관성을 전제하지 않은 날것의 언어를 통해 이를 구현하려 한다. 그러므로 오규원은 궁극적인 의미에서 가장 지독한 서정시를 쓰려했다고 말해도 될 것이다.

그러나 아이러니컬하게도 그의 서정에는 그가 시에서 표현하고자 한 바가 무엇인가를 설명해야 하는 의무감이 전제되어 있다. 스스로의 시를 '날이미지'로 규정할 때, 그는 시가 아니라 다른 글쓰기를 먼저 시작해야 하는 것이다. 오규원은 이러한 아이러니를 정확히 알고 있었다. 그의 시에 소박한 의미나마 남겨둔 것이 그 증거이다.(그러므로 그의 시론 혹은 시는 김춘수가 말하는 '무의미시'와는 구별된다) 그리고 그것은 또 다른 역설적 의미에서, 그의 시가 지향했으나 사실상 실패로 끝나버린 시어의 사물되기를 드러냈다고 할 수 있다. 안타까운 점은, 그와 같은 실패가 무엇을 말하는지, 그 이후의 작업은 어떠한 방식으로 진행될 수 있는지와 같은 여전히 산적한 문제들을 남겨둔 채, 그는 이후의 시쓰기를 영원히 열린 결말로만 남겨놓고 말았다는 데 있다.

오규원이 존재의 입장에서 사물을 보라고 요구하면서, 시어의 의미들을 비워내려 했다면 이와는 반대로 이승훈은 특정 기표에 기의들을 초과 기입함으로써 시어를 사물이 되게 하려 한다.

> 시에는 서정시가 있고 남자가 쓰는 시도 있고 연필로 쓰는 시 상을 받는 시 휴지가 되는 시 아직 쓰지 않은 시 벌써 끝난 시도 있고 길들여진 시 젖을 빠는 시 발로 쓰는 시 멀리서 볼 때 대머리 같은 시 미친 시도 있다 엉터리 교수들이 쓰는 시 발표하지 않은 시/ 쓰다 만 시도 있고 바다가 쓰는 시 명명 짖는 시 산문시도 있고 의자가 쓰는 시 버스표를 내지 않은 시 전철을 타고 가는 시 주인 없는 시도 있고 연구실에서 쓰다 비가 와서 집으로 돌아와 쓰는 시 내가 읽어도 한심한 시 고개를 숙이고 쓰는 시/ 임산부가 쓰는 시도 있고 문을 닫는 시 도망가는 시 화장실에서 쓰는 시 표절하는 시 자연을 도둑질하는 시 언어와 싸우는 시 침을 뱉는 시 주사를 맞는 시 늙은 여자가 쓰는 시도 있고 밑씻개가 되는 시 모자를 쓰고 앉아 쓰는 시 밥 먹다 말고 쓰는 시/ 교수가 되려고 쓰는 시 유명해지려고 쓰는 시 벌거벗은 여자가 쓰는 시 프랑스 시 독일시 한국시 뉴욕시 서울시 새에게 돌을 던지는 시 부엉이가 쓰는 시 항문처럼 슬픈 시 기계가 쓰는 시 노망이 든 시 아무튼 여기서 잠시 쉬자 모든 시가 동대문이다
>
> ─이승훈, 「시」 전문, ≪시와사상≫, 2008년 봄호.

이승훈이 자신의 시를 '비대상시'라고 규정한 이유는 그의 시에서 표현된 시어들이 현실의 특정한 대상을 반영하지 않았기 때문이 아니다. 오히려 그의 시에서 시어들은 현실의 대상물들을 적극적으로 반영하면서 쓰여지고 있다. 위의 시에서 "시" 역시 그러하다. 시의 맥락 상 "시"는 한 편의 시(詩)를 가리킬 수도 있고, 특정한 사물, 사람, 관념을 말하고 있는 것일 수도 있다. 달리 말해 이 시에서 "시"는 꼭 "시"가 아니어도, 맥락에 따라서 얼마든지 다른 언어로 대치할 수 있다. 그러나 그 언어들이 "시"라는 단 하나의 시어로 수렴되면서, "시"는 자신이 기표로서 머금을 수 있는

의미보다 훨씬 초과되는 의미를 담아내야 한다. 이 때 과잉되어 용출(湧出)하는 의미들이 시에 화학작용을 일으켜, "시"는 단순히 지면 위에 활자로 박혀 있는 지시적 언어가 아니라, 스스로 흘러내려 활보하는 하나의 사물이 된다. 말하자면, 그의 시는 대상을 반영하지 않기 때문에 '비대상시'가 아니라, 시 속에 "시"를 과잉 배치하여 너무 많은 대상을 반영하게 함으로써 "시"가 용출되게 하는 전술을 택하고 있기 때문에 '비대상시'이다. "시"에 너무 많은 의미를 담고 있어, 역으로 아무 의미도 담지 않게 하는 시어, 이를 통해 시어가 사물이 되게 하려는 의도, 이승훈이 보여주는 비대상시는 이러한 전술이 만들어 내는 전략적인 결과물을 표현한 말이다.

그러나 시어를 끝없이 사물화 시키고 현실로 용출하고자 하는 그의 '비대상시'는 시인 자신이 시를 쓰는 전제에 이미, 시에서 그려내는 이미지로서의 현실과, 시인이 영위하는 생활로서의 현실을 구분하는 태도가 깔려 있다. 시인은 어쩔 수 없이 시의 세계로 환원될 수밖에 없는 그의 다채로운 "시"들이 있음을 잘 안다. 그러므로 자신의 시를 비대상시라고 말할 때의 그 아이러니, 시니컬함까지 고려해야만 그의 시를 제대로 이해할 수 있다. 그렇지 않다면, "아무튼 여기서 잠시 쉬자 모든 시가 동대문이다"라고 말하는 맥락은 허공에 집을 지어버리는 망상적 언어 낭비에 불과한 것이 되어버린다. 한마디로 그는 자신이 택한 언어적 전략과 그 한계까지도 명확히 짚어내고 있는 것이다. 그리고 그것은 시인이 시어를 의도적으로 사용한다 하더라도 필연적으로 그 의도가 배반당할 수밖에 없는 시적 효과가 있다는 사실을 우리에게 확인할 수 있게 한다.

3. 시의 사물 되기—의도가 아닌 효과로서의 시

한 편의 시는 결국 시인이 생각하는 의도를 계속해서 배반하는 효과를 발생시킨다. 오규원이 시어의 의미를 비움으로써, 이승훈이 시어의 의미를 과잉되게 채움으로써 시에서 발생하는 의미들을 시인의 의도로 환원하려 하였지만(그렇게 함으로써 시가 곧 사물이 될 수 있을 것이라고 믿었지만) 그 작업들은 시인 스스로도 깨닫고 있었듯이 모두 실패할 수밖에 없다. 시인의 의도가 시에서 발생한 효과와 정확하게 일치하지 않는다는 이 사실, 그리고 이를 알면서도 시인의 의도로 환원시키려는 아이러니컬한 강박적 노력이 계속되는 한, 시인의 시쓰기는 언제나 동어반복적인 자기 독백에 불과하게 된다. 왜냐하면 시는 시인의 의도로 쓰여지는 것이 아니기 때문이다. 시는 맹목적으로 쓰여진다. 다만 한 편의 시에서 발생하는 새로운 의미 구성체로서의 효과가 마치 시인의 의도인 것처럼 호도될 때, 그리고 시 바깥에 관념으로 시인의 의도가 존재하며 이것이 시를 쓰게 하는 원동력이 된다고 착각할 때, 이러한 아이러니가 발생할 뿐이다.

> 하늘은 밤새 이슬을 만들어/ 세상에 내리셨네./ 작은 풀잎에는 작은 이슬방울/ 큰 풀잎에는 큰 이슬방울// 밤하늘 고스란히 눈에 담고/ 먼동을 기다리는 이슬방울/ 어제도 그랬고 오늘도 여전히/ 한 눈 뜨고 꿈꾸고 있네
> ─김형영, 「이슬」 전문, ≪문학과사회≫, 2008년 봄호.

T.S. 엘리어트는, 시인은 객관적 상관물을 통해 자신의 정서와 의도를 드러낸다고 했다. 그러나 시인은 의도·정서·사상·감정 등을 선취하고, 그 이후에 시 속에 시어를 부려 놓는 자가 아니다. 달리 말해, 시는 선험적

의도의 특정적 발현이 아니다. 이는 시와 현실이 분리되어 있고, 시의 언어와 현실의 사물을 본질적으로 구분해야 한다는 사고방식을 전제로 한 경계 짓기이다. 그러나 시는 시인의 의도가 아니라 시어가 어떻게 배치되는가, 그 시어들이 어떠한 이미지들을 드러내며, 그 이미지들이 상호 어떠한 연관성을 맺으면서 효과가 발현되는가에 따라 의미가 결정된다. 그리고 그 의미들은 단일한 하나의 언어로 환원될 수 없으며, 때때로 시인의 의도와는 정반대의 방향으로 결정되기도 한다. 아니, 시인의 의도란 애초부터 결정되어 있는 것이 아니라 결과적인 환원적 관념을 마치 원인인양 착각한 것에 불과하다. 시인의 의도가 객관적 상관물을 만드는 것이 아니라 객관적 상관물들이 시 속에서 시적화자의 정서나 감정을 환기한다. 엘리어트는 시인이 의도한 언어를 객관적 상관물이라 보았지만, 사실은 시 속에서 상호 교호하는 언어들이 낳은 '효과'가 객관적 상관물인 것이다. 엘리어트는 이러한 '결과'를 마치 '원인'인 것처럼 오해하고 있었다.

그러므로 엘리어트에게 시어는 객관적 상관물이 나열된 얼음성 같이 굳어 있는 활자일 뿐이다. 그리하여 그는 사물이 되려하는 욕망으로서의 시어에 대해서는 말할 수가 없게 된다. 시와 현실 사이에 굵은 경계선을 그어놓고 그것이 마치 자명한 것처럼 여기게 하는 그의 시작(詩作) 태도는 결국 시로부터 현실을 지우고, 시를 완결된 텍스트 구조 속에 한정시키는 우를 범하고 말았던 것이다.

위의 시에 나타나는 "한 눈"은 시의 맥락과 이미지의 상호작용에 의해 효과적으로 "이슬"의 이미지를 새로운 차원으로 환기시킨다. 그런데 이는 시인이 간절히 바라는 꿈이 "이슬"이나 "한 눈"이라는 객관적 상관물을 찾아냈기 때문이 아니라, "한 눈"이나 "이슬"이 텍스트 맥락 속에서 시인이 간절히 바라는 꿈이라는 시적 의미를 발생시켰기 때문에 나타나는 효과이다. 더욱이 그 꿈은 "하늘"이 "밤새 이슬을 만들어/ 세상을 내리"신 것이기에, 단순히 한 개인의 체험적 진실로서만 그치는 꿈이 아니라 우주론적·보편적 차원으로 확대된 "꿈"이 된다. 이 역시도 이 시에서 "꿈꾸고 있"는 "한 눈" 혹은 "이슬방울"이 "하늘" 또는 "밤하늘"의 이미지와 상호 교호하는 과정에 있기 때문에 나타날 수 있는 시적 효과이다. 물론 이 시의 시적 효과를 이와 같은 몇몇 관념적 차원으로 환원해버리게 되면, 그 속에 담긴 다채로운 의미의 스펙트럼을 몇 개의 색상으로 분절해 버리고, 시가 지닌, 현실에 충격하는 사물로서의 효과를 지워버리게 된다. "이슬"을 단지 순수함, 깨끗함의 이미지를 환기하는 시어로 환언하지 않고, 시 속에 나타나는 여러 이미지들에 의해 "이슬"이 "한 눈"이 되는 초맥락적 의미를 발현하게 될 때, 이 시는 온전한 자기 의미를 갖춘 사물로서의 시, 즉 고통어린 기다림이 탄생시킨 깨끗한 "이슬"로서의 시를 독자들에게 보여줄 수 있게 된다.

　　가보셨지요 도산서원(陶山書院)/ 입구에 들어서며 곧장 왼쪽으로/ 높은 문턱 넘어 인사하듯 머리숙이고 들어가 조선왕조 때 기숙사/ 농운정사(隴雲精舍) 툇마루 들여다보고/ 나와서 진도문(進道門) 지나/ 전교당(典敎堂)으로 올라가지요/ 가다가 혹시 오른쪽으로/ 앞마당 바깥 담장을 뚫고 비스듬히/ 서 있는 향나무 한 그루/ 보셨나요 빛바랜 바늘잎들 성글고/ 적갈색 가지들 멋대로 뻗어나간 이 나무가/ 삼백 년 묵었다지요/ 오른쪽 앞마당 아니/ 역사의 뒷마당에서 홀로 살아온/ 이 못생긴 향나무가 서원의 동쪽을/ 향기롭게 밝혀주네요
　　　―김광규, 「향나무 한 그루」 전문, ≪문학과사회≫, 2008년 봄호.

　김광규의 시는 대단히 날렵하다. 얼핏 그의 시는 소박하고 단순해보이지만 그의 시작(詩作) 메커니즘은 그리 단순하지 않다. 그는 시 속에서

시어의 배치가 일으키는 효과와 시인의 의도를 일치시키려고 누구보다 고민한다. 달리 말해, 김광규는 시어의 배치가 일으키는 효과를 민감하게 받아들여, 이를 시인의 의도와 일치시키기 위해 매우 '의도적으로' 시어를 배치한다. 그의 시가 담박(澹泊)하면서도 깊이가 있는 것은 이러한 흔적조차 텍스트 안으로 수렴할 수 있는 시적 진실, 혹은 공력을 갖고 있기 때문이다.

이 시에서 시인이 말하고자 하는 대상은 "도산서원"도 "농운정사"도, "진도문"도, "전교당"도 아니다. 그는 시제(詩題)처럼 "향나무 한 그루"에 대해서 말하려 한다. 그런데 그는 성급하게 "향나무"를 바로 말하지 않는다. 이 시에서 9행까지 "향나무 한 그루"는 후면에 배치되어 있다. 그런데 10행에 이르러 전면으로 떠오르는 순간("가다가 혹시 오른쪽으로 / 앞마당 바깥 담장을 뚫고 비스듬히/ 서 있는 향나무 한 그루") "향나무"는 "도산서원"의 모든 사물들을 배경으로 물러 앉히는 효과를 발생시킨다. 그는 "향나무"를 전경화하지 않았다. 그럼에도 "향나무"는 자연스럽게 도드라진다. 이는 시인이 시어의 배치, 나아가 현실 사물의 배치까지 고민하여, 시어가 배치됨으로써 나타날 수 있는 효과를 (말 그대로) 효과적으로 통제했기 때문이다. 그리하여 "향나무"가 "삼백년 묵었다"는 사실, "못생긴 향나무"가 오히려 "서원의 동쪽을/ 향기롭게 밝혀"준다는 사실을 담담하게 표현할 수 있고, 자신이 의도하고자 한 바를 고도의 비유나 상징을 동원해서 말하지 않아도 되게 한다.

그러나 그는 시어의 배치, 현실 사물의 배치까지 지나치게 통제하기 때문에 시가 언제든 단일한 의미 맥락으로만 수렴될 위험성을 지니고 있다. 또한 그의 시가 가끔 명령조가 귀결되어버리는 것("스스로 만져볼 수 없는 자기의 시체/ 속으로 들어갈 수 있는 척하지 말게/ 해골의 눈으로 본다면 지금/ 이곳도 아득한 전생이 되고 말 것을"「자기의 미래」부분, ≪문학과 사회≫, 2008년 봄호)은 시인의 의도가 시적 효과와 언제나 일치하지 않는다는 사실을 알기 때문에 나타나는 역설적인 두려움, 이를 은폐하기 위한 결과적 표현이다. 그러나 이러한 효과까지 김광규가 통제 하지는 못한다. 그것은 시인이 의도하지 않았던, 시적 맥락에서 튀어나오 는 또 다른 효과인 까닭이다.

4. '괴물'들의 출현

시가 시인의 의도적 산물이라는 신화를 버릴 때, 시는 특정한 관념으로 환원되지 않고 시 그 자체로 존재하는 하나의 사물이 될 수 있는 가능성을 열어놓는다. 물론, 그럼에도 불구하고 시 그 자체가 완전히 자립하는 사 물이 될 수는 없다. 이는 서정이 본질적으로 안겨줄 수밖에 없는 배반의 강박이기 때문이다. 그런데 최근의 현대시에서 드러나는 어떤 양상들은 시인의 의도 속에 효과들을 수렴하거나 은폐하지 않고, 이를 정직하게 반영하고 있다. 한마디로 그들은 서정을 말하지만, 실패한 서정임을 의식 적으로 드러냄으로써 서정의 강박에서 탈출하려 한다. 문제는 그에 대한 평자들의 태도이다. 괴이하고 산만한 시어, 돌올하고 충격적인 형식들, 자폐적 위안과 허무적 감수성이 어우러진 시상 전개 등 모두 아우를 수는 없지만 몇몇 특징적인 국면으로 존재하는 이러한 '괴물'들에 대한 논의는 대체로 시의 윤리성을 근거로 그들의 시 정신(Poetry)을 비난하거나 찬양 한다. 그러나 이는 결코 평론의 윤리적 태도라 할 수 없다. 중요한 것은 시정신의 윤리성이 아니라 시편(Poem)에 드러나는 양상들을 현실로서 체험하고 끊임없이 확인하려는 견인적(堅忍的) 태도이기 때문이다. 이때 서야 시의 윤리성에 대한 평론의 윤리성도 확보될 수 있으며, 나아가 개입하고 가치평가 하는 평론의 실천적 영역이 온당한 자기 지위로서 주어질 수 있을 것이다.

바다에 가라앉은 기타,/ 갈치 한 마리 현에 다가가/ 은빛 비늘을 벗겨내며 연주를 시작한다// 소리 없는 꿈…/ 아무것도 들리지 않았지만 부끄러워져/ 당분간 손톱을 많이 키우기로 마음먹는다
백 개의 손톱을 기르고 날카롭게 다듬어/ 아무 연장도 필요 없게 할 것이다/ 분산(分散)된 필름들을 손끝으로 찍어모아/ 겹겹의 기억들 사이에서/ 맹독성 도마뱀들이 헤엄쳐나오도록 할 것이다/ 달의 발바닥이 보일 때까지/ 바다의 땅바닥이 드러날 때까지/ 나도 나의 사정거리 안에 있다// 네가 고양이처럼 예쁜 얼굴을 하고 딸꾹질을 하고 있는 동안/ 나는 보라색을 뚝뚝 흘리고 있었다/ 생선이 되어 너의 입속에 들어가고 싶었다/ 아무 미동도 없이,/고요하게//
어른이 되고 싶었다
―정재학, 「Edges of illusion(part Ⅶ)」 전문, ≪문학동네≫, 2008년 봄호.

정재학의 시는 이해하기가 쉽지 않다. 그 이유는 무엇보다도, 시 속에 배치되어 있는 이미지들이 아무런 인과 관계가 없어 보이면서도, 마치 인과 관계인 것처럼 연결되어 있기 때문이다. 즉 "바다에" "기타"가 "가라앉"았기에 "갈치 한 마리"가 "현에 다가"갈 수 있으며, 이 때문에 "은빛 비늘을 벗겨내며 연주를 시작"할 수 있다. 그런데 이는 시적 화자에게 "소리 없는 꿈…"으로 체험되기에 "부끄러워"지고 "손톱을 많이 키우기로 마음먹"을 수 있게 한다. 이는 다시 원인이 되어 "분산된 필름들을 손끝으로 찍어모"으는 결과를 낳게 되고 이것이 원인이 되어 "겹겹의 기억들"을 결과로 나타내게 된다. 그리고 "겹겹의 기억들"이 있기에, 그 "사이에" "맹독성 도마뱀들이 헤엄쳐나오도록 할" 수가 있게 된다. 원인

이 되는 이미지가 결과가 되는 이미지를 낳고, 결과가 되는 이미지가 다시금 원인이 되는 이미지가 되어 또 다른 결과가 되는 이미지를 낳는다. 이처럼 도무지 인과관계로 볼 수 없는 이미지들을 인과관계로 배치하고 순환하게 함으로써, 이 시는 시인이 무엇을 말하려고 하는지 알 수 없게 해 버린다. 그러나 이 때문에 이 시를 언어낭비로 몰아세워서는 안된다.

왜냐하면 바로 그 점, 시인이 무엇을 말하려는지 알 수 없기 때문에 역으로 이 시의 불연속적인 인과 관계는 의미가 있기 때문이다. 즉 이 시는 인과 관계로 놓여 있지만 인과 관계로 읽어서는 아무런 의미도 찾을 수 없다는 의미를 환기시켜 놓는다. 달리 말해 시인은 '의도적으로' 인과 관계로 이미지를 배치했지만, 그 의도를 깨부수고 인과관계의 이미지군(群)들을 독자는 스스로 재배치해서 읽어야 한다. 시인은 독자들이 시인의 의도를 읽어내주기를 바라지 않는다. 오히려 의도의 뒤집기를 통해 독자 스스로 능동적인 읽기를 하도록 요구한다.

그러나 이 시 역시 두 가지 면에서 아이러니컬하다. 먼저, 독자들이 능동적으로 읽어주기를 바라는 시인의 의도를 읽어내지 못할 경우, 이 시는 독자들에게 망상적 언어 낭비에 불과하게 된다. 시인이 시 안에 표현된 의도를 깨부수어 달라고 요구할 때, 그것은 텍스트 바깥으로 튀어 나오는 또 다른 의도가 된다. 독자는 텍스트 내부의 의도를 배반하면서도, 텍스트 바깥 의도에 대해서는 정확히 읽어내고 수용해야 한다는 입장이 전제되어 있는 것이다. 더 큰 아이러니는 시인 역시 이를 알고 있다는 점이다. 때문에 텍스트 가장 마지막 연에서 "어른이 되고 싶었다"라고 표명한 언술은, 앞선 어조들에 비해 대단히 의도적이고 직접적이게 된다. 환상(Illusion)에서 빠져 나와 동일자의 혀로 위처럼 발화할 때, 독자가 텍스트의 이미지들을 재배치하여 읽는다 하더라도 그 결과들은 이 시에서 표명된 언술에 맞물려야 한다. 그러한 시인의 강박관념이 위와 같은 돌올한 어조를 낳은 것이다. 시인은 독자를 방기하면서도 동시에 그 방기가 자신이 의도한 바대로 귀결되기를 강권적으로 바라고 있는 것이다.

그의 시가 이러한 아이러니를 극복하고 강한 시가 되기 위해서는 보다 더 지독한, 역설적으로, 보다 더 의도적인 자세가 요구된다 할 것이다. 이는 단지 정재학에게만 해당하는 것이 아니라 최근에 일군(一群)을 이루고 있는, 난해시를 쓰는 시인들에게서 공통적으로 요구되어야 하는 자세이기도 하다.

그런 점에서 함기석이 시에 메타적 요소를 적극 도입, 이를 예리하게 배치함으로써 극복의 가능성을 찾으려 하는 태도는 눈여겨 볼만하다.

> 내가 편의점 앞 1행을 지날 때 하늘엔 노란 택시/ 내가 미용실 옆 2행을 지날 때 떠다니는 나무들/ 내가 교차로 뒤 3행을 지날 때 날아가는 사람들// 내가 말을 타고 러브호텔 성당으로 들어갈 때/ 1행 앞에서 유방들이 떠오르고/ 2행 옆에서 가발들이 날아오르고/ 3행 뒤에서 달걀들이 시계들이 날아오르고// 내가 말의 입술에 내 입술을 포갤 때/ 지하실엔 구름 옥상에 흔들리는 해초들/ 내가 말의 유두를 톡톡 건드릴 때/ 굴러가는 집 굴러가는 역 굴러가는 공항/ 내가 말의 음핵을 톡톡 건드릴 때/ 우주는 굴뚝 당신은 세계는 사라지는 연기// 내가 말과 섹스할 때/ 내가 말과 성당에서 알몸으로 엉켜 통음할 때/ 시간은 납처럼 녹아 허공을 흐르고/ 하늘엔 태양이라는 외눈박이 개
> ─함기석, 「말과 섹스하는 남자」 전문, 《문학동네》, 2008년 봄호.

위의 시에서 1행은 시의 "1행"을 의식하면서, 동시에 시적 화자가 위치해 있는 현실 공간(편의점 앞)과 시어 간의 폭력적 충돌 상황("하늘"–"노란택시")을 표현하고 있다. 2행 역시 "2행"임을 의식하면서, 3행 또한 "3행"임을 의식하면서 같은 방식으로 표현되어 있다. 시적 화자가 "편의점 앞", "미용실 옆", "교차로 뒤"를 거니는 것은 그리 이상해 보이지

않는다. 그러나 그가 독자들이 읽어 가는 "1행", "2행", "3행"의 시 속을 거닐 때, 더군다나 그 공간이 "하늘"에 "노란 택시"가 날아다니고, "나무들"이 "떠다니"며, "사람들"이 "날아"가는 공간이 될 때, 시는 현실-시-환상을 넘나드는 새롭고도 기이한 시적 공간으로 재구축된다. 그곳은 시인의 의도도, 관념적인 환원도 뿌리박을 수 없는 온통 부유하는 공간(떠다니다, 날다)이다. 따라서 "러브호텔"은 "성당"이 될 수 있고, 그곳에서는 "내가 말과 섹스"해도 전혀 이상한 공간이 아니게 된다. 왜냐하면 이곳은 "지하실엔 구름"이 있고 "옥상엔 흔들리는 해초들"이 있는, 달리 말해 두 극단적 사물들이 그 경계를 깨고 하나의 공간 속에 결합되는 기이한 공간이기 때문이다. 또한 정주해 있으면서도 동시에 질주하는 사물들을 잠시 정주하게 하는 장소, 그래서 질주하는 사물들을 계속 질주하게끔 가능하게 하는 장소("집"·"역"·"공항")마저도 "굴러가"는 공간이기 때문이다. 그리하여 이 공간에서 "우주는 굴뚝"에 지나지 않고, "당신"이나 "세계"는 "사라지는 연기"가 될 뿐이다. 곧 "우주"라는 신비, "당신"이나 "세계"라는 자명성은 위의 시적 공간 안에서 그 자체로는 완전히 무화되어 버리는 존재가 되어 버린다. 이는, 시인-독자-시적 공간의 구분과 경계가 이 시에서 제시된 공간 안에서 무너져 내리고 있기에 필연적인 것이다. 경계를 짓고 구분하는 것은 타자를 의식하기 때문이지만, 구분과 경계가 무너질 때, "내가 말과 성당에서 알몸으로 엉켜 뒹굶"하고, "시간"이 "납처럼 녹아 허공을" 흐르는 합일의 상상력은 전혀 어색하지 않게 된다.

    시인은 매우 의도적으로 두 대립되는 사물을 하나의 공간에 배치해서 폭력적으로 결합시켰다. 그리하여 새롭고도 기이한 시적 공간으로 독자들을 데려갔다. 하지만 시인은 그 공간을 기이하거나 이상하다는 자의식으로 환원하지 않았다. 달리 말하면, 시인은 자명하다고 여기는 현실에 대한 대타의식을 갖고 이처럼 충격적인 시세계를 창출해내지는 않았다. 이는 그가 그러한 강박에서 자유롭기 때문이다. 그리하여 이 시는 기이한 세계 속에서 기이한 이미지들이 배치될 수 있는 내적 필연성에 강력한 근거를 마련할 수 있었다. 자신의 의도를 함부로 주장하지 않으면서도, 그리고 강박에서 자유로우면서도, 자신이 의도한 바 이상의 효과를 창출하는 시, 이 시는 그 전범이 될 만한 충분한 자격이 있음을 보여주고 있다.

5. 경계에서 배치로

시인이 시를 쓰는 데에는 어떠한 의도가 분명 존재한다. 그러나 의도는 언제나 시의 효과에 배반당한다. 시어를 아무리 투명하게 한다 하더라도(오규원), 가능한 한 많은 현실을 담으려 한다 하더라도(이승훈), 의도를 통제하려 하더라도(김광규), 전략적으로 의도를 없애려 하더라도(정재학) 이러한 아이러니는 사라지지 않는다. 이는 의도와 효과 사이, 그 경계를 의식하는 한 계속될 수밖에 없는 시의 한계성이다. 시인에게 중요한 것은 시의 의도와 시적 효과를 일치시키려는 인위적인 조작이 아니라, 시적 효과를 의도로 환원하지 않고, 강박을 은폐하지 않고, 그 둘의 길항 관계를 넘나들도록 시어를 '의식적으로' 배치하는 일이다.

'경계'라는 말에는 단단하게 고정된 두 개의 지반을 전제하는 태도가 깔려 있다. 그러나 시는 의도와 효과라는 두 개의 단단한 지반이 양립해서 이루어지는 것이 아니다. 경계는 결과적으로 구성된 시인의 의도를 선험적인 것으로 간주할 때 비로소 나타나는 관념일 뿐이다. 달리 말해 경계는 사후적인 구성물일 뿐이다. 시는 경계와 그 경계의 허물어뜨림이 아니라, 현실세계와 시적 세계 사이의 언어 배치의 관계로 보아야 한다. 시어는 끊임없이 현실에 배치되려 하고, 현실은 끊임없이 시적 세계에 개입하려 하는 상호 육욕적인 관계, 그 사이에 존재하는 긴장이 시를 망상이 아닌, 상상력의 구성체로서 자리매김하게 할 수 있게 한다. 이상이 작품 속에 거울을 배치하여 현실의 '나'를 텍스트 속에 끌어들이면서도 동시에 텍스트 속 '나'를 텍스트 밖 '나'로 돌려 보낼 수 있었던 것이나 김수영의 반성이 자기 반성이면서도 동시에 시의 반성이 될 수 있었던 것도, 나아가 그러한 반성조차 반성해야 하는 태도를 보여줄 수 있었던 것도, 시인의 의도가 아니라 현실과 시 사이에 효과를 뿜어내는 시어의 배치를 고민했기 때문이었다. 경계가 선험적 환상이라면, 배치는 시인의 현실적 고민이다. 시인들이 스스로 내 건 언어의 배치가 아닌, 선험적인 의도를 고민할 때, 그들의 시는 아이러니에 빠질 수밖에 없다. 그리고 그러한 배반이 강박으로 작용하고 나아가 시쓰기의 고통이 될 때, 시는 동어반복의 무수한 거울들만을 제시할 수밖에 없다. 이 땅의 서정시가 여전히 서정시가 될 수 있으려면, 동일성의 환상에서 벗어나 차이의 효과를 확인하고 이를 시적 전략으로 삼을 수 있는 시어의 배치를 고민해야 한다. 그것이 시의 강박증을 덜어내고 고통을 정직하게 목격하는 방식이 될 수도 있을 것이다. 그럴 때에야 차이의 효과를 넘어서 동일성으로 나아갈 수 있는 새로운 층위의 역설적인 귀로가 탄생할 지도 모를 일이다.

'시적인 것'을 향한 벡터들

1. '불편함'과의 조우

 언어는 그저 공중으로 흩어질 소리이거나 종이 위에 박혀 굳어진 활자일 뿐이다. 하지만 그것은 사건을 만들고, 사태를 진단하며, 현실을 바꾸는 '물질성'을 지닌 것이기도 하다. 이를테면, 예언의 언어는 미래의 기시감을 현현하여, 사태의 혼란스러움을 서사적 연속성에 기반한 인과관계로 매끈하게 정리해낸다. 사물의 숨겨진 본질을 적시하여 가능태를 현실태로 전화시키고, 상징의 다의성을 사후의 단일 의미로 환원시켜 물적 현실태로 바꾸어 놓는다.
 하지만 역설적으로, 언어가 지닌 이와 같은 물질성은 언어가 사실 아무 것도 지시하지 않는다는 것에서부터 기인한다. 언어와 사태 사이의 아무런 관계가 없을 것이라 가정됨에도 불구하고, 그 가정이 틀려버렸음을 증명하고 인식하게 하는 '예외적인' 사후의 결론들이 되레 언어와 사물의 인과성을 긴밀하게 묶어주는 인식론적 '착오'를 일으키게 하기 때문이다. '말이 씨가 된다'는 말은 '불편한' 사태들에 대한 인식 주체 나름의 회피 내지는 방어기제의 작동으로 간주될 수도 있겠고, 원인과 결과를 혼동하고 사후적인 원인 추적이 낳은 오류일 수도 있겠다. 하지만 그것을 무엇이라 부르든 간에, 분명한 것은 언어가 물리적인 효과를 끼칠 수 있다는 소박한 믿음에 근거하고 있다는 사실이다. 그리고 그것은 우리가 상상하고 고민해 왔던 (근대) 문학이라는 양식이, 그 제도가, 실은 그와 같은 언어의 물질성이라는 믿음에서 자유롭지 못했다는 사실을 한편으로 인지하게 하는 것이 되기도 한다.

물론 언어의 효과를 의심하고 파괴함으로써 새로운 의의와 가치를 창출하려 했던 작가와 작품은 수없이 명멸하면서 '문학사'라는 거대한 강줄기를 이루어온 것 또한 무시할 수 없는 사실이다. 하지만 그 역시도 문학의 외연 확장과 문학적 위치의 공고함을 다지는 것으로 맥락화된 것 또한 사실이다. 문학이 현실에 개입하고 그것을 바꾸며, 혁명을 사유하게 할 수 있을 것이라는 환상, 문학은 현실에 존재하되 '메타'적 입장에 서 있을 것이라고 가정되는 이와 같은 물질성에 대한 믿음은, 그 믿음이 깨어지는 순간 마주하게 될 '불편함'에 어떻게 대응할 수 있을까?

2. 언어라는 의심스러운 질료

누구에게도/ 생은 두 번이 아닌 것/ 돌이킬 수 없는 것/ 강화 석모도 앞바다에/ 그렇게 왔다// 저 크나큰 일몰에/ 이름 짓지 말라/ 무엇이라고/ 무엇이라고/ 낼름거려 이름 짓지 말라/ 무엇이라고/ 비단 짜 옷 입히지 말라// 저 일몰에/ 무엇의 아비/ 무엇의 딸이라 핏줄 대지 말라// 그냥 삭은 정승 기울어 묵묵부답으로 있거라 곧 어두워 오리라
　　　　　―고은, 「강화에서」 전문, ≪황해문화≫ 2009년 겨울호.

허무주의에서 현실주의로, 이후의 선(禪)적 진경(珍景)으로 전화(轉

化)하는 데 이르기까지 고은의 시가 걸어온 길은 장중하면서도 숨가쁘다. 60년대 『피안감성』 등의 시에서 보여준 '누이 콤플렉스'에 기반한 허무적 세계인식이며, 7~80년대 『문의 마을에 가서』나 『만인보』 등에서 보여준 현실 기반의 시세계에서, 우리는 그의 시가 보여주는 언어의 사용 방식이 시인의 감정을 적확하게 대리하는 감성체이거나, 정치적 현실적 모순과 질곡을 적시하는 비판적 질료였음을 확인할 수 있다.

하지만 위 시에 나타나는 시적 전언은 언어가 지닌 동일성의 환상 내지는 폭력성을 경계하는 데 바쳐지고 있다. 언어로 표현할 수 있는 것, 내지는 표현할 수 있다고 가정되는 것조차 금지명령을 내리면서 "그냥" "묵묵부답"으로 있기를 바란다. 그것은 시인 스스로의 다짐에 대한 메시지이면서 동시에 독자가 받아들여주기를 바라는 목소리이기도 하다.

이를 선불교적인 언어불신의 역설로 환원해서 설명할 수도 있다. 하지만 언어가 환상일 뿐이라는 메시지를 전달하는 것보다는 그 메시지조차도 언어로 전달되고 있다는 시적 정황을 목도하는 것이 우리에게 더욱 생산적인 인식적 절차가 될 것이다. 말하지 않음으로써 언어의 공(空)을 그 자체로 두기보다, 이를 말함으로써 언어의 허무를 역설적으로 발하는 과정은 분명 문제적이기 때문이다.

그렇다면 시인의 저와 같은 '명령'은 단순히 언어에 대한 불신으로는 환원되지 않을 것이다. 언어의 물질성은 분명 환상이지만 그 환상조차도 언어를 통해 분쇄해야 한다는 고충 내지는 역설이 시인으로 하여금 여전히 언어를 존속하게 하고 시를 쓰게 하는 이유가 되고 있기 때문이다.

석 달도 못 버틸 것 같았는데,/ 삼십 년을 살았지 인디언이니까/ 끼리끼리 어울려 함부로 살았지/ 그래도 행복하다니까 인디언이니까/ 행성 바깥에도 살 만한 곳이 있다고/ 그림 지도를 보여주며 설명했지/ 은하 재정비 촉진법도 읽어 주고/ 성경도 읽어 주었는데/ 말이 잘 안 통했으니까 인디언이니까/ 정말 우리들의 행성을 구길 셈이니/ 여기서 줄담배 피면 안 된다는 걸/ 받아들이지 못했으니까 인디언이니까/ 돌아보지도 말고 가랬는데/ 뒷짐 지고 있었으니까 뻔뻔했으니까/ 뉴갤럭시 운동을 추진하는 마당에/ 불량스럽게도 그 마당에 들어가/ 손도끼를 꺼내 보인 건 너희들이니까/ 아무렴, 인디언이니까/ 옛날부터 그들은 늘 그렇게/ 비명을 질러왔으니까 인디,/ 言이니까
　　　─송기영,「인디언이니까」전문, ≪작가들≫ 2009년 겨울호.

　송기영에게 시인이란 "인디,/ 言"으로 시를 쓰는 자이다. 그는 시인을 "끼리끼리 어울려 함부로" 사는 존재이며, "말이 잘 안 통"하는 상상력을 부리는 자라 생각한다. 게다가 그들은 "손도끼를 꺼내 보"이는 반체제적 행동까지 서슴지 않는다. 그것은 그들이 "인디"라는 말이 지닌 사전적 의미와도 같이, 독립적이고 개별적인 언행을 하는 존재이자 그러한 언어를 자신의 발화체로 삼는 자들이기 때문이다.

　그렇다면 송기영 시인에게 언어란 아무 것도 적시하지 않는 허무적인 색(色)의 언어가 아니라 아무도 적시하지 않은 것을 적시하는 새로운 언어, 감각의 새로움을 새로운 표현으로 육화해내는 언어를 뜻하는 것이 된다. 그러므로 시인은 시를 쓰는 존재가 아니라 기존의 언어로부터 독립된 개별적인 언어, "인디언"을 쓰는 존재이다. 그것은 공통적으로 합의된 언어적 체계와 감각이 있다는 가정을 근본적으로 의심하는 태도를 지닌 자만이 배태할 수 있는 독특한 언어 실험의 장으로서 시쓰기를 가능하게 한다.

　　일어납시다/ 구더기들이/ 지퍼를 열고 밖으로 나온다// 노란 가죽자루를 들쳐 맨 셰르파들이/ 변소 외벽을 외줄도 없이 기어오른다// 먼저 가세요/ 저는 날개가 돌결랑 따라가렵니다// (구더기 뇌리에 엥엥엥엥 환청처럼 똥파리 하나가 스쳐가고)// 힘냅시다/ 고지가 저깁니다/ 어젯밤도 참 추웠지만//

쥐를 침낭 삼아 아주 잘 잤잖아요?
—민구, 「그죠?」 전문, ≪작가들≫ 2009년 가을호.

그렇다면 민구 시인의 위 시가 중요한 맥락을 차지할 수 있는 것은 여기부터가 될 것이다. 그가 제시하는 위 시는 아무 것도 아닌 것에 대한 말하기를 실천하고 있다. 아니, '아무 것도 아닌 것'이라고 가정되는 자연스러운 외양에 대한 '불편한' 의심에서 그의 진술은 시작되고 있다. 가치 있는 것, 깊이 있는 것, 시의 내포와 외연을 확장시켜 주는 '시쓰기'에 그는 별 관심을 보이지 않는다. 그것은 결국 '시'라 가정되는 텅 빈 '큰타자', '시'라 합의된 매끈한 감성적 질서에 대한 암묵적 동조 내지는 강화의 일환일 뿐이기 때문이다. 그는 기존의 감성적 질서 체계가 내세우는 가치론적인 인식틀에서 한발 떨어져 있다. "변소 외벽을 외줄도 없이 기어오"르는 "구더기"는 우리에게 아무런 인식적 새로움을 안겨주지 않는다. 아무런 가치도 없다. 하지만 그는 우리가 합의하고 있는 가치 자체를 의심한다. 가치 전도 역시 가치론적 인식에 따른 역설적인 집중 방식이라면 그의 시, 아니 그의 '시적인' 글쓰기가 내세우는 윤리는 가치와 무관하게 진행되고 있는 것이다.

사용가치가 교환가치로 전도되는 과정이 자본주의의 핵심 시스템이라 한다면, 가치 자체에 대한 시인의 이와 같은 불신은 가치 없는 것이라 규정되었던 사물과 사태에 대한 선입견 없는 접근을 가능하게 한다. 그러한 태도는 시의 가치의 유무나 질적 수준의 문제로 재단될 수 있는 것이 아니라 윤리적 태도와 실천의 지평에서 언급될 수 있는 것이다. 그렇다면 민구 시인의 위 시에 우리는 '아무 것도 아닌 것에게 입 달아주기'라는 수사를 붙일 수 있지 않을까. 물론 그것은 언어에 대한 의심, 나아가 가치에 대한 회의에서 비롯되는 것임은 두 말할 나위도 없을 것이다.

3. 무력한 언어와의 놀이

언어 공동체에 편입되지 않는 독립적이고 개별적인 언어를 통해 기존의 가치에 회의하고 '시'쓰기를 원초적인 '글'쓰기로 바꾸어 놓는 어떤 시인들은 '언어의 허무'를 '언어의 유희'로 전화시킨다. 언어는 아무 것도 할 수 없으나 또한 새로운 감각적·인식적 체험을 가능하게 한다는 점에서, 더 이상 언어는 계몽의 수단으로, 언어 공동체의 단일성을 암묵적으로 지지하는 토대로 작동하지 않게 되는 것이다. 신비스런 아우라를 제거한 언어는 놀이의 원초적인 가능성으로, 그 타자성을 받아들이는 텅 빈 공간으로 다시금 사유하게 되는 토대를 마련한다.

거문도 사람들은 산다이하자면 술상부터 차려놓고 젓가락을 두드리것다/ 뱃일은 잊어먹고 술잔은 잃어먹고 살리고 살리고 정신없으렷다/ 산다이는 전통의 계승이요, 난장판의 역사라 흉보는 놈도 빼는 놈도 통 찾아볼 수 없는 것인디, 그 시작은 이런 것이었더라/ 옛날 옛적에 섬에 무작정 쳐들어온 영국 군들이 있었더랫다/ 한 날은 고것들이 부어라 마셔라 놀고 있지 않던가/ 그 심보가 하도 미운 마을 주민 하나가 니들은 일도 않고 왜 놀고있당가? 캐물었던 것이었다/ 그 때 영국놈이 청천벽력처럼 내뱉은 말이 산다이/ 영국말이면서 거문도말이라 노새처럼 뛰어노는 산다이/ 음매 노는 것에도 이름이 있었소, 주민은 속도 없이 주책도 없이 어깨춤을 췄던 것이렸다/ 희멀건 한 놈들이 총칼 내려놓고 산다이 하는 게 다들 부러웠던 거라./ 마을 사람들도 틈만 나면 둘러앉아 걸쭉하게 소리를 해댔던 것인디,/ 산다이가 선데인지도 몰라서는 있는 놈은 꽹과리 치고 없는 놈은 밥그릇 긁고 대책 없이 놀았겠다/ 영국군들이 이 꼴을 심히 의아하게 여기어 니들이 뭐가 좋다고 놀고 자빠졌니? 물어보니/ 주민들이 겁도 없이 산다이, 산다이 술잔을 돌리는 것이 아닌가/ 눈동자 시퍼런 놈들도 에라 모르겠다, 지들끼리 선데이, 선데이 즐기며 코 삐뚤어지게 취했던 것이렷다/ 마침내 영국 말이며 거문도 말이며 섞이고 섞여 바닷가에 마당에 널브러졌던 것인디/ 머슴은 주인을 안고 주인은 양놈을 끌어안고 꼴이 가관이렷다/ 그러면 이 꼴은 침략의 역사인가 음주가무의 역사인가,/ 상관없이 몽롱한 말들이 춤추며 술잔 기울면 그냥 날마다 산다이렷다/ 아직도 거문도 에서는 산다이하고 산다는디.
—백상웅, 「산다이傳」 전문, ≪작가들≫ 2009년 가을호.

"산다이"는 본래 "선데이"이고, 그것은 '휴일'의 다른 말이다. 하지만 "선데이"와 '휴일'이 "산다이"의 다른 말이 될 수는 없다. "산다이"는 "선데이"의 유사어가 아니라 전운의 긴장감이 가득한 가운데서도 "대책없이" "음주가무"를 가능하게 하는 말로 탄생된 것이기 때문이다. 즉 "산다이"는 "선데이"로도 '휴일'로도 번역할 수 없는 낱말이다.

사정이 이러하기에 백상웅 시인의 「산다이傳」이 보여주는 언어는 '傳'의 장르적 의식과는 아무런 관계가 없다. '傳'은 인물의 탄생에서부터 죽음에 이르기까지의 사정을 서사적으로 기술하는 고전 서사의 양식으로, 그 인물은 보통 영웅적 행적을 걷기 마련이다. 하지만 「산다이傳」은 '언어'의 기이한 탄생 과정에 대해, 그 흥미로운 카니발에 대해 말하고 있다. 그리고 그 '언어'가 실은 해학적인 과정에서 비롯된 별 의미 없는 사정에서 기인하고 있음을 이야기한다. 정체 불명, 국적 불명의 그 언어가 전쟁의 공포와 놀이의 재미 사이의 간극에 역설적인 흥미를 안겨주고 있다.

허나 중요한 것은 "산다이"라는 말이 "선데이"의 오해에서 비롯되었다는 것도, 해학적으로 시인이 해석해내었다는 것도 아니다. 그 단어가 아무 것도 아님에도 여전히 "거문도 사람들은 산다이하자면 술상부터 차려 놓고 젓가락을 두드리"고 있다는, 언어가 보여주는 여전한 효과와 물질성이다. "선데이"가 제국주의적인 침략 야욕을 지닌 자들이 가진 노동/놀이의 분별적인 시간관에서 비롯되는 것이라 한다면, "산다이"는 그렇게 규정된 시간관마저 무위로 돌리는 '침략=음주가무'이면서 '침략≠음주가무'

의 "몽롱한 말"이다. 그리고 그 "몽롱한" "산다이"는 "아직도 거문도에서는" "춤추며 술잔 기울"이게 하는 효과를 끼치고 있다. 위대한 상징어가 시를 구축하는 것이 아니라 텅 빈 기표로 산출되는 한 언어의 효과 발현 과정이 한 편의 시를 구축해가는 상황을 목도하면서, 그 언어적 효과는 유희적 감수성으로 대치될 수 있음을 확인할 수 있다.

    초등학교 때 시도 때도 없이 쥐꼬리를 잘라 학교에 제출하였다 도장, 정지, 헛간, 장독대, 우물가, 심지어 안방과 다락방, 사랑방, 똥숫간이나 돼지막, 고누마굴까지 쥐새끼들이 살림을 차렸다. 거기는 야무지게 살림을 한 아버지가 다니는 길이었다. / 살림살이를 축내는 쥐새끼들을 아버지는 닥치는 대로 잡아 죽였다 쥐약과 쥐덫, 심지어 지게작대기로 때려잡았다 쥐꼬리 숙제는 아버지의 길을 잘라가는 길이었다 쥐꼬리 제출 숙제는 식은 죽 먹기였다/ 삼십 년 세월이 흘렀다 아버지의 길은 구부러질 대로 구부러졌다 쥐꼬리 제출 숙제 따위 상상도 못하는 아들놈은 컴퓨터 앞에 앉아 쥐 박(撲)이 놀이를 한다 쥐의 눈, 코, 입, 귀, 구멍이란 구멍, 똥구멍까지 날카로운 송곳으로 후벼판다 그래도 쥐새끼는 싱글벙글 깐죽댄다 아들놈은 악다구니로 쇳물 퍼붓기, 도끼로 머리 찍기, 식칼로 배 가르기를 계속하지만 쥐새끼는 떡볶이집, 골목 슈퍼 유유히 가로질러 쌀 가공 공장, 보육 시설, 시골 학교로 유유히 떠돌아다닌다/ 꾸부정한 아버지의 살림 길이 상처투성이다 쥐새끼들은 날이 갈수록 더 활개를 치고 아버지는 점점 힘을 잃는다 아들놈은 더욱 잔인해져만 가고,
    ―양문규, 「쥐 박(撲)이 놀이」 전문, 《작가들》 2009년 가을호.

언어가 무기력하듯 놀이 역시 허무한 행위이다. 놀이는 아무런 가치도 생산하지 않고 자기만족적인 규칙 준수를 수행할 뿐이다. 비록 그 놀이가 현실 비판적이고 개혁적인 내용을 담고 있다 하더라도 놀이의 이러한 양식적 특질은 변하지 않는다. 분명, 위 시는 현재의 정치적 현안에 대해 비판적 입지를 표현하기 위해 행해지는 전자게임의 제목을 차용하고 있는 듯하다. 하지만 아무리 "악다구니"를 써도 현실은 변하지 않는다. 화자

가 "초등학교 때 시도 때도 없이 쥐꼬리를 잘라 학교에 제출"한 것이 아들의 전자게임에서 똑같이 재현되고 있는 것과 마찬가지로, 여전히 "쥐새끼는" "유유히 떠돌다"니고, 현실의 모순은 개선되지 않으며, "아버지"가 "힘을 잃"는만큼 "아들놈은 더욱 잔인해져만" 가고 있다. 시의 마지막에 마침표가 아니라 쉼표가 찍혀 있는 사정은 이와 같은 상황이 여전히 현재진행형이라는 것, 계속적인 반복의 악순환에 놓여 있을 것이라는 사실을 암시한다.

그렇다면 시인은 아무리 촌철살인의 언어 풍자라 하더라도, 언어 그 자체로는 의도에 걸맞도록 현실을 바꾸지 못함을, 아들이 하고 있는 전자게임 또한 이와 마찬가지임을 전제하고 있다고 해도 될 것이다. 언어는 전자게임과 마찬가지로, 그저 잠시 동안 현실의 모순을 우회적으로 풀어줄 수 있는 무력한 장난감에 불과할 뿐이다. 그렇다면 이와 같은 언어무기력증을 가진 시인이 현실의 모순에 대해 당위적 의의를 획득할 수 있는 방식은 시적 발언이 아니라 행동적 실천이 될 것이다.

4. '시적인 것'의 엄습

고민할 것 없다, 모순 상황이다/ 나의 길이다/ 나에게는 잊을 수 없는 동기가 있지 않느냐/ 여전히 싸움을 피할 수 없다면/ 피 흘렸던 그 순간을/ 유리한 고지로 삼을 일이다/ 나는 초라할지라도 나의 삶을 살고 싶다고/ 복종을 강요했던 상황에 맞서/ 상행선을 타지 않았느냐/ 따라서 더 이상 선택은 문제가 안된다/ 나의 노동에 몰두시키는 것을 수칙으로 삼고/ 흘러간 강물이 보일지라도/ 당당하게 올라탈 일이다/ 나의 얼굴에 또 다른 동기를 마련하기 위해/ 종을 치듯 실행할 일이다/ 기대나 절제나 중립 같은 미덕은/ 절실한 나침반이 되지 못한다/ 우연에 가깝더라도/ 무청 같은 공격성이 나를 살리는 전략이다/

광부들의 절망이 질펀한 사북에서/ 나는 녹슨 철로를 바라본다/ 두려워할 것 없다, 모순 상황이다/ 나의 길이다
　—맹문재, 「다시 상행선을 타다」 전문, ≪작가들≫ 2009년 가을호.

"모순 상황"이라는 현실 인식과 그에 따른 "무청 같은 공격성"만이 시인은 "나의 길"이라 다짐한다. 언어를 통한 자기만족적 저항의 형태가 아닌, 행동을 통한 이타적 실천적 저항의 방편들을 마련하고 이를 확인함으로써 시인은 행동주의적 실천 의지를 확고히 하고 있다. 그것은 언어가 지닌 무력감과 허무를 극복하는 시인 나름의 주체적이고 적극적인 방식이며, 언어의 변혁을 통한 미적 감수성의 쇄신이 아니라 변혁의 언어를 통한 행동의 쇄신을 추구하려는 태도로 읽을 수 있다. 언어와 행동이 일치하는, 그리하여 언어의 '날것'을 향하는 시인의 의지 혹은 욕망은 때로 구호적인 것일 수도 있다는 점에서 시와 행동이 대극점으로 놓인 스펙트럼 가운데 어느 쪽 벡터로 나아가야 하는가를 첨예한 문제로 부각시킬 수 있다.

그런데 이러한 문제는 기실, 문학의 미적 특질을 구현하려는 시인의 욕망과 문학을 통한 현실 변혁에 참여하려는 의지 사이에서 지속적으로 제기되고 반복되어 왔던 사항이다. 그러나 6~70년대 현실참여 논쟁에서 요약될 수 있었던 이러한 대극점이 끝내 혁파할 수 없었고 전제해야만 했던 것은 이러한 논의가 '문학'이라 불리는 일정한 테두리의 바깥에 대해서 말하는 것과는 무관했다는 사실이다. 즉 문학과 문학성의 구축이라는 당면 과제에 대하여 그 양식적·내용적 특질에 대한 고민의 일환으로 미학과 실천 사이의 무게 중심을 어디에 두느냐에 대한 논의는 있어 왔지만 문학 범주 바깥을 사유하는 글쓰기에 대해서는 거의 논의되지 않았다. 문학의 외부를 사유하기 위해서 전제되어야 할 조건이 문학에 대한 일정

한 합의라 한다면, 미학과 실천 사이의 문학사적 논쟁은 그러한 합의를 향해 가는 과정으로 읽을 수도 있다. 하지만 문학이라는 카테고리가 일정 부분 상상될 수 있는 작금의 사정에서, 글쓰기는 반드시 시쓰기의 영역으로만 한정되지 않는, 그 외부를 사유할 수 있는 지평을 조금씩 마련해가고 있다. 맹문재의 위 시를 단지 현실참여시의 일환으로만 파악할 수 없는 것은 이와 같은 이유에서다. 더욱이 현실에 대한 전적인 기투(Entwurf)의 태도를 시의 영역으로만 한정지을 수 없는 것은, 현실적 행동이 가능하다해서 그 행동이 현실을 쉽사리 바꾸지는 못한다는 사실을 시인이 알고 있기 때문이고 그조차 '글'쓰기로 표현되고 시라 규정하기에는 미학적 관심 이상의 아이러니를 내포하고 있다는 사실에서 자유로울 수 없기 때문이다. 이른바 '내재율'이 시적 기율을 정초해내는 시형식의 형태소적인 상상적 합의라 한다면, 그러한 합의를 의식하지 않는 진술의 방식은 '시적인 것'이라 불릴 수는 있을지언정, '시'라는 확답을 내릴 수는 없게 된다.

 참깨처럼 털 수 없구나/ 진폐, 감상성을 가라앉히고 첫 음부터 끝까지 흔들어보지만/ 바위처럼 무겁다// 나는 집안의 먼지를 닦거나/ 텔레비전의 잡담을 큰소리로 비판하거나/ 몇 걸음 광부들에게 다가가 연호하면/ 가능할 것으로 간주했지만/ 이곳 폐광촌에서, 반성한다// 무거운 이름은 단순하지 않구나/ 일시적인 오기로는 대할 수가 없구나// 그러므로 무거운 이름을 시간에 맡겨 녹슬게 한다면/ 나의 습관은 개조가 필요하다// 진폐, 감상성을 가라앉히고 다시 흔들어보지만/ 동굴처럼 무겁다
       ―맹문재, 「진폐」 전문, ≪작가들≫ 2009년 가을호.

물론 위 시는 명백히 시이다. 위 시는 시적 형식을 의도적으로 분쇄하거나 새로운 언어적 실험을 감행하려 하는데 바쳐지고 있지 않다. 하지만

새로운 시 형식의 도입이나 언어 실험은 문학의 외연을 확장하고, 문학성이라는 두루뭉술한 합의를 생산하고자 하는 욕망에서 자유로울 수 없다. 그러므로 우리는 위 시에서 다른 방식, 즉 시인이 무기력한 언어로 고통스러운 '글쓰기'를 하고 있다는 사실에 주목해야 한다. 시인은 김준태(「참깨를 털면서」) 시인이 그랬던 것과 같은 희망과 생성의 메시지를 시적 감응으로 표현해낼 수가 없다. "반성"이라는 말로 현실의 모순에 대응하는 내적 동력을 확보하고 이를 도약대 삼아 "먼지를 닦거나", "비판하거나", "연호하"는 것은 더 이상 불가능하다. 그것은 언어의 무기력을 알아버린 시인의 고충을 외화한다. 그리하여 시만 무력한 것이 아니라 행동 또한 무력한 것이 된다. "나의 습관은 개조가 필요하다"는 진술이 전투적인 에너지를 발산하지 못하고, 시인의 낮게 깔린 목소리가 그저 "진폐"라는 현재 상황만을 되뇔 수밖에 없는 것은 이 때문이다. 언어가 현실을 바꾸지 못하듯, 놀이가 현실과 절연되어 있듯, 행동 역시, 바뀌어야 한다는 당위와 바뀌지 않는 현실 사이에서 고민하고 갈등하는 시인의 고충만을 담보할 뿐 "동굴처럼 무"거운 시인의 심적 부담은 해소되지 않는다.

그러나 역설적으로 그러한 해소되지 않는 불편함은 되레 시인에게 시 쓰기, 나아가 시적인 것을 향한 글쓰기의 열망을 추동하고, 아직 말해지지 않은 또 다른 그 무엇, 아직은 아무 것도 아닌 그 무엇에 대한 말하기를 실현하게 할 것이다. 그것이 '시'의 이름으로 행해지든, '시적인 것'이라는 두루뭉술한 쓰기의 형태로 행해지든, 무엇인가를 끊임없이 쓰고 말하고 표현하면서 조우하게 될 불편함은 수많은 벡터를 지닌 긴장감을 미적인 것으로 쉽사리 수렴할 수 없는 양상을 우리에게 안겨줄 것이다.

이처럼, 언어의 무기력을 역설적으로 되짚고(고은) 주체적인 언어를 내세우며(송기영) 아무 가치도 없는 것을 말하고(민구) 텅 빈 기표의 역설적 효과를 적시하며(백상웅) 놀이의 무기력을 언어와 동일시할 뿐 아니라(양문규) 시의 미학적 달성보다 실천적 당위에 방점을 찍어(맹문재) 언어의 허무를 넘어서려는 시인들의 시도는 여전히 언어가 필요하다는 것이 전제되어 있으면서도, 그 언어에 상상적 지위를 부여하는 문학적 지평 위에서만 더 이상 시가, 또 글쓰기가 사유되고 있지 않다는 사실을 증명해내고 있다. '문학성'이라는 타자에 복무하는 시가 아닌, 이를 의식하지 않는 물질성의 시적인 것이, 시적인 글쓰기가 이 땅에 엄습하고 있다.

번역될 수 없는 고통과의 동일시
—김경미, 『고통을 달래는 순서』, 창비, 2008.

1. 고통의 원동자

"순전하고 정직한" 인물인 '욥'이 받은 고난은 전적으로 신의 손에서부터 비롯되었다.1) 신은 그에게 많은 자손과 재물, 더할 나위 없는 믿음을 주었지만, 더할 나위 없는 고통 역시 그에게 안겼다. 욥은 누구보다도 순전한 믿음을 지녔기에 부유할 수 있었으며, 또한 그러하였기에 누구보다도 더 큰 고난을 받았다. 고통의 원동자(原動者)인 신의 이해할 수 없고 번역할 수 없는 언어, 신의 말씀, "빛이 있으라"는 '어둠이 있으라'라는 로고스와 동일하다는 것을, 욥은, 그리고 우리는 어떻게 이해해야 하는가.

욥이 겪는 고통의 원인을 거슬러 올라가보면, 그것은 신이 내려준 것이면서도 또한 욥의 믿음이 낳은 것이기도 하다. 욥에게서 고통은 외부(神)로부터 침입하는 것인지 내부에서 터져 나오는 그 무엇(믿음)인지 단정할 수 없다. 때문에 욥은 자식들이 죽고, 모든 재산을 잃게 되며, 자신마저도 병에 걸린 상황을 도무지 받아들일 수 없다. 그렇다면 고통은 받아들일

---

1) 구약성경 욥기 1장 11절 "이제 주의 손을 펴서 그의 모든 소유물을 치소서 그리하시면 정녕 대면하여 주를 욕하리이다"

수 없는 것을 받아들여야만 할 때, 동일화할 수 없는 것을 동일화해야 할 때 발생한다고 말할 수 있겠다. 그러나 받아들일 수 없는 상황이 고통의 원인인지, 받아들이지 못하는 주체의 입장이 고통의 원인인지는 분명히 말할 수 없다. 내가 손가락으로 벽을 꾹 누를 때, 내가 벽을 누르고 있는 것인가, 벽에 의해 내 손가락이 눌리고 있는 것인가. 분명 누르고 눌리는 힘이 존재하기는 하지만 누르는 대상과 눌리는 대상은 엄밀히 구분하기 어렵다. 내 손가락은 누르고 있으면서 동시에 눌리고 있다. 벽은 눌리고 있으면서 동시에 누르고 있다. 다시 묻자. 욥의 고난은 신이 안겨준 것인가, 그가 자초한 것인가. 욥의 아내는 "하나님을 욕하고 죽으라"며 고통의 원인을 신에게 돌리고 있다. 이에 반해 욥을 찾아온 세 친구, '엘리바스', '소발', '빌닷'은 고통이 욥의 죄에서 비롯된다고 주장한다. 이해할 수 없는, 번역할 수 없는 고통을 번역하려는 욥의 아내나 욥의 세 친구들은 고통의 원인을 그렇게 사후적으로 규정함으로써 이 혼란스러운 상황을 자기 나름대로 정리하고자 한다. 그들은 소박한 인과응보론에 기초를 두고, 욥이 신의 욕망을 달랠 수 있는 희생 제물이 되기를 바라고 있다.[2]

그러나 욥은 그 어느 대답에도 고개를 끄덕이지 않는다. 그는 고통의 근원을 찾기보다, 고통을 있는 그대로 수용하고 그저 견디는 태도를 보여준다. 그는 고통의 원인을 외부로 돌려 신을 저주하지도, 내부로 돌려 자신의 죄(부족한 믿음)를 시인하지도 않는다. 신이 원인이라면 욥은 삶

---

[2] 슬라보예 지젝, 주은우 역, 『당신의 징후를 즐겨라!』, 한나래, 1997, 118-119쪽. 지젝에 따르면, 희생은 공동체를 유지하기 위해 제물의 역할을 떠맡는 것을 의미한다. 신의 '욕망'은 희생을 통해서 달랠 수 있는 '요구'로 바꿈으로써 공동체의 와해된 질서는 다시 회복될 수 있다. 그런데 욥은 제물의 역할에 저항하는 최초의 주체다. 그는 신의 요구에 응하는 제물이 되지 않고, 신이 자신에게 원하는 것이 무엇인지를 직설적으로 묻는다. 이를 지젝은 '인류 역사상 가장 위대한 윤리적 혁명'이라고 말한다.

의 존재 근거를 박탈당한다. 자신의 죄 때문이라면 자신의 삶 전체가 오류가 된다. 그는 자신의 삶 전체를 고통과 동일시할 수 없다. 자신의 삶이 오직 신을 위한 것이었다면 지금의 고통은 신에 대한 반역이 된다. 죄를 지은 자만이 고통을 당하기 때문이다. 그렇다면 엄밀히 말해 그는 고통스럽다고 말해서도 안된다. 고통의 원인을 찾고, 제거하는 것은 더더욱 불가능하다. 더욱이 고통의 원인은 분명한 그 무엇이 아니다. 내가 책임질 수도, 신에게 떠넘길 수도 없다. 그러므로 그가 할 수 있는 일이란 고작 자신이 존재한다는 사실을 저주하는 것밖에 없다. 고통의 원인을 모르므로 지금 겪고 있는 고통 또한 받아들일 수 없는, 그러나 "재 가운데 앉아서 기와 조각을 가져다가 몸을 긁고 있"(욥 2:8)어야 하는 참담함, 그 상황에서 그저 견딤과 부르짖음만이 그가 할 수 있는 전부이다.

2. 욻이 삶이 되는 자리

김경미는 아마도 이러한 욥의 사정을 누구보다 절실하게 껴안을 수 있는 시인이 아닐까 싶다. 사후적으로 찾아낸 고통의 원인은 고통의 진정한 원인이 아니다. 그렇게 느끼는 고통은 내가 느껴야 할 고통이 아니다. 고통은 부지불식간에 엄습하면서도 그 원인을 알 수 없는, 칸트 식으로 말하자면, '물자체'다. 그의 이번 시집 제목에서 이미 짐작할 수 있는 바겠지만, "텅 빈 한낮이면 햇빛에도 이마 아프고/ 줄어든 입과 혀엔 멀미가 깃들었다"(「식물일지 2003」)는 그의 고백은 고통의 원인을 타자에게 전가하거나 내부의 한계로 확정짓지 않고, 고통 그 자체를 견디려는 시인의 태도를 보여준다는 점에서 의미심장하다.

토란잎과 연잎은 종이 한 장 차이다 토련(土蓮)이라고도 한다// 큰 도화지에 갈매기와 기러기를 그린다 역시 거기서 거기다// 누워서 구름의 면전에 유리창을 대고 침을 뱉어도 보고 침으로 닦아도 본다// 약국과 제과점 가서 포도잼과 붉은 요오드딩크를 사다가 반씩 섞어 목이나 겨드랑이에 바른다// 저녁 해 회색삭발 시작할 때 함께 머리카락에 가위를 대거나 한송이 꽃을 꽂는다 미친 쑥부쟁이나 엉깅퀴// 가로등 스위치를 찾아 죄다 한줌씩 불빛 낮춰버린다. 바다에게 가서 강 얘기 하고 강에 가서 기차 얘기 한다// 뒤져보면 모래 끼얹은 날 더 많았다 순서란 없다// 견딘다
　　　　　　　　　　　　　　―「고통을 달래는 순서」 전문

　　표제작이기도 한 위의 시는 김경미 시인이 고통을 다루는(?) 방식을 예표하고 있다. 위 시에서 시적 화자는 여러 가지 행동을 한다. 그런데 화자는 그 행동들이 "역시 거기서 거기"임을 알고 있다. "뒤져보면 모래 끼얹는 날 더 많았다"면, 우리는 통상적으로 그 수난들의 원인은 무엇이고, 어떻게 극복할 것인지를 모색할 것이다. 그런데 위 시의 화자는 먼저, 자신의 그러한 행동 모두를 의미 없는 것이라 생각한다. 시적 화자는 "고통을 달래는 순서"따위란 "없"으며 고통은 인과관계로 정리될 수 없다고 확정한다. 게다가 화자는 "바다에게 가서 강 얘기 하고 강에 가서 기차 얘기"하는 모순적인 존재이기도 하다. 그러니 고통을 달래는 순서나 방법 따위는 있을 수 없다. 고통 그 자체를 직시하고 "견"디는 것이야말로 고통을 진정으로 달래는 방법이다.

　　고난이야말로 매혹의 벨벳 검은 미망인 기품으로// 다 쓴 이쑤시개처럼 봄 햇빛들 쏟아지는// 내 무덤엔 강물 같은 나사못들, 잔디떼의 잔못질들// 버드나무같이 휘어진 노을// 허공을 파나가는 광부나비// 코끼리처럼 펄럭대는 내상(內傷)// 탁구공처럼 짧은 흰색 스커트// 초코시럽 같은 밤// 추억이 새하얀 소금처럼 돋아나올 때// 아무 맥락 없다 없는 맥락이 늘 사람을 잇고 사랑을 떨어뜨리고 세월을 줍는다 맥락 없음의 평화와 신비 저녁이라는 모종

삽과 어금니에 바친다 찾지 마라 나라는 맥락 끼울 곳 없어 맥락을 잡아야만 살았다 느끼는 사람들아 나는 아무런 일목요연함도 없어 즐겁다는 것 제때 진심이라는 물 먹지 못해 타드는 혀라는 화분/ 끝내 목요일에 온 전화 따위는 다 헛말이었다

—「맥락 없음에 바치다」 전문

그렇다면 고통을 극복하거나 초월하지 못하고, 고통을 견디는 태도만을 보여주기 때문에 김경미의 '고통'은 '수동적' 또는 '패배적'이라고 말할 수도 있지 않은가? 그렇지 않다. 위 시의 화자는 "맥락 없는" "고난"이기에, 도리어 "아무런 일목요연함도 없"기에 "즐겁다"고 말한다. 그것은 감상적 패배의식이 낳은 자폐적 위안의 언어유희가 아니다. 이를 이해하기 위해서는 우선, 김경미는 고통과 그 체험자가 본래적으로 모순적임을 적시하고 있다는 점이 지적되어야 한다. 위 시의 결론, "즐거"움의 전제는 이러하다. 인간 존재는 본연적으로 "맥락 없음"이므로, "맥락 없는" 고통이 "맥락 없는" 인간에게서 체험될 때, 그 체험은 타자에게서 비롯된 것이라고 쉽사리 단정될 수 없다. 반대로, 내부의 자기동일성을 가정하고 고통을 자신의 것으로 삭일 수도 없다. 견딤은 삭임이 아니며, 고통은 삭인다고 사라지지 않는다. 고통은 "벨벳 검은 미망인 기품으로" 끝없이 되새김질하게 하는 "매혹", 그 자체로 받아들여진다. 그렇다면 "맥락 끼울 곳이 없어 맥락을 잡아야만 살았다 느끼는", 고통의 원인을 찾고 '능동적으로' 이를 해소하려는 삶의 태도들은 얼마나 이율배반적인가. 그러므로 고통을 견디는 자는 "맥락 없음"으로 "맥락 없음"에 맞서는, 땅이 아닌, "허공을 파나가는" "광부나비"다. 그것은 모순에 모순으로 맞서는 자가 누릴 수 있는 정직한 "즐거움"이다.

1// 옳지 않다/ 나는 왜 상처만 기억하는가/ 가을밤 국화 줄기같이 밤비

내리는데/ 자꾸 인간이 서운하여 누군가를 내치려보면/ 내가 내게 너무 가까이 서 있다/ 그대들이여, 부디 나를 멀리해다오, 밤마다/ 그대들에게 편지를 쓴다// 2// 물 주기도 겁나지 않는가/ 아직 연둣빛도 채 돋지 않은 잎들/ 동요 같은 그 잎들이 말하길/ 맹수가 아닌 갓 지은 밥처럼 고슬대는 산양과/ 가슴 한가운데가 양쪽으로 찢긴 은행잎이/ 고생대 이후 가장 오래 세상을 이겨왔다 한다// 3// 관상(觀相)에서 제일 나쁜 건 불 위에 올려진 물 없는/ 주전자 형상이라지 않는가/ 바닥 확인하고 싶으면 가끔 울어보라 한다
―「인간론」 전문

고통은 단순한 토로나 푸념으로 발화될 수 없다. 그것은 고통을 가장한 자기 과시 또는 자기 나르시시즘 밖에 되지 않는다. 당연히, 가장된 고통의 발화는 고통의 절실성과 체험성을 "기억"하지 못하며, 어떤 교감도 제시해 줄 수 없다.

위의 시편이 만약 "옳지 않다"가 아니라 "나는 왜 상처만 기억하는가"로 시작되는 감정의 토로였다면, 시적 화자의 "상처" 내지 고통은 도리어 의심스러워졌을 것이다. 고통의 절실함에 밑줄 그으면서도 자신의 내·외적 상황을 한 발 비껴 서서 보는 자리, 그곳이 김경미가 고통을 체험하고 발언하는 자리다. 이 짧은 문장은 이번 시집에서 자학의 나르시시즘을 노래하는 시가 왜 없는지를 보여주는 시안(詩眼)이다.[3] "난 영 틀렸다―삼일쯤 연이은 사람 약속엔 사람인 게 고통이 된다"(「사람 시늉」)는

---

[3] 시집 뒤편에 실려 있는 산문 「부재에 흘리다」에서도 언급되어 있는 것처럼, 김경미의 앞선 시집들에서 자학적 요소를 발견하는 것은 그리 어렵지 않다. 그러나 이번 시집에서 김경미는 자학적 나르시시즘을 거의 걷어내고 있다. 그것은 '고통'을 내부로만 침잠시키려던 소극성에서 벗어나, 외부에서 다시금 내부를 들여다보는 내부자의 역설적 시선을 그가 갖게 되었기 때문이라고 생각된다. 외부와 내부, 그 간극을 아우르는 그의 위치는 분명 "I don't belong here"(「나는 이곳에 속하지 않는다」)의 자리이다. 그러나 그 자리야말로 김경미가 '간극'을 '겹'으로 사유할 수 있는 역설적인 자리이다. 내부 침잠의 나르시시즘적 위안도, 극단적인 외부화를 통한 감정 절제도 아닌 제3의 위치, 이번 시집에서 김경미는 내부-외부의 극단을 철폐한 역설적 자리를 마련함으로써 '고통'을 화두로 삼는 또 다른 방식의 가능성을 보여주고 있다.

구절도 마찬가지이다. 고통 속에 갇혀 있으면서도 고통을 견디게 하는 태도, 그만큼 자신이 겪고 있는 고통의 크기를 감당하려는 태도가 여기서 확인된다. 고통은 오롯이 체험자 스스로의 것이다. 그러나 김경미는, 그것을 객관화하는 타자의 시선을 상정하고 그를 통해 스스로의 고통을 들여다볼 줄 안다. 때문에 김경미 시에서 고통은 자아의 위협이 아니라 자아의 확인을 가능하게 해 주는 것이 된다.

그것은 곧 고통이 존재의 자기 증명 방식이 된다는 점을 확언하게 한다. 고통을 느낀다는 것은 곧 고통의 체험자가 살아 있다는 증거, 삶을 지속해야 하는 근거다. 고통은 삶의 끝으로 귀결될 것이 아니라 삶 그 자체로 여겨져야 할 존재론적 체험이다. 따라서 고통과 삶, 고통과 실존은 동일시되어야 한다. 고통은 "다른 인간"에게서 침입하는 그 무엇이 아니라(따라서 "내치려"한다고 해서 고통이 사라지지 않는다) "내가 내게 너무 가까이 서 있"기에 느끼는 것이다. 동일화할 수 없는 것을 동일시하려 할 때 나타나는 그 증상들, 그것이 바로 고통이다. 여기에서 고통의 역설적 국면이 다시금 고개를 든다. 동일화할 수 없는 "그대들"을 "나"로부터 분리해 "멀리" 두고픈 마음과, 그럼에도 불구하고 "밤마다 그대들에게 편지를" 써야만 하는 것, 그 이율배반의 해소되지 못하는, 번역할 수 없는 국면이 고통의 본성이다. 김경미는 인간이란, 현존재란, 이처럼 번역될 수 없는 고통어린 존재임을 확인하고 있다.

그런데 위 시는 고통스런 삶이 안겨주는 "겁"남 속에서도 "산양"과 같이 순하고, "은행잎"처럼 상처 많은 존재가 되려 "가장 오래 세상을 이겨왔다"고 한다. 고통을 제거함으로써 인간은 세상을 이길 수 있는 것이 아니라 오히려 고통을 제 몸에 각인하고 이를 끌어안은 채 앎으로써 삶은 지속될 수 있다는 것이다. 그의 이러한 낙관적 "인간론"은 어디에 근거를 두고 있는 것일까?

3. 고통의 쌍생아, 사랑

> 녹색 나뭇잎들마다 마악 투우 끝낸 붉은 소들 여기저기 주저앉아 있다/ 햇빛은 어제보다 각진 은박지들 쏟고/ 검은 숨 기차처럼 들락이니/ 나팔꽃 피는 소읍에 가 어깨보다 낮은 담벽에 들리라/ 서해 저녁 하늘에 젖은 이마 영영 맡기리라// 했는데,// 불났다/ 너무 뜨거워// 나도 내 가까이 못 간다
> ―「7월, 넝쿨장미, 사랑」 전문

위 시에서 말하고 있는 "나도 내 가까이 못"가는 것, 동일화 되지 못하는 것, 그럼에도 "젖은 이마 영영 맡"길 수 있을 것 같은 상상력, 주체-타자의 간극 확인과 거리 좁힘, 거기서 발생하는 "너무 뜨거"운 에너지, 그것은 "사랑"이다. 위 질문에 답은 이것이다. 고통 받는 인간에게는 그만큼의 사랑이 있다. 그러나 김경미식 사랑은 통상적으로 생각하는 완전한 동일화나 영원한 합일이 아니다. "햇빛"의 강렬함에 금방이라도 타 버릴 것 같은 "검은 숨"을 토해내지 않으면, "불"이 날 것 같은 "너무 뜨거"움이 없다면, 존재할 수 없는 것. 김경미의 사랑은 고통의 또 다른 현현이다. 숨막히는 사랑, 숨막히는 고통, 동일화할 수 없는 것을 동일시하려는 노력과 좌절, 그 쌍둥이 증상이 사랑과 고통이다. 그러므로 시제 "7월, 넝쿨장미, 사랑"의 숨막힐 듯한 반점(半點)은 단순한 동격의 반점이 아니다. 그것은 헐떡이는 사랑의 숨참, 고통스런 오르가즘의 시적 표현이다. "인간이 인간을 얼마나 낙담시키는지/ 이미 잘 알고 있"(「그날의 배경」)으면서도 "지독한 배신밖에는 때로 사랑 지킬 방법이 없"(「겹」)다는 역설 속에서 탄생하는, 동일화할 수 없는 것을 동일시하려는 욕망이다. 사랑은 고

통과 마찬가지로 역설이며, 그 차이의 건널 수 없는 간극은 사랑을, 고통을 더욱 강렬한 증상으로 생산하여 시인에게 엄습된다. 거기에 고통의 연대, 고통의 교통(交通)으로서의 사랑이 가능해지는 지점을 발견할 수 있다.

나도 연희야 외로움을 아주 많이 타는데 나는/ 주로 사람들이랑 잘 웃고 놀다가 운단다 속으로 펑펑/ 그렇지?(나는 동생이 없으니 뼛속에게 묻는단다)// 열한살 때 나는 부모도 형제도 많았는데/ 어찌나 캄캄했는지 저녁 들판으로 집 나가 혼자 핀/ 천애고아 달개비꽃이나 되게 해 주세요/ 사람들 같은 거 다 제자리 못박힌 나무나 되게 해주세요/ 날마다 두 손 모아 빌었더니/ 달개비도 고아도 아닌 아줌마가 되었단다// 사람들이랑 잘 못 놀 때 외로워 운다는 열한살짜리 가장 열한살짜리 엄마야 민호 누나야 조속히 불행해 날마다 강물에 나가 인간을 일러바치던 열한살의 내가 오늘은/ 내게도 신발을 주세요 나가서 연희와 놀 흙 묻은 신발을 주세요 안 그러면 울어요 외로움을 내가요 아주 많이 타서요 연희랑 잘 못 놀면 울어요/ 달개비도 천애고아도 아닌 아줌마가/ 열한살 너의 봄 때문에 사람들이랑 잘 못 놀아준 봄들을/ 돌려세우는 저녁이란다

—「연희」 전문

위 시는 시적 화자가 "열한살" 소녀 "가장" "연희"의 처지를 절절히 동감하는 데 바쳐지고 있다. 그 동감은 "연희"의 상처와 그 고통을 시인의 고통과 맞댐으로써 가능해진다. 때문에 이 시에서 고통은 더 이상 내면으로만 파고드는, "혼자일 뿐이라는 것"(「타인, 타인들」, 『쉬잇, 나의 세컨드는』)이 아니다. 고통은 나-타자의 간극과 그 이질성을 공통감성으로 연대하게 하는 "만유인력"(「만유인력」) 같은 것이다. 감성은 보편적인 전달 가능성을 내포한다. 더욱이 고통은 육체의 실존성, 현존성을 강하게 상기시키므로 그 어떤 감성보다 실정적이다.[4] 따라서 고통의 교통은 나-

---

4) 김경미가 버지니아 울프나 수전 손택이었다면, 그는 연희의 사진을 함께 실었을

타자의 '간극'을 우리라는 '겹'이 되게 한다. 서로에 대한 눈멂, 껴안음의 자세를 갖게 한다. 고통이 '사랑'이 되게 한다. 김경미의 낙관적인 "인간론"은 이러한 고통의 연대 속에서 파생된 결과이다. 나아가 이러한 사고는, 모든 존재는 다른 존재와 떨어져 있으면서도 서로의 이질성을 껴안을 수 있는 가능성을 지닌 '먼지'로 나타난다.

4. 에피쿠로스, 김경미

저 깊고 큰 세계를 다 읽어낼 수 있을까 매끈한/ 창유리 가득 오늘도 얼룩말이며 수선화 피었다/ 텅 빈 구석엔 어김없이 만삭의 검정 고양이들/ 뿌연 어린것들 잔뜩 풀어놓고 털실뭉치 따라 뛴다/ 날마다 그 놀라운 회색빛 창세기./ 오늘은 좀 천천히 소리내어 읽어본다// 아침 화장대 앞에서 먼지를 바르거나 그려넣고/ 지갑에서 먼지를 꺼내어 참 비싸기도 하다 커피나/ 수박 값을 치르고 오는 길에 먼지 좀 태워올래?/ 먼지의 취직을 부탁하거나 먼지로 지은 언덕 위 새/ 집에 부자되세요 흰 먼지 거품과 불길 잔뜩 들고 가/ 한바탕 차려낸 먼지를 실컷 먹고 마시며 먼지 순으로/ 노래도 부르고// 그럴 리 없다 한 먼지가 죽었다는 부음 검은 먼지를/ 갈아입고 교통체증에 서버린 먼지들의 경적 소리를/ 듣다가 돌아와 식탁 위 몽실몽실한 먼지로/ 아이먼지를 만들거나 남편먼지가 다른 먼지를/ 사랑한다고 친구먼지가 전화해 울 때 나라는 먼지는/ 시라는 먼지를 쓰고// 온 세계에 그렇게 한도 없이 내려앉는/ 저 창세기. 끝까지 다 독서해낼 수 있을까

―「먼지」 전문

것이다.(수전 손택, 이재원 역, 『타인의 고통』, 이후, 20-22쪽) 대신 그는 시 본문 앞서 연희의 인터뷰를 들려줌으로써 그와 비슷한 생생한 공감을 가능하게 한다. 이와 같은 미적 공통감각의 구현 방식은 한나 아렌트에 의해 차이와 다양성의 문화적 함의가 소통될 수 있는 가능성을 발견하려는 '판단 이론'으로 나아가기도 했음을 주지하고 싶다.(김선욱, 「문화와 소통가능성 : 한나 아렌트 판단 이론의 문화적 함의」, 『정치사상연구』제6집, 한국정치사상학회, 2002 봄호 참조)

모든 것은 "먼지"다. 그런데 "먼지"는 뭉쳐진다. "털실뭉치"가 되어 "따라 뛴다". 시적 화자는 '태초에 먼지가 있었다'는 "회색빛 창세기"를 읽고 있다. 이쯤에서 김경미는 에피쿠로스의 언어를 자기화한다. 고통이 존재론에 관한 시적 형상화의 제재로 기능한다면, 위 시의 "먼지"는 에피쿠로스가 상상했던 '비스듬한 운동'5)이라는 창조론 혹은 우주론의 김경미식 판본을 형상화한다. 에피쿠로스는 세계가 인과적인 결정에 따라 생성된 것이 아니라 근거를 끄집어낼 수 없는 어떤 사건에 의해 만들어진다고 생각했다. 이는 데모크리토스가 가진 합법칙성, 인과성을 여지없이 공격하는 논리가 됐다. 마찬가지로 김경미의 원자, "먼지"들은 "온 세계에 그렇게 한도 없이 내려앉"으면서도 고통의 인과결정론적 전제를 근본적으로 의심하게 한다. 데모크리토스적인 "독서"가 가능하다면 화자의 마지막 물음, "저 창세기, 끝까지 다 독서할 수 있을까"는 군더더기에 불과할 것이다. 이번 시집에서 유난히 많이 등장하는 역설적 표현들이 지니는 함의는 여기에 있다. 에피쿠로스적인 역설과 모순인 세계에서 역시 역설과 모순인 자아는 욥처럼 고통을 있는 그대로 견디며 "시라는 먼지를 쓰고" 있다. 때문에 그는 그 모순들을 직시하는 역설의 언어로 시를 쓰며, 모순투성이 먼지들의 "털실뭉치"화를 탐험한다. 존재는 근거를 알 수 없기에 고통스러우며, 그만큼의 사랑도 가능해진다. 사랑과 고통은 나타나는 순서를 매겨놓고 차근히 그 원인을 따질 수 있는 대상이 아니다. 그것은 데모크리토스적이다. 고통은 차라리 순서 없는 견딤이며,

---

5) 에피쿠로스는 세계의 창조를 다음과 같이 상상했다. "원자가 쭉 곧은 낙하직선에서 갑자기 벗어난다고 하는, 비스듬한 운동(delinatio)이라는 개념을 주창했다. 즉 영원으로부터 원자들은 무한한 공간 속에서 밑으로 떨어지고 있었을 것이다. 그러나 그러는 중에, 갑자기 또 저절로,「언제 어디에서인지는 모르지만」원자가 낙하직선에서 약간 벗어나게 된다. 이것은「운동의 방향이 바뀐 것에 지나지 않는다.」그리고 이렇게 됨으로써, 원자들이 충돌을 하게 된다. 이 때에 원자들은 짝을 짓게 되고, 계속해서 교체를 하게 된다."(요한네스 힐쉬베르거, 강성위 역, 『서양철학사 상권』, 이문출판사, 1999, 355쪽)

사랑은 오히려 무조건적인 껴안음이다.

 그해 여름,/ 꽃무늬 비닐장판 같은 게 인생에 마구 쏟아져들어왔다/ 밤 열두시 십분의 택시기사는 차를 마시자며/ 이대로 헤어지면 다시 만날 확률이 7만 5천 분의/ 1,이라고/ 어디 근거인지 모르겠으나,// 75만 분의 1인 사랑도 매일 그냥/ 스쳐간답니다/ (정육점 빛깔의 6월 장미들 면장갑 낀 손으로 매일 가슴 부위를 손질하고 나도 더러 누군가를 손질하지만 통증의 근거 또한 아직 알 수 없답니다)// 태양과 나와 장미와 택시와 면장갑들이/ 매일 서로 다른 확률의 근거를 호소하던 날들/ 달팽이무늬 낙엽들 몇 번쯤 지나면 비닐꽃무늬도/ 잦아들겠으나// 택시가 또다른 여자에게 건너갈 확률은 99퍼쎈트/ 어떤 여자가 그에 응할 확률은// 모르겠으되,// 7천 5백만 분의 1로 마주쳐도/ 스치고 마는 눈빛도 있답니다/ (우리가 만난 건 어쩌면 0퍼쎈트의 확률 덕분!)/ 어디에도 무엇에도 아직 아무 근거도/ 모른다 합니다 늘 지독한 비닐꽃무늬의 여름들이라 합니다
           —「사랑의 근거」전문

 그러므로 사랑은 "늘 지독한 비닐꽃무늬의 여름들"이라는 것만 기억하면 된다. 바스라질 정도로 힘있게 껴안는, 눈 먼 자들의 상처 맞댐이기만 하면 된다. "통증의 근거"를 "알 수 없"듯, 사랑도 "0퍼쎈트의 확률 덕분!"인지 누가 알겠는가. 확률을 근거로, 합법칙성과 절대적인 인과율을 근거로 삶을 재단하지 말라. 삶의 엄정성은 내 안으로 "마구 쏟아져들어"오는 규정할 수 없는 그 무엇, "0", 비스듬한 운동에서 시작되는 것이지, "99"나 "7만 5천 분의/1"로 가정되는 사후적으로 구성된 '법칙'들에게서 찾아지는 것은 아니다. 신이 창조한 '하마'나 '악어'를 욥은 모르지 않았던가.

 1// 생각도 늦고 시계도 늦었다 강의하러 뛰듯 걸으며 '시창작가는길' 답장한다는 게 낡은 휴대폰 자음 하나 덩달아 뒤로 늦춰지면서 '시창자까는길'로 간 모양이다 나날의 위선이 가시연꽃의 연못물이어서 비린 속어들 입도 안

댔는데 닳아빠진 손가락이 끝내 말썽이다
—「조금씩 이상한 일들2 저녁의 답장」 부분

그렇다면 시인에게는 위 시와 같은 여유가 필요할는지도 모른다. 자기 모순을 고백하는 여유, 알 수 없는 것과 동일시하는 유머의 전략 말이다. 이번 시집에서 김경미가 그려내는 고통은 대체로 '차렷' 자세를 취하고 있다. 그의 역설적인 고통이 허무의 하강으로 귀결되지 않고, 더욱 폭넓은 공감대를 확보하기 위해서는 "시창작가는길"과 '시창자까는길'의 간극 속에서 발견되는 이질적인 유머, 그 여유가 요청된다. 그의 시가 보여주는 고통과 상처를 보듬는 절실한 태도, 고통의 연대를 가능하게 하는 사랑스런 "먼지"들의 언어는 찡그림이 아닌, 웃음을 발견하는 데에서 새로운 '비스듬한 운동'이 시작될 수도 있을 것이기 때문이다.

'–되기' 수행과 '블룹타스'의 시쓰기
— 김언의 시로부터

1. '–되기'의 존재론과 언표행위의 위상

　우리는 여러 가지 존재의 양태로 살아간다. 한 가정에서는 가족 공동체의 일원이 되고, 직장에서는 특정한 직함에 둘러싸인 존재가 된다. 친구들 간에는 친구의 친구로, 또 다른 모임에서는 그 모임에 걸맞은 위치에 자리잡게 된다. 우리가 어떤 공간, 어떤 시간에 존재하는가에 따라, 다시 말해 우리가 어떤 대상과 접속하는가에 따라 서로 다른 존재론적인 위상을 갖게 된다. 들뢰즈는 이를 '기계'라 부른다. 그것은 어떤 존재적인 상황에 대한 비유가 아니라 그 자체로 직설적인 개념이다. 기계는 다른 기계와 만나 기존의 존재론적 위상을 탈각한, 특정한 용도를 가진 전혀 다른 대상이 된다.(들뢰즈가 정의하는 기계는 다른 것과 접속하여 어떤 흐름을 절단하고 채취하는 방식으로 작동하는 모든 것을 가리킨다)
　이처럼 하나의 '존재–기계'로서의 우리는 어떤 '기계'와 어떠한 방식으로 접속하는가에 따라 완전히 다른 쓰임새와 개념을 가진 존재로 탈바꿈된다. 그러므로 '기계'로서의 우리는 완전한 동일성의 장을 가지지 않는다. 존재는 그 존재의 자기동일성을 유지한 독자적이고도 고유한 본질을 가지고 있지 않으며, 다만 어떤 계기에 의해 새롭게 '배치'되는 흐름들을 생성하게 될 때, 기존 속성과는 다른 존재가 될 뿐이다. 즉 들뢰즈에게 존재는 'being'이 아니라 'becoming', 즉 사건으로서의 존재이다.

단일하고 고유한 실체로서의 존재가 아닌 사건으로서의 존재는 들뢰즈적인 의미에서 우리 삶의 양식적 토대이다. 우리는 가족구성원이되, 가족구성원이 아니기도 하고, 직함을 가지고 있되, 직함에서 자유롭기도 하며, 친구이되 친구가 아니기도 하다. 그 모든 것은 '나'이면서 동시에 '나'가 아니다. 우리가 가족구성원이 될 수 있는, 직함을 가질 수 있는, 친구일 수 있는 본질적인 원인이 우리를 가족으로, 직함으로, 친구로 만들어 준 것이 아니라 기계로서의 우리가 서로 네트워킹 됨으로써 그와 같은 위상을 갖게 된 것이다. 가족으로, 직함으로, 친구로 될 수 있는 '잠재성의 평면'plan of immanence이 없는 것은 아니지만, 그와 같은 '자연'(스피노자적인 의미에서) 원인은 결과에 의한 사후적인 원인이라는 점에서 존재론적 고유성을 결정하는 증거가 될 수 없다. 들뢰즈의 존재론은 결국, '모나드론'에 대한 '노마드론'의 반박이라 거칠게 말할 수 있을 것이다.

중요한 것은 들뢰즈가 말하는 '접속-기계'로서의 존재론이 우리의 다양한 면면에 대한 단순한 철학적인 비유가 아니라 윤리적 결단을 종용하는 논의로 이끈다는 점에 있다. 다시 말해, '기관 없는 신체'가 "집중과 분산의 양상, 그 집중의 강밀도에 따라 그때 그때 서로 다른 기관, 다른 기계가 만들어지기도 하고 사라지기도"[1] 한다면, 어떠한 기관, 어떠한 기계여야 하는가가 문제가 된다. 순수한 잠재성의 상태가 모든 기관 내지는 기계들의 원인이라 한다면, 습관적으로 형성되는 기계들에 대해, 그 영토의 근거 없는 권위들에 대해 우리가 봉사해야 할 아무런 이유는 없기

---

1) 이진경, 『노마디즘』, 휴머니즘, 2002, 135쪽.

때문이다. 즉 '욕망하는 기계'인 우리는 삶의 진부함으로부터 생동하는 삶의 가능성들을 발견해야 하고, 그를 위한 탈주선들을 마련해야 하며, 기존의 개념들을 새로운 접속 지점들을 생성함으로써 탈영토화해야 한다. 들뢰즈가 새로운 '개념'의 창출을 그토록 강조한 이유는 '기계'로서의 우리가 새로운 접속 지점을 만들고 강렬하게 함으로써 삶을 속박하는 이데올로기적 시선으로부터, 그 억압으로부터 자유로워질 수 있다는 점을 증명하기 위해서다.[2]

그렇다면 "삶을 개인적인 것 이상의 무언가로 만드는, 삶을 가두고 있는 것으로부터 삶을 해방시키고자 하는 노력"[3]을 행하는 문학이 들뢰즈에게 중요했던 이유는 명백해질 것이다. 문학은 새로운 '개념'을 만들어 언어를, 삶을 해방시키는 실천적 지평을 우리에게 선사한다. '언표행위의 집단적 배치'collective assemblage ofenundation인 문학은 배치들의 방향과 본성을 변형시키고 작용시켜 그 배치들의 의미들을 다른 쓰임새로 갖게 하여 언어를 '문체'style로 만드는 과정이다. 그러므로 어떤 언어를 선택하는가가 아니라 언어-기계를 어떻게 사용하는가라는 언어 쓰임새(화용론)의 문제가 중요한 화두로 대두된다.

언어의 진부함은 삶의 진부함과 등가어이다. 삶이 생성의 가능성을 차단당하고 억압과 속박 속에 놓여 있는 상태라면, 그 언어 역시 아무런 탈주선을 마련하지 못한 뻔한 언어일 수밖에 없다. 역으로 새로운 언어행위를 창조한다는 것은 삶의 역동성을 증거하는 것이고 기존 삶-정치를

---

[2] Gilles Deleuze, *Critique et Clinique*, Paris : Ditions de Minuit, 1993, p.14. (여기서는 유재홍, 「들뢰즈의 문학비평과 문제점들」, 한국프랑스학회 2003년 추계학술발표논문, 84쪽에서 재인용)

[3] Gilles Deleuze, *Negotiations 1972~1990*, New York : Columbia University Press, 1997, p.143.(여기서는 황혜령, 「표현-기계'로서의 들뢰즈의 문학론 : '바틀비-기능'과 'K-기능'을 중심으로」, 『새한영어영문학 제50권』, 새한영어영문학회, 2008, 103쪽에서 재인용)

탈영토화하는 것이며, 권력의 배치구도를 바꾸는 것이다. 왜냐하면 들뢰즈가 말하는 언표행위란 단순한 언어기호 자체가 아니며 그 자체로 끊임없이 외부와 교섭하고 나아가 외부 그 자체인 것이기 때문이다. 그러므로 언표행위의 특정한 배치만을 하나의 시스템으로 굳혀 권력화, 영토화하는 모든 시도들에 대해 이를 탈영토화하는 언표행위의 또 다른 배치는 단순한 철학적 사유가 아니라 정치적/윤리적 메시지를 이끌어낼 수 있는 언표행위의 중요한 쓰임새라 할 수 있다.

2. 잠재성의 소급적 돌출

그렇다면 기호에 갇히지 않은 외부의 언어, 그 문학의 언어란 어떤 모습이고, 어떤 모습이어야 하는 것일까? 필자는 그 전범을 김언에게서 찾을 수 있을 것이라 생각한다.

커튼 뒤에 숨어서 나는 유령이 되었다./ 문 뒤에 숨어서 엿듣는 살인마가 되었고/ 식탁 아래 숨어서 신의 은신처를 떠올리는/ 착한 양이 되었다. 나는 유행에 뒤떨어진/ 물건을 주워서 새 옷을 입고 수거함에 버려진/ 장난감과 단둘이 얘기하는 사이가 되었다./ 나는 구둣발에 차여서 신음하는 돌멩이를/ 발견하고 꺾어서 잡은 나비가 되었고/ 꽃이 되었고 서랍 속의 떨리는 보물섬이 되었다./ 나의 지하실은 범죄 박물관을 흉내 내는/ 병기고를 고쳐 만든 눈부신 동물원이 되었으며/ 창문 뒤에 서서 곧바로 창문이 되거나/ 창문의 풍경이 되거나 적어도 안쪽의/ 어둠이 될 가능성이 높은 도박을 하였다./ 장롱과 벽장과 신발장은 없는 사람의/ 옷으로 적당하지만 한 가지만 몰두하는/ 유령의 심장은 커튼 뒤에서도 희미하게 어울리는/ 빈방이 되었다. 얼굴 위에 흉터가 묻은 사람의/ 어두침침한 거실이 되거나 새로 생긴/ 분실물이 되었다. 갑자기 문을 열고 나와/ 창백한 손이 고함이 되기 전까지.

—「숨바꼭질」 전문4)

　김언에게서 존재는 고유한 자기 동일성을 가지고 있지 않다. 존재는 들뢰즈가 생각한 바처럼 끊임없이 접속하여 새로운 기계로 화하는 양태이다. 그러므로 "숨바꼭질" 놀이를 하는 "나"는 자신의 모습을 "숨"김으로써 놀이행위에 참여하지 않는다. "숨바꼭질"은 술래를 제외한 모두가 어떤 대상이 '됨'으로써 놀이행위에 참여한다. 말하자면 "숨바꼭질" 놀이는 존재의 외양을 다른 대상을 통해 감춤으로써가 아니라 다른 대상이 '되어' 드러냄으로써 놀이된다. 숨어야 하는 존재는 다른 사물들의 질감, 정황, 양태들과 접속하면서 그 흐름에 걸맞는 양태가 '되'어야 하는 것이다. 그렇다면 술래는 몸을 드러내는 그 존재들의 본질을 발견하는 존재가 아니라 '-되기'를 수행한 존재들의 미처 접히지 못한 '주름'들을 '지각'perception함으로써 "창백한 손"으로 "고함"이 "되"게 해야 한다. 주름 접힌 존재들이 그 자체로 발산하는 의미들을 면밀히 지각하지 않는다면 술래는 계속해서 술래로 남을 수밖에 없을 것이다.

　문제는 수없이 많은 '되기'들이 언표행위의 새로운 배치를 통해 이루어진다는 사실이다. "나"는 다른 사물, 다른 정황, 다른 양태들과 접속하면서 어떤 대상이 '된다'. 그것은 기존의 배치를 바꿈으로써, "나"라는 고정성을 근본적으로 의심하고 해체함으로써 일어나는 사건이다. 그것이 사건인 까닭은 그와 같은 '-되기'가 마치 미시물리학의 비결정적인 "확률"처럼 존재하기 때문이다. 즉 잠재성의 평면 위의 흐름들이 다른 기계·계기들과 접속함으로써 만들어내는 어떤 '-되기'의 상태는 하나의 원인에 의한 하나의 결과로 귀속되는 것이 아니다. 그 '-되기'의 결과는 어떤 원인으로 추론할 수는 있지만, 그 원인이 항상 그 결과를 도출할 수 있을

---

4) 김언, 『소설을 쓰자』, 민음사, 2009, 78-79쪽.

것이라는 인식은 그 원인이 잠재적인 여러 가운데서 돌출하는 하나를 사후적으로 규정할 때에야 비로소 드러나기 때문이다. 말하자면 시인이 말하는 "나"는 어떤 계기를 통해 접속하는 '-되기'가 가능한 잠재성의 평면의 다른 명명이지만, "나"로부터 비롯한 어떤 '-되기'의 상태는 "나"로 귀속될 수 없는, 어긋난 퍼즐 같은 것이다. 주체, 존재, 자아라는 형식의 이름들은 이 '잠재성'virtual이 어떤 가능한 상태로 돌출한다고 가정되는 확률에게 칭해질 뿐이다. 그러나 '-되기'를 통해 자기-차이화를 끊임없이 생성해내는 "나"는 기실 고정화되고 모든 가능성을 가진 '나'가 아니라 모든 현실태 위에서 비로소 소급적으로 발견되는 실체 없는 '나'인 것이다.

3. 감각하는 신체가 표현하는 차이의 메시지

실체 없는 존재라고 해서 그것이 존재하지 않는다는 의미는 아니다. 다만 우리(=술래)가 지각을 할 수 있는 존재가 아니라는 말, 더 정확히는 지각을 초월한, 지각보다 먼저 존재하는 이미지로 존재한다는 말이다. 즉 들뢰즈가 말하는 잠재성의 평면 위의 흐름들은 지각의 대상이 아니라 '감각'sensation의 대상, 아니 감각 그 자체로 신체에 육박하는 존재론적 사건을 현시한다.

> 내가 찍기도 전에 그는 먼저 움직인다 내가 찍기도 전에 그는 이제 등장하지 않는 인물이다 지금은 우리들 중 한 명이 그걸 대신하고 있다// 나는 너무 오래 기다렸다
>
> ─「증명사진」 전문[5)]

감각은 지각의 한계를 훨씬 초과한다. 지각이 대상을 언어의 배치로써 굳히고 고정시키는데 반해서, 지각으로 길들여지지 않은 감각은 지각의 영역을 초과하여 대상의 부조화, 비합리, 이질적이고도 전적인 타자성의 경험을 우리에게 안겨준다. 들뢰즈는 베르그송을 따라, 존재론적으로 가장 먼저 존재하는 것이 바로 이미지이며, 의식이나 사물은 차후에 구성된 것이라는 관점을 취한다.[6] 대상이 주체에게 가한 어떤 효과로서 이미지를 이해하는 것이 아니라 우리의 지각 영역(특권을 가진 '정박점') 바깥에서 지각으로 포착되지 않는 카오스적 상태의, 지각 이전의 절대적인 이미지 체제[7]가 있다는 것이다. 위 시편은 그와 같은 절대적 이미지 체제에 대한 에두른 형상화[8]이다.

"내가 찍기도 전에" "먼저 움직"이는 "그"는 "증명사진"이라는 지각화된 형상의 바깥에서 "등장하지 않는" 채로 존재한다. 카메라의 '지각'이 짧은 순간 셔터를 열고 닫음에 의해 고정되는 피사체만을 형상화할 뿐이라면, 너무 많은 이미지 –"내가 찍기도 전에 그는 먼저 움직인다"는 언술이 놓치지 않는, 그럼에도 카메라의 지각을 초과해있는 "그"를 사각형의 프레임 안으로 끌어들이지 못하는– 들은 수많은 "우리들"의 현전 가능성을 잠재적으로, 사후적으로 인식하도록 이끈다.

감각이 지각 이전에 비언어화된 이미지들로 신체('욕망')에 엄습한다 하더라도, 관습적이고 자동화된 몸의 감관은 이를 지각으로 환원하여 그 이미지들을 걸러낸다. 그러나 시인은 지금, 시선이라는 주체의 정박점을 전제로, 그 지각을 전제로 "그"를 "증명"하기 위한 노력을 행하는 존재

---

5) 김언, 『숨쉬는 무덤』, 천년의시작, 2003, 91쪽.
6) 박성수, 『들뢰즈』, 이룸, 2004, 39쪽.
7) 위의 책, 56쪽.
8) 언어의 배치로써 절대적 이미지 체제가 형상화될 수 없으므로 시인은 에둘러 말할 수밖에 없다.

가 아니다. 되레 그 바깥에서 상대적 이미지 체제로 배치되는 특권을 상정하지 않으면서, 손가락 바깥으로 모래처럼 비집고 나가는 이미지들을 감각하려 한다. "너무 오래 기다렸"음에도 불구하고, 사각형의 프레임 안에서 비확정적으로 뿌려지는, 실로 아무 것도 "증명"해주지 못하는 '정면' 사진은 그 결과로 손에 쥐어지는 이물적인 실체이다. 김언의 '언표행위의 배치'는 "증명사진" 속 '기괴한 형상'le figural들처럼, '재현'representation되지 않는 대상, 도대체 서사화되지 않는 정황들을 '표현'expression하려는 감각들에 집중하고 있다. 그를 통해 사진-지각에 의해 '재현'되는 대상 "그"와 시적화자의 감관-감각에 의해 '표현'되는 대상 "그"의 거리를, 그 차이를 끝없이 확인해가고 있는 것이다.

> 당신을 그냥 당신이라고 하면 안 되나/ 당신 앞에 떡 버티고 선 저 나무를/ 저 나무의 알몸뚱이 시를/ 그냥 당신이라고 하면 안 되나/ 벗길수록 달아나는 당신을/ 아직도 도망 중인 당신을/ 쫓아가다 쫓아가다 말고/ 그냥 당신이라고 하면 안 되나/ 벗길수록 죽어버리는 당신을/ 죽었다가 또 달아나는 당신을/ 여러 개의 당신을 하나하나/ 그냥 당신이라고 하면 안 되나/ 당신 앞에 떡 버티고 선 이 시를/ 지금도 시가 아니라고 우기는/ 나를 그냥 당신이라고 하면 안 되나/ 당신 앞에 버티고 선 저 나무처럼/ 저 나무의 알몸뚱이 시처럼/ 언제나 여기서 끝나는 내 말을/ 그냥 당신이라고 하면 안 되나/ 정말 안 되나
> ―「당신나무 당신」 전문9)

"당신"을 "당신이라고 하"는 순간 "당신"은 "도망"가버린다. "당신"은 "여러 개의 당신"이며 또한 "나"이기도 하다. 그것이 "시"인지도, "나무"인지도 모른다. "당신"은 이성적 능력으로 파악될 수 없고 일반적인 사유의 틀로도 파악되지 않는다. "당신"은 비인격적인 것이며, 시적 사유의 언표 활동 자체의 외화이다. "당신"을 파악하고 구분한다고 가정할 수

---

9) 김언, 『숨쉬는 무덤』, 82-83쪽.

있는 "나" 역시 특정하고도 단일한 주체가 아니라 언표 활동 자체, 욕망, 〈집단동작주들〉10)이다. 그렇다면 시인이 어떤 의도와 목적을 가지고 시를 쓰는 것이 아니라 문학-기계 그 자체가 한 편의 시로 표현된다고 할 수 있겠다. "당신"이라는 기호가 안겨주는 '능력의 불일치'는 완전히 다른 사유 개념을 찾도록 폭력적으로 강요한다.('감각의 폭력'11)) 시가 동일화자의 내적발화로 이루어진 통일체라 생각하는 관습을 폐기하도록 종용한다. "당신"이 안겨주는 폭력, 그것은 지각 차원을 넘어선 감각 차원에서 우리에게 일의적이고 고유한 것으로 다가온다. "당신"이라는 기호가 '주름'의 '펼침'Ex-pli-quer과 '감쌈'En-vel-opper12)으로 '표현'되어 한 편의 시를 이룬다. 시인이 아니라, "당신"이 언표행위를 담당한다. 당신이 펼치고 당신이 감싸는, 당신의 시. 그 혼란스럽고 일치되지 않는 기호들은 주체가 아닌 것, 말하는 자가 아닌 것, '기관없는 신체'를 출현시킨다. 기호를 해석하고 언표행위가 이루어지는 특정한 주체가 아니라 한 문장에서, 한 편의 시에서 기호에 의해 발생하는 어떤 주어들('텅 빈 우리'13))이 파편적으로, 복합적으로 출현하는 것이다.

우리가 이 시에서 확인할 수 있는 "당신"이면서 동시에 "당신"이 아닌, "당신"이라 부르고 있으면서도 "당신"이라 부를 수 없는 '차이'들은 이와 관계된다. 들뢰즈는 그 '차이'들이야말로 존재의 본질이라고 말한다. '차이란 한 세계의 성질로서, 가지각색의 환경들을 가로지르고 다양한 대상

---

10) 서동욱, 「들뢰즈와 문학 -『프루스트와 기호들』을 중심으로」, 질 들뢰즈, 서동욱·이충민 역, 『프루스트와 기호들』, 민음사, 2004, 305쪽.
11) 질 들뢰즈, 위의 책, 150-151쪽. "우리에게 사유하도록 강요한 또 다른 사물들이 있다. 그것은 〈재인식할 수 있는〉 대상들이 아니다. 그것은 폭력을 쓰는 사물들, 우연히 〈맞닥뜨리는〉 기호들이다. …(중략)… 감각적 기호는 우리에게 폭력을 행사한다."
12) 서동욱, 『차이와 타자』, 문학과지성사, 2000, 68쪽 참조.
13) 위의 책, 236쪽.

들을 통합하는 일종의 자동 반복을 통해서만 확인'14)된다. 당신-나-시-나무, 호명-비호명…으로 근본적인 반복의 층위들을 이루는 위 시의 언표행위들은 이와 같은 차이가 복합되어 표현된다는 사실을 알려준다. 이는 근원적으로 더 이상 원전과 사본이라는 일괄적인 우열관계를 통한 재현 가능성을 불식하는 예술적 태도라 할 수 있다. 모방으로서의 문학이 아니라 반복으로서의 문학. '기관없는 신체'가 행하는 해석의 활동과정. 김언의 시는 차이의 드러남과 그 복합의 양상을 통해 대상을 대상으로 가능케 해주는, '존재에 대해서 우리가 사유하고 이해할 수 있도록 해주는'15) 과정을 보여주고 있다.

4. '블룹타스', 진부함에서 새로움으로

아무 의미 없는 숫자를 말할 수 있다는 것/ 고통에 사족을 달아 줄 수 있다는 것/ 자기 전에 오줌을 누고 침을 뱉을 수 있다는 것/ 거품이 인다는 것 쓰레기를 버리지 않는다는 것/ 냄새나는 친구들과 집을 같이 쓴다는 것/ 밟히는 대로 걷고 숨쉬는 대로 말하고 이제는 참을성을 기르는 것/ 그럴 수 있다는 것 오줌을 참듯이/ 똥 마려운 계집애의 표정을 이해한다는 것/ 빨개진다는 것/ 벌게진다는 것 이것의 차이를/ 저울에 달아 본다는 것 눈금을 타고 논다는 사실/ 시소게임 하듯 사랑이 먼저냐 사람이 먼저냐/ 단어 하나에도 민감한 사상을 다 용서할 것/ 그럴 수 있다는 것 모처럼 좋아지려는데/ 여기서 시작하고 저기서 끝난다는 것/ 아니면 다른 집에서/ 누구 눈에도 띄지 않는 복장을 상상한다는 것/ 그건 발견, 그건 발명, 그건 우스갯소리/ 말을 바꿔 가며 증명할 수 있다는 것/ 경험을 말할 수 없지만 웃음은 이미 터졌다는 사실/ 그때의 나를 볼 수 있다는 것/ 8시에 시작하고 9시에 끝난다는 것/ 아니면 다른 집에서
—「문학의 열네 가지 즐거움」 전문16)

---

14) 위의 책, 83쪽.
15) 위의 책, 72쪽.

'김언'이라는 시를 쓰는 신체는 말하자면 '분열증적 신체'[17]이다. 수많은 속성들과 그 차이들을 횡단하면서 존립하는 신체이다. 그의 신체는 탈영토화와 탈코드화하는 과정으로서 시를 쓰는, 언표행위가 이루어지는 '독신 기계'이며, 언표 주체와 언표 행위 주체의 구분조차 무력화하는 '익명'들의 중얼거림을 외화하는 신체다. 그러므로 그의 시편에서 첫 행의 발화주체(언표행위의 집단적 배치를 행하는 주체)와 그 다음 행들의 발화 주체는 관습적 '자아'라는 '나무'를 전제하지 않는다면 모두 다르며 조금씩 어긋난다. 뿌리를 가지지 않은 '리좀'으로서의 시편들. 언표 행위의 흔적들이 익명화된 사건으로서, 과정으로서, 차이로서, 존재의 사이로서, 중간으로서 끊임없이 탈영토화, 탈코드화되면서 배치되고 접속하며 끊어진다. 거기에 주체로서의, 시인으로서의 자유가 있다. "주체의 자유란 바로 과정으로서의 분열증, 즉 수많은 상태들을 횡단하는 일을 방해받지 않고 실현하는 것이며, 바로 이러한 자유로운 과정의 계속이 즐거움의 원천이 되는 것"[18]이기 때문이다.

"문학의 열네 가지 즐거움"은 관습적인 "문학", "열네 가지", "즐거움"에 대한 인과론적인 진술이 아니다. 꼭 문학이 아니어도, 열네 가지가 아니어도 즐거움은 있고, 꼭 문학이 열네 가지의 즐거움을 가져야 하는 것도 아니다. 서로 관련 없는 일상들이 즐거움이 될 수 있고, 문학과 접속할 수 있으며, 열네 가지와 나란히 배치될 수 있다. 우리는 시인-기계의 이 에너지, '즐거움'으로 번역 가능한 '블룹타스'의 힘을 여기서 엿볼 수 있다. 서로의 차이들을 횡단하면서 새롭게 접속하는 가운데 발생하는 자유와, 그에 동시적이며 공외연적인 블룹타스.[19] 그것은 시인에게 시쓰

---

16) 김언, 『소설을 쓰자』, 120-121쪽.
17) 이에 대한 자세한 해설은 서동욱, 『들뢰즈의 철학』, 민음사, 2002, 180-185쪽.
18) 서동욱, 위의 책, 185쪽.

기를 지속할 수 있게 하는 힘이자 세계의 대상들을 주름지게 하고 펼치게 하며 감싸게 하는 시적 에너지의 근원적인 흐름이다. 시인이 '백지의 공포'를 이겨내야 함에도 불구하고 쓸 수밖에 없게 하는 그것. 하여, 시인은 결핍으로서의 주체가 상징적 질서로 편입하면서 발하는 신경증적인 언표 행위를 근본에서부터 무너뜨리는, 해방으로서의 분열증자이다.

그의 블룹타스는 욕망의 배치 지점들을 파괴하려는 권력의 위상과 특권을 흘러가는 시니피앙의 하나로 상대화하는 효과들을 창출한다. 그렇다면 '소수문학'의 언어가 필요한 이유, 김언의 언어가 그저 한 권의 시편이나 시집이어서는 안되는 이유 또한 여기에 있다고도 말할 수 있겠다. 우리가 김언의 시에서 보는 것은 상징적 질서 체계에 편입하려는, 대상a를 에두르는 '욕동'drive이 아니라 생성으로서의 글쓰기가 안겨주는 '블룹타스'이다. 습관적 지각에 의한 진부한 개념들의 반복으로부터 구원하는 '초재적 실행'[20]으로서의 즐거운 시쓰기. 상징계를 넘어 'real'에 가 닿으려는 시적인 노력[21]이 우리가 아직 경험하지 못한 새로운 영토들의 존재를 넌지시 알려주고 있는 한, 시인의 시쓰기의 고통은 즐거움과 동의어인 것이다.

---

19) 서동욱, 위의 책, 184쪽.
20) 질 들뢰즈, 『프루스트와 기호들』, 148쪽.
21) 김언·손남훈, 「'김언'이라는 시론을 듣다」, 오늘의문예비평 편, 『불가능한 대화들』, 산지니, 2011, 153쪽.

무위-행위(無爲-行爲)의 시적 윤리

—조말선, 『재스민 향기는 어두운 두 개의 콧구멍을 지나서 탄생했다』, 문학동네, 2012.

한때 우리는 미시물리학에서 언급하는 전자처럼 확률과 우연으로만 존재하는 어떤 효과, 동일한 것으로 가정되지 않고, 단일한 것으로도 여겨지지 않으며, 완전히 단독적인 단자에 대한 상상만으로 서둘러 규정 지을 수 없는 주체에 대해 말하기를 좋아했다. 이미-항상 말하고 있는 주체, 모든 문장과 구절과 단어를 지배하고 있는 메타적 일자(一者)로부터 그 말하는 자의 분열된 목소리와 모순된 욕망을 거슬러 짚는 데 익숙했던 때가 있었다. 거기서 시는 더 이상 독백을 가장하지 못한 다층의 목소리였으며, 갈등하고 길항하며 화해하는 불완전한 흐름들로 채워지고 있었다. 그것은 서정이 지닌 동일성의 폭력으로부터 시를 구원하며, 주체와 대상의 자리를 새로이 정립하고자 하는 노력의 일환이었고, 기존의 것으로부터 이탈하는 새로운 미학적 표현 양태였다.

조말선의 이번 시집 『재스민 향기는 어두운 두 개의 콧구멍을 지나서 탄생했다』(문학동네) 또한 언뜻 보면 그와 같은 분열의 주체가 대상 사물을 향해 내뱉는 겹의 목소리를 외화하고 있는 것처럼 보인다.

　벗어놓은 외투가 고향처럼 떨어져 있다/ 내가 빠져나간 이후에 그것은 고향이 되었다/ 오늘 껴입은 외투와 나의 관계에 대해서 생각하면/ 한 번 이상

> 내가 포근하게 안긴 적이 있다는 것이다/ 나는 비로소 벗어놓은 외투를 찬찬히 살펴보는 것이다/ 내가 빠져나가자 그것은 공간이 되었다/ 후줄근한 중고품/ 더 이상 그 속에 있지 않은 사람의 언어
> ―「고향」 전문

주체가 "고향"이라는 기원을 상상하며 그 안에서 "포근하게 안"길 때, 고향과 주체 간의 상상적 이자 관계는 성립된다. 많은 시인들이 '고향'을 시 안에서 "고향"이라 말할 때, 자동적으로 상기되는 이와 같은 관계는 서정적 동일성이라는 시적 준거에 합당한 것이다.

그러나 조말선 시인이 말하는 "고향"은 이와 같은 '고향'이 아니다. 시인은 '고향' 안에서 "고향"을 말하는 것이 아니라 되레 "떨어져", "후줄근한 중고품"인 "고향"을 말한다. "포근하게 안긴 적이 있다"고 해서 "고향"이 동일시 가능한 장소(Topophilia)가 되는 것이 아니라 그저 "공간"에 불과한 의미 없는("더 이상 그 속에 있지 않은") 사물에 불과한 것이 된 것이다. '고향'이 제 존재에 대한 기원을 상기하게 하고 그로부터 상상적 이자관계로서 회복되기를 욕망하게 하는 곳이라 한다면, 조말선의 이와 같은 대상에 대한 인식은 분명 서정에 대한 '반서정'적 태도로 보인다. 왜냐하면 대상에 대한 동일성이 아니라 반동일성의 태도는 더 이상 상상 가능한 '고향'을 회고할 수 없는 현대인의 내적 황량함을 정직하게 반영하는 것처럼 보이기 때문이다.

하지만 조말선의 시에서 나타나는 '반서정'적인 정서를 단지 현대인의 보편적인 내면을 반영하는 것으로만 보기에는 소박한 면이 있다. 왜냐하면 '반서정'의 정서 또한 정서 감응의 능동적 주체를 전제하며, 그 주체의 자기 동일성을 확고히 한 데서 비롯하기 때문이다. 이것은 어디까지나 시인의 입을 빌리자면 "전체주의적이다".(「조말선」 부분) 왜 전체주의적

인가? 시인의 단독적인 시적 표현들을 일반적 대상과의 관계 속에서 함부로 판단했기 때문이다. 한 번 더 시인의 말을 빌리자면 그것은 "보편적 오류에 빠져 있다"(「조말선」 부분).

그렇다면 상상적 이자관계로부터 이탈하는 조말선 시의 벡터는 어디로 향하고 있는가? 다음의 시편은 이에 대해 살펴보기 위한 출구를 열어준다.

> 나는 최초의 나로부터 도주하고 있다/ 최초의 나를 연장하기 위해/ 나는 최초의 나의 의심에 의심을 달고 있다/ 환멸에 환멸을 더하고/ 눈물에 눈물을 더하고/ 깔깔깔 웃음에 웃음을 더하면/ 뻔한 정오가 천 개의 빛으로 넘쳤다/ 했던 말을 반복하고 반복하는 것이/ 최초의 나를 연장하기 위해서라면/ 최초의 나를 지지하기 위해서라면/ 맨 처음 가계도를 그리던 날부터/ 나는 까마득히 도주하는 삶을/ 살고 있다는 것을/ 도주하는 것이 이토록 아름답다는 것을/ 연장하는 것이 이토록 감동이라는 것을/ 알기는 알았을 테지만/ 모르고도 나는 도주를 수단으로 살아왔다/ 치를 떨 때마다/ 내게 매달린 잎사귀들이 새파랗게 질리고/ 치를 떨 때마다 나를 배반했지만/ 나는 미덕의 반대편을 선호했으니/ 그것이 내 도주로의 필수코스였으니/ 최초의 나로 무성하기 위해/ 나는 최후의 나를 지연시키고 있다
>
> ―「나무」 전문

시인은 "최초의 나로부터 도주하고 있다"고 말한다. "최초의 나"가 주체가 가정하는 순수한 자아, 완전한 동일시의 대상이라 한다면, 앞서 「고향」과 마찬가지로 이로부터 거리를 유지하는 시적 태도는 조말선의 시에서 빈번히 등장하는 시적 상황이라 말할 수 있다. 그런데 화자는 "최초의 나"로부터 도주하는 이유에 대해 "최초의 나를 연장하기 위해"서라고 말한다. 기원에 대한 탐색을 거절한 시인이 역설적이게도 "최초의 나"를 말한다는 것은 매우 모순적인 것처럼 보인다. "최초의 나"는 주체에 메타

적 권위를 부여하는 상상적 동일시의 물활론적 대상이기 때문이다.

분명한 것은 위 시에서 말하는 "최초의 나"는 일반적인 서정이 보여주는 것과 같은 신화적인 환상도 아니고 자기 욕망의 정당한 물음으로 나아가기 위한 '과거 거절'의 시편들이 흔히 보여준 윤리적 방식도 아니라는 점이다. 왜냐하면 조말선의 시에서 "나"는 서정적 동일시의 주체도 아니고, 분열되고 해체된, 그래서 무기력한 자기 응시 밖에 할 수 없는 비규정적인 '효과' 또한 아닌, "최초의 나를 연장하기 위해서라면/ 최초의 나를 지지하기 위해서라면" "도주하는 삶을 살고 있다는 것"이야말로 "아름답"고 "감동"이라고까지 말할 수 있는 "나"이기 때문이다. 즉 시인이 말하는 "최초의 나"는 상징 질서로 편입되지 않은, 혹은 그것으로부터 빠져 나온 잉여적 잔존물이다. 오로지 단독적인 '자기'로서의 면면을 가진, 아직 이름 지어지지 않은, 규정되지 않은 물질성을 가진 그 무엇이다.

그런데 이 시가 보여주는 역설적 상황은 "나"라는 시적 대상이자 존재론적 함의를 가진 자기-신체에 대한 즉물적 반응인 것처럼 보인다. "천 개의 빛으로 넘친" "뻔한 정오"에 노출되고, "잎사귀들이 새파랗게 질"린 채 "무성"해져 "최후의 나"로 나아가는 과정은 곧 시인이 "말을 반복하고 반복하는" 가운데, "말"이라는 상징적 기표와의 "뻔한" 교섭을 진행하는 과정에서, 아직 언어에 포박되지 않은 "최초의 나"를 보호하며 유지시키려 하는 행위이기 때문이다. ("지연시키고 있다") 그렇게 "도주"가 "아름답"고 "감동"인 이유는 상징적 억압의 "환멸"적인 과정으로부터 벗어나 "최초의 나로 무성하기 위"한, 그리하여 "최후의 나를 지연시키"는 유일한 "수단"이 되기 때문이다. 다시 말해 시적 화자는 상징적 질서 속으로 편입되지 않은 "최초의 나"를 "배반"함으로써, "최초의 나"와의 거리 두기를 통해서, 되레 "최초의 나"의 현전을 가능하게끔 하고 있는 것이다.

언뜻 그것은 "최초의 나"라 불리는 '이상적 자아'와 상징적 질서 속으로 포획되어 버린 분열된 주체의 양상을 외화하는 것처럼 보인다. 그리하여 "최초의 나"를 회복하고자 하는 결핍의 주체의 끝없는 길항 과정인 것처럼 보인다. 그러나 상황은 정반대다. 왜냐하면 시인은 "최초의 나"로부터 "도주"를 감행하고 있다고 분명히 말하고 있기 때문이다. 시인은 순수 자아와의 끝없는 합일이 아니라 그와 같은 환상을 떼어냄으로써, 또한 상징적 질서로 편입된 소타자의 역할로부터도 스스로 "도주"하고 "배반" 함으로써 다른 주체의 자리를 모색한다.

그렇다면 "최초의 나"는 나르시시즘적 환상의 대리보충물이 아닐 것이다. 또한 환상이 끝나간 자리에 나타난 분열된 주체의 효과로서의 물질적 대상도 아닐 것이다. 그것은 의미심장하게도 상징 질서로부터 이탈과 도주를 감행하게 하는 시적 근원이자 대상에 대한 "의심에 의심을 달"게 하는 시적 동력이다. 그것은 다음과 같은 시편에서 변주되어 나타난다.

이름의 억압으로 시인이 되었군요. 그는 내 이름을 듣자마자 정신분석가처럼 말하지만 전체주의적이다 초면치고는 점쟁이처럼 말하지만 보편적 오류에 빠져 있다 신비 따위로 수작 부릴 것도 없겠고 안줏거리로 더 씹을 것도 없으니 나는 곧 조말선과 계속 놀 수 있다 가면으로 가명을 쓸 수도 있었지만 너무 빤했으니까 조말선은 항상 오른쪽으로 약간 비켜서서 부제처럼 나를 따라다닌다 나는 혼자 조말선에 손가락으로 구멍을 파고 놀고 있다 나를 후벼 파는 일이란 내 얼굴에 부스러기가 떨어지는 일 나를 후벼 파는 일이란 떨어진 부스러기에 내 눈이 성가신 일 나를 후벼 파다보면 내가 내 무덤을 파고 있다는 것을 무서워하는 게 재미있어진다 이 정도면 수저통으로 쓸 만하군, 그는 나를 밥상 위에 올려놓고 숟가락을 꽂았다 나는 숟가락을 집어 던졌고 그 정도면 예뻐졌는걸, 그는 나를 탁자 위에 올려놓고 노란 프리지어를 꽂았다 푸른 푸르지어라면 생각해보겠지만 왜 뭘 못 채워서 난리실까 취미를 빼앗길까봐 나는 그의 실용적인 취향을 비웃는다 나를 내버려둔다면 나는 아무것도 아닐 수 있다는데요 구멍 난 조말선은 재떨이로는 제격이군, 그는 혀를 차며 조말선에 난 구멍에 이것저것 갖다댄다 나는 필사적으로 텅 비우기에 매진한다 아무 것도 아니기 위해 나는 파낸 부스러기에 눈이 먼다 아무것도 아닌 것을 감추기 위해 나는 구멍의 입구를 좁히고 좁힌다

─「조말선」 전문

이 시에서 "조말선"은 자아이상으로서 나르시시즘적 동일시의 대상이 아니라 "부제처럼 나를 따라다"니는 "놀 수 있"는 대상이다. "정신분석가"나 "점쟁이"같은 언어의 규정("이름의 억압으로 시인이 되었군요.")을 물리치고, 도구적 대상("수저통", "꽃병", "재떨이")으로 전이시키고자 하는 억압들에 대해 시적 화자는 "조말선"의 무목적적 텅 비우기로 맞대응한다. 아니, 차라리 그것은 어떤 상황에 대응하기 위한 유의미하고 상징적인 행동이 아니라 그 자체로 무의미를 지향하는("아무것도 아니기 위해") 무의미한 의미("아무 것도 아닌 것을 감추기 위해") 체계라 하는 것이 더 적확할 것이다.

따라서 "조말선"은 온통 의미로 구성된 세계로부터의 완벽한 이탈, 나아가 죽음을 상상 가능하게 하는 토대이자 근원이다. 그러면서도 그 스스로는 아무 것도 아닌 이름 없는 그 무엇이기도 하다. 다만 그것은 아무 것도 아님을 통해 상상적 이자로부터, 나아가 유의미의 세계를 지탱하는 상징 질서까지도 역설적으로 교란하고 무너뜨린다. 질서로부터 스스로 "내버려"지는, '하지 않음을-하는', '무위-행위'(無爲-行爲) 과정을 통해, 죽음마저 삶의 방점에서 찍은 유의미한 결절로 보지 않게 한다.("내 무덤을 파고 있다는 것을 무서워하는 게 재미있어진다") 그러므로 "나를 후벼 파는 일이란" 이상적 자아를 향한 자기 탐구도, 상징체계의 의심과 재구축도 아니다. 그것은 모든 환상과 억압들에 대한 무위적인 거부이자 무효화 과정이다.

나르시스와 나르시스가 마주보고 있다// 얼굴과 얼굴 사이에 '과'라는 거울이 있다/ 살갗과 살갗 사이에 '과'라는 얼음이 있다/ 숨결과 숨결 사이에 '과'라는 접속사가 있다// 뜨겁지도 미끈거리지도 젖지도 않는 사이// 포옹으로 연인과 연인이 '과'를 녹이듯이/ 입맞춤으로 연인과 연인이 '과'를 먹어버리듯이// 거울을 깨어라, 나르시스// 나르시스와 나르시스들이 마주보고 있다// 얼굴과 얼굴들 사이에 '과'라는 거울들이 있다/ 살갗과 살갗들 사이에 '과'라는 얼음들이 있다/ 숨결과 숨결들 사이에 '과'라는 접속사들이 있다// 깨어야 할 거울이 너무 많으므로/ 나르시스와 나르시스들은 죽지 않는다
　　　　　　　　　　—「나르시스와 나르시스들」 전문

시인은 말한다. "거울을 깨어라, 나르시스". 이와 같은 정언명령과 같은 표현은 조말선의 시에서 나타나는 태도로 미루어볼 때 매우 낯선 것이다. 그럼에도 저 표현은 시인이 대상과의 동일시에 대해 어떤 태도를 갖고 있는지를 분명히 알려준다. 이 시에서 화자는 "마주보고 있"는 주체-대상이 기실 "나르시스와 나르시스"일 뿐이라고 말한다. 나르시스는 대상을 보고 있는 것처럼 보이지만, 그리하여 그 대상과의 교감을 시도하는 것처럼 보이지만, 실은 그저 자기애의 과정으로서 자기 자신만을 바라보고 있을 뿐이라는 것이다. 의미가 생산된다는 것, 유의미한 패턴으로서 관계가 형성된다는 것은 결국 "깨어야할 거울"에 지나지 않으며 "나르시스와 나르시스들은 죽지 않는다"는 사실만을 확인시켜 줄 뿐이다. "거울을 깨어라"고 말한다는 것은 일견 "나르시스"적인 관계를 무너뜨릴 수 있는 유일한 방식, 나아가 윤리적 태도인 것처럼 보이지만, 기실 그것은 공허한 말장난에 지나지 않는다는 것이다. 그렇다면 "거울들", "얼음들", "접속사들"로 반복/번복되는 의미·상징체계의 나르시시즘적 환상은 어떻게 구멍낼 수 있는가?

내 생각의 내장은 해변처럼 꾸물거리지/ 한마디로 잘라 말하면 버리기가

아깝지/ 예스라고 말하면 노가 끌어당겨/ 진실로 말하면 거짓이 끌어당겨/ 솔직히 말하면 항문으로도 할 수 있네/ 내 생각의 내장은 꼬여 있지/ 내 생각의 결론은 입에서 항문으로 오락가락하지/ 그래서 내 생각은 꿈틀거리지/ 있다고 말하면 없다가 뒤따라오지/ 좋아라고 말하면 싫어가 뒤따라오지/ 내 생각은 비워지지 않지/ 쏟아지지 않지/ 꼬리에 머리를 물고 오지/ 가설 뒤의 가설처럼 밀려오지/ 내 생각은 항상 거울을 마련하지/ 내 생각은 네 생각을 마주하지/ 네 생각과 내 생각 사이가 너무 멀어서/ 나는 중간에 딴생각을 하지/ 나는 지긋지긋하게 생각하지/ 생각 속에 물고기가 알을 낳도록 생각하지/ 끝이라고 생각하면 시작되지

―「내 생각의 내장은」 전문

    결론적으로 말하자. 시인은 언어의 가능성을 그다지 믿지 않는다. 시인에게 있어 언어는 대상과 의식을 매개할 수 있는 수단이 아니라 대상을 의식으로부터 떼어놓고, 의식과 대상을 교란시키는 효과를 갖고 있다. ("예스라고 말하면 노가 끌어당겨/ 진실로 말하면 거짓이 끌어당겨") 확언은 불가능하다. "있다고 말하면 없다가 뒤따라오"며, "좋아라고 말하면 싫어가 뒤따라오"기 때문이다. 시인의 언어는 "거울" 앞에 선 물체의 좌우가 뒤바뀌는 것처럼, "내 생각"과 "네 생각을 마주하"게 하고 "너무 멀"다는 사실을 확인하게 할 뿐이다.

    그렇다면 시인은 두 가지 중 하나를 택해야 한다. 언어의 재현 불가능을 인정하고 언어로부터 완전히 이탈하는 것. 아니면 언어의 재현 불가능을 인정한다 하더라도, 거기서부터 역설적인 언어 사용 방식을 발명해내는 것.

    하지만 조말선 시인은 그 전제부터 무너뜨린다. 아예 언어로부터 "딴생각을" 하는 것이 그것이다. 관계의 관계성에 머물러 그 모순 안에서 심각하게 자족하는 것이 아니라 그 모순의 근원적인 전제부터 일거에 소거함으로써 관계의 무관계까지 나아가 버린다. 마치 데카르트가 의심하고

있는 자신의 이성까지도 의심한 데까지 나아갔던 것처럼, 시인은 생각하고 있다는 생각까지 나아가 생각이 뻗어나가는 의미의 연쇄반응들, 체계의 자동적 현현을 중지시킨다.

그러나 "생각"이 메타적일 수 없다. 데카르트는 의심에 의심을 거듭한 끝에 신(神)과 조우했고, 이는 모든 근거들의 움직일 수 없는 유일한 근거가 되었다. 그러나 시인의 "생각"은 다른 이어지는 "생각"들에 절대적 권위를 갖지 못한다. 아니, 그것은 애초부터 권위가 될 수 없는, 될 필요도 없는 아무 것도 아닌 것이다. 그러므로 생각의 "끝"은 끝이 아니라 "생각"에 의해 다시 "시작"되는 무한히 반복되는 과정이다. "결말이 나야/ 영화는 이어진다"(「결말」 부분)고 말한 것처럼, 언어는, 생각은, 삶은, 언제나 반복되는 과정이다.

그러나 "찢어지는 고통은 왜 현재형인가/ 찢어진 고통은 말할 수 없는 고통/ 찢어지는 고통은 내가 함부로 쓰는 내 것이 아닌 고통"(「찢어지는 고통」 부분)의 초과되거나 모자라는 지경과 맞닥뜨릴 때, "이분법적 양식을 밀어내며 망설이고 있"(「기계적 바다」 부분)는 사태와 조우할 때, 시인이 말하는 반복은 더 이상 모든 과정들의 선험적인 구조적 결절이 아니다. 아직 말하지 못한 언어로 시인은 지금, 상징체계가 구축해 놓은 반복의 패턴들을 넘어설 과정을 모색하고 있는 것이다.

흑과 백, 그 사이를 진동하는 붉음에 대하여
―유병록, 『목숨이 두근거릴 때마다』, 창비, 2014.

1.

서정이 지니고 있는 근본적인 태도를 비판적으로 바라보는 관점은 이제 어느 정도의 합의에 다다른 것 같다. "서정시가 환기하는 서정은 일종의 강요된 조화에의 강조"[1]이기에, 은유의 제국으로부터 구출하기 위한 제유의 가능성을 탐색[2]한다든가, 서정의 주체 우위적 태도가 지닌 타자성의 말살로부터 타자의 타자성을 염두에 두는 상호주체적 서정을 탐구[3]한다든가, 서정을 서정(抒情)과 서정(敍情) 사이에서 진동하는 '情'으로 사유하고자 하는 조심스런 의견을 제출하는[4] 등의 수많은 의견이 제출되고 있다. 서정은 이데올로기적 환상에 불과한 것[5]이라는 과격한 견해 또한 기존의 '리리시즘'의 전통을 더 이상 정통(正統)으로 받아들이기 힘든 저간의 사정과 관련이 있다. 여기에는 궁극적으로, 서정을 '동일성'으

---

1) 김준오, 『문학사와 장르』, 문학과지성사, 2000, 134쪽.
2) 구모룡, 『제유의 시학』, 좋은날, 2000.
3) 박현수, 「서정시 이론의 새로운 고찰 : 서정성의 층위를 중심으로」, 『우리말글』 40호, 우리말글학회, 2007.08.
4) 고봉준, 「서정시 이론의 성찰과 모색 : '서정' 개념의 이중성과 '정(情)'의 개념을 중심으로」, 『한국시학연구』 20호, 한국시학회, 2007.12.
5) 박현수, 「서정시의 본질과 한계」, 『황금책갈피』, 예옥, 2006.

로 정의하고 그로부터 세계·객체·자연을 자기화하려는 '자기 우위의 제국주의적 시선'에 대한 강력한 거부가 깔려 있으며, 서정이라는 말 속에 채 포섭되지 못하는 수많은 문학적 예외 현상들을 전제로 한 의혹의 시선이 내재되어 있다.

  우리가 전제하는 바, 일반적으로 서정은 미적 전체 속에서 새로운 차원의 합일을 지향하는 것 또는 주체가 객체를 포섭함으로써 자아의 확대를 이룩하려는 것으로 이해되고 있다. 그런데 그것은 다분히 낭만주의적 사고에서 발흥한 것이며 헤겔 이후의 역사적·사회적 맥락을 띠고 있는 보편적일 수 없는 서정-시에 대한 정의와 태도라 할 수 있다. 그럼에도 불구하고 우리의 문학적 현상 안에서 여전히 '서정'이 지닌 영향력을 무시할 수는 없다. 되레 '서정'의 '서정성'은 근대 이후의 시사적 맥락 안에서 약동하고 있는 '보편적'인 것으로 여겨지고 있다. 그리하여 서정의 명약관화(明若觀火)한 한계에도 불구하고 지속적으로 향유·재생산되고 있다면, 그러한 서정의 시사적 의의 및 효과가 우리가 전제한 서정의 틀거리와 같은 것인지를 면밀히 검토해 볼 필요가 있다. 즉 이미 망가질 대로 망가진 서정이 왜 아직 살아 있으며, 여전히, 아니, 오히려 더 강력하게 꿈틀거리고 있는 이유를 질문해 볼 필요가 있는 것이다. 어쩌면 이는, 서정이 단순히 낭만주의적이거나 헤겔주의적인 것에만 머물지 않고 아직 채 정의되지 못했지만 분명히 돋을새김하고 있는, 지금의 우리를 증거할 어떤 미학적 자기 갱신이 계속 이루어지고 있기 때문은 아닐까? 어쩌면 그것은 역사적 장르로 떨어지는 것을 막으려는 보편적 장르의 신화를 여전히 재구축하는 과정에 있다고 서둘러 말할 수도 있을 것이다. 그럼에도 서정이 여전히 서정으로 남아 있는 그 무엇으로 존재한다면, 차라리 서정의 원칙론적인 폐기가 아니라 "마음의 '도원'을 버리고 '진리'를 버리고 결국

'시인'을 버린다는 것, 여기에 '새로운 서정'의 미래가 있는지도 모른다"6)는 조심스런 진단을 발판으로 삼는 것이 더 생산적일지도 모른다. 그렇지 않으면 그것조차 비껴나가는 또 다른 가능성의 현현을 제시하는 것이 여전히, 누군가는, 서정시를 쓰고 있다는 사실을 부인하지 않으면서도 서정 이후를 말할 수 있는 적합한 태도가 될 수 있을 것이다.

주지하다시피, '미래파' 이후의 한국 시단에서 서정이 지닌 서정성은 치명적인 상처를 입었다고 해도 과언이 아니다. 90년대 후반 생태주의와 결합하면서 난공불락이 될 것 같았던 '신서정'이 모더니즘 이후의 미학적 갱신을 이루려 한 이른바 '아비 없는 아이들'의 강렬한 자기 표현에 너무나 무력하게 자리를 넘겨준 것은 지금으로 보아선 다소 의아스러울 정도이다. 그들은 시의 '전통'과 '정통'을 부정함으로써 스스로 '아비 없는 아이들'이 되었고, 그로 말미암아 누구보다 강한 '아비'들이 되어 그 영향에서 쉽게 벗어나기 어려운 새로운 '아이'들을 길러내고 있다. 그렇다면, 그 아비를 '강한 시인'(해럴드 블룸)으로 둔 새로운 아이들이 아비로부터 독립한 주체적인 시인으로 자라나기 위해 서정 이후의 서정을 모색하는 것은 응당 당연한 것일 테다.

이 글에서는 지금 막 첫 번째 시집을 제출한 유병록의 『목숨이 두근거릴 때마다』(창비, 2014)를 통해 강한 아비를 둔 아이가 어떤 과정으로 아비를 넘어서려 하는지를 조망하고, 그로부터 미약하게나마 서정 이후의 서정의 한 단면을 들여다보고자 한다.

---

6) 이장욱, 『나의 우울한 모던보이』, 창비, 2005, 38쪽.

2.

모든 객관적인 것과 현실적인 것이 주관적인 표상과 감각으로 변환되는 것을 람핑은 내면성[7]이라 했다. 이는 슈타이거의 '회감'과 대응되는, 주체와 세계의 상호관계를 설정하는 서정의 세계관을 단적으로 표현하는 말이다. 세계와 주체가 서로 완전히 충만해져서 이를 둘 사이의 관계로 파악할 수 없을 만큼 서로 독립적으로 존재하지 않는 것이야말로 서정의 서정성일 테다. 그렇다면 서정에서 주체와 세계의 관계는 실은 이미 전제되어 있는 대상 간의 관계가 아닌, 서정성의 상태를 뜻하는 것으로 이해될 수 있다.

그러나 이는 지속이 아닌 순간의 상태로 이해해야 마땅할 것이다. 서정의 시간적 양태는 영원한 합일의 지속성보다는 현재의 찰나적 현현으로서의 합일된 순간이다. 다시 말해 서정적 상태는 비-서정적 시간과 양태들로부터 간신히 존재하는 짧은 계기에 불과한 것이다. 따라서 서정시를 '자아에 의해 표현된 세계'[8]라 주장한다 하더라도, 그 세계는 단일한 서정적 자아가 단일한 사태를 의도적으로 형상화한 것으로서, 지속적이면서도 대상 간에 상호 분별이 가능한 비-서정의 시공간을 토대로 한다. 시인은 비-서정의 시공간 안에서 내면화 가능한 대상과 상황을 창조하여 서정성의 상태를 조성하고 이를 자기 동일성의 세계로 구축해 내는 것이다. 시인의 시적 개성은 이렇게 구성된 자기 내면 세계의 독특성에서 비롯된다. 자아의 완벽히 통제 가능한 세계가 거기에 존재한다고 가정되기 때문이다. 나타났다 사라지는 그 독특한 개성, 다분히 표현론적 관점이기는

---

[7] 디이터 람핑, 장영태 역, 『서정시 : 이론과 역사』, 문학과지성사, 1994, 186쪽.
[8] 송성헌, 「서정시 이론 연구」, 『한국현대문학연구』 18, 한국현대문학회, 2005, 449쪽.

하지만, 여기에 서정의 한 특질이 있는 것이다.

유병록의 시에서 구축되는 세계의 독특성은 주로 붉은색, 검은색, 흰색의 세 가지 색깔로 존재하는 것에서 먼저 찾아볼 수 있다. 이를테면, 시집의 첫 번째 시, 「붉은 달」은 제목만큼이나 강렬하고 뜨거운 느낌을 안겨주는 붉은 색채의 이미지로 세계를 채우고 있다. "올해의 대지에도 토마토는 붉게 타오"르고, "들판 빼곡히 자라난 붉은 빛이 울타리 너머로 흘러넘친다"는 진술은 이를 잘 보여준다. 물론 그 붉음은 서로 다른 명도와 채도를 갖고 있지만, 다른 색상이 존재하지 않으므로 마치 흑백의 조합으로만 이루어진 사진 같은 느낌을 안겨준다. 비-서정의 시공간에서 감각되는 수많은 색채 중 시적 자아에 의해 채택된 이 '붉음'은 시인이 세계를 의도적으로 변용하고 왜곡함으로써 시의 세계뿐만 아니라 시인의 개성을 드러내는 데서도 중요한 역할을 한다. 그런 점에서, 어른이 되고자 하는 이 '시인-아이'는 자신에게 세례를 준 '아비 없는 아이'였던 아비들보다 훨씬 서정적이다.

3.

그럼에도 불구하고, 이 '시인-아이'는 단지 고분고분 말 잘 듣는 모범생 같은 서정을 받아들이지 않는다. 비록 좌충우돌하더라도 스스로의 길로 나아가고자 한다.

누군가의 살을 만지는 느낌// 따뜻한 살갗 안쪽에서 심장이 두근거리고 피가 흐르는 것 같다 곧 잠에서 깨어날 것 같다// 순간의 촉감으로 사라진 시간을 복원할 수 있을 것 같은데// 두부는 식어간다/ 이미 여러번 경험한 것처럼 차분하게// 차가워지는 가슴에 얹었던 손으로 이미 견고해진 몸을 붙잡고 흔들던 손으로// 두부를 만진다/ 지금은 없는 시간의 마지막을, 전해지지 않는 온기를 만져보는 것이다// 점점 사이가 멀어진다// 피가 식어가고 숨소리가 고요해지는 느낌, 영혼의 머뭇거림에 손을 얹은 느낌// 이것은 지독한 감각, 다시 위독의 시간// 나는 만지고 있다/ 사라진 시간의 눈꺼풀을 쓸어내리고 있다

―「두부」 전문

이 시에는 사물에 대해 그 사물을 감각하는 시적 화자의 전연 일목요연하지 않은 진술이 반어와 역설적 상황으로써 전면에 나타나고 있다. 시인은 "두부를 만진다"고 하면서, "점점 사이가 멀어진다"고 말한다. 자아와 사물은 통일되어 있지 않으며, 자아는 사물에 대해 부조리를 느끼고 있다. 서정성의 상태가 깨어져 있는 것이다.

서정성의 상실은 시인으로 하여금 당위와 현실의 거리를 일으킨다. 당위를 향한 시인의 거리만큼 욕망이 발생한다. 소위 '소박한 시인'에서 '감상적 시인'으로의 전이다. 현대의 서정이 감상적 시인으로서의 서정이라면, 유병록의 시적 경향 또한 이를 전제하는 것처럼 보인다.

하지만 유병록의 시에는 욕망이 겉으로 드러나지 않는다. 위 시의 화자는 위악적인 세계 인식을 통한 대상과 세계의 거부 반응을 나타내지 않는다. 다시 말해, 시인은 세계와 자아의 불일치와 부조리를 경험하되, 이를 당위적 세계로 이끌어야 할 어떠한 의무도 갖고 있지 않다. 시적 화자는 "지금은 없는 시간의 마지막을, 전해지지 않는 온기를 만져보는" 행위를 통해 "순간의 촉감으로 사라진 시간을 복원할 수 있을 것 같"다고 말한다. 그러나 이는 두부-화자 간의 지금은 사라지고 없는, 회복되어야 할 서정적 회복, 그 당위를 말하는 것이 아니다. 과연 시인은 두부-화자의 "사이가 멀어진다"고 진술할 뿐, '식어가는 두부'에서 '생명의 따스함'이라는

부재하는 존재의 속성을 이끌어내어야 한다는 어떠한 욕망도 갖고 있지 않다. 화자는 단지 "만지고 있다/ 사라진 시간의 눈꺼풀을 쓸어내리고 있다"고 진술하면서, 소멸해 가는 것을 감각하는 자에 머물고 있다. 그의 시가 서정과 비서정의 경계에서 요동치는 것은 이와 같은 사물 세계에 대한 인식 때문이다.

 시인은 대상 사물과 동일화 하는 과정으로 시적 진술을 이루고 있는 것이 아니라 대상 사물이 갖고 있지 못한 것, 가지고 있었으나 지금은 사라진 것에 대해 진술한다. 하지만 이러한 사물의 부재하는 속성을 당위로 쉽게 돌려놓지는 않는다. 만약 화자가 부재를 당위로 돌려놓으려 했다면, 사물의 부재하는 속성이 일어나는 원인을 탐구하고 그 원인이 지닌 근본적인 위악성에 대해 환멸 어린 어조로 지적했을 것이다. 시인은 단지 그가 느끼는 현재의 상태를 "지독한 감각, 다시 위독의 시간"이라고만 쓰고 있을 뿐, 이를 세계와 사물에 대한 절차적 정당성을 재현하기 위한 욕망어린 발화로 쉽게 치환하고 있지는 않다. 이렇게 유병록의 시에서 화자는 당위적 세계에 대한 욕망이 없는 자의 진술처럼 보이기도 한다.

 바람에 떠밀려 굴러다니던 종이가 멈춰선다 무엇을 골똘히 생각하는 표정으로// 세계의 비밀을 누설하리라 다짐하던 때를 떠올렸을까 검은 뼈가 자라듯 글자가 새겨지던 순간이 어른거렸을까 뼈를 부러뜨리던 완력이 기억났을까// 구겨지고 나서야 처음으로 허공을 소유한 지금은 안에서 차오르는 어둠을 응시하고 있을까// 안쪽에 이런 문장이 구겨져 있을지 모른다/ 빛의 속도를 따라잡으면 시간을 거스를 수 있지만 어둠은 시간의 죽음, 그 부피를 측량하면 시간을 지울 수 있을 것……// 문장을 완성한 후에 의미를 깨달은 것처럼// 종이는 상처를 끌어안은 채 잔뜩 웅크리고 있다 내 눈동자에서 어떤 적의를 발견한 듯이// 구겨진 몸을 다시 펼치지 말라는 듯이 품 안에서 겨우 잠든 어둠을 깨우지 말아달라는 듯이

            —「구겨지고 나서야」 전문

이를테면 위 시를 진술하고 있는 시적 화자가 "문장을 완성"해가는 메타시적 상황에 놓인 것이라 생각한다면, 화자가 써 내려간, 그러나 구겨져버린 언어들은 아마도 시쓰기의 메타적 욕망과 당위를 표현했어야 했을 것이다. 결론적으로 말해서, 시인은 욕망을 지니고 있고 당위를 목적하고 있다. 그러나 문제는 그러한 욕망과 당위의 표현 방식이다.

이 시에서 시적 화자는 "안쪽에 이런 문장이 구겨져 있을지 모른다"며 짐짓 시치미를 떼고 있다. 그러나 그것은 시적 화자가 종이에 적어 내려갔던 문장이었기에, 그 내용이 무엇인지 화자는 이미 알고 있을 것이다. 화자는 어떤 가정들, "빛의 속도를 따라잡으면", "그 부피를 측량하면"과 같은 문장을 쓰면서 "세계의 비밀을 누설하리라"는 "다짐"을 당위로 설정한다. 그러나 이내 그것이 이루어질 수 없는 것에 불과하다는 사실, 그러므로 필요 없는 "상처"일 뿐이라고 짐짓 외면하는 척한다.

그러나 '당위의 문장'을 써 내려간 종이를 "어떤 적의"로 구길 때, 시인은 이미 "구겨진 몸을 다시 펼치지 말라"는 금지명령에 되레 다시 펼치고픈, 당위에 가 닿고픈 거꾸로 선 욕망을 드러낸다. 결국 화자는 당위를 욕망하지 않는 것이 아니라, 당위를 욕망하지 않는 척한다. 또한 그는 당위를 욕망하지 않는 듯한 자신의 진술을 통해 세계와 자아 간의 불일치를 의도적으로 흐려놓음으로써 거대한 세계에 둘러싸인 자아의 왜소함을 드러내지 않고 '구겨 버린다'. 이러한 자기 방어이자 동시에 자기 억압의 기제는 늘 "겨우 잠든 어둠"을 형성하게 할 뿐이다. 이렇게 억압된 자아로서의 '어둠', 혹은 자기 방어로 착종된 '구겨진 자아 인식'은 자아 뿐 아니라 세계를 타나토스적인 것으로 바라보게 하는 이유가 된다.

죽은 자의 폐에서 발견되는 다량의 흙은/ 산 채로 매장된 흔적// 산 자의 기억과 죽은 자의 꿈이 뒤섞이는 자정의 세계에서/ 눈 감으면/ 검은 구덩이에 파묻히는 느낌// 숨을 들이마실 때마다/ 검은 공기가 밀려들며 목구멍을 가로막는다// 벗어나려 애쓸수록 숨통을 잠식하는/ 검은 모래는/ 쌓이고 쌓여 비탈을 만드는 습성이 있다// 점점 폐활량이 줄고/ 기침의 순간을 지나 침묵에 다다를 때// 검은 구덩이는 내가 팠다는 생각// 대낮의 소란이 나를 일으켜/ 구덩이 밖으로 꺼낸다면/ 누가 내 가슴을 열어 비탈을 발견한다면// 자, 받아라/ 검은 꽃 한송이

―「검은 꽃」 전문

시인은 "죽은 자의 폐에서 발견되는 다량의 흙"이 안겨주는 환유적 상황에서 죽음을 읽어낸다. 그 죽음은 대상의 죽음이 아니라 "검은 구덩이에 파묻히는 느낌"을 갖게 하는 자아의 죽음이다. 죽음이라는 객관적 상황을 "검은 구덩이는 내가 팠다는 생각"을 갖게 하는 주관적인 것으로 돌려놓을 때, 시인이 매혹되는 것은 소멸 그 자체의 이미지가 아니라 죽음 이후에 발견되는 "검은 꽃 한송이"로 상징되는 어떤 진정성이다. 죽음을 통과한 이후에만 비로소 빛을 발하는 그 무엇. 그것이 무엇인지 이 시에서 시인이 명확히 알려주지는 않는다. 다만 그것이 시인이 바라보는 세계, 그리고 그 세계에 대한 깊은 환멸 의식과 깊은 관계가 있는 것만은 분명해 보인다. 이를테면 다음 시가 그 예다.

골목에서 아이들이 진흙을 던지며 뛰어다닌다 소녀들의 원피스는 쉽게 더러워진다 저녁이면 늙은 여인들이 부둥켜안고 싸우거나 부둥켜안고 운다// 피와 땀이 섞인 곳, 생활과 치욕이 뒤엉킨 곳, 물도 흙도 아닌 오물에 가까운 무엇, 부서지는 소리와 썩어가는 냄새의 뒤범벅……// 진흙의 독이 퍼진다 누가 그 침범을 막을 수 있겠는가 중독된 자가 이곳을 떠날 때, 골목으로 난 창문을 한없이 더럽히는 진흙// 발을 더럽히지 않고서는 지날 수 없다/ 무거운 생이 지나갔다 한들/ 그 발자국을 오래 남겨두지 않는다

―「진흙의 문장」 전문

세계는 온통 "물도 흙도 아닌 오물에 가까운 무엇"이다. 모든 것이 "뒤범벅"인 세계다. 화자는 여기에 환멸을 갖고 있지만 "누가 그 침범을 막을 수 있겠는가"라고 말한다. 제목을 「진흙의 문장」이라 했으니, 화자가 창조한 이 세계는 그저 더러움에 의해 더러움을 덮는 온통 더러운 곳일 뿐이다. 그렇다면 시는 바로 진흙으로 만든 문장이 아닌가. 그런 더러운 시를 시인은 쓰고 있는 것이 아닌가. 이 시에서 시인은 시에 대한 환멸과 체념을 이미-항상 전제하고 있다. 이와 같은 환멸적인 상황은 「북 치는 사내」에서도 나타난다. 아내를 구타하는 사내가 음악을 연주하는 고상한 인간이 되고, 아내는 그 악기가 되는 상황을 제시하고 있는 것이다. 이러한 전도된 인식은 단지 세계의 경이를 보여주기 위한 의도적인 전도가 아니라 세계의 위악에 대한 정직한 반영이다. 그러나 시인은 끝끝내 그에 대한 화자의 '진실'어린 판단을 유보하고, 그의 당위적 욕망을 다 말하지 않는다.

> 그러니까 어떤 힘이 염소를 끌고 저 높은 곳으로 올라간 것이다 난간에 묶어두고 사다리를 치운 것이다//…// 아무리 둘러보아도 한뼘의 초원이 보이지 않을 때, 자신의 뒷발로 사다리를 밀쳐낸 기억이 떠올라 흰 털들이 곤두설 때// 이 세계를 들이받기로 결심했던 것일까
> ―「지붕 위의 구두」 부분

대신 시인은 "자신의 뒷발로 사다리를 밀쳐낸 기억이 떠"오른다고 했듯 자책해버린다. 화자가 처하게 된 위협적이고 공포스런 상황을 모두 스스로의 탓으로 돌려버린다. 그러나 그것은 또한 "어떤 힘이 염소를 끌고 저 높은 곳으로 올라간 것"이자 "난간에 묶어두고 사다리를 치운 것"이기도 하다. "이 세계를 들이받기로 결심"하지 못하는 것은 "어떤 힘"과 "자신"이라는 두 원인 사이에서 갈팡질팡하는 화자의 태도에서 기인하는

것일테다. 이 때 화자가 택하는 방식은 "빠져나갈 체온의 질감을 간직해 두려"는 태도뿐이다. 그는 세계의 위악을 자책으로 돌리고 죽음 쪽에 몸을 기울임으로써 당위와 현실의 갈등을 마무르려 한다. 이는 필연적으로 다음과 같은 시를 생산한다.

> 참지 못한 저녁에는 구덩이를 파네 머리를 밀어넣고 지금은 없는 이름을 불러보네// 황홀이라고, 행복이라고, 사랑이라고, 가슴에 새기려고 되뇌던 말을 이제는 잊으려고 반복해야 하네// 구덩이를 메우네 꾹꾹 다지고 돌아오네// 도저히 참지 못한 저녁에는 커다란 구덩이를 파고 들어가 쪼그려 앉네 무릎을 끌어안고 현기증을 앓네// 모두 묻어버린 저녁이라 믿었는데// 왜 더 듬거리지도 않고 그곳을 찾아가는지 언 땅을 파고 묻은 것들 꺼내보는지// 구덩이를 다시 메우고 돌아오다 쓰러지고 마는/ 여기도 구덩이를 팠던 자리// 발밑 저 깊은 곳에서 들리는 목소리, 오래전 참지 못한 저녁에 묻어둔 또 당신의 이름
>
> ─「구덩이」전문

이 시에서 시인은 황홀, 행복, 사랑, 가슴에 새기려고 되뇌던 말을 잊기 위해 반복한다고 한다. 구덩이를 파고 그 안에 "가슴에 새기려고 되뇌던 말"을 묻겠다는 것이다. 그것은 표면적으로는 화자의 타나토스적인 이끌림을 보여주는 것이다. "모두 묻는"다는 것은 궁극적으로 자신을 묻고, 자신을 죽이는 것과 같기 때문이다. 그러나 이 시는 그리 단순하지 않다. 왜냐하면 자신의 죽음이라는 이 테제는 명백한 반어이기 때문이다. 잊기 위해서 필요한 것은 반복이 아니라 침묵이다. 시인은 잊기 위해서라 했지만, 실은 잊지 않기 위해서 반복한다. 수많은 "구덩이를 팠던 자리"는 이를 말해준다.

시인은 왜 반어로 말할까? 세계를 직설로 말할 수 없기 때문이다. 세계는 수많은 억압("참지 못한 저녁")으로 둘러싸여 있기에, 시인은 반어와

역설로 말할 수밖에 없다. 화자가 능청 떨 수밖에 없는 이유, 신뢰할 수 없는 화자인 이유도 여기에 있다. 시인은 죽음을 향해 있으면서도 "발밑 저 깊은 곳에서 들리는 목소리, 오래전 참지 못한 저녁에 묻어둔 또 당신의 이름"을 떠올린다. "당신"이 누구인지, 왜 잊으려 하면서도 잊을 수 없는 것인지 우리는 알 수 없다. 그것은 세이렌의 노래처럼, 죽음이 부르는 소리인 듯도 하고, 다시금 고양되는 생의 충동이 토로하는 자신의 목소리인 것도 같다. 확실한 것은 시인이 취하는 타나토스적 고양이 결국 생의 충동에 대한 거꾸로 된 인식이자 태도라는 점이다. 왜냐하면 묻음=죽음이 이 시에서는 곧 반복=기억이 되고, 이렇게 반복되는 기억은 죽음을 영원히 유보시킬 것이기 때문이다.

「유적지 혹은 유형지」에서 기쁨과 슬픔, 환희와 고통, 아이와 왕의 전도된 상황이 그려지는 것이나 「웃음」에서 "웃음이 통곡의 대열을 이끌고 행진한다"는 진술은 역설적·반어적 세계 인식을 단적으로 보여주면서 동시에 죽음과 생의 겹쳐진 이미지들이 시 전체를 관류하는 유병록 시의 한 특질을 잘 보여주는 또 다른 예들이다.

4.

한편, 세계에 대한 시적 화자의 부정적 태도는 "적의"와 "치욕"으로 요약되는 시적 화자의 정서로 표출된다. 「침대와 화분」에서 화자는 "여기 살아 있는 건 둘뿐"이라면서, 화분의 "꽃"을 "붉게 피어나는 치욕"이라 하고 침대의 "주먹"을 "단단해지는 적의"라 하면서 "적의와 치욕은 닮았다"고 말한다. 적의와 치욕만이 "시간을 일으켜 세울 수 없"고 "살아서는 여기서 한발짝도 걸어나갈 수 없는" 세계의 "무수한 고통"에 맞서 화자가 내세울 수 있는 감정 내지는 태도라는 것이다.

> 엘리베이터는 무엇이든 들어올린다// 거리를 쏘다니던 가방과 그림자, 병든 지팡이와 활짝 핀 브로치도 저녁이면 엘리베이터에 담겨 집으로 간다 구원받은 표정으로 열쇠를 만지작거리며// 하늘 가까운 곳으로 올라가는 엘리 엘리베이터// 누가 도끼질을 하는 것일까 가끔 멈춰서기도 한다 벽과 천장이 사라지고 사방은 낭떠러지가 된다 허공에서 공포에 떨던 사람들은 한동안 계단을 이용하지만 엘리베이터는 힘이 세다 불안조차 들어올린다// 드물지만 엘리베이터를 타지 않고 지상으로 내려오는 자가 있다 높이를 실감한 자와 남은 자들이 베란다에서 눈송이처럼 뿌려대는 울음, 그러나 곧 몇켤레의 구두와 울음을 싣고 사라지는 엘리베이터/ 아침이 오면 허공에 누워 있던 사람들을 일층에 내려놓는다 빛과 어둠의 경계에 부려놓는다// 두근거리는 심장도 풍자의 입술도 한계 용량을 넘지 못한다
> ─「엘리 엘리 라마 엘리베이터」 전문

세계에 대한 비판적 인식이 잘 드러나는 위의 시에서, "엘리베이터"는 문명의 산물이자 세속적 구원의 상관물로 나타난다. 그리스도가 죽음 직전 말했다는 '엘리 엘리 라마 사박다니'(하나님이여, 어찌하여 나를 버리시나이까?)가 신으로부터 멀어짐을 토로함으로써 역설적인 구원, 즉 '다 이루었다.'를 선포하게 하는 완전한 구원에 이르게 했다면, 이제는 세속적 구원이자 동시에 완전한 버려짐을 뜻하는 '엘리베이터'로 대체되어 버리게 된 것이다. 더 이상 "두근거리는 심장도 풍자의 입술도 한계 용량을 넘지 못"하는 이 세계는 "높이를 실감한 자와 남은 자들이 베란다에서 눈송이처럼 뿌려대는 울음"만이 남은 절망적이고 환멸적인 공간에 불과하다.

이처럼 세계의 전도된 가치 인식을 전제로 한 시인에게, 서정의 동일성

이 확인될 수 없는 것은 당연하다. 「붉은 호수에 흰 병 하나」는 그 예가 된다. 이 시에서 "오리"는 "피를 밀어내는 저 피의 힘으로/ 한때 구름보다 높이 날았다". 그러나 목이 잘린 오리는 "붉은 고무 대야에 더 붉은 피가 고인다"는 사실을 인지하지 못한 채 "벌써 따뜻한 호수에 도착"한 것으로 착각한다. 오리는 목이 잘림으로써 죽음을 맞이하지만, 그 죽음의 과정이 되레 오리로 하여금 생의 가장 뜨거운 순간으로 여겨지게 하고 있는 것이다. 이러한 역설적·반어적 상황을 포착하는 시적 화자는 세계를 서정적 충일의 시공간으로 여기는 것이 아니라 현상과 의미, 외연과 내포 사이의 근본적인 단절과 불신을 이미-항상 깔고 있다.

서정적 동일성은 궁극적으로 존재의 보편성과 항상성을 지향한다. 그것은 모든 이질적인 요소들의 패턴화를 통해 총체적인 세계 인식으로 시인을 이끈다. 달리 말해, 서정의 동일성은 자아의 확대와 통합이며, 보편적 세계를 구축하기 위한 과정이다. 그리하여 궁극적으로 서정시의 자아가 진술에 의해 나타내는 개성은 모든 이질성을 내적으로 용융하는 거대한 보편체가 된다.

하지만 유병록의 시에서 이와 같은 보편적 통일체로서의 시적 화자의 진술은 받아들여지지 않는다. 시인은 「사과」에서, "둘로 쪼개진다// 부풀어오르면 균열이 많아지고 반경이 넓어지면 경계가 길어지는// 팽창의 역사가 증명해온 습성"을 바라보고, 증거한다. 세계는 무한히 확장되는 자아의 의지에 의해 통합되고 보편화되는 것이 아니라 "바다를 사이에 둔 대륙처럼 멀어지고", "사이에 부는 바람에도 균열이 인다"는 것이다. 모든 세부의 이질적 요소는 하나의 텍스트 안으로 수렴되는 것이 아니라 되레 발산되고 분리되며 균열을 일으킨다. 이제, 세계는 통합되기 위해서가 아니라 쪼개지기 위해 존재한다. 더 정확히 말해, "균열은 무너뜨리기 위해서가 아니라 무너지는 것을 위해 찾아온다". 균열에 의해 세계가 무너지는 것이 아니라 무너지고 있기에 "균열이 뒤늦게 발견된다"는 것이다. 시인은 세계는 의지의 통합에 의해 작동되는 것이 아니라 의지의 무너짐에 의해 작동되는 것으로 본다.

중요한 것은 이와 같은 화자의 세계 인식이 파국으로 향하는 종말론적 세계관과는 관계가 없다는 사실이다. 「짐짝들」에서, 시인은 "나는 보았다/ 검은 코끼리 떼가 나타나/ 대지에 놓인 짐짝들을 흔적 없이 부수며/ 수평선을 향해 달려가는 모습을"이라 쓰고 있다. 세계의 통합과 보편화가 자아를 중심으로 한 시적 자아의 상상력의 산물이라면, 되레 시인은 "가장 곤란한 짐짝이었던 자신을 벗어던"질 때, "드물게 빛나는 순간"으로서의 생명의 거대한 약동을 발견할 수 있다고 본다. 「밀고 간다」에서 시인은 "시간은 간다/ 너의 침묵이 밀고 간다 너의 부재가 밀고 간다"고 말한다. 자아의 확대가 아닌, 시간의 흐름에 의한 자아의 소멸이 되레 "불꽃이 일었던 흔적이, 눈부신 당신의 필체"(「빙하흔」)로 남을, 생명의 약동으로 이끄는 것이다.

그렇다면 유병록의 시에서 세 가지 색상만으로 채색된 세계를 꾸려놓고 있는 이유를 알 수 있을 것이다.

우선, 시인은 "어둠은 시간의 죽음, 그 부피를 측량하면 시간을 지울 수 있을 것…"(「구겨지고 나서야」)이라 말하면서, 흑백의 명도와 채도만 존재하는 이미지가 주로 사용되는 이유에 대한 실마리를 제시해준다. 즉 색상 없는 사물들을 통해 시인은 마치 흑백사진처럼, 시간을 붙박아, 존재의 스러짐을 유보하고자 한다. 시인은 놀랍게도 서정적 동일성의 근원인, '존재의 영원성'을 지향한다. 죽음을 넘어선 그 어떤 경지에 가 닿기 위해, 시인은 역설적으로 죽음 그 자체의 빛깔을 탐구하는 것이다.

그리하여 시인이 착목하게 된 것이 곧 붉은 색이다. 붉은 색은 존재의 자기 고양, 생명력의 발산을 명백하게 표현한 것이다. 목숨이 두근거린다는 것은 결국, 완전한 흑黑과 순수한 백白 사이를 진동하며, 언젠가 당도할 저 '붉음'을 지향하는 것에 다름 아니다. 서정의 합일도, 서정의 욕망도 모두 거부하면서도 역설적으로 지독한 서정시를 쓰고자 하는 시인이, 저 강한 아비들을 겨눌 비수 하나를 이렇게 장만해놓고 있다. 그가 본 '붉음'이 언젠가 채도를 가진 세계가 될 때, 아이는 아비 이후의 아비가 될 만큼 성장할 수 있을 것이다.

서정이 타자와 만날 때
—홍정순, 『단단한 말 —철물점 여자』, 북인, 2013.

1.

아마도 많은 이들이 느끼고 있는 바겠지만, 최근의 '젊은' 시인들의 시집에서 확인되는 공통점이 있다. 그것은 한 마디로, 더 이상 '서정'의 가능성과 미학의 가치를 그들이 신뢰하지 않는다는 것이다. 때로는 과격해 보일 정도의 언어실험을 감행하거나 유리된 환상과 부박한 삶 사이에서 돌출하는 감각의 미세한 결을 가쁜 호흡으로 나타내는 표면적인 현상 외에도 일상의 감각을 지각으로 쉽게 형해화하지 않는다는 것이 이들 시편의 공통점이다. 이제 서정의 '자기동일성'은 더 이상 젊은 시인들의 감각 아래서는 쉽게 동의하기 어려운 미적 태도가 된 것 같다. 이제껏 한국 현대시사에서 '합의'된 서정적 경향의 시편들을 젊은 시인들에게서 찾기가 그만큼 어려워진 것이다.

이는 미적 태도로서의 서정이 지닌 '정치적' 세계관의 문제와 직결시켜 생각해 볼 수 있다. 서정의 동일성은 곧 자아에 대한 확신과 그것의 확대를 암암리에 전제하는데, 자아의 고정성은 하나의 '신화'라는 게 90년대 후반 이후 포스트모더니즘의 확산과 더불어 합의되고 있다. 또한 자아의 확대는 궁극적으로 타자성에 대한 억압 내지는 암묵적 방관의 태도로 화(化)하기 쉬운 것으로서, 타자와의 공통 감각을 회복하고자 하는 우리 시대의 '이데올로기'에는 적합하지 않다. 어쨌든 '정통'적인 서정시, 미적 리리시즘에 대한 우리 시대의 '이해'(doxa, 의견)는 이러한 부분에 어떤 공통적인 합의를 암암리에 도출하고 있다.

하지만 매우 역설적으로, 서정적인 것이 불가능한 시대에 서정적 경향의 시편을 묶은 '시대착오적'인 시집이 있다. 최근에 발간된 홍정순 시집 『단단한 말 －철물점 여자』(북인, 2013)[1]가 그것이다. 그렇다고 해서 이 시집이 서정이 지닌 '우려'에 둔감한 것은 결코 아니다. 중요한 것은 서정적 경향을 지니면서도 이와 같은 우려를 어떻게 비집고 나가는가에 있는 것이다. 홍정순 시인의 시편들은 이에 대한 나름의 대답을 들려준다. 이 대답이 합의 가능한 다른 진술로 이행하게 할 것인지, 그저 하나의 의견에 그칠 것인지는 확신할 수 없다. 다만 우리는 그 대답의 내용들을 찬찬히 뜯어볼 필요는 있을 것 같다. 시가 미감(美感)에 의한 것이라 한다면, 꼭 그것이 설득이나 이해를 따져야 하는 것은 아니다. 감동이 반드시 머리를 동반해야 할 필요는 없다.

2.

이 시집은 사물과 사물 간의 관계, 그 간극을 비집고 돌출하는 언어들의 구조로 짜여져 있다. 다시 말해, 그의 시에 나타나는 인간－사물－대상은 시공간적으로 주변 세계와 밀접하게 연관되어 있으며 그 연관성의 고리

---

[1] 이하 이 시집을 인용할 경우, 시의 제목과 쪽수만 인용문 아래에 병기함.

들을 포기하지 않고 끝까지 궁구하는 데 바쳐져 있다. 이와 같은 '사이'에 대한 시인의 탐구는, 인간은 탄생과 죽음 사이에 존재한다고 역설한 하이데거의 '현존재' 개념을 떠올리게 한다.

"염려"가 강을 건너갈 때, 그녀는 점토를 발견했다. 생각에 잠겨 그녀는 한 덩어리를 떼어내어 빚기 시작했다. 빚어낸 것을 바라보며 곰곰이 생각하고 있는데, 유피테르(주피터)가 다가왔다. "염려"는 빚어낸 점토 덩어리에 혼을 불어넣어달라고 유피테르에게 간청했다. 유피테르는 쾌히 승낙했다. "염려"가 자신이 빚은 형상에 자기 이름을 붙이려고 하자, 유피테르가 이를 금하며 지기의 이름을 주어야 한다고 요구하고 나섰다. 이름을 가지고 "염려"와 유피테르가 다투고 있을 때 텔루스(대지)도 나서서, 그 형상에는 자기의 몸 일부가 제공되었으니, 자기의 이름이 붙여지기를 요구했다. 이들 다투던 이들은 사투르누스(시간)를 판관으로 모셨다. 사투르누스는 다음과 같이 얼핏 보기에 정당한 결정을 내려주었다. "그대, 유피테르, 그대는 혼을 주었으니 그가 죽을 때 혼을 받고, 그대, 텔루스는 육체를 선물했으니 육체를 받아가라. 하지만 '염려'는 이 존재를 처음으로 만들었으니, 이것이 살아 있는 동안, '염려'는 그것을 그대의 것으로 삼을지니라. 그러나 이름 때문에 싸움이 생겼는 바로, 그것이 후무스(흙)로 만들어졌으니 '호모(인간)'라고 부를지니라."[2]

하이데거의 『존재와 시간』 42절에 기록되어 있는 이 우화는 인간이 '염려'(sorge)의 존재일 수밖에 없는 근원적인 이유에 대해 신화적으로 설명하고 있다. 인간은 그 자체로 불쑥 존재하고 독단적으로 사고하며 제약 없이 행동하는 자기 충족적인 존재가 아니라, '염려'(쿠라, Cura)라는 존재의 근원적인 구성틀에 근본적으로 붙잡혀 있다는 것이다. "즉 인간에게서는 염려(쿠라)가 그의 본성을 완성한다."[3]

"쿠라"는 "이중 의미"를 지니고 있는데, '인간의 모든 태도는 존재적으

---

2) 마르틴 하이데거, 이기상 역, 『존재와 시간』, 까치, 1998, 269쪽.
3) 위의 책, 270쪽.

로 "근심으로 가득 차"있고 어떤 것에 대한 "헌신"에 의해서 이끌려지고 있다' 는 것이 그것이다. 즉 하이데거는, 인간은 "삶의 근심"과 "헌신"을 가능하게 하는 '염려'로서 존재론적인 개념파악이 이루어져야 한다고 본다.4)

중요한 것은, 인간이 살아있는 동안 "염려"에 붙박일 수밖에 없는 존재로서 시간이라는 절대적인 판관에 의해 그 존재양식을 규정당할 수밖에 없다는 점이다. 인간은 자족적으로 존립하는 존재가 아니라 언제나 대상과 대상 사이, 특히 탄생과 죽음 사이에 존재하는 '사이(間)-존재'로서 존재하며 그 존재양식은 '염려'를 기반으로 한다는 것이다.

> 소한과 대한 사이/ 촌사람들과 철물점 사이/ 쫓는 일과 잡는 일 사이/ 눈길과 첫 발자국이 놓인 사이/ 철사 줄과 와야 줄 굵기와 길이 사이/ 가늘고 강한 선 하나, 올무에 걸려 휘는 사이/ 어머니, 문고리 잡고 십 남매를 낳는 사이/ 아버지, 문고리에 걸고 산토끼 털 벗기는 사이/ 동지섣달 환하게 날아오르는 나비/ 십 남매의 호구지책이었으므로/ 쫓는 것과 잡는 것은 일이었으므로/ 무수한 연장과 일 사이/ 담장 아래 장독대와 금간 항아리 사이/ 쫓는 일과 잡는 일과 먹는 일 사이/ 추억과 망각 사이/ 잊혀짐과 버려짐 사이/ 고를 푼 올무와 문고리 사이/ 가을과 봄 사이/ 내리는 눈과 눈을 보는 눈 사이
> ―「사이」 전문, 37쪽.

홍정순의 대상 세계에 대한 인식을 단적으로 보여주는 위 시는 하이데거가 말한 '사이'로서의 존재, 즉 시·공간적 계열 안에서 어떤 대상과 대상 간에 위치하는 존재의 양태를 적절하게 포착해내고 있다. 홍정순이 자신의 시적 경향 안에 하이데거의 철학을 참조했는지의 여부는 확신할 수 없다. 하지만 여기서 우리가 굳이 하이데거를 거론하고자 하는 것은 그의 시에 나타나는 하이데거스러움을 발견하고자 함 때문이 아니라 하

---
4) 위의 책, 271쪽.

이데거를 참조점으로 할 때 그의 시를 논하는 데 유용할 수 있다고 생각하기 때문이다.

즉 하이데거가 말했던 '사이-존재'로서의 인간에 대한 인식, 그로부터 촉발되는 인간의 근원적인 정서로서의 '염려'는 홍정순 시인이 포착하고 있는 사물과 사물 간의 관계에 대한 인식을 이해하는 데 있어서 도움이 될 수 있다. 이는 하이데거의 인식이 홍정순에게도 동일하게 발견된다는 말을 하고자 하는 것이 아니다. 그저 시인의 시편이 지닌 독특성을 발견하게 하는 하나의 대비점으로 하이데거를 거론하고자 할 따름이다.

3.

이를 위해 우선, 시간에 대한 시적인 관념에서부터 논의를 시작하고자 한다. 왜냐하면 '사이'로서의 존재를 인식한다는 것은 궁극적으로 과거-현재-미래의 시간 흐름 안에서 주체가 스스로를 어디에, 어떻게 처해 있는 것으로 파악하는지를 알게 하는 중요한 단서가 될 것이기 때문이다.

서정(시)이 생의 순간적인 파악이며, 현재의 순간에 많은 과거의 체험들이 동시적이고 의의 있는 패턴을 가지게 되는 압축된 통일체[5]로 이해되는 것은 이미 널리 알려져 있는 바이다. 그러나 하이데거에게서 '현존재'로서의 인간은 과거와 미래 사이에 존재하며, 가능성과 기투의 시간에 붙들려 있는 것으로 이해된다. 하이데거의 스승이었던 후설의 말처럼, '내재적 시간객체'를 구성하고 있는 현상들은 인간에게 '경과현상들'로 받아들여지며, 그러하기에 '현존재'에게 현재란, 이미 존재하였던 것 속

---

5) 김준오, 『시론』, 삼지원, 2003, 42-45쪽.

에서 끊임없이 변화되고 항상 새로운 현재가 변양 속으로 이행된 현재로 끊임없이 교체되는 것으로 이해된다.[6] 따라서 '충만한 현재' 혹은 '영원한 현재'로서 서정적 시간이 가지게 되는 현재형의 언어[7]는 인식론적 오류이자 존재의 순전한 파악에 실패한 것으로 볼 수밖에 없다. 즉 서정이 지금의 시간에서 생의 진실한 체험을 '순간'적으로 촉발해낸다면, 현상학적 태도에서는 지속과 연장으로서의 시간이 중요하게 취급되는 것이다.[8]

그러나 시적 화자의 대상에 대한 시간적 인식이 오류라고 해서, 그것이 거짓이나 가짜 감정·정서를 유발한다는 것은 아니다. 되레 시의 이와 같은 '인식론적 오류'는 시의 존립 근거이자 미학적 지지의 근본적 토대를 형성하는 것으로 보아야 한다. 시에서 나타나는 비유가, 상징이, 서정적 자아의 충만한 자기 동일성이 가치 있는 것은 특수한 시간적 현현으로서의 체험의 한 국면이 존재의 질적 고양을 이끄는 결절점이 된다는 데 있다. 시인의 시적 (오류) 체험은 되레 인간의 진실한 한 단면을 '순간'적으로나마 포착해내게 하며, 그로부터 발화되는 언어의 양상은 논리적 추론을 앞세운 산문에서는 감각되지 않은 생의 비약을 감행하게 할 수 있게 한다.

---

6) 에드문트 후설, 이종훈 역, 『시간의식』, 한길사, 2001, 86-94쪽.
7) 아마도 제임스 조이스라면 이를 '현현(epiphany)'이라 불렀을 것이다. 그것은 일종의 시간적 정지 상태로서 모든 현실적이고 일상적인 모순이 없는, 관념적이고 이상적인 이미지를 말한다.
8) 하이데거는 근대를 '가버린 신들과 도래하는 신들 사이'에 끼인, 이중의 결여 속에 놓인 '궁핍의 시대'로 파악한다. 시인은 본질로서의 언어가 왜곡되고 타락해버린 이 시대에 현실의 궁핍함을 알리고 도래할 신들이 거주하게 될 자리를 마련하는 역할을 할 수 있는 유일한 자다. 따라서 하이데거에게 시적 시간이란 '지금-여기'에 있으면서도 끊임없이 미래를 예비하고 미래를 현재로 불러들이고자 노력하는 자가 상정하는 시간이다. 또한 사라져버린 과거의 시원으로 돌아가 현재의 바탕을 새롭게 일구려는 노력을 기울이는 데 소용되는 시간이다. 하이데거는 시의 본질은 역사라는 시간을 선취한다고 말하는데, 이는 비판자, 예언자로서의 시인이 지닌 시간관을 잘 보여준다. 하이데거에게 시작은 곧 지속적인 '이행(bergang)'으로서만 존재하는 것이다. (김유중, 『김수영과 하이데거』, 민음사, 2007, 92-94쪽 참조)

홍정순 시인의 시편에서 나타나는 '사이'에 대한 감각은 그럼에도 불구하고 서정이 쉽사리 자기 귀결로 치닫는, 두 이질적 대상으로부터 촉발되는 동일성의 발견으로 귀결되지 않는다. 그는 쉽사리 언어화하지 않고, 규정내리기 어려운 그 틈을 비집고 들어가, 거기서부터 촉발되는 생의 집약적 '지금-여기'의 한 국면을 시공간적으로 연장된 시야로 파악하여 우리에게 돌려주고 있다. 그것은 그저 관념적인 말놀이에 지나지 않는 것이 아니라 "어머니, 문고리 잡고 십 남매를 낳는 사이/ 아버지, 문고리에 걸고 산토끼 털 벗기는 사이"에서 확인할 수 있듯 삶의 철저한 자기 기반에서 출발하는 것이기에 그만큼 명징하고도 확실한 현실 감각이 된다. 따라서 "추억과 망각 사이/ 잊혀짐과 버려짐 사이"와 같은 다소 시적 의미가 막연할 수 있는 시어들이 동반된다 하더라도 이미지의 명료함에는 전혀 해를 끼치지 않는다. 되레 그 '막연한' 시어들은 이 시편 안에서 사이-존재의 보편성을 열어젖히는 생의 다각적인 겹들의 집약적 표현으로 승격한다. 시인이 "무수한 연장은 일을 만든다/ 삶이 연장된다"(「파리」 부분, 38쪽)고 할 때 이 동음이의어를 일컬어 "이음동의어"(「나무와 쇠」, 「철녀」)9)라 말할 수 있는 이유가 여기에 있다.

    넋두리는/ 삶이다/ 물건마다 사연이 매달린다/ 계절이 매달리고/ 집이 매달리고/ 현장이 매달린다/ 구구한 사연들/ 절절한 이유들/ 다 들어줘야 하지만/ 다 잊혀지지는 않는다/ 다 잊어주는 것은 아니다/ 단골의 삶은/ 공유다/ 삶의 저인망을 끌고 들어오는/ 단골 고객을 만나면/ 물건 대신 시간을 내주어야 한다/ 짧으면 십 분/ 길면 몇 시간/ 하루의 분량은 공평하지 않다/ 공평하지 않은 삶이/ 삶이다 공평한 적 없는 삶이/ 세상이다// 그래서 어떻게 됐어요?
                                             ―「사연들」 전문, 90-91쪽.

---

9) "나무와 쇠는/ 이음동의어다"(「나무와 쇠」 부분, 72쪽), "철녀와 마녀는/ 이음동의어였다"(「철녀」 부분, 92쪽)

이 시에서 화자는 인간으로서의 삶의 본질에 대한 관심, 다시 말해 인간을 불안과 고민을 떠맡을 수밖에 없는 반성적 주체로서 추상화하지 않는다. 즉 하이데거적인 '철학적 인간학'과 갈라져, 인생이라는 단독적 (singular) 주체들에 대한 구체적 경험 양상들을 있는 그대로 받아들이고 기술한다. 그것은 "단골의 삶은/ 공유"라는 전제 아래에서 "시간을 내주"는 행위를 통해, "그래서 어떻게 됐어요?"라는 물음을 통해 형상화된다. "넋두리는/ 삶"이기에 각각이 가치를 가진 구체성을 띠며, 개별자와 개별자의 말건넴과 대답의 과정을 통해 그 틈은 조금씩 메워진다. 비록 "공평하지 않은 삶이/ 삶"이며, "공평한 적 없는 삶이/ 세상"이라는 인식이 완전히 사라지는 것은 아니지만, 되레 그 "공평하지 않"음이, 그리하여 나타나는 삶의 간극들이 인간을 '人-間'이 되게 하는 결정적 근거가 된다. 시인의 언어는 지혜문학의 잠언이 아니지만, 그럼에도 그의 시가 지닌 무게는 이와 같은 삶의 구체성에서 기반하고 있음은 더 말할 나위가 없다.

"시간을 내"준다는 것은 결국 나의 시간과 너의 시간이 "공유"한다는 것이자 "삶의 저인망" 간의 상호 마주침을 전제하는 것이다. 거기에는 유일 화자로서의 자기 세계에 천착하고자 하는 서정적 일자(一者)의 자기 동일성보다는, 타자와 공유하는 복수 주체들의 시공간이 존재한다. 이는 서정의 동일성이 추구하는 유일한 세계가 아닌, 다수와 함께 참여하는 공통체(共通體)의 감각이라 할 만한 세계가 존재함을 뜻한다. 시인은 구체성 속에서 획득된 일상적 공통체의 감각을 외화함으로써 그 세계가 구성되는 과정을 평이한 언어로 형상화한다.

구체적이고 단독적인 삶에의 천착 없이 이루어지는 독백적 발화란 얼마나 공허한가? 인간의 실존이 비록 염려(sorge)에 붙들려 있는 것이라 하더라도, 이를 삶의 행복이라는 목표와 부닥치는 부조리로만 파악할 때, 인간은 냉소주의자가 되거나 허무주의자가 될 수밖에 없을 것이다. 그러나 시인이 '무수한 연장은 일을 만든다/ 삶이 연장된다'(「파리」 부분, 38쪽)라는 진술에서 포착하고 있는 것과 같이, 인간의 근원적인 염려는, 그 염려가 낳은 인간과 인간 사이의 간극과 틈은, 이미 지나간 시간과 아직 오지 않은 시간 사이에서 번민하는 과정은, 삶의 구체적 조건들 안에서 시공간을 "공유"함으로써 적극적이고 가치 있는 생의 의지가 될 수 있음을 보여주고 있다.

> 사람이 보인다 장갑을 보면/ 그 사람의 손도 보인다/ 다섯 개의 구멍은 저마다의 굵기와 깊이를 가졌다/ 현장의 시작과 끝은 그들의 모습으로 알 수 있다/ 장갑을 뒷주머니에 꽂으면/ 작업장의 패션이 된다/ 찾는 장갑을 보면/ 기초를 하는지 미장을 하는지 도배를 하는지/ 보인다/ 행사장에서 순결로 둔갑하는 기사님 장갑,/ 진짜 이름은 예식 장갑이다/ 반코팅 장갑은 일용의 기본 장갑/ 인부들이 갖출 기초 장비/ 낱개로 사면 일이 없는 사람이고/ 한 타 사면 큰일 하는 사람이다/ KT 직원이 사는 목장갑은 전봇대 때문,/ 목수 장 씨가 사는 용접 장갑은 패널 때문,/ 무수촌 이장 이 씨가 사는 반도체 장갑은 접과 때문,// 장갑엔 삶이 들어 있다/ 장갑엔 할 일이 들어 있다/ 장갑 찾는 목소리가 저마다의 사는 이유
>
> ―「장갑」 전문, 40-41쪽.

시인은 "장갑"이라는 일상적이고 흔한 사물을 통해 개별자들의 삶을 조망한다. 그것은 "다섯 개의 구멍은 저마다의 굵기와 깊이를 가졌다"는 인식에서 결정적으로 증거되는 것인데, 이와 같은 인식은 "장갑엔 할 일이 들어 있다"는 확신에서 비롯되는 것이다. 여기에서 일상적·구체적인 삶의 건강성과 그에 대한 믿음이라는 이 시의 주제는 쉽게 도출 가능하다.

그러나 이 시에 나타나는 "장갑"이라는 사물이 돌출적이고 기이한 '사

건'이 되는 양상을 보여준다는 점은 이 시의 주제 의식과는 상관없이 —어쩌면 시인 자신도 미처 예견하지 못한 것인지도 모를— 의미심장한 국면을 지닌다. 즉 이 시는 "장갑"을 통해 구체적이고 단독적인 삶의 양상들을 되짚고, 거기서부터 삶의 이유("저마다의 사는 이유")를 발견해내는 데까지 나아가고 있다. 그런데 "장갑"의 목적이나 기능이 꼭 그 의도에 맞게끔 쓰이는 것만은 아니듯이, 삶의 구체성과 다양성은 꼭 관념적이고 추상화된 형식으로 종합되지는 않는다는 점을 이 시는 보여주고 있다. "예식 장갑"이 "기사님 장갑"이 되고 "반코팅 장갑"이 "일용의 기본 장갑"이 되는 것, "목장갑", "용접 장갑", "반도체 장갑"이 누군가에게 필요한 '연장'이 되는 것은 그 연장이 지니고 있는 사물의 추상화 된 본질을 지니고 있기 때문이 아니라 그들이 행하는 일=삶이 그것을 그 일에 맞게끔 사용되도록 했기 때문이다.

이 시는 얼핏, 사물의 목적, 나아가 삶의 목적이 어떤 방향으로 설정되어 있는 것을 전제한 듯이 보인다. 그러나 그 목적의 방향이 설령 '틀린' 것으로 여겨진다 하더라도, 되레 그 사물=삶의 '쓰임'이 목적을 만들어간다는 사실을 보여주고 있다. 즉 이 시는 장갑의 용도와 목적에 따라 그것을 사 간 사람의 삶이 결정되는 것으로 기술되고 있는 것으로 착각될 수 있다. 그러나 "예식 장갑"이 "기사님"의 "장갑"이 되는 것은 목적에 부합한 용도가 아니라는 점에서 목적에 따른 용도의 결정이라는 명제는 정당성을 잃는다. 그렇다면 이는, 사물의 사용이 목적을 만드는 것이지, 목적이 사용을 강제하는 것은 아니라는 명제로 재구성될 수 있을 것이다. 이 시는, 목적이라는 추상적 질서가 개개의 신산스러운 삶을 이끄는 원리가 되는 것이 아니라, 삶 그 자체가 목적을 생산하는 것임을 알게 모르게 주장한다. 따라서 이 시가 재현(representation)하고 있는 실물로서의

"장갑"은 수많은 '장갑'들을 대표(representation)[10]하는 목적론적 함의를 전제하고 있지 않다. 삶의 구체성과 추상성의 간극 안에 시인은 매우 일상적이지만 어느 것과도 동일하지 않은 '장갑'을 매개함으로써 자칫 격언으로 비상해버릴 지도 모를 언어들을 지상에 살포시 내려놓는다. 여기에 홍정순 시의 구체성이 미학적인 설득력을 가지게 되는 이유가 있다.

4.

아무래도 모르겠다/ 나무와 쇠의 결합을/ 거기서 태어난 무늬와 칼날을/ 쇠는 나무를 깎고/ 나무는 저를 깎은 쇠를 용서하고/ 철물점이라지만/ 반은 나무 나머지 반은 쇠/ 나무와 쇠는/ 이음동의어다/ 호미를 찾으면/ 나무가 서둘러 달려간다/ 도끼를 찾으면/ 나무가 깔깔 웃는다/ 세워 두는 건 나무이고/ 나무를 베어 넘기는 건 쇠다/ 나무와 쇠의 세상이/ 땅속에서 한 뿌리로 만나고 있다/ 살 부비며 서로의 체온을 호흡하고 있다

─「나무와 쇠」 전문, 72쪽.

서로 관계 없는 사물을 결합시키고, 그로부터 새로운 사물로서의 가치를 부여하는 힘. 우리는 이를 상상력이라 부른다. 인간의 상상력은 지금껏 존재하지 않았던 사물을 이곳으로 가져오는 신(神)적인 능력이 아니라 이미 있는 사물 간에 새로운 관계성을 부여함으로써 기존의 사물과 새로운 사물 간의 가치를 재매김하는 과정이다. 그러나 그것은 매우 돌출적이고 즉흥적인 것이기도 하기에 오랫동안 거짓과 오류의 원형으로 낙인

---

10) representation이 지닌 '재현'과 '대표'의 두 가지 의미 양상에 대한 철학적 고찰은 김창래, 「상, 재현, 언어. 가다머의 언어 개념」, 『철학』 110집, 한국철학회, 2012, 68-72쪽 참조.

찍혀 왔던 것도 사실이다.11) 수많은 연장들에 둘러 싸여 있는 시인의 전기적 사실12)로 미루어 볼 때, 시인의 예민한 감각이 대상 사물들을 유기적으로 결합하고 재창조하는 상상력을 촉발시켜 기술하게 될 것임은 응당 자연스러운 것이리라고 생각된다.

이 시에서도 화자의 상상력은 사물을 물활론적인 것으로 변형함으로써 나타나고 있다. "달려"가고 "깔깔 웃는" "나무"와 그 "나무를 베어넘기는" "쇠"가 그것이다. "호미"와 "도끼"는 모두 "나무와 쇠의 결합"인데, 이를 각각의 사물들로 돌려 인격을 부여함으로써 그 둘의 결합으로서의 일상적인 사물인 "호미"와 "도끼"를 생경한 것이 되게 한다.

주목할 만한 것은, 시인이 이 두 사물이 서로 다름을 알면서도 "이음동의어"라는 말로 의도적인 '오류'를 범하고 있다는 점이다. 그것은 상상력의 탓이고 시적 진술에 힘입은 탓이지, 시인의 생활인으로서의 인식 오류 탓은 아닐 것이다. 사실상 시인의 이러한 '인식론적 오류'(?)는 순전히 "나무와 쇠의 세상이/ 땅속에서 한 뿌리로 만나고 있다/ 살 부비며 서로의 체온을 호흡하고 있다"는 생각 때문이다. 나무와 쇠의 무한한 간극에도 불구하고 시인은 이 둘을 하나로 묶는 "깎"음과 "용서"의 가치에 주목하고 거기서부터 개성적인 시적 진술을 선보이고 있는 것이다. 이는 서로 다른 대상을 폭력적으로 결합시키는 '전복적'인 사유라기보다는 사물이 지닌 각각의 가치에 주목하고, 그 '사이'에서 발생하는 존재의 상호효과들을 발견함으로써 사물의 가치를 재구성하고자 하는 태도인 것으로 보인다. 그러하기에 시인에게 '사이'에 대한 감각은 곧 '타자'에 대한 감각으로 손쉽게 이어질 수 있는 것이다.

---

11) 홍명희, 『상상력과 가스통 바슐라르』, 살림, 2005, 29쪽.
12) 홍정순 시인은 철물점을 경영하는 독특한 이력을 지니고 있고 이를 적극적으로 자기 시의 지반으로 삼고 있다. 철물점이 온갖 연장(도구)들을 파는 곳임은 두 말할 나위도 없다.

철의 유전자를 가진 그들에게는/ 나를 강건하게 하는 힘이 있다/ 강철 철사에서 태어났지만 한 쪽은 납작하고/ 한 쪽은 뾰족한 내력이야 비슷하지만/ 너무 강해도 약해도 안 되는 현장/ 휘는 것이 상책인 그들의 습성이야말로/ 목수가 사라지는 현실을 이기는 힘이 되었다/ 못대가리는 때려야 산다/ 삼인치 항 한 박스는 항히스타민제 한 박스다
—「3인치 항 못의 운명」 부분, 53쪽.

이 시에서 화자는 대상과의 궁극적인 합일의 정서가 아니라 "현실을 이기는 힘이 되었다"라는 진술이 알려주듯이 체험적 진실의 한 양상으로 대상에 대한 감각이 귀결되는 과정을 보여준다.

이는 일반적인 서정의 언어가 지닌 자기 동일성으로서의 자아 확대를 꾀하는 화자의 태도와는 사뭇 다른 지점이다. 시적 화자는 자신의 영역에 언제든 타자가 개입할 수 있는 자리 —"철의 유전자를 가진 그들에게는/ 나를 강건하게 하는 힘이 있다"—를 마련하고 그로부터 받을 수밖에 없는 영향을 적극적으로 인정하고 있다. 시인에게 시적 대상은 시적 화자에 의해 변형되고 굴절되며 재발견되어야 하는 수동적이며 피동적인 위치에 있는 그 무엇으로 감각되는 것이 아니라 상호 침투가 가능하고 뒤섞일 수 있는 능동적이고 적극적인 타자성을 지닌 것으로 형상화된다. 따라서 그의 시에 나타나는 상황들이 복수적이고 상호 참여적인 성격을 지니는 것은 매우 당연해 보인다.

그런데 타자의 타자성은 언제나 자아에게 호혜적인 것만은 아니다. 더욱이 '파는 입장'이라는 공적인 관계와 '듣는 입장'이라는 사적인 관계가 긴밀하게 뒤섞여 있고 '쓰는 입장'이라는 해석학적 준위(準位)마저 개입하게 되면 사태는 더욱 걷잡을 수 없이 복잡해지고 다양해진다. 이를테면 「귀하 생각」에서의 성희롱하는 남성, 「진상하다」의 진상 손님은 '파는 입장' 혹은 '듣는 입장'의 화자가 타자의 접촉 가운데서 빚게 되는 마찰을

형상화하고 있고 「철물점 여자」의 한 구절, "개줄 하나 팔고 앉으면 받침 하나 빠지고/ 물통 하나 팔고 앉으면 단어 하나 달아난다/ 오늘도/ 철물처럼 무거운 시/ 플라스틱 약수통처럼 가볍고 싶은 시"에서는 '쓰는 입장'과 생활 사이에서의 어쩔 수 없는 자기 한계를 토로하기도 한다.

 타자가 반드시 자아에게 예측 가능하고 통제 가능한 이름으로 다가서는 것이 아니라는 사실, 더욱이 남성들의 전유물에 여성이 자리하고 있다는 상황적 진실은 자칫 타자에 대한 자아의 우위 내지는 특수성을 강조하는 태도로 귀결되기가 쉽다. 그럼에도 시인은 심지어 혼자 있다고 가정되는 상황에서조차 "당신을 오래 오래 바라보네/ 보이지 않는 것을 쌓고 또 쌓네"(「시인의 커피」 부분, 65쪽)라며 시적 공간 안에 타자의 자리를 마련해 놓고 있다. 그러니 "다 잃고 찾아와/ 퀭한 눈으로 바라보던 당신/ 나 속속들이 환해지던 날"이라는 짧은 시편에 「써치라이트」라는 제목을 붙이는 것은 단순한 시적 기교나 재미난 착상만은 아닌 것이다.

> 주름지고 휘어진다는 것은 받아들인다는 것/ 한없이 찌그러지며 받아들였던 지난 생을 생각한다/ 나를 지나 열이 번지던 시간/ 상처를 익혀 상처에 붙이던 과거/ 이미 푹 익은 아픔이 안으로 휘어져 온다/ 한 번 더 움푹, 파인다/ 밖으로 퍼지기도 하면서 빛난다
>
> ─「양은 냄비」 전문, 99쪽

 타자에 대한 순전한 "받아들"임을 진술하고 있는 위 시편 또한 마찬가지다. 그것은 타자에 의한 자아의 "주름지고 휘어"짐이며, 그 모든 "시간"을 반추하게 하여 "안으로 휘어져" 오게 하는 과정이다. 타자에 의한 자아의 재구성, 거기에 시인은 "빛난다"라는 서술어로 이 모든 과정에 방점을 찍고 있다.

 이 시에서 나타나고 있듯이, 타자에 대한 시인의 이러한 태도는 시인의

결코 행복하다고는 말할 수 없었던 삶과 관련이 있을 것이다. "약 먹고 지우려고 엄마가 기를" 썼다는 출생의 과정에서부터 "기품 없는 촌년"(「귀하 생각」 부분, 19쪽)이 되어 "허리 굵고 못 생긴 불쌍한 공주"(「신데렐라 공주」 부분, 26쪽)로 "연중무휴 십 년 와중에/ 행방불명 되어버"(「일상, 무휴」 부분, 68쪽)렸다고 진술하는 시인의 자조 섞인 한탄은 때로 "시퍼렇게 목을 베어/ 그대에게 걸어놓고/ 끝없이 바라보고 싶은 날도 있으니"(「낫」 전문, 13쪽)와 같은 섬뜩한 이미지를 풀어내게도 했겠으나 그와 같은 자기 파괴적인 침잠으로 치닫기보다는 차라리 그 힘으로 끈덕지게 "거미가 목숨을 걸"(「사인암」 부분, 35쪽)듯 "움직임을 멈추면 죽는다"(「화火요일의 움직씨들」 부분, 29쪽)는 생각으로 살아가게 했다.

5.

그렇다면, 시인의 신산스러운 삶이 긍정적인 가치로 전화되는 태도에는 어떤 과정이 일어났기에 가능했던 것일까? 이에 대해서는, 다음 시편이 적절한 해명이 될 수 있을 것이다.

> 은행잎 지고 겨울비 오는 날/ 일 피해 사람 피해 찾은 친정집/ 첫 서리 오고, 김장하고 마늘 심은 후/ 서리태 타작한, 이맘 때/ 바깥 풍경은 나만큼 촌스럽다/ 누워서도 보기엔 감나무가 최고다/ 들창에 세든 지 오래된 모습이라 그렇고,/ 가지가지 종잘종잘,/ 새 소리를 달고 있어서 더 그렇다/ 마늘밭 지나가는 바람 같은 소리/ 매점매석했다 해도/ 눈감아주고 싶은 마음 생긴다
> ―「소설小雪을 지나다」 부분, 36쪽.

시인은 자신에게 가해진 삶의 수많은 결들과 대결하는 방식을 택하기

보다는 화해를 통해서 타자와 자아 사이의 관계를 재구성하고자 한다. 위 시편에서 화자가 바라보는 "바깥 풍경은 나만큼 촌스"러운 공간이다. 그렇기 때문에 "일 피해 사람 피해 찾은 친정집"이라 할 지라도 그곳은 어쩌면 환멸의 공간으로 받아들여질 수도 있다. 그 '촌스러움'은 화자의 출생조차 부정당했던 기억이 고스란히 남아 있는, '적대'적인 공간에 다름 아니기 때문이다. 그러나 화자는 "감나무"를 통해 그 모든 이미지들을 "눈감아주고 싶은 마음 생긴다"며 받아들인다. "감나무"의 "오래된 모습" 과 "새 소리를 달고 있"는 것, "지나가는 바람 같은 소리"는 존재 자체를 부정당해야만 했던 기억을 되새기게 하는 사물들이 아니라 되레 화자 자신의 삶의 현재성을 촘촘히 재구성하고 있는 것으로 감각되고 있다. 화자가 굳이 "나만큼"이라는 수식을 가한 것은, 자신의 반추된 삶의 모습 과 "바깥 풍경"이 다르지 않음을 확인한 데서 나온 자연스런 표현이다. 그러니 자신의 현재와 꼭 같은 바깥 풍경은 화자의 삶을 "매점매석했다 해도" 과언이 아닐 것이다. 결국 화자의 대상에 대한 화해는 지나온 자기 자신과의 화해이기도 하다. 이와 같이 대상과의 불화보다 화해의 태도를 취하는 화자의 정서는 두 말할 것도 없이 서정적 태도의 산물이며 대상과 의 궁극적인 합일을 꿈꾸는 세계관의 표현이다.

 그러나 중요한 것은, 그의 시에 활보하는 시적 대상들이 시적 자아의 확대를 위한 정서적 동일시의 대상으로 존재하는 것이 아니라 시적 자아 와의 상호 영향 관계 속에 있으면서도 주체적으로 독립한 사물이 되게 한다는 점이다. 홍정순의 시에는 동음이의어를 활용한 말놀이가 간간히 등장한다. 그런데 그의 시에서 말놀이는 특정한 의미로 귀속되기 위해 다른 의미의 희생을 전제하지 않는다. 서로 관계없는 의미들이 한 편의 시적 공간 안에서 자유롭게 활보한다. 이는 타자에 대한 화자의 태도와 마찬가지로, 의식적·무의식적으로 드러나는 시인의 미적 가치관을 예 표한다.

> 밥 해주는 여자가 되고 싶다/ 중국교포와 결혼해 다 털어 먹은 이 목수/ 몇 달 전 위암으로 사별한 전파사 조 씨/ 몇 끼를 먹어도 배고플 죽령부대 유 일병에게/ 머슴밥 고봉으로 해먹이고 싶다// 주걱 잘 놀리는 여자가 되고 싶다/ 반찬도 조물조물 집어 놓고/ 뜨거운 국그릇도 잘 놓는 여자가 되고 싶다/ 시멘트 배달 다녀온 남편도 남편이지만/ 버스 시간 맞추느라 때를 넘긴 지희 할아버지에게는/ 진밥을 해드리고 싶다// (주걱밥을 서서 먹는 내 밥그릇도/ 한 번 제대로 푸고 싶다)// 짜장면 한 그릇 먹는 것을 겁내는 연지 할아버지/ 개밥 걱정이 먼저인 웅이 할머니/ 제 몸뚱이 움직여 생의 녹을 터는/ 철물 같은 사람들/ 금도금도 은도금도 못하고/ 스테인리스는 더더욱 아닌 사람들/ 젖은 파지 같은 사람들에게/ 오곡밥을 고봉으로 퍼주고 싶다// 바구미 생긴다고 4킬로 짜리 쌀을 파는 세상/ 오직 밥심으로 사는 순금 같은 사람들에게/ 사골 고는 내 나는 잡곡밥을 대놓고/ 먹이고 싶다
> ―「밥 해주는 여자」 전문, 82-83쪽.

"이 목수", "전파사 조 씨", "죽령부대 유 일병", "지희 할아버지", "연지 할아버지", "웅이 할머니", "남편", "나"는 서로 다른 사람들이면서도 "철물 같은 사람들"이자 "젖은 파지 같은 사람들"이며, "순금 같은 사람들"이다. 그들을 위해 "밥 해주는 여자가 되고 싶다"는 화자의 진술은 단지 호혜적인 타자성의 승인이 아니다. 거기에는 서로 영향을 주고 받는 관계성에 대한 절대적인 열려 있음이 전제되어 있다. '식구(食口)'가 문자 그대로 함께 밥을 먹는 사람들을 뜻하는 그대로, 화자는 그들과 '식구'이기를 원한다.

화자의 이 소망은 타자에 대한 너무나 순진한 기대에 불과한 것일까? 꼭 그렇지는 않은 것 같다. 시인에게 타자는 아래의 시와 같이,

웃음과 울음의 정점은/ 하나다/ 웃음과 울음이 만나는 지점에/ 하루가 있다 새와 나 사이에/ 허공이 있다/ 허공으로 날아가는 웃음/ 허공으로 퍼뜨리는 울음/ 구름 없는 날은/ 아침이 참 길다 이런 날은/ 웃음 매상이 두 배쯤 된다
―「웃음파」 전문, 100쪽.

"웃음"이면서 또한 "울음"이기도 하다는 사실을 누구보다 잘 알고 있다. 중요한 것은 시인이 "웃음과 울음이 만나는 지점에/ 하루가 있다"는 사실을 인식하고 있다는 점이다. 삶의 긍정적인 영향과 부정적인 영향을 동시에 끼치는, 그러나 영향을 주고받는 관계라는 점에서는 변함이 없는, 그래서 더 많은 타자와의 관계 속에서 시를, 그리고 삶을 꾸려가려는 태도가 이 시인에게 나타난다는 것은 분명해 보인다.

6.

최근의 젊은 시편들이 보여주는 새롭고도 다채로운 현란함에 비해서 확실히 홍정순 시가 제시하는 이미지들은 다소 낯익거나 단조로운 것은 사실이다. 또한 그의 시에는 굳이 독자에게 설명하지 않아도 되는 구절들이 발견되기도 하며, 시인이 처한 전기적 상황을 강조한 나머지, 유사한 이미지가 반복되는 경우도 보이고 있다. 그의 시에 태작(怠作)은 별로 없지만 그렇다고 수작(秀作) 또한 많은 것은 아니라는 사실도 지적할 수 있을 듯하다.

이처럼 분명한 단점에도 불구하고, 타자에 대한 그의 열린 태도와 이를 시적으로 형상화해내는 힘만큼은 끈질긴 설득력을 지니고 있는 것이 사실이다. 더욱이 서정의 동일성을 시적 근거로 간직하고 있으면서도 끊임

없이 타자의 자리를 마련하려는 그의 시적 공간에 대한 고민은 이 시인에 대한 신뢰를 저버리지 않게 한다. 그의 성실한 시작(詩作)은 시적 형식에 대한 고민과 갱신, 미학적 깊이와 언어에 대한 분투가 계속됨으로써 더 가치 있는 시편들로 나타나게 될 것이라 믿는다. 비록 시인은 철물점 뒤편 혼자만의 공간에서 고독하겠지만, 그의 고독과 번민이 그의 시를 읽는 독자에게는 미적 충격의 기쁨이 될 수 있을 것이다. 그의 '다가올 시'에 거는 기대는 그런 만큼 결론이 아닌 과정이다.

아무도 애도하지 않는 시대의 애도
—임경섭, 『죄책감』, 문학동네, 2014.

1. 사라진, 행복한 시인의 시대

 사라짐은 존재의 숙명이다. 어떤 존재도 스러지지 않는 예외가 될 수 없다. 하이데거의 말처럼, 인간은 다른 이의 '한계 상황'을 목격하며 나의 사라짐을 근심할 줄 아는 존재자다. 그 근심이, 인간의 인간됨을 증명하는 근거가 된다.
 이 땅을 살다간 많은 시인들이 사라지는 존재들을 노래해 왔다. 사라짐을 영원히 붙박아 말소시키기 위해 시인은 언어를 동원했다. 노래는 인간이 언어를 잃거나 깡그리 사라지지 않는 한 계속될 것이라 그들은 믿었다. 존재는 사라져도, 존재의 사라짐을 노래한 시인조차 사라져도, 언어는 여기에 남아 영원히 빛날 것이라고 그들은 생각했다. 그만큼 존재와 언어의 간극은 좁았고 그만큼 그들은 행복했다.
 그러나 사라짐을 붙잡으려는 모든 시도는 허무한 것이 되었다. 노르베르트 엘리아스의 말을 참조할 필요도 없이, 문명은 사라짐이 마치 없는 것처럼 취급했다. 그러나 사라짐은 없는 것이 아니라 은폐되었을 뿐이다. 때때로 지하철로를 향해 몸을 던지는 고독한 누군가가 바쁜 아침 출근길을 잠시 지연시킬 때, 그것은 단지 사소한 사고로만 여겨진다. 다른 '생존자'들이 직장에 늦지 않게 도착하려면, 사고는 서둘러 정리되어야 하고 죽음은 재빨리 제거되어야 한다.

어떤 변명도 이 죄스러운 문명의 공간을 구원하지 못한다. 종교와 도덕의 발생 근원에 오이디푸스 콤플렉스가 있음을 최초로 이해한 이는 프로이트였다. 그는 인간의 역사가 죄의식의 역사임을 폭로하고 있었던 것이다. 문명의 시작에 있었던 터부, 즉 부친 살해와 모친 상간은 모든 문명을 지지하는 근원적 토대다. 그런 점에서 문명은 죄의 문명이다.

차라리 아버지를 살해하고 그 인육을 뜯는 '야만'의 아들들이라면, 아버지는 영원히 자신의 피와 살로 기념될 수 있다고 변명이라도 할 수 있었을 것이다. 사라짐을 사라지게 하는 모든 시도야말로 존재의 존재성을 사라지게 하는 '야만'이다, 존재의 본질이 사라짐이라면, 사라지지 않는 존재는 존재가 아니다, 그러니 사라지는 존재를 사라지지 않은 내 안에 간직함으로써, 시간 속에 스러지는 존재의 한계를 영원한 반복으로 뛰어넘음으로써, 영원히 살게 하겠다,고 당당하게 외치며 문명을 저주할 수 있었을 것이다.

그 호기로움은 우리에게 어떤 실마리를 던져준다. 우리에게 필요한 것은 사라짐을 붙잡으려는 무의미한 대답 찾기가 아니라 어떻게 사라짐을 노출시키고, 사라진 그들을 애도해야 할 것인가라는 질문하기임을 환기하기 때문이다. 존재를 사라지게 하기 위하여, 그렇게 존재의 존재성을 기념하고 증명하기 위해 필요한 것은 더 잘 애도하는 법을 질문하고 배우는 것이다. 그러니 이 질문은 결코 대답 없는 메아리가 아니다.

하지만 우리는 안다. 사라짐을 노출하는 것은 불편하며, 궁극적인 애도란 불가능하다는 사실을. 그럼에도 그것이 답이 아니라는 것도 안다. 중요한 것은 하나의 정답으로 매끄럽게 정리되는 일상에의 침잠이 아니라 복수의 질문들이 안겨주는 그 불편함과 불가능성에의 응시이다. 노출과 애도에 실패한 우리 얼굴의 뒷면에는 동전의 양면처럼 죄책감이 달라붙어 있다. 우리가 묻고 싶지 않았고 회피하고 싶었으며 외면하려 했던 맨얼굴이 나를, 그대를, 우리를 직시하고 있다. 누구나 알고 있지만 아무도 말하지 않는 것들이 이제야 아버지-유령이 되어 고개를 들고 있다. 그 때부터 아버지를 뜯어 먹은 아들들은 잠에서 깨어나 비명을 지를 것이고, 아들의 아들들에게는 금기가 내려질 것이다.

이제 그 꿈과 금기가 아버지-유령의 육신이자 말씀으로 우리에게 현현할 것이다. 사라진 것은 존재가 아니라 행복한 시인의 시대였다. 그러나 한 시인은 그 사라진 자리에서, 다시금 언어와 존재의 불가능한 일치를 '시대착오적으로' 구가하려 한다. 이 글은 무모하면서도 야심만만한 한 시인과 그의 순례를 따라간 우리 모두의 이야기다.

2. 첫 번째 당도한 순례지

김은 상가에 간다 친구의 빙모상이다/ 김은 장가도 못 갔는데 친구는 장모를 보냈다/ 내심 부럽다는 생각// 김은 빈소에 들어가기 전/ 가장 빳빳한 봉투를 골라 이름 석 자를 반듯이 적어넣는다// 김은 조의 봉투를 내밀며 생각한다/ 이 봉투의 주인은 누구일까/ …(중략)… / 그 고매하고 순결한 여인의 생을 기리는 이 행사의 본뜻을/ 편가르기 일색으로 매도하려 들다니/ 김은 그가 할 수 있는 가장 엄중한 자세로 빈소에 들어간다// 김은 이름 모를 이에게 인사를 건네려 한다 크게 두 번 절을 올리려 한다/ 처음 보자마자 하는 작별인사/ 김은 절하려다 말고 머뭇거린다/ …(중략)… / 김은 어지럽다 김은 망설인다// 아, 아니란 말이다! 김은 뉘우친다/ 영정은 주검의 현신이다 발가벗은 주검을 빈소에 데려다놓을 순 없는 일 아닌가/ 주검을 당면한 사람들은 그의 이생을 추억하기보다 저승의 추악과 불결, 곧이어 봉착할 스스로의 미래에 대한 공포를 느끼게 될 뿐이다/ …(중략)… / 결국 진정한 조문은 없다는 말인가? 주검에 대한 가장 숭고한 위로는 함께 사라진다는 말인가?// …(중략)… / 여기 있는 한, 자신이 할 수 있는 최고의 위로는 흔적을 남기지 않는 일이라/ 김은 믿는다 김은 경건하게/ 밥알 한 톨 남김없이/ 그릇을 비운다// 김은 탁자에 앉아 있다 검은 양복을 입은 김은 탁자에 앉아 있다/ 김은 검은 그들 중 하나다

―「김은, 검은」 부분

    시인이 가장 먼저 가 닿은 곳은 사라짐이 머무는 장소, "상가"다. 그곳이야말로 애도의 불가능성과 그 불가능성이 촉발시키는 죄책감을 정면으로 보여줄 것이다.
    아니나 다를까, 이 시에서 화자가 포커스를 맞추고 있는 "김"은 "진정한 조문"과 "숭고한 위로"의 "사라"짐을 생각하고 있다. 이 시의 딱딱한 글꼴과 문장들은 "최대한 겸허하게 두 손을 모아 절"하는 "김"의 강박적인 애도의 자세를 그대로 보여준다. 그는 '애도해야 할 대상'을 염두에 둠으로써 마구잡이로 퍼져가는 생각 하나하나, 조심스럽게 갈무리 했음에도 혹 실례가 될지 모르는 행동 하나하나를 절제하는 태도로 새기고 있다. 그래야만 "한 여인의 생을 기리는 이 행사의 본뜻"을 찾을 수 있다고 믿는다. 그것이 "김"의 진정성 어린 태도임은 쉽게 부인될 수 없다. "김"은 자신의 생각과 행동, 즉 애도와 애도 행위의 간극을 지우기 위해 최선을 다하고 있다.
    하지만 그의 "자신이 할 수 있는 최고의 위로는 흔적을 남기지 않는 일"이라는 "믿"음이 과연 순전한 애도와 추념을 대신할 수 있을까? 어쩌면 "김"은 죄책감을 갖지 않으려, "본 적도 없는 이와 작별"해야만 하는 "가당"치도 않은 상황이 안겨준 "어지"러움과 "망설"임으로부터 자신을

유지하기 위해서, 이 강박을 계속 반복하고 있는 것은 아닐까?

이와 같은 질문에 이 시의 화자는 "김은 검은 그들 중 하나"라 답한다. "김"이 "친구의" 빈소에서 느낀 것은 "주검을 당면한 사람들은 그의 이생을 추억하기보다 저승의 추악과 불결, 곧이어 봉착할 스스로의 미래에 대한 공포"였음을 화자는 알려준다. 즉 "김"은 타자의 죽음에서 자신의 '공포'와 마주했지, 타자의 죽음 그 자체를 애도하지는 않았다는 것이다.

"김"의 강박적인 몸가짐과는 달리, 화자가 이 점을 주목하고 있다. "김"과 "친구의 빙모" 사이에는 아무런 존재론적 마주침이 없다. 그러니 "김"에게는 애도하는 행위만 있고 애도는 없다. "노을을 잔뜩 불러다놓고/ 노을의 바깥을 생각"(「너의 장례」 부분)했던 것이다. "김"의 "자책"은 애도 행위를 하는 자가 마땅히 취해야 할 언어(생각)와 행동에 대한 자책이지, 애도가 없는 자기 자신에 대한 자책이 아니다.

그렇다고 "김"이 잘못한 것은 없다. 그는 아무런 죄책감을 느끼지 않아도 된다. 애초에 애도가 불가능한 대상에게 애도를 하라는 말 자체가 모순이다. 다만 그는 애도 행위에 진정성을 담음으로써 불가능한 애도를 행위로써 실행했다. "김"은 애도와 애도행위의 불일치 사이에 자리 잡고 있다.

그런데 여기서, 사라지지 않는 감정이 촉발하게 된다. "김은, 검은"이라는 시제(詩題)가 겨냥하는 활시위는 바로 이 감정을 향해 당겨지고 있다. 이제 "김"의 강박적일 정도로 의도와 행위를 일치시키려 한 태도는 자신의 자리로부터 타자를 떼어내려 한, 죄책감으로 우리 앞에 현시된다. 자신도 어쩌지 못하는 사이에 도둑같이 찾아오는 이물감이 화자의 입을 통해, 화자의 침묵을 통해, "김"과 독자의 내면을 가득 채우게 된다. 중요한 것은 그 이물감의 선후관계다.

이물감은 빈소를 찾고, 절을 하고, 자신이 처한 아이러니한 상황을 인식한 "김"과, 그 "김"의 모든 생각과 행동들을 살펴 온 독자에게 느닷없이 찾아온다. 그런데 어쩌면 그것은 "김"이나 독자가 느끼기도 전에 이미 당도해 있었던 것인지도 모른다. 마치 "처음부터 이 도시계획에/ 네 방 같은 건 있지도 않았던 것처럼"(「심시티」부분) 부재하는 형태로 존재하는 그 어떤 아이러니컬함으로 항상 선뜻 다가왔던 것인지도 모른다. "김은 장가도 못 갔는데 친구는 장모를 보냈다/ 내심 부럽다는 생각"에서, 이미 "김"은 유죄임이 낱낱이 드러났기 때문이다.

우리가 그것을 이제서야 감각하게 된 것은 그 부재하는 간극이 "침묵"(「시뮬레이션 1」부분)의 다른 형태를 취하고 있기 때문이다. 이를테면 일상적인 삶이란 "두려움에 떠는 것 떠는 척해주는 것/ 이것이 학습의 방식"(「시뮬레이션 1」부분)일 텐데, 시인은 이에 대해 "침묵"이야말로 "거역의 방식"이 된다고 말한다. 조화, 질서, 안정의 세계에 출몰하는 저 이물감 가득한 유령들은 침묵함으로써 말하고, 행하지 않음으로 행하며, 아무런 영향을 끼치지 못함으로써 세계를 뒤흔들고 있다. 왜냐하면 "잠이 들"고 "꿈"을 꾸며 "물음"이 늘어나고 "배김"이 "남"는 증상들에서, "노래는 도무지 메아리치지 않"(「노래는 메아리치지 않았네」부분)게 된 어떤 사건들에서, 시인은 간극을 발견했고, 그 간극을 메우지 못하는 자신과 인물과 독자를 발견했으며, 그렇게 죄인의 죄인 됨을 확인해 버렸기 때문이다.

가장 늦게 오나 이미 와 있었던 그것은 응당 우리를 혼란스럽게 한다. 그 혼란은 반복의 형식이 우리에게 안겨준 효과이다. 이미 와 있지만 다음에 다시 올 것임을 반복은 반복한다. 반복의 한 지점에서 우리는 앞선 것과 뒤따르는 것을 쉽사리 구분하지 못한다. 뒤에 올 것은 이미 앞에 나왔던 것이고 앞에 나올 것은 한참 뒤에야 나올 것과 다르지 않기 때문이다. 그러나 반복은 최초를 반복하는 반복이다. 그래서 시인은 반복이 시작되는 최초의 장소로 우리를 데려간다.

3. 최초의 시공간에서의 유죄 판결

여름성경학교에 갔던 밤이었다/ 수련원은 적막했으나/ 그만큼 벌레들은 크게 울었다/ 큰 소리로 기도하는 사람일수록/ 죄가 없는 사람/ 누나는 그보다 고요하게 기도했다/ 누나의 죄는/ 돌기 돋은 송곳니 사이로 삐져나온/ 짐승의 끈적한 언어와도 같은 것이었으니.// 휴지가 필요한 밤이었다/ 난 늘 닦아내는 꿈을 꾸니까/ 우리는 늘 휴지를 가지고 다녔다/ 세상엔 닦아낼 것들이 너무도 많았으니까// 휴지를 가지고 다닌다는 건/ 언제나 더럽다는 이야기/ 그러니까 나의 유년은/ 쌓여 있는 시간들 사이에/ 숨은,/ 뽑으면 더러워지고 뽑지 않아도/ 더러워지는,/ 한없이 순서를 기다리거나 한순간 구겨져/ 사라질,/ 얇은 고백들인 것// 그날 밤 누나의 간증을 엿들으며 생각했다/ 엄마에게 한 번도 휴지를 사달라고 조른 적 없는 나는/ 깨끗한 사람일까/ 잠을 자지 않는 이상이 천막 예배당엔 아침이 오지 않을 테니/ 꿈은 더럽고 미래는 깨끗한 사람이/ 우리라는 걸까

—「휘날린」 전문

여기에, 우리의 혼란스러움의 이유와 함께 죄인 됨은 어디에서 어떻게 당도한 낙인인가, 라는 질문에 대한 답변이 숨겨져 있다. 그것은 하나의 작은 사건에서 비롯된다. 이 사건은 어느 날 갑자기, 펄럭이는 그 무엇을 보았고, "휘날린"이라는 말을 중얼거렸으며, 구체화 된 "휴지"를 떠올린 데서 촉발되었다. 그로부터 연쇄되는 "여름성경학교"와 "누나"를, 시인은 "나의 유년"의 시공간으로 불러내고야 말았던 것이다. 그러니까 이 시공간은 모든 주체들에게 '사건'이 체험되는 원초적인 죄의식의 실마리

다.

서사는 "여름성경학교"에서 "나"와 "누나" 사이에 "휴지"가 매개됨으로써 본격적으로 펼쳐진다. 눈물을 지우고, "짐승의 끈적한 언어"를 닦는 "얇은" "휴지"는 더러운 죄를 "닦아"내는 것이지만, "뽑으면 더러워지고 뽑지 않아도／ 더러워"질 수 있는 죄의 흔적을 남기는 것이기도 하다. 누나의 얼굴에 흐르는 참회의 눈물이 휴지로 가볍게 닦여질 때, "유년"의 화자는 "누나"에게 매혹당한 그 죄를 서둘러 그녀의 탓으로 돌려버렸다. 그리고 그 모든 과정을 "더러워"하면서 짐짓 외면해버렸다.

휴지는 "더러워지는" 죄이기도 하지만, '깨끗하게 하는' 죄사함이기도 하다. 아마도 "유년"의 시인은 "얇은 고백들"처럼 욕망과 죄와 죄사함이 모두 사라지고 일상은 다시금 안존한 평화 가운데 지속될 수 있을 것이라 믿었을는지도 모른다. 그러나 "누나"의 "간증"이 내가 그녀에게 덧씌운 "죄"가 무효임을 선포하게 함으로써 간증과 죄 사이의 간극을 명확히 할 때, "나는／ 깨끗한 사람"이 아닐지도 모른다는 불안이 엄습하기 시작한다. "죄"는 "누나"가 아니라 "누나"에게 죄와 죄됨을 전가한 "나"에게서 비롯되는 것임을 "누나"는 "나"에 대해 한마디도 하지 않았음에도 공표해버렸기 때문이다.

"누나"는 그저 "간증"할 뿐이다. 하지만 이를 "엿듣"는 내게, "누나"의 "간증"은 나의 죄에 대한 판결문과 같다. 그런데 이상하게도, 유죄 판결은 내려졌으되 집행은 되지 않았다. 반복은 집행하러 오는 신의 발자국 소리이다. 집행은 반복 안에서 영원히 연기된다. 집행을 원할 수도 집행을 원하지 않을 수도 없이, 반복은 반복되어 우리를 혼란스럽게 하고 시인을 죄책감에서 벗어나지 못하게 한다.

여자가 울었다/ 껌벅이는 세탁소 간판 뒤에서/ 해진 소매를 한 땀씩 옭아매는 목소리로 울었다/ 동네를 떠도는 증언들에 의하면/ 오래전 아이를 잃은 날처럼 푸른 달이 사라지는 밤마다/ 조용히 재봉질을 한다는 여자는/ 팽팽하게 다림질할 때마다/ 딸꾹질을 한다고 했다// 어젯밤 애인은 내 목소리 위로/ 버들낫 같은 짧은 달을 박아놓고 갔다/ 목줄에 매인 주인과 개처럼/ 천천히 기다리자고 했다/ 긴긴 시간을 헐떡이면서/ 오래도록 헤어지자고 했다/ 서로에게 벗어나기 위해 잡아당기는 목줄 같은/ 질긴 것들만이 큰 소리를 뽑아낼 수 있다는 여자의 울음, 볼록 솟은 여자의 울림통 같은// 전깃줄 사이로 보이는 낡은 간판이/ 골목을 내려다보고 있었다/ 아무도 누설하지 못한 골목의 냄새를/ 오래도록 맡아왔다는 얼굴로/ 내내 좁은 계절을 기록하면서// 여자가 울었다/ 소문처럼 오랫동안 사라지지 않고 울었다/ 내 입술은 아무런 질감을 가진 적 없어/ 나는 끝끝내 여자의 표정을 알지 못했다

—「무성한」 전문

　시인이 반복해서 "여자"를 호출하고 "여자의 울음"을 떠올리는 이유가 여기에 있다. 거기에 "헤어지자"는 "애인"의 목소리까지 겹친다. 무대 위에는 여자의 울음과, 애인의 통보와 누나의 "간증"이 "메아리치지 않"으면서도 "질긴" "소문처럼 오랫동안 사라지지 않고" 얼룩을 새긴다. "나는 끝끝내 여자의 표정을 알지 못했다"고 화자는 말했지만, 이는 여자(들)와의 단절을 뜻하지 않는다. 되레 이 말은 이 원초적 사건의 무대가 앞으로도 반복될 것임을, 그리하여 시인이 불안과 공포로 자신의 미래가 얼룩질 것임을 선포하는 예언이자 확인이다. 억압된 것들이 회귀하는 것처럼, "적막들"은 "뭉텅이로 날아다니"며, "인쇄되지 못한 노래"로 "공중을 배회"(「마카를 알아」 부분)할 것임을 선언하는 말이기 때문이다.

　신의 금기를 어기고 선악과를 따 먹은 짓을 여자에게, 뱀에게 전가함으로써 인류가 영원히 고통 받아야 하는 원죄를 짊어지게 된 것처럼, 시인은 여름 성경 학교에서 자신의 죄됨을 누나에게 뒤집어 씌우고 누나에 의해 나의 죄됨이 발각되어버린 원죄로 여성들을 호명해야 한다. 그리고 그녀

들의 "표정을 알지 못"해야 한다. 그녀들이 "방광이 약하던 여자"나 "향정신성 할머니"와 같은 '약한 여성'이라 하더라도, 시인은 "아무도 상상하지 않는 건물 뒷면의 그림자처럼" "전자식 광고판 뒤로 와 숨는 역사"로 말미암아 "약효가 지독"하게 "기침과 발열이 지속되는 나"(「건축학개론」 부분)가 되어 스스로를 처벌해야 한다. "레크리에이션"이 재-창조(re-creation)라는 기의로부터 떨어져 "레크리에이션 강사가 되기로 다짐했"(「레크리에이션」 부분)다는 기표로만 반복되어야만 하는 것처럼, 시인은 이 원초적 무대를 재창조하지 못하고 강박적으로 재구성해야 한다.

시인은 "안락의 시점은 매번 길가에 버려지는 것"이고 "반복해서 지나치는 순간을 반목으로 읽고 싶었는지"도 모른다고 말한다. 그럴 때에야 "해연과 헤어지는 어미라 상상도 해보는 것"(「내부순환도로」 부분)이 가능할 테니까, 자기처벌로부터 자기를 떼어놓을 수 있을 테니까, 그것이 옴짝달싹 못하는 자신을 구원하는 길이 될 것이니까. 하지만 그러한 상상조차 "목줄에 매인 주인과 개처럼" "서로에게 벗어나기 위해 잡아당기는 목줄 같은" 것이다.

> 물을 붓고 계시네 아버지/ 잔물결에 젖어 떨고 있는 별들/ 옹기 깊숙이 빠져드네// 니 엄마가 많이 춥구나// 아버지 슬픔을 홀짝홀짝 들이붓고 계시네/ 난 흠집 하나 없는 옹기처럼 장독대에 서서/ 아버지 동공만치 뻥 뚫린 하늘 쳐다보며/ 그믐달은 왜 저 무성한 별들/ 벌초하지 않을까 생각하고.//
> 밑 빠진 독인데 자꾸만/ 물 부으시네 조각들은/ 별이 되고 난 후였네/ 손을 떠난 물수제비마냥/ 밤을 튀어다니는
> ─「밑 빠진 독에」 전문

그런데 이 서사는 "배신한 회의의 무딘 날에 찢긴 살점을 오물거리며 비밀을 털어놓는 아버지의 이, 야기"(「이, 야기」 부분)이기도 하다. 말하

자면, 원초적 아버지로부터 이어진, 모든 아들들의 무의식에 자리 잡은, 억압된 그 무엇의 회귀이기도 하다. "아버지"는 "니 엄마가 많이 춥"다는 사실을 알면서도 "슬픔을 홀짝홀짝 들이붓고" "난 흠집 하나 없는 옹기처럼 장독대에 서서/ 아버지 동공만치 뻥 뚫린 하늘 쳐다보"고 있다. 죄 없는 어머니, 죄 많은 아버지, 죄 없음과 죄 많음의 중간에 서서 그 간극을 좁히지 못한 채 "밤을 튀어다니는" 화자가 거기에 있어 최초의 무대를 더 먼 과거로까지 끌어올린다, 반복한다.

4. 애도 행위를 애도하는 주체

> 친구의 결혼을 앞에 두고/ 비어가는 잔고를 걱정했다// 우리는 춤추고 노래 불러줄 수고를/ 몇 장의 지폐와 교환하고 있다
> ―「가을」 전문

시인은 '미안하다'고 말해야 할 자리에서조차 아무런 말을 하지 않는다. 그 말이 죄책감을 대신 떨쳐내주지 못하기 때문이다. 시인이 하는 말도, 화자가 하는 말도, 이 시를 읽는 독자를 대신하는 가주어(假主語)도 그 말이 무엇인지 모른다. 이미 그, 나, 우리는 항상 분리되어 있다. '미안하다'는 기표는 이 시의 바깥, "가을" 하늘을 유령처럼 떠돌고 있다. 어쩌면 이 시를 쓰면서, 시인은 '미안하다'는 말을 수십 번도 더 썼다 지웠을는지도 모른다. 그 흔적이 이 시의 사라진 3연에, 혹은 2연의 3행에 남아 있다. 부재의 자리에 오롯이 새겨진, 그래서 더 독자의 입술을 달싹이게 하는 침묵의 언어가 이 시의 전체를 장악하고 있다.

그러므로 이 시집의 전체를 통틀어, 시인의 참회하는 언사가 없다는

것은 전혀 놀라운 일이 아니다. 시인은 죄의식에 사로잡혀 있으면서도 이를 해결/해소하려는 어떤 시도도 보이지 않는다. 그것은 기만에 불과한 것이기 때문이다. 시인은 그저 죄책감을 있는 그대로 수용한다. 죄책감을 떨쳐내려는 시도 자체가 새로운 죄책감을 불러 일으킨다. 그렇다고 그가 수동적 입장에만 머물러 있다는 뜻은 아니다. 그의 수용 태도는 곧바로 죄책감의 근원을 향한 질문으로 바뀌어지기 때문이다. 그럼으로써 그는 죄책감에 압도된 주체의 무력함이 아니라, 죄책감의 무대가 이미-항상, 환상임을, 무력한 것임을 죄책감 스스로에게 질문하고 대답하게 한다.

시인에게는 이미 좋은 알리바이가 있었다. 아무도 시인의 죄를 모른다는 것. 그러나 문제는 자신은 알고 있다는 것이다. 알고 있기에 외면하지 못한다. 냉소적 주체들은 알고 있음에도 그 일을 행함으로써 외면하지만, 시인은 냉소적 주체가 아니다.

> 우리들의 일요일은 41번 버스에 있다// 41번 버스는 느리고 자주 멈춘다// 41번 버스가 멈추는 곳엔 의료원이 있고 화장실이 있고// 국립공원이 있다// 국립공원엔 구룡사가 있고// 부모들의 일요일은 교회에 있으므로// 우리들의 일요일은 위태롭다// 국립공원 입구엔 아저씨가 있고// 아저씨의 일요일엔 호루라기가 있어서// 우리들은 일요일을 팬티 속에 감춘다// 나는 팬티를 검사하지 않는 아저씨를 볼 때마다// 할머니를 생각하고,// 할머니는 죽어서도 내 고추를 좋아할 거라 믿는다// 우리들은 절 앞 계곡에서 생가지를 꺾고// 숨겨온 낚싯줄을 묶는다// 묶으면서 생각한다// 고기들은 왜 41번 버스만 타면 죽을까// 우리들의 일요일은 왜 버스에서 죽어서// 학교 뒤에 묻힐까// 왜 우리들의 애도는 부모의 방식으로 돌아와// 결국 그들만의// 기도로 끝이 나는 걸까
>
> —「무분별한 애도」 전문

시인은 "일요일", "41번 버스"로 우리를 데려간다. 죽음과 탄생 사이로

우리를 던져 놓는다. 거기에 "할머니"와 "고기들"의 죽음을 "생각"하는 "우리들의 애도"가 있다. 문제는 그 애도조차 사라진다는 점이다. "우리들의 애도는 부모의 방식으로 돌아와// 결국 그들만의// 기도로 끝이"나 버린다. 화자는 이를 답변이 아닌, 질문의 형식으로 쓰고 있다. 우리들의 애도는 왜 늘 "돌아와", 매개되어야 하는가. 사라진 것은 애도해야 할 대상이 아니라 애도 그 자체가 아닌가.

시인은 지금, 상실을 상실해버린 자들, 그들의 우울증에 대한 질문을 던지고 있다. 시인이 우울증자가 아니라 상실을 상실한 자들이 우울증자다. 시인은 애도의 불가능성을 안다. 애도가 상징화의 서투른 봉합임도 안다. 봉합이 타자에로의 리비도 전이를 의미하는 것이라면, 그렇게 또 다른 환유적 대상을 찾아 치환하는 것이라면, 그 안에 이미 잠재한 이질성과 중층성을 설명하기는 난감해진다. 대상의 환유적 치환은 늘 차이와 지연을 동반하는 까닭이다. 그러므로 완전한 봉합은 불가능하다. 그렇다면 불가능한 봉합을 시도하는 애도 행위는 그 자체로 애도의 불가능성을 명백히 하게 되는 것일 테다. 시인이 포기하는 것은 애도가 아니라 애도 행위이다. 이 시집의 긴장은 분명히 주어지고 있는 죄책감에 대하여, 애도 행위를 포기하는 한 주체의 진술이기에 나타난다.

한 공간의 이동이 정지한다/ 한 공간의 규모가 조각난다// 충돌은 야간에 이루어지지/ 관측도 야간에 이루어진다// 관측되지 않은 별은 별이 아니다/ 어떤 형편과 형편이 충돌하면/ 때론 거대함만이 살아남는다// 아무도 위반한 적 없다/ 아무도 침범하지 않았다/ 누구도 버린 적이 없어서/ 버림받지 않았다 했다/ 스스로 선택한 길이 길이 아닌 길이어서/ 타살이 아니라 했다// 정체성은 작아지지 않는다/ 정체성은 다져지고 흩어져 넓어진다
―「정체성」 전문

죽은 안개들이 모든 점멸을 모퉁이로 몰아내고 있었다// 휘어진 길 위에서 모든 별자리는 원심의 바깥으로 튕겨져 나가고 있었고// 단 한 번의 소음으로 모든 정서는 궤도를 이탈하고 있었다// 충돌이 있었고 남자는 피를 흘렸다// 레커차 세 대가 줄줄이 도착해 있었다// 귀를 타고 흘러내리는 음악이 있었고// 통점을 하나하나 짚으며 새어나오는 붉은 음절들은 바닥을 적시고 있었다// 헐떡이는 남자의 노래는 반짝이는 레커차 사이로 사라져 갔다// 멀리서 안개를 뚫고 구급차의 사이렌 소리가 걸어오고 있었고// 우리는 이곳에 살고 있었다

―「점멸」 전문

죄책감은 규칙 위반 행위의 산물이다. 자아와 초자아 사이의 갈등, 그 갈등이 자기 자신에 대한 공격적 적대 행위로 나타날 때 죄책감이 발생한다. 그렇다면 시인이 인식하는 규칙 위반은 무엇인가? 그것은 "아무도 위반한 적 없다/ 아무도 침범하지 않았다"는 태도에도 "한 공간의 이동이 정지"하고 "한 공간의 규모가 조각"나는 것, 혹은 "단 한 번의 소음으로 모든 정서는 궤도를 이탈하고 있"게 되는 것과 관련된다. 즉 죄 없음에도 발생하는 희생, 그럼에도 아무런 갈등이나 죄의식 없이 "이곳에 살고 있었다"는 생각이 죄책감을 일구어낸다. "학교에서 배운대로 실천하는 사람/ 그래서 모든 신호를 지키는 사람/ 법을 믿는 사람/ 아주 도덕적인 사람"인 "누나네 집 앞은/ 보도블록도 깔지 않아서/ 온통 잿빛"(「사이렌」부분)이지 않은가. 타자의 상실에도 불구하고 살아있는 자들이 그저 살아가는 규칙 위반의 시대를 화자는 죄책감으로 맞대응하고 있다.

타자는 주체와 상호 호응하는 가운데 살아간다. 그런 점에서 타자는 주체의 한 모습이며, 주체를 주체로 만들어 내는 필수 원인이다. 그러니까 "정체성"은 항상 타자의 "정체성"이다. 주체가 타자와 떼어진다는 것은 주체의 상실을 의미하며, 그 상실을 대리보충하기 위한 과정으로서 애도가 요구된다.

그러나 이 시대, 살아 있는 주체들은 애도 행위조차 하지 않는다. 애도를 매개하거나 애도를 망각하고 있음은 두 말할 나위가 없다.(그런 점에서 '애도 행위'라도 하고 있는 「김은, 검은」의 "김"은 차라리 윤리적이다) 상실 되어 버린 주체의 자기 "정체성"을 상실 되었다는 자각조차 없이 "정체성"으로 갖고 있다. 그만큼 주체는 왜소화되고 주체는 타자와 아무런 관련 없이 살아간다. 고립된 아비투스로서의 주체. 그것은 주체라 부를 수도 없는 주체다. 또 다른 죽음이 있고 또 다른 삶이 있지만, 그것은 모두 무시된다. 시인이 균열을 경험하는 지점이, 질문하는 지점이 바로 여기다. "우리"가 "살고 있"는 "이곳"은 존재가 "점멸"로만 존재할 뿐인 것은 아닌가.

그리하여 시인은 있는 그대로의 주체가 아니라 있어야 할 주체를 상상한다. 죄책감을 통해 소멸을 애도하고 그 애도로부터 궁극적으로 죄책감의 감각 자체를 질문하는 주체를 당위적으로 욕망한다. 매개된 애도, 간접화 된 참회의 언어 대신에 질문을 통해 비로소 회귀하는 주체의 "정체성"을 직시하려 한다.

시인은 죄의식의 억압됨에 의해 무력해지는 주체가 아니라 억압함의 상태 그대로를 받아들이려 한다. 억압되므로 고통스럽다, 그러므로 나는 나의 죄가 후회스럽다,고 고백하는 주체가 아니라 억압되는 주체 또한 억압하는 주체임을 받아들이려는 주체가 되고자 한다. 그래서 시인은 '뻔뻔하게도' 후회하지 않는, 미안하다고 말하지 않는 주체의 윤리적 "정체성"을 내세운다. 그것은 애도 행위를 포기하는 주체를 넘어, 애도 행위를 애도하는 주체다.

5. 카타콤에 도착하다

 우리는 계단을 내려갔다/ 짐을 부리자마자 계단을 내려갔다/ 눈이 쌓인 만큼 계단은 보이지 않았다/ 보이지 않는 곳이 계단이라 믿으며 계단을 내려갔다/ 눈이 쌓인 곳으로 소리도 사라졌다/ 길이 길이었던 곳으로/ 계단이 계단이었던 곳으로/ 우리는 내려갔다/ 내려가도 내리막이었다/ 멀리서 벼랑을 때려대는 파도는/ 몇천 년이고 그래왔다는 듯이/ 파도였다// 우리는 계속 계단을 내려갔다/ 내려가다가 우리는/ 우리가 길을 만들고 있을지도 모른다는 별 시답잖은 생각을 다/ 해보기도 하였다
―「죄책감―천부에서」 전문

 모두가 죄를 지었지만 아무도 자신이 죄인임을 알지 못했던 한 시대가 있었다. '순전하고 흠 없는' 예수는 그 시대를 자신이 십자가에 못 박힘으로써 증명했다. 그 때보다도 더 많은 애도가 필요한 시대, 그러나 아무도 애도하지 않는 시대를 시인은 "내려갔다". 애도의 진정성 이전에, 애도 행위의 진정성조차 사라진, 죄 많은 시대를 우리는 시인과 함께 "길이 길이었던 곳으로" "내려갔다". 이 시집은 이 시대의 애도 행위의 불가능성을 묻고, 애도 그 자체가 불가능한 시대를 애도하고 있다. "천부"로부터 "계단을 내려" 간 "내리막"의 끝에 당도한 '카타콤'이 우리 눈앞에 펼쳐져 있다.

신생비평선 · 11
루덴스의 언어들

지은이 · 손남훈
펴낸이 · 원양희
펴낸곳 · 도서출판 신생

등록 · 제325-2003-00011호
주소 · 48931 부산광역시 중구 대청로 135번길 5(401호)
　　　w441@chol.com　www.sinsaeng.org
전화 · 051) 466-2006
팩스 · 051) 441-4445

제1판 제1쇄 · 2016년 12월 20일

공급처 · 도서출판 전망

값 15,000원
ISBN 978-89-90944-48-1

* 저자와의 협의에 의해 인지를 생략합니다.

이 도서의 국립중앙도서관 출판예정도서목록(CIP)은 서지정보유통지
원시스템 홈페이지(http://seoji.nl.go.kr)와 국가자료공동목록시스
템(http://www.nl.go.kr/kolisnet)에서 이용하실 수 있습니다.(CIP
제어번호: CIP2016030617)

*본 도서는 2016년 한국문화예술위원회, 부산광역시, 부산문화재단 지역문화
　예술특성화지원사업으로 지원을 받았습니다.